질적 연구의
체계적 분석방법

일상, 소비문화, 마케팅, 교육
에스노그라피 연구에서의 적용사례

| 이용숙 저 |

학지사

● 이 저서는 2017년 정부(교육부)의 재원으로 한국연구재단의 지원을 받아 수행된 연구임 (NRF-2017S1A6A4A01022398)

머리말

질적 연구방법을 대표하는 에스노그라피(ethnography)[1]는 인류학에서 발달했지만, 사회학, 경영학, 심리학, 교육학, 소비자학, 사회복지학 등 사회과학의 여러 분야에서도 연구방법으로 받아들였으며, 간호학, 보건학, 디자인학, 의상학 등 다른 분야에서 활용되기도 했다. 에스노그라피를 비롯한 질적 연구방법에 대한 수요가 급증함에 따라 최근 질적 연구방법 교재의 출판도 급증하고 있다. 하지만 그동안의 질적 연구방법 교재들은 대부분 자료수집방법 중심이었다. 자료분석방법을 약간만 다루거나,[2] 드물게 분석방법을 상세히 소개했어도 교육연구 중심 사례만 제시하고 있다(이용숙, 2005; 이용숙 외, 2005). 각 대학의 질적 연구방법론 강의도 자료수집에 중점을 두고 있어, 수집한 자료의 분석에 대한 교육이 부족한 편이다.

이에 이 책은 질적 연구 자료를 어떻게 체계적으로 분석할 것이며, 분석 결과를 어떻게 활용할 것인지 상세히 다루었다. 또한, 질적 자료의 체계적 분석 결과를 양적 분석과 연계하는 방법도 소개했다. 예를 들어, 참여관찰과 심층면담[3] 결과를 토대로 설문조사를 하면 질적 자료의 깊이를 잃지 않은 채 더 폭넓은 분석을 하면서도 시간을 절약할 수 있다. 이 외에도 참여관찰/관찰 결과로부터 사람들의 시간 사용을 계산할 수 있다는 점을 활용하여 '시간구조분석(time structure analysis)' 결과를 '활동별 사용 시간'이라는 수치로 제시하는 방법도 소개했다.

다양한 분석방법의 설명에 중점을 둔 제I부 '현장연구 질적 자료의 관리와 체계적 분

1) 'ethnography'는 '민족지'나 '문화기술지'로 번역되기도 하고, '에스노그라피'나 '에스노그래피' 등의 외래어로 표기하기도 한다.

2) 필자도 동료 인류학자들과 함께 자료수집방법 중심의 『인류학 민족지 연구 어떻게 할 것인가』(공저, 일조각, 2012)를 출판하였는데, 지면의 제한으로 7개의 장 중 마지막 장 하나만 분석방법을 다루고 있다.

3) 참여관찰과 심층면담 방법은 이용숙 외(2012)의 『인류학 민족지 연구 어떻게 할 것인가』에 상세히 소개되어 있다.

석방법'[4]에서는 독자의 이해가 쉽도록, 모든 분석방법을 실제 연구사례를 활용해서 설명하거나 설명을 한 다음에 다양한 연구사례를 제시했다. 이러한 연구사례 중 일부는 사용 가능한 분석방법을 모두 사용하는 대신에 일부 방법만 사용했다. 즉, 쉽게 접근할 수 있도록 간략화된 것들이다. 각 장의 마지막에는 〈안내된 실습〉을 제시했다. 이는 분석방법을 배운 직후 실습까지 해 보아야 학습한 분석방법이 기억에 오래 남기 때문이다. 〈안내된 실습〉에는 실습과정이 단계별로 제시되어 있지만, 막상 실습과정에서 앞에서 배운 내용이 잘 기억나지 않아 당황할 수 있다. 따라서 실습 시에 참고할 수 있도록, 본문의 분석방법 적용사례 중 일부는 분석의 과정까지 상세히 제시했다.

제Ⅱ부에서는 제Ⅰ부에서 다룬 분석방법들이 실제 연구에 활용된 사례들을 좀 더 자세히 살펴보았다. 한두 가지 분석방법을 연구의 단계에 따라서 다양한 방식으로 활용하는 사례, 인식과 실제의 비교연구에 활용하는 사례, 두 가지 이상의 분석방법을 연계해서 활용하는 사례 등을 다루었다. 또한, 질적 분석만이 아니라 양적 분석도 함께할 수 있도록 수십 명과의 면담을 통합적으로 분석해 설문조사 문항 개발로 연결하는 사례들을 제시했으며, 연구결과의 상당 부분을 도형 하나로 정리하는 사례들도 제시했다. 마지막으로, 연구자가 문제해결이나 상황 개선을 직접 해 나가는 실천적 연구(실행연구)에 이 분석방법들을 활용하는 사례도 제시했다.

이 책에는 필자의 연구사례뿐만 아니라 동료 학자나 제자들의 연구사례도 많이 제시되었다. 특히 필자가 담당했던 수업 수강생의 현장연구사례와 "에스노그라피 연구방법 과정 / 워크숍" 수강생의 실습사례들을 상당수 제시하였다. 수강생들의 사례를 많이 제시한 것은 일상생활이나 산학협력 기업체에서 의뢰한 연구주제인 경우가 많아 쉽게 접근할 수 있고, 짧은 기간의 훈련만 받고도 체계적 분석방법들을 의미 있게 활용할 수 있음을 보여 주었기 때문이다. 분석을 어렵게 생각할 필요 없이 이들처럼 분석방법을 주변 사례에 적용해 보는 것부터 시작하고, 한 가지씩 분석 결과를 축적하여 이를 연결 · 해석해 나가면 스스로 체계적인 분석자가 되었음을 깨닫게 될 것이다.

이 책에 제시한 분석사례에는 필자의 경력이 상당히 반영되었다.

첫째, 제시한 연구사례 중에는 현상의 이해만이 아니라 그 이해를 바탕으로 한 개선까지 연구목적으로 한 것들이 상당수 있다. 이는 필자가 연구하고 가르쳐 온 교육인류

4) 앞으로는 에스노그라피를 비롯한 질적 연구에서 수집한 자료를 '현장연구 자료'라고 통칭한다.

학과 마케팅인류학이 응용인류학적 연구를 많이 하는 분야라는 것을 반영한다. 또한, 필자의 여러 논문에서 발췌해서 제시한 분석방법 적용사례들이 소비, 마케팅, 교육 등을 다루는 경우가 많은 것도 필자의 주 연구 분야이기 때문이다. 이런 사례들을 소개할 때는 되도록 이 사례가 논문의 결론이나 전체적인 발견과 어떻게 연계되는지도 함께 소개하려고 노력하였다. 독자들이 이 책에 소개한 분석방법 각각을 하나의 동떨어진 방법론으로서 이해하는 것이 아니라, 논문의 전체 맥락과 연계해서 이해하도록 하기 위한 것이다.

둘째, 필자는 1985년부터 1995년까지 한국교육개발원 책임연구원으로서 교과서와 수업방식 국제비교 연구를 여러 차례 수행하였고, 이를 위해 인지인류학 분석방법들을 '재개발'해 사용하였다. 이 책에 제시한 연구사례 중 일부는 당시의 연구사례다.[5)]

셋째, 1996년부터는 덕성여자대학교 문화인류학과 교수로서, 졸업논문 작성을 최종목표로 하는 총 9학점의 "현장연구실습" 수업과 "문화와 교육" 수업, 이후 개설한 마케팅인류학 관련 수업들을 담당했다. 이 과정에서 이 책에 소개한 인지인류학 분석방법을 쉽게 사용할 수 있도록 '재개발'해 수강생들이 사용하도록 지도했으므로, 이들의 연구사례도 다양하게 제시하였다.

넷째, 덕성여자대학교 열린교육연구소와 에스노그라피연구소를 운영하면서 분석방법에 중점을 두는 에스노그라피 연구방법 워크숍을 수십 차례 운영했고, 기업체 직원과 다양한 전공의 교수, 대학원생 대상의 '마케팅 에스노그라피 과정'(8~14주 과정)도 8년간 운영했다. 이때 참가자들이 제출한 실습과제 중 일부를 사례로 소개하였다. 또한, 일부 참가자들은 당시에 학습한 분석방법을 적용하여 학술지 논문이나 학위논문을 쓰기도 하고 직장 업무에도 활용했으므로, 그중 일부도 사례로 소개하였다.

이 책에 소개된 연구사례를 제공해 주신 모든 분께 감사드린다. 이 책의 연구사례는 "현장연구실습", "문화와 교육", "신제품마케팅 에스노그라피", "소비와 마케팅의 인류학", "문화인류학과 마케팅" 등의 여러 수업과 "마케팅 에스노그라피 과정" 그리고 필자의 연구과정을 통해 수집되었다.[6)] 이 수업 중 일부에 팀티칭으로 참여하거나 필자

5) 필요한 경우 당시의 연구사례를 일부 제시했지만, 초·중등학교 교육 관련 사례는 필자(2005)의 『교육인류학: 연구방법과 사례』에 상당히 제시되어 있으므로, 이 책에서의 교육 연구사례는 주로 대학교육을 다루고 있다.

6) 마케팅인류학 과목은 원래 하나였으나, 한국연구재단 신규 교과목 개발 지원으로 "신제품마케팅 에스노그라피"를 추가 개설하면서 "문화인류학과 마케팅"은 "소비와 마케팅의 인류학"으로 바뀌었다. 이 과목 수강생들은 이 책에 소개한 분석방법들과 빅데이터 분석방법을 연계해 소비문화 관련 연구주제에 적용하는 실습을 한다. 지면의 제한으로 이 연

의 논문 중 일부에 공동 저자로 참여해 주신 덕성여자대학교 문화인류학과 정진웅 교수님, 이응철 교수님, 이수정 교수님, 채현정 교수님과[7] 동국대학교 경영대학 유창조 교수님,[8] 전승우 교수님,[9] 이수현 교수님, 연세대학교 경영대학 김영찬 교수님[10]께 감사드린다. 이 중 유창조 교수님과 이응철 교수님은 "마케팅 에스노그라피 과정"도 공동 운영해 주셨다. 또한, 팀티칭과 함께 여러 수업의 수강생들에게 기업 리서치 참여 기회를 주신 "칸타코리아" CS 대표인 김용섭 박사님께 감사드린다.[11] 가장 중요하게는 필자의 지도교수로서 미국 노스웨스턴대학교 인류학과에서 이 책의 모델이 된『Systemic Fieldwork』(1987)의 '출판 준비본'으로 강의를 해 주시고, 매주의 실습과제에 꼼꼼하게 검토 의견을 달아 주신 Oswald Werner 교수님께 감사드린다.

마지막으로, 저서출판지원사업으로 이 책의 집필을 지원해 주신 한국연구재단과 수많은 도표와 도형 작업에도 불구하고 공들여서 멋진 책으로 만들어 주신 학지사의 김진환 사장님과 편집진, 그리고 과분한 추천사를 써 주신 세 분께 감사드린다.

덕성여자대학교 문화인류학과 명예교수
이용숙

계 부분은 소개하지 못하지만, 아카데미용 빅데이터 자료 사용을 허락하고 특강도 맡아 주신 바이브컴퍼니(전신은 '다음소프트') 송길영 부사장님과 권미경 이사님께 감사드린다.

7) 문화인류학과의 교수님들은 이 책의 초고를 읽고 중요한 수정을 위한 검토 의견도 제공해 주셨다.

8) 유창조 교수님(한국마케팅학회 회장과 한국경영학회 회장 역임)은 자연주의 연구방식의 체계와 사례를 처음으로 경영학계에 소개하고(유창조 1997), 에스노그라피를 적용한 다양한 주제의 연구를 수행하여(유창조, 2007; 유창조 외, 1999; 유창조, 정혜은, 2002; 유창조, 김미나, 2007; 유창조, 이상준, 2010), 우리나라의 마케팅 에스노그라피 발전에 큰 공헌을 하셨다.

9) 전승우 교수님은 "소비와 마케팅의 인류학"수업을 한 학기 동안 팀티칭하였으며, 마케팅 에스노그라피의 활용방법을 소개한 Mariampolski(2006)의『*Ethnography for Marketers: A Guide to Consumer Immersion*』의 번역을 함께하셨다.[이용숙, 전승우, 한경구, 김용욱, 채주헌 역(2012). 마케터를 위한 에스노그라피: 질적 조사 시대를 사는 마케팅 담당자의 생존전략. 서울: 일조각].

10) 김영찬 교수님(현 한국마케팅학회 회장)은 두 대학의 학생들이 함께 참여하는 팀티칭 수업인 "신제품마케팅 에스노그라피"를 필자와 함께 여러 해 운영하셨다.

11) 김용섭 대표님이 TNSKorea('칸타코리아'의 전신) 부사장 시절 팀티칭을 맡아 주셨기 때문에 2009년 국내 최초의 마케팅인류학 과목인 "문화인류학과 마케팅"을 개설할 수 있었다. '마케팅 에스노그라피'의 발전을 위해 바쁜 일정에도 주말을 희생해 팀티칭을 맡아 주심에 특히 감사드린다.

추천사 1

이용숙 교수가 소개하는 신간 『질적 연구의 체계적 분석방법』은 학계와 업계가 필요로 하는 콘텐츠를 담고 있다. 최근 업계에서 에스노그라피와 같은 질적 연구방법에 대한 관심과 활용이 높아지는 시점에서 이 책은 질적 연구와 관련된 모든 사람들(학생, 교수 및 기업 관리자)에게 매우 유용한 정보를 제공해 줄 것이다.

저자인 이용숙 교수는 문화인류학의 대표적인 학자 중 한 사람으로서 질적 연구방법론이 마케팅 분야에서 활용되었을 때의 가치를 인식하고 이를 구현하는 방법을 적극적으로 모색해 왔다. 마케팅을 연구하는 추천인도 이용숙 교수와 여러 프로젝트를 통해 소비자들의 독특한 소비경험, 새로운 소비문화의 발현과정, 신제품의 수용과정 등을 깊이 있게 이해하기 위해 에스노그라피가 마케팅 분야에서 활용되는 방법을 모색한 바 있다. 이용숙 교수는 오랜 기간 현장에서 자료를 수집한 경험과 동료 학자들이 수행한 실제 사례를 바탕으로 저서의 내용을 구성했고 실습을 위한 특별한 안내서도 준비했다. 따라서 독자들은 에스노그라피라는 방법론에 익숙하지 않아도 이 책을 통해 에스노그라피 원리를 쉽게 이해할 수 있고 스스로 자료를 수집하고 분석할 수 있는 기본 능력을 확보할 수 있을 것이다.

질적 조사방법론을 진행할 때 연구자들에게 여러 가지 능력이 요구되지만 가장 중요한 것은 실전경험(실제로 프로젝트를 진행하면서 얻는 지식)이다. 에스노그라피 원리를 이해한다고 해서 특정 주제와 관련된 에스노그라피를 실제로 진행할 수 있는 것은 아니다. 연구자는 다양한 실전경험을 쌓으면서 연구주제와 관련된 자료를 수집하고 분석하고 시사점을 찾아낼 수 있는 능력을 개발해야 한다. 이 책은 독자들에게 혼자의 힘으로 실제 프로젝트를 진행할 기회를 제공할 것이며 그것이 이 책의 가장 중요한 가치이다.

추천인은 학부 또는 대학원에서 조사방법론을 강의할 때 질적 조사방법론을 부분적으로 소개하면서 항상 질적 조사방법론에 대한 적절한 교재가 없어서 아쉬웠다. 질적 조사방법론에 관한 도서는 다수 있으나 실제 자료를 수집하는 과정, 분석하는 과정이 상세히 소개되는 책은 거의 없었다. 이 책에는 다양한 사례가 제시되고 있고 각 사례와 관련된 자료가 수집되고 분석되며 관리적 시사점이 도출되는 과정이 기술되어 있다. 에스노그라피를 소개하는 교수들에게 좋은 교재로 활용될 것이고 독자들에게는 스스로 학습하고 실습할 기회를 줄 수 있을 것이다. 또한 이 책은 소비자의 일상적인 소비생활을 관찰하면서 빅 아이디어를 발견하기 원하는 사람들에게는 필독 도서가 될 것이다.

동국대학교 경영학과 교수 유창조

추천사 2

인류학의 에스노그라피(ethnography) 연구는 크게 '현장'과 '책상'이라는 공간으로 구분하여 설명할 수 있다. '현장'이 자료를 수집하는 공간이라면, '책상'은 자료를 정리하고 분석하는 공간이다. 연구 과정에서 이 두 공간은 서로 분리되어 있는 것이 아니라, '현장'에서 '책상'으로, 다시 '현장'으로 오고 가는 나선형의 순환으로 서로 연결된다. 이러한 의미에서 『질적 연구의 체계적 분석방법』은 바로 연구자들이 '책상'에서 수행해야 하는 연구 방법에 대한 책이다.

이 책의 저자인 이용숙 교수님의 또 다른 저서, 『인류학 민족지 연구 어떻게 할 것인가』(2012)가 현장연구를 통해 어떻게 자료를 수집하는가를 주로 다루고 있다면, 『질적 연구의 체계적 분석방법』은 현장에서 수집한 자료를 어떻게 정리하고 분석하는지에 대한 자세한 안내를 제공한다. 기존의 에스노그라피 방법론을 다루는 강의나 책이 대부분 자료 수집에 초점을 두고 있는 것에 반해, 자료 분석방법에 대한 본격적인 안내서라는 점에서 이 책이 무척 반갑다. 특히 분류체계분석이나 성분분석과 같이, 연구 대상 집단의 사람들이 어떻게 자신을 둘러싼 환경과 세계를 파악하고 개념화하며 지식으로 조직하고 있는지를 보여 줄 수 있는 구체적인 자료 분석방법을 제시하는데, 이는 문화 내적 관점(emic)을 중요시하는 인류학 연구에서 필수적인 연구방법으로 사용될 수 있다. 또한, 이 책은 이용숙 교수님의 풍부한 현장연구와 교육 경험을 바탕으로 여러 가지 분석 사례와 적용사례를 제시하고, 각각의 방법을 단계별로 실습할 수 있도록 상세한 안내를 제공하고 있다. 따라서 독자들은 각자의 연구 관심과 목적에 맞게 이 책에서 제시하는 연구방법을 자신의 연구 관심 영역에 스스로 적용하고 응용해 볼 수 있을 것이다.

이처럼 『질적 연구의 체계적 분석방법』은 현장에서의 자료수집 과정과 함께 전체 연구 설계와 수행에 있어서 중요한 과정을 이루는 자료 분석의 방법을 친절하게 안내한다. 따라서 이 책은 '가라앉거나 혹은 수영하거나(sink or swim)'로 표현되곤 하는 현장연구와 자료의 바다에서 어떻게 헤엄쳐 나올 것인지를 알려 주는 훌륭한 해설서가 될 것이다.

서울대학교 인류학과 교수 강윤희

추천사 3

내가 인류학을 처음 접한 것은 30여 년 전 대학에서 버네츠킷 수사님과 조옥라 교수님을 통해서였다. 그리고 2009년 겨울 일면부지인 이 책의 저자 이용숙 교수의 전화를 처음 받았던 것으로 기억한다. 그때는 마케팅조사에서 에스노그라피가 막 적용되던 초기였는데, 그 이론적인 체계나 세밀한 방법론과는 좀 거리가 있었고 실전적인 문제해결에 급급하던 시점이었다. 6개월 혹은 1~2년 이상 현지에서 그려 내던 에스노그라피가 아닌 출장기간 중 2~3일, 길어도 일주일 이내에 문화 또는 소비와 관련된 제품개발이나 마케팅의 인사이트를 찾아내야 하는 상황이었다.

당시에 이용숙 교수는 에스노그라피가 마케팅과 마케팅 조사에서 좀 더 절차적 객관성을 확보하고, 과학적인 통찰력으로 소비를 꿰뚫으며, 그것이 상호주관성을 확보할 수 있어야 한다는 연구자로서의 매우 강한 문제의식과 책임감을 가지고 있었다. 이러한 문제의식과 책임감은 이용숙 교수가 지난 여러 업적 중에서도, 특히 이 책에 최종적으로 집약되어 있는 시장지향적인 에스노그라피에 대한 연구, 프로세스 개발, 교육 등에 전념하게 하였고, 그 결과 시장지향적 에스노그라피의 관점뿐 아니라 실제적이고 실천적인 절차를 구체적으로 제시하고 개발하며 다듬어 내는 뛰어난 업적을 이뤄 낸 것이라고 생각한다.

나는 『질적 연구의 체계적 분석방법』을 마케팅과 마케팅 조사에 근무하는 관련자들, 더 나아가 고객 지향적인 경영을 생각하는 모든 기업의 관계 실무자가 한 번은 숙독해야 할 필수도서로 추천하는 데 주저함이 없다. 에스노그라피의 관점에서 이 책에 제시된 구체적인 절차와 방법을 이해하고 소화한다면 소비자를 이해하는 데 한 걸음 더 가깝게 다가갈 수 있을 것이라고 확신하기 때문이다. 빅데이터 시대에 실타래처럼 얽혀 있는 현대의 디지털 소비자들을 이해하는 데 있어서도 이 책에서 주는 관점, 방법과 절차를 통해 소비자와 그들의 소비행동에 바르게 다가가고, 이해하고, 해석해 낼 수 있기를 기대해 본다.

칸타 코리아 CS 대표 김용섭

차 례

머리말 / 3
추천사 / 7

제 I 부 현장연구 질적 자료의 관리와 체계적 분석방법

01 엑셀과 코딩을 사용하여 현장연구 자료 관리와 분석의 지평 넓히기 ······ 19

Ⅰ. 현장연구 자료의 관리와 분석을 위한 엑셀 프로그램의 활용 _ 21
Ⅱ. 질적 자료 코딩하기 _ 37
Ⅲ. 코딩과 양적 분석의 연계 _ 45

02 분류체계분석과 성분분석 ······ 53

Ⅰ. 분류체계분석과 성분분석의 개념과 연계 _ 53
Ⅱ. 구조적 질문과 대조질문을 활용한 분류체계분석과 성분분석 방법 _ 54
Ⅲ. 분류체계분석과 성분분석 사례와 분석의 과정 _ 77
Ⅳ. 분류체계+성분분석의 적용 _ 97

03 결정표분석과 흐름도 ······ 113

Ⅰ. 결정표분석과 흐름도의 개념과 연계 _ 113
Ⅱ. 현장연구 결과의 중간 점검과 새로운 발견을 위한 결정표분석의 적용 _ 129
Ⅲ. 행동 대안 선택 시의 고려 조건들의 중요도 집단별 비교를 위한 결정표분석의 적용 _ 137
Ⅳ. 흐름도로 나타낸 소비자들의 구매 의사결정 과정 _ 148

04 원인연쇄분석 155

Ⅰ. 원인연쇄분석의 개념 _ 155

Ⅱ. 원인연쇄도형을 그리는 방법과 논리적 정확성 검토 _ 157

Ⅲ. 원인연쇄분석의 적용 _ 162

05 계획분석과 시간구조분석 179

Ⅰ. 계획분석과 시간구조분석의 개념 _ 179

Ⅱ. 시간구조도형을 그리는 방법 _ 184

Ⅲ. 계획분석과 시간구조분석의 적용 _ 189

제 Ⅱ 부 현장연구와 양적 연구, 실천적 연구를 위한 체계적 자료분석방법의 활용

06 현장연구 전체 과정에서 활용 가능한 분류체계분석과 성분분석 209

Ⅰ. 연구계획 단계에서의 분류체계분석의 활용 _ 209

Ⅱ. 자료수집과 분석단계에서의 분류체계분석과 성분분석의 활용 _ 214

Ⅲ. 연구보고서 목차 만들기와 자료 코딩을 위한 분류체계분석과 성분분석의 활용 _ 216

Ⅳ. 추가적인 연구주제를 찾기 위한 분류체계분석과 성분분석의 활용 _ 226

Ⅴ. 보고서 작성단계에서의 분류체계분석과 성분분석의 활용 _ 229

07 인식과 행동의 비교에 활용 가능한 분류체계+성분분석과 시간구조분석 231

Ⅰ. 인식과 행동의 차이 _ 231

Ⅱ. 분류체계+성분분석 병행 면담결과와 동반쇼핑 참여관찰 결과의 비교 _ 235

Ⅲ. 셰도잉으로 관찰한 시간 사용과 스스로 회고한 시간 사용의 비교 _ 250

08 설문조사지 개발에 활용 가능한 분류체계+성분분석과 결정표분석 257

Ⅰ. 분류체계+성분분석을 활용한 설문지 조사표 개발 _ 257

Ⅱ. 결정표분석을 활용한 설문지 조사표 개발 _ 275

09 동기/이유에 대한 수십 명과의 면담결과 통합과 연구결과 종합논의에 활용 가능한 원인연쇄분석 289

Ⅰ. 한두 개의 중요한 심층 원인만 있을 때의 통합적 원인연쇄도형 _ 289
Ⅱ. 하나의 심층 원인으로 모이지 않을 때의 통합적 원인연쇄도형 _ 294
Ⅲ. 연구결과의 종합논의에 활용하는 통합적 원인연쇄도형 _ 297

10 실천적(실행) 연구에서의 체계적 분석방법의 활용 303

Ⅰ. 실천적(실행) 연구의 개념 _ 303
Ⅱ. 실천적 연구의 연구설계 _ 305
Ⅲ. 실천적 연구와 실행학습을 연계시키는 프로그램 개발 사례 _ 312
Ⅳ. 기업 현장에서의 실천적 연구의 사례 _ 325

맺는말 / 331
참고문헌 / 333
찾아보기 / 341

제 I 부

현장연구 질적 자료의 관리와 체계적 분석방법

현장연구 자료의 체계적인 관리와 분석을 위해서는 제I부에서 소개하는 엑셀(EXCEL)을 활용한 자료 관리를 하면서, 인지인류학(cognitive anthropology)의 체계적 분석방법들을 다른 분석방법들과 함께 사용하는 것이 효과적이다. 인지인류학의 분류체계분석, 성분분석, 결정표분석, 원인연쇄분석, 계획분석, 시간구조분석은 별개로 사용할 수도 있지만, 연계해서 사용할수록 그 유용성이 더욱 커진다.

제I부는 5개의 장으로 구성하였다. 제2장부터 제5장까지는 체계적 분석방법들을 소개하는데, 그에 앞서 제1장에서는 현장연구 자료의 관리에 엑셀을 활용하는 방법(또는 구글 스프레드시트 사용)과 기초적인 분석을 위한 코딩의 활용을 소개한다. 5개의 장 중에서 제2장에는 다른 장들보다 훨씬 긴 지면을 할애하였다. 제2장에서는 두 가지 분석방법을 함께 소개하기 때문이다. 이는 제2장에서 다루는 분류체계분석과 성분분석은 연계해서 함께 사용하는 경우가 많고 두 가지 분석 결과를 하나의 표로 제시하는 일도 많으므로, 한꺼번에 소개하는 것이 편해서다.

01 엑셀과 코딩을 사용하여 현장연구 자료 관리와 분석의 지평 넓히기

02 분류체계분석과 성분분석

03 결정표분석과 흐름도

04 원인연쇄분석

05 계획분석과 시간구조분석

제I부에서는 각 장의 분석방법을 소개할 때 자세한 설명과 함께 실제 분석사례나 적용사례를 다양하게 제시하여 이해를 도왔으며, 각 장의 마지막에 〈안내된 실습〉을 제시했다. 〈안내된 실습〉에는 독자가 스스로 실습을 할 수 있도록 상세한 단계별 안내와 함께 실습자료를 제시했다. 대부분 2명이 한 팀이 되어서 1명은 연구자의 역할을 맡고 또 1명은 정보제공자(informant)의 역할을 맡아서 실습하도록 구성한 것이지만, 실습팀을 만들기 어렵다면 혼자서 이 두 가지 역할을 모두 맡아서 진행할 수도 있다.

01 엑셀과 코딩을 사용하여 현장연구 자료 관리와 분석의 지평 넓히기

현장연구를 할 때 예전에는 '현장 노트'에 참여관찰(participant observation)과 심층면담(in-depth interview) 내용을 기록했다가 나중에 워드로 쳐서 보관하는 것이 일반적인 관리방법이었다[현장연구의 기록방법은 이용숙 외(2012) 참조]. 그러나 현장연구 자료의 체계적 관리를 위해서는 엑셀(EXCEL)의 활용이 효과적이다.[1] 워드 자료를 엑셀 파일에 입력하는 데 많은 시간이 필요하지 않고, 일단 입력만 하면 키워드 찾기, 코딩하기, 인용가치가 높은 내용 찾기 등을 손쉽게 할 수 있어서 보고서 작성 시간을 크게 절약할 수 있다. 애써 수집한 자료를 찾지 못해 빠뜨릴 염려가 없다는 장점도 있다. 또한 양적 분석과의 연계가 같은 파일 안에서 가능하므로 코딩과 이어지는 양적 분석도 비교적 손쉽게 할 수 있다.

현장연구 자료는 보통 참여관찰과 면담 자료 등 두 가지로 구분하며, 최근에는 서술형 설문조사(일부를 서술형 문항으로 구성)도 보완적으로 사용한다. 엑셀을 활용한다면 면담을 질문 리스트를 미리 만들어서 순서대로 따라가는 '구조화 면담(structured interview)'과 최대한 대화에 가깝게 하는 '비구조화 면담(unstructured interview)'으로 구분하는 것이 유용하다. 두 유형의 면담에 알맞은 엑셀 파일 양식이 다르기 때문이다. '비구조화 면담내용'은 참여관찰 내용과 비슷한 형식의 엑셀 파일에 입력한다. '구조화

1) 그동안 현장연구 자료를 체계적으로 관리하는 구매용 소프트웨어들이 다양하게 출시되었다. 1980년대 이후 ATLAS, The Ethnography, NVivo 등 여러 가지 질적 자료 관리 프로그램이 개발되었고 계속 업데이트되고 있다. 우리나라에서는 '파랑새'라는 프로그램도 개발되었다. 특히 관심을 많이 받는 NVivo는 영상 자료와 녹음자료도 문서자료와 같은 파일에 보관 가능하며, 현장구성원의 관점에 근거한 자료의 범주화 및 조직화가 단계적 · 효율적으로 이루어질 수 있도록 하는 색인체계를 갖추고 있다는 장점이 있다(김영천, 김진희, 2013). 다만 실제로 연구에 사용할 수 있을 정도로 이런 프로그램에 익숙해지기까지 상당한 시간이 필요하므로 쉽게 접근하기 어려운 것이 약점이다. 이러한 구매용 소프트웨어들보다는 질적 자료 관리 기능이 적은 엑셀을 사용하는 것은 엑셀만 활용해도 체계적 관리가 상당히 가능하며, 보편적으로 익숙한 프로그램이라서 편한 점이 있고, 같은 이유로 익히기도 쉽기 때문이다. 또한 엑셀은 취업에도 필요하기 때문에 학생들도 이미 사용하는 경우가 많아서 새로운 교육프로그램을 이수할 필요가 없다는 장점이 있다.

면담내용'은 설문조사의 서술형 문항 답변 내용과 비슷한 형식의 엑셀 파일에 입력한다. 두 가지 양식의 엑셀 파일을 만들어서 분석하는 과정을 요약하면 〈표 1-1〉과 같다.

〈표 1-1〉 현장연구 자료의 엑셀 파일 입력과 분석의 과정

단계	참여관찰과 비구조화 면담 자료	구조화 면담과 서술형 설문조사 자료
1. 자료 입력과 키워드 추출단계 ↓	1) 배경정보와 참여관찰/면담내용 입력 2) 키워드와 인용 가치의 입력 3) 해석 칸에 입력 시작(다음 단계에서도 떠오를 때마다 계속해서 입력)	1) 문항별로 각 응답자의 답변 내용 입력 2) 키워드나 인용 가치가 높은 내용에는 밑줄을 침 3) 해석을 추가하려면 해당 응답 내용의 뒤에 괄호를 사용해서 입력
2. 주제/소주제 리스트 만들어 입력하는 단계 ↓	1) 키워드들로부터 '(잠정적) 주제/소주제'를 추출해서 입력 2) (잠정적) 주제/소주제 칸의 입력 내용을 분류해서 '(잠정적) 주제/소주제 리스트' 만들기 3) (잠정적) 주제/소주제 열의 빈칸에 해당하는 주제/소주제를 리스트에서 찾아서 입력하고, 이미 입력한 내용은 필요하면 수정 4) 앞의 과정에서 발견되는 문제들을 수정해서 '최종 주제/소주제 리스트'를 확정하고, 이에 따라서 이미 입력해 놓은 주제/소주제를 수정 5) 주제/소주제 번호 열에 해당하는 번호를 입력 6) 소주제별 파일 만들기	* 문항 자체가 소주제인 셈이므로 이 단계는 필요 없음(각 문항 밑의 답변 내용이 '소주제별 파일'에 해당함)
3. 코딩 단계	1) 소주제별 파일에 포함된 키워드들을 분류(범주화)해서 코딩 번호를 부여한 '코딩 번호 리스트' 만들기 2) 소주제별 파일의 키워드 열의 옆에 코딩 번호 열을 추가해서 해당하는 코딩 번호 입력 3) 가능한 경우에는 코딩 번호를 활용해서 빈도분석을 하고, 적합하지 않다면 패턴이나 특기할 점등을 찾아 분석과 해석	1) 문항별로 답변 내용을 범주화해서 코딩 번호를 부여한 '코딩 번호 리스트' 만들기 2) 해당 문항 열의 옆에 코딩 번호 열을 추가해서 해당하는 코딩 번호를 입력 3) 코딩 번호를 활용해서 빈도분석을 하고, 응답자 배경별 응답 결과 비교표 만들기 4) 앞의 비교표로부터 특기할 점을 찾아서 해석

I절에서는 〈표 1-1〉의 1단계와 2단계를 자료 유형별로 각각 살펴본다. II절에서는 〈표 1-1〉의 3단계를 살펴보고, III절에서는 코딩 결과와 양적 분석의 연계에 대해서 살펴본다.

I 현장연구 자료의 관리와 분석을 위한 엑셀 프로그램의 활용

1. 참여관찰과 비구조화 면담내용을 엑셀 파일에 입력하여 분석하기

연구자가 가능한 데까지 연구현장에 참여하면서 관찰을 하는 '참여관찰'(비공식적 면담 포함) 중심 자료라면 〈표 1-2〉와 같은 엑셀 파일을 만들어, 각 칸(cell)에 해당 내용을 입력하는 것으로 시작한다. '자료 번호' 열에는 참여관찰을 한 순서에 따라 번호를 입력한다. 필요할 때 워드로 입력한 원자료를 쉽게 찾기 위한 것이다. 연구자가 여러 명이면 'A2'나 '이용숙 1'과 같이 각 연구자에 부여한 기호 또는 실명과 그 연구자의 참여관찰 순서 번호를 합쳐서 제시한다. 〈표 1-2〉의 A2는 연구자 A의 두 번째 참여관찰 자료라는 의미다. '자료의 성격' 열에는 참여관찰/비공식면담/해석 등 제시된 자료의 성격을 구분해 주는 단어를 입력한다. '내용' 열에는 워드로 작성한 참여관찰기록을 한 칸에 한 문단씩 입력한다. 즉, 일정한 시간 동안 일어난 일/행동의 한 구성단위(sequence)나 하나의 소주제와 관련된 사건/말/해석 등을 한 문단씩 입력하는 것이다. 따라서 가로는 짧고 세로가 긴 엑셀 파일이 될 수밖에 없다.

〈표 1-2〉 엑셀 파일의 각 셀에 '참여관찰' 내용을 입력한 사례(2016)

자료 번호	장소	일시	자료의 성격	내용	키워드	인용 가치	주제/ 소주제	주제 번호
A2	학생식당	3월 17일 12~13시	참여관찰과 비공식면담	이번 참여관찰은 유리(가명, 문화인류학과 4학년)와의 일상적이고도 가벼운 비공식면담을 통해 앞으로 어떤 방향으로 참여관찰을 진행하면 좋을지에 대한 감을 잡으려고 노력했다. 오래된 과 친구인 만큼 학생식당에서 식사하면서 부담 없이 점심식사에 대한 가볍고 폭넓은 여러 질문을 던지며 대화를 이끌어나갔다. 〈중략〉	혼자 밥 먹음, 시간이 안 맞아서, 단톡방에 (함께) 밥 먹을 사람 물어본 적 없음	4		

				나: 민지랑은 점심 같이 먹어? 유리: 먹을 때가 없어. 왜냐면 민지 계속 수업 있거든. 연강이야. 민지랑 학교에서 밥 먹은 적이 한 번 있어. 나: 그럼 너는 평소에 누구랑 같이 먹어, 밥? 유리: 시간표가 하나도 안 겹쳐서 거의… 학교에서 밥 먹을 때, 너랑 민지랑. 나: 그 외에는 없어? 유리: 나 혼자. 왜냐면 시간이 안 맞잖아. 나는 막 혼자 밥 먹는다고 해서 단톡방에 '누구 밥 먹을 사람?' 한 번도 물어본 적이 없어.				
A2	학생식당	3월 17일 12~13시	해석	나는 누구랑 밥을 같이 먹냐고만 물어봤을 뿐인데, 유리는 자신이 혼자 먹는 이유("시간표가 맞지 않는다")를 반복해서 덧붙였다. 이는 '정당한' 이유("시간표가 맞지 않는다") 때문에 '어쩔 수 없이' 혼자 먹을 수밖에 없다는 것처럼 들렸다. 하지만 바로 그 뒤에 "나는 막 혼자 밥 먹는다고 해서 단톡방에 '누구 밥 먹을 사람?' 한 번도 물어본 적이 없어."라고 하는 것에서 자신은 혼자 먹는 것을 별로 개의치 않으며, 다른 사람들과 '굳이' 같이 밥을 먹으려 하지 않는다고 말하는 것처럼 느껴졌다.	혼자 먹는 정당한 이유, 혼자 먹는 것 개의치 않음	4		
〈중략〉								
A2	학생식당	3월 17일 12~13시	해석	밥을 혼자 먹는 개인이 '같이 먹을 친구'는 있지만 '정당한' 이유(시간표가 안 맞는다 등)로 '어쩔 수 없이' 혼자 먹을 수밖에 없다는 '혼자 밥 먹기'의 수동적 서사는 여전히 지배 서사의 영향 아래 있지만, 그 속에서 **스스로를 '보호'하는 일종의 '소극적 저항'**처럼 느껴진다. 반면, 능동적 서사는 자신은 혼자 먹는 걸 '개의치 않고', '굳이' 같이 먹을 사람을 찾지 않는다'는 것을 통해 **적극적으로 자신을 지배 서사의 영향으로부터 떼어 놓으려고 하는 '적극적 저항'**으로 해석할 수도 있다는 생각이 들었다.	혼자 밥 먹기의 수동적 서사, 소극적/적극적 저항, 지배 서사	5		

*출처: 고혜라(2016), "현장연구실습" 수업의 일환인 '대학생의 점심식사' 공동연구의 참여관찰 기록임.

'비구조화 면담'이나 '비구조화 면담에 가까운 반구조화 면담'(이하 '비구조화 면담') 자료를 입력하는 엑셀 파일 양식도 〈표 1-2〉와 비슷하며, 두 가지 차이가 있다. 첫 번째 차이는 〈표 1-3〉과 같이 '내용' 열에 참여관찰 기록 대신 한 토막씩의 질문과 답변 그리고 (면담내용의) 해석 문단을 순서대로 한 칸(cell)씩 입력한다는 것이다. 첫 질문과 답, 그리고 후속질문(probing question)과 답을 한 칸에 입력하는 것은 같은 키워드가 여러 칸에서 반복되는 것을 막기 위해서다. 대신 질문에 Q1, Q2, Q3 등의 번호를 붙이면 질문과 답변이 읽기 좋게 분리되는 동시에 몇 개의 후속질문으로 이어지는지 한눈에 볼 수 있어서 편리하다.

두 번째 차이는 면담 자료의 경우 정보제공자(면담대상자)[2)]의 배경 기본정보를 〈표 1-3〉의 왼쪽과 같이 모든 행에 입력해야 한다는 점이다. 엑셀을 활용한 종합적 분석을 쉽게 하기 위해서는 1명과의 면담내용을 모두 입력 후 이어서 다음 사람과의 면담내용을 입력하는 식으로 모든 면담내용을 한 파일에 입력해야 한다. 따라서 각 키워드를 말한 사람의 나이, 직업 등을 쉽게 찾을 수 있도록 같은 행에 배경 자료가 입력되어야 한다. 이후에는 '틀 고정' 기능을 사용해 현재 읽고 있는 열이 배경 자료 바로 옆에 위치하게 할 수 있다. 각 정보제공자에 할당된 모든 배경정보 행에 똑같은 정보를 입력하는 것은 엑셀 채우기 핸들의 '고정값 끌어당기기'를 사용하거나 더블 클릭으로 자동 채우기를 하면 몇 분 안에 완료된다. 이를 소홀히 하면 많은 시간을 낭비하게 된다. 주제별 파일을 만들어서 사용할 때나 주요 키워드를 말한 사람이 누구인지를 알 필요가 있을 때마다 일일이 각 면담의 첫 부분을 찾아서 누구와의 면담내용인지 확인해야 하기 때문이다.

---

2) 학생들은 정보제공자(면담대상자)를 '면담자'라고 부르는 경우가 많은데, 이는 틀린 표현이다. '면담자'는 '면담을 하는 사람'이라는 의미이므로, '면담자'에 대비되는 개념인 '피면담자'가 면담대상자를 지칭한다고 볼 수 있다. 그러나 수동적인 느낌을 주는 '피면담자'라는 표현은 '대화 형식의 면담'을 지향하는 에스노그라피의 정신에 맞지 않는다. 따라서 인류학에서는 '정보제공자(informant)'라는 명칭을 사용하며, 다른 학문 분야에서는 '연구참여자'라는 명칭을 사용하기도 한다. 다만 학문 분야나 기업문화에 따라서는 이런 명칭에 익숙하지 않기에 독자가 어렵게 느낄 수도 있다. 이런 경우라면 '면담대상자'라는 명칭을 사용할 수 있을 것이다.

〈표 1-3〉 비구조화 면담내용의 엑셀 파일 입력 사례(운동화 구매할 때의 고려사항, 2012년)

정보 제공자 번호	나이	성별	직업	학력	자료의 성격	내용	키워드	인용 가치	(잠정적) 주제/ 소주제	주제 번호	해석
1	28	여	회사원	대졸	면담	**〈운동화의 종류 대체질문〉** Q1. 그러면 운동화의 종류를 생각나는 대로 적어 줄래요? 운동화가 어떤 종류가 있는지를 포스트잇 하나에 1개씩만 적어 주세요. (정보제공자 1은 러닝화, 스니커즈, 패션운동화 3개만 적었다. 더 없냐고 해도 이것밖에 생각나지 않는다고 했다. 그러고는 패션 운동화는 이름이 이상한 것 같다며 '일반 운동화'라고 하는 것이 낫겠다고 바꾸어 적었다.) Q2. 그러면 '러닝화' 안에 들어갈 만한 운동화의 종류를 나눠 볼 수 있을까요? – 없어요. Q3. '스니커즈'는요? – 이것도 못 나눠요.	러닝화, 스니커즈, 일반 운동화	1	운동화 종류		
1	28	여	회사원	대졸	면담	Q1. 일반 운동화는요? – 예쁜 거랑 안 예쁜 거로 나눌 수 있을 것 같아요. 그런데 그러고 보면 다른 것도 다 그렇게 나누려면 나누겠지만, 러닝화는 안 예뻐도 용서가 좀 되는 거 같은데, 일반 운동화는 평소에 신고 다니겠다는 거니까 예쁜 게 중요한 거고, 안 예쁘면 안 사죠. 그리고 스니커즈는 기본적으로 예쁠 가능성이 많아요. Q2. 왜요? – 더 얄쌍하고 구두에 가까우니까 예뻐야만 하는 것 같아요.	예쁠 가능성이 많은 스니커즈, 예뻐야 하는 일반 운동화	2	운동화 종류별 예쁨의 허용 정도		
1	28	여	회사원	대졸	해석	스니커즈에서 2%만 부족해도 맘에 안 드는 것으로 보아서, 정보제공자 1이 진정으로 원하는 운동화는 색깔이 너무 튀어서 신지 못할 정도로 예쁜 운동화(스니커즈)라는 생각이 든다. 과연 이런 운동화, 즉 색깔은 튀지만 그래도 일반 옷과 매치가 가능하게 디자인된 스니커즈가 이제는 시장에 나와 있는가가 구매 결정의 관건이 될 것 같다.	색은 튀는데 일반 옷과 매치 가능한 스니커즈	4	원하는 운동화 (색이 튀는 스니커즈)		

참여관찰/면담내용 입력을 한 후에는 〈표 1-2〉나 〈표 1-3〉과 같이 각 칸의 옆에 '키워드'와 '인용 가치' 열을 각각 만들어서, 키워드들과 인용 가치 수준('0~5' 수준이나 '상 · 중 · 하' 등의 3단계 이상의 척도)을 입력한다.[3] 현장연구에서 키워드란 반드시 단어 1~2개가 아니라 문장이나 다름없이 길게 표현하기도 한다. 그렇지 않으면 핵심 내용을 나타내기 어려울 수도 있기 때문이다. 즉, 키워드는 기록 내용의 핵심 요약이라고 생각하면 된다.

키워드는 한 칸에 여러 개가 있는 경우가 많은데, 이때의 제시 방식은 두 가지가 있다. 하나는 〈표 1-2〉나 〈표 1-3〉처럼 여러 개의 키워드 사이에 쉼표(,)를 넣어서 구분해 주는 것이다. 이런 방식으로는 내용 입력 칸을 비교적 넓게 유지하면서도 엑셀 파일의 가로 길이가 컴퓨터 화면 안에 다 들어오도록 조정하는 것이 가능해서 보기 편하다는 장점이 있다. 또 하나는 키워드 칸을 여러 개 만드는 것이다. 예를 들어, 각 칸의 키워드가 최대 4개까지 제시되었다면, 〈표 1-4〉와 같이 키워드 칸을 4개 만들어서 한 칸에 키워드를 1개씩만 입력한다. 이 방법은 키워드들을 컴퓨터상에서 비교하면서 패턴을 찾아볼 때 보기 편하며, 쉼표 뒤에 있는 내용이 잘 안 보여서 빠질 가능성도 줄어든다는 장점이 있다.

입력 순서는 각 열의 내용을 입력할 때마다 키워드와 인용 가치를 함께 입력하기보다는 내용 입력을 어느 정도 끝낸 후 다음 단계로 키워드와 인용 가치를 입력하는 것이 시간 절약이 된다. 전체 자료의 입력까지 기다리는 것은 아니고, 한 단위의 참여관찰/면담 내용의 입력이 끝날 때마다 키워드와 인용 가치를 입력하는 것이 효율적이다. 지나치게 큰 단위가 아니어야 키워드가 더 빨리 찾아지고, 중요한 키워드를 누락시킬 가능성도 줄기 때문이다.

키워드와 인용 가치의 입력 후에는 '(잠정적) 주제/소주제' 열의 입력을 해야 하는데, 입력 시기는 연구자가 편한 대로 하면 된다. 즉, 키워드 입력을 할 때 주제가 쉽게 보이면 바로 입력하고, 그렇지 않다면 키워드들이 더 모여서 주제가 나타날 때까지 기다렸

---

3) 이 단계에서의 인용 가치 판단은 연구자가 주관적으로 해도 상관없다. 나중에 보고서 작성단계에서 인용 가치가 비교적 높게 표시된 것들을 비교해 보고 실제로 인용할 내용을 선택하게 되는데, 이때 보고서의 맥락에서 가장 적합한 것을 신중하게 고르면 되기 때문이다. 또한, 인용 가치 열의 위치는 키워드의 오른쪽도 좋고, 주제 번호의 오른쪽으로 보내도 상관없다. 어디든 연구자에게 더 편한 곳으로 정하면 되는데, 필자의 경우에는 키워드 옆이 더 편하다고 느끼는 경우가 많다.

〈표 1-4〉 키워드 칸을 여러 개로 나눈 입력 사례(〈표 1-3〉의 변형, 윗줄만 제시)

정보제공자번호	나이	성별	직업	학력	자료의 성격	내용	키워드1	키워드2	키워드3	키워드4	인용가치	(잠정적) 주제/소주제	주제번호	해석
1	28	여	회사원	대졸	면담	**〈운동화의 종류 대체질문〉** Q1. 그러면 운동화의 종류를 생각나는 대로 적어 줄래요? 운동화가 어떤 종류가 있는지를 포스트잇 하나에 1개씩만 적어 주세요. (정보제공자 1은 러닝화, 스니커즈, 패션운동화 3개만 적었다. 더 없냐고 해도 이것밖에 생각나지 않는다고 했다. 그리고는 패션 운동화는 이름이 이상한 것 같다며 '일반 운동화'라고 하는 것이 낫겠다고 바꾸어 적었다.) Q2. 그러면 '러닝화' 안에 들어갈 만한 운동화의 종류를 나눠 볼 수 있을까요? – 없어요. Q3. '스니커즈'는요? – 이것도 못 나눠요.	러닝화	스니커즈	일반운동화		1	운동화 종류		

다가 입력한다. 일반적으로 참여관찰 기록이나 완전히 비구조화된 대화 형식의 면담에서는 몇 칸의 키워드만으로는 주제가 잘 찾아지지 않으므로, 주제가 쉽게 발견되지 않는다고 걱정할 필요는 없다. 한 회분의 참여관찰이나 하나의 에피소드, 또는 여러 토막의 문답에 대한 키워드 입력을 끝내야 주제가 눈에 보이기 시작하는 경우가 많다. 반면에, 사전 준비된 질문 리스트를 사용한 면담이라면 한 칸의 키워드를 입력하자마자 주제도 입력할 수 있는 경우가 많다. 〈표 1-3〉의 '운동화의 종류' 사례처럼 질문에 이미 주제가 나타나기도 하기 때문이다. 한편, 한 칸에 제시된 내용에서 복수의 주제/소주제가 나타날 수도 있다. 따라서 '주제/소주제'에도 키워드처럼 2~3개의 열을 배당할 수도 있지만, 일반적으로는 하나의 열만 배당하면 충분할 것이다. 복수의 주제/소주제가 나타나는 경우는 많지 않아서, 그럴 때만 쉼표를 사이에 넣어 표시하면 되기 때문이다.

'해석' 열에는 키워드 추출이나 주제 리스트를 만드는 과정에서 떠오른 해석이나 분석, 더 알아볼 내용, 새로운 질문 등을 입력한다. 해석 열이 마지막인 것이 해석의 입력을 마지막에 하라는 의미는 아니다. 해석에는 글이 많이 들어가므로 인용 가치, 주제/소주제, 주제 번호 열의 뒤에 배치해 보기 편하게 한 것뿐이다. 자료를 읽다가 떠오른 해석들은 스쳐 지나가는 경우가 많으므로 해석의 입력은 떠오를 때마다 하는 것이 좋다. 한편, 기록한 내용이 머릿속에 생생할 때 더 잘 떠오르는 해석이 있는가 하면 본격적인 분석에 들어가야 떠오르는 해석도 있으므로, 우선 떠오른 것만 입력해 두었다가 계속 추가해 나가면 된다. 해석은 모든 칸에 입력하는 것이 아니라, 떠오르는 것이 있을 때만 입력하면 된다. 다른 모든 칸은 채워져 있는데 해석 칸만 비어 있다고 초조하게 느낄 필요는 없으며, 해석 칸이 너무 조금 채워져 있다고 걱정할 필요도 없다. 자료를 여러 차례 읽고 키워드 분류작업을 하다 보면 새로운 해석이 떠오르는 경우가 많아서, 차차 해석이 보충되기 때문이다.

엑셀 파일에 모든 참여관찰/면담내용, 키워드, 인용 가치, 잠정적 주제/소주제, 일부 해석까지 입력했다면 이미 기초 분석은 한 것이며, 본격적 분석을 위한 준비가 된 것이다. 본격적 분석을 위해서는 주제/소주제들을 범주화해서 '잠정적 주제/소주제 리스트'를 만들어야 한다. 주제/소주제들이 아직 충분히 입력되지 않았다면, 키워드들을 다시 살펴보면서 주제/소주제들을 더 찾아 입력해야 리스트를 만들 수 있다. 리스트를 만들 때는 포스트잇에 주제들을 하나씩 써서 분류할 수도 있지만, 양이 많다면 주제들을 가나다순으로 정렬해서 분류하는 것이 편하다. 정렬하면 같은 것들이 잘 보이므로 하나씩만 남긴 후 전체에 일련번호를 부여해 프린트하면, 한꺼번에 보면서 비슷한 것들을 묶을 수 있기 때문이다.

'(잠정적) 주제/소주제 리스트'는 초안을 만든 후 계속 다듬고 수정하는 작업을 거쳐야 완성할 수 있다. 즉, 몇 차례의 분류작업을 거쳐서 새로운 주제/소주제의 추가나 삭제를 하고, 중복되는 주제/소주제를 통합하거나 하나의 주제/소주제를 2개 이상으로 분리하기도 한다. 소주제를 세분할 필요가 있는 항목들은 하위주제들로 더 분류하는 등의 작업을 할 수도 있다. 이를 위해서는 제2장에 소개한 분류체계분석을 적용하는 것이 유용하다. '잠정적 주제/소주제 리스트'가 어느 정도 완성되었다고 판단되면, '(잠정적) 주제/소주제' 열의 빈칸에 각 칸의 내용에 해당하는 주제/소주제를 리스트에서 찾아서 입력한다. 또한 이미 입력해 놓은 잠정적 주제/소주제도 '잠정적 주제/소주제 리스트'와 비교해 필요하다면 수정을 해야 한다.

'잠정적'이라고 부르는 것은 각 칸의 내용에 맞는 주제/소주제를 입력할 때 비로소 문제가 발견되는 경우가 많기 때문이다. 해당 내용이 리스트에 없거나, 2개의 소주제 중 어느 쪽인지 판단하기 어렵거나, 너무 많은 내용이 포함된 주제라서 분리할 필요가 있는 등의 문제가 발견될 수 있다. 이런 경우 잠정적 리스트를 수정하여, '최종 주제/소주제 리스트'를 완성해야 한다. 주제/소주제 리스트의 실례로는 필자의 연구인 "디저트 소비의 일상화와 디저트 소비상황의 다양화: 발견적 연구 설계"(이용숙, 2020)의 최종 주제/소주제 리스트를 제시하였다.

최종 주제/소주제 리스트의 사례

I. 디저트 소비의 일상화
  1. 소비자들이 디저트를 자주 먹는 정도
  2. 소비자들이 디저트를 선호하는 정도
  3. 디저트를 먹는 빈도나 선호 정도의 집단별 차이
    1) 성별 차이
    2) 연령대별 차이
    3) 직업군별 차이
II. 주로 소비되는 디저트 종류
  1. 소비자들이 주로 떠올리는 디저트 종류
  2. 소비자들이 자주 먹는 디저트 종류
  3. 소비자들이 선호하는 디저트 종류
  4. 주로 떠올리는/먹는/선호하는 디저트의 집단별 차이
    1) 성별 차이
    2) 연령대별 차이
    3) 직업군별 차이
III. 디저트 소비상황의 다양화
  1. 디저트 소비상황의 종류
  2. 디저트 소비상황별로 주로 먹는 디저트의 종류
  3. 디저트 소비상황별 주 소비집단의 차이
IV. 주요구매요인으로서의 디저트 소비상황

잠정적 주제/소주제 리스트에서 최종 주제/소주제 리스트로 발전시키는 것은 몇 개의 항목만 추가 · 삭제 · 수정하는 정도로 비교적 간단하게 이루어지기도 하고, 여러 차례의 수정을 거치면서 커다란 변화가 생기기도 한다. 처음에는 작은 소주제였던 것이

〈표 1-5〉 디저트 소비 연구의 주제/소주제 리스트 변화과정

원래의 주제 리스트	1차 수정된 리스트	2차 수정된 리스트	3차 수정된 리스트
I. 디저트 소비의 일상화 1. 소비자들이 디저트를 자주 먹는 정도 2. 소비자들이 디저트를 선호하는 정도 3. 디저트를 먹는 빈도나 선호 정도의 집단별 차이 1) 성별 차이 2) 연령대별 차이	I. 디저트 소비의 일상화 1. 소비자들이 디저트를 자주 먹는 정도 2. 소비자들이 디저트를 선호하는 정도 3. 디저트를 먹는 빈도나 선호 정도의 집단별 차이 1) 성별 차이 2) 연령대별 차이 3) 직업군별 차이	I. 디저트 소비의 일상화 1. 소비자들이 디저트를 자주 먹는 정도 2. 소비자들이 디저트를 선호하는 정도 3. 디저트를 먹는 빈도나 선호 정도의 집단별 차이 1) 성별 차이 2) 연령대별 차이 3) 직업군별 차이	I. 디저트 소비의 일상화 1. 소비자들이 디저트를 자주 먹는 정도 2. 소비자들이 디저트를 선호하는 정도 3. 디저트를 먹는 빈도나 선호 정도의 집단별 차이 1) 성별 차이 2) 연령대별 차이 3) 직업군별 차이
II. 주로 소비되는 디저트 종류 1. 소비자들이 주로 떠올리는 디저트 종류 2. 소비자들이 자주 먹는 디저트 종류 3. 소비자들이 선호하는 디저트 종류 4. 주로 떠올리는/먹는/선호하는 디저트의 집단별 차이 1) 성별 차이 2) 연령대별 차이 5. 디저트 소비상황별로 주로 먹는 디저트의 종류	II. 주로 소비되는 디저트 종류 1. 소비자들이 주로 떠올리는 디저트 종류 2. 소비자들이 자주 먹는 디저트 종류 3. 소비자들이 선호하는 디저트 종류 4. 주로 떠올리는/먹는/선호하는 디저트의 집단별 차이 1) 성별 차이 2) 연령대별 차이 3) 직업군별 차이	II. 주로 소비되는 디저트 종류 1. 소비자들이 주로 떠올리는 디저트 종류 2. 소비자들이 자주 먹는 디저트 종류 3. 소비자들이 선호하는 디저트 종류 4. 주로 떠올리는/먹는/선호하는 디저트의 집단별 차이 1) 성별 차이 2) 연령대별 차이 3) 직업군별 차이	II. 주로 소비되는 디저트 종류 1. 소비자들이 주로 떠올리는 디저트 종류 2. 소비자들이 자주 먹는 디저트 종류 3. 소비자들이 선호하는 디저트 종류 4. 주로 떠올리는/먹는/선호하는 디저트의 집단별 차이 1) 성별 차이 2) 연령대별 차이 3) 직업군별 차이
	III. 디저트 소비상황의 다양화 1. 디저트 소비상황의 종류 2. 디저트 소비상황별로 주로 먹는 디저트의 종류 3. 디저트 소비상황별 주 소비집단의 차이	III. 디저트 소비상황의 다양화 1. 디저트 소비상황의 종류 2. 디저트 소비상황별로 주로 먹는 디저트의 종류 3. 디저트 소비상황별 주 소비집단의 차이 4. 디저트 구매 요인으로 작용하는 디저트 소비상황	III. 디저트 소비상황의 다양화 1. 디저트 소비상황의 종류 2. 디저트 소비상황별로 주로 먹는 디저트의 종류 3. 디저트 소비상황별 주 소비집단의 차이
			IV. 주요구매요인으로서의 디저트 소비상황

대주제로 확장되기도 하고, 완전히 새로운 대주제가 추가되기도 하며, 2개의 대주제가 통합되기도 하는 등의 변화가 생기는 것이다. 디저트 소비 연구사례에서 앞부분은 전자에 해당하며, 뒷부분은 후자에 해당한다. 〈표 1-5〉에서 보듯이 대주제 4개 중에서 앞의 2개인 'I. 디저트 소비의 일상화'와 'II. 주로 소비되는 디저트 종류'의 경우에는 작은 변화만 있어서, '3) 직업군별 차이'라는 소주제만 1차 수정에서 추가되었다. 뒤의 대주제 2개는 3회에 걸쳐 크게 수정되었다. 'III. 디저트 소비상황의 다양화'는 처음에는 '디저트 소비상황별로 주로 먹는 디저트의 종류'라는 비교적 작은 주제로 출발하였던 것이 1차 수정에서 대주제로 승격했다. 'IV. 주요구매요인으로서의 디저트 소비상황'은 처음에 아예 없었지만, 2차 수정에서 주제로 추가되었고, 3차 수정에서는 독립된 대주제로 승격되었다.

이처럼 잠정적 주제/소주제 리스트와 상당히 다른 최종 주제/소주제 리스트를 만들었다면, 주제 입력을 다시 할 수밖에 없다. 이때 처음에 잠정적 주제/소주제까지 입력한 파일은 그대로 보관한 채, 새로운 파일을 만들어서 주제 입력 작업을 시작해야 한다. 즉, 현재까지의 입력 내용을 그대로 복사하고 '(잠정적) 주제/소주제'라는 제목만 '주제/소주제'로 바꾼 파일을 새로 만들어서, 주제 입력을 전체적으로 수정 · 보완한다. '주제' 열에 입력된 내용이 수정된 '최종 주제 리스트'와 일치하는지 확인하고, 아니라면 수정된 주제나 소주제로 바꾸는 것이다. 처음 작업한 파일을 보관하는 것은 수정 · 보완 과정에서 처음의 주제 리스트가 오히려 더 나은 부분을 발견하기도 하기 때문이다. 이때는 처음의 주제 입력 내용을 보면서 재수정을 해야 편리하다.

'주제/소주제 번호'는 파일 완성 전에는 미리 입력하지 않고, 주제/소주제 리스트가 완전히 확정된 후 입력해야 시간 낭비를 줄일 수 있다. 주제/소주제 리스트를 수정할 때마다 계속 번호도 수정해야 하면 혼동되기 때문이다. 주제/소주제 리스트가 확정되었다고 판단한 후에도 피치 못한 상황으로 약간의 변화는 줄 수 있다. 이때는 대부분 확정했던 주제나 소주제 번호 뒤에 새로운 번호를 추가하거나, 없애기로 한 주제나 소주제에 부여했던 번호를 앞으로는 사용하지 않기로 하는 방법 등으로 어렵지 않게 해결할 수 있다. 이런 과정을 거쳐 '가족으로서의 반려동물' 연구의 참여관찰 엑셀 파일에 주제/소주제와 주제/소주제 번호를 입력한 결과는 〈표 1-6〉과 같다. 이 표의 첫 번째 문단에서는 2개의 주제가 발견되었으므로, 주제/소주제 열과 주제 번호 열에는 중간에 쉼표를 넣어서 2개를 모두 제시했다(이 사례에 대한 더 자세한 내용은 제6장 참조).

〈표 1-6〉 키워드/인용 가치만 기록한 엑셀 파일에 추후 확정된 주제/주제번호를 입력한 사례

자료번호	장소	일시	자료의 성격	내용	키워드	인용 가치	주제/소주제	주제번호
A1	'카페개네' 성신점	3월 12일 2~3시	참여관찰	그 후로 남자 1명과 여자 2명이 한 마리, 또 자매가 1마리의 강아지를 데리고 왔다. 자매들이 내 옆에 자리를 잡았는데, 그녀들은 자신의 반려견을 부를 때 이름과 '아가'라는 표현을 사용했다. 강아지가 멀리 가 있으면 "○○아"라고 부르고, 옆에 같이 있으면서 배를 긁어 주거나 머리를 쓰다듬어 줄 땐 "오구, 우리 '아가'"라는 표현을 썼다. 엄마들이 갓난아이 앞에서 혀 짧은소리와 함께 "우르르 까꿍" 하며 귀여워해 주는 모습이 떠올랐다. 최근 미국에서는 애완동물을 완전한 가족처럼 대하기도 하는데, 애완용품업체는 이를 일컬어 '애완동물의 인간화'라고 부른다고 한다. 반려동물을 키우는 사람이 자기 가족의 서열을 얘기할 때 반려동물을 포함시키는 모습이나, 그들에게 '아가'와 같이 어린 '사람'에게 쓰는 호칭을 사용하는 것을 보면 우리나라도 비슷한 양상으로 가고 있다고 느낀다.	'아가'라는 호칭, 가족, 인간화	4	개/고양이의 호칭과 지칭, 가족 구성원	4, 9
				〈중략〉				
A1	'카페개네' 성신점	3월 12일 2~3시	참여관찰과 해석	카페는 가장자리를 따라 테이블이 놓여 있고 가운데는 강아지들이 뛰어놀 수 있게 비어 있는데, 자매는 반려견이 적응할 때까지 테이블에 앉아 있었다. 그러던 중 갑자기 언니가 가운데로 나오더니 자신의 반려견을 불렀다. 그러고선 반려견에게 "앉아" "손"이라고 말하며 재주를 부리게 했다. 나와 친구 그리고 주변 손님들은 "귀엽다" "똑똑하다"라고 감탄을 연발했다. 그 언니는 그런 우리를 한번 쓱 쳐다보더니 입가에 미소를 띠었다. 그러고서 마지막으로 반려견의 뒤집기를 선보였다. 또 한 번 감탄사가 들리고, 언니는 있는 힘껏 "우리 ○○ 잘했어!"라고 말하며 다시 테이블로 돌아왔다. 내가 관찰한 바에 따르면, 그 언니는 분명 주변 사람들의 감탄을 의식한 것처럼 보였다. 그리고 그 감탄 전에 이미 그녀는 굳이 카페 가운데 나가 반려견의 훈련을 시켰다는 것부터가 사람들에게 자신의 반려견이 '얼마나 훌륭한지'를 보여 주고 싶은 심리가 반영된 것이라고생	훈련, 뽐내기	3	키우는 사람의 자랑	13 (1)

				각한다. 펜실베이니아 대학교의 인류 동물학자 제임스 서펠은 애완동물은 우리와 함께 살지만 뚜렷한 역할은 없는 동물이라고 말했다. 하지만 자매와 그 반려견을 보면 반려견은 주인에게 자랑스러움을 느끼게 해 주는 역할을 톡톡히 한다고 보인다. 애견카페라는 것이 반려견이 없는 사람들도 입장할 수 있는 곳이고, '카페개네'는 그중 반려견 동반 입장이 아닌 사람들이 많았기 때문에 그런 역할이 덜 행해진 모습이 저 정도일 수도 있다고 생각한다. 반려견과 그 주인들이 많이 모여 있는 곳이라면 더 많은 시간을 자신의 '반려견 훈련 뽐내기'에 사용하지는 않을까 하는 궁금증이 들었다.				

이와 같은 엑셀 파일을 만들었다면, 코딩하기, 보고서에 인용할 내용 찾기, 내용분석 등을 쉽게 할 수 있으므로, 파일을 만드는 데 할애한 시간의 몇 배를 절약할 수 있다. 다만 하나 더 할 일은 같은 소주제 번호인 행들을 모두 모아서 각각의 소주제별 엑셀 파일을 만드는 것이다.[4] 이 파일로 각 소주제와 관련된 내용의 코딩[5]을 하기 위해서다. 이때 입력한 서술내용 전체를 가지고 코딩을 하려면 오래 걸리므로, 이미 입력해 놓은 키워드들을 가지고 코딩을 하는 것이 편하다(코딩 방법은 II절 참조).

엑셀 파일은 모든 참여관찰 내용을 입력한 참여관찰 파일과 모든 면담내용을 입력한 면담 파일을 별개로 만들 수도 있지만, 합쳐서 하나의 파일만 만드는 것이 운영하기 더 편한 경우도 많다. 이때 정보제공자의 배경을 모든 칸에 입력하는 것은 참여관찰 파일에서 필요 없고, 면담 장소와 일시까지 모든 행에 입력하는 것은 면담 파일에서 필요 없다. 하지만 1개의 큰 파일로 합치려면 대부분 빈칸이더라도 모든 항목을 제목(제일 윗줄)에 포함하는 파일을 만들면 된다.

4) 만약 하위 소주제가 없는 주제라면 주제별 파일을 만든다.

5) 질적 자료의 코딩은 일정한 텍스트(문장/문단)를 그 내용에 해당하는 축약된 기호 또는 코딩 번호로 나타낸다는 점에서 '약호화'라고도 부른다. 질적 자료의 각 문단(또는 문장)을 해당 코딩 번호로 나타내려면, 우선 분석 대상인 텍스트(또는 각 문단의 키워드)를 범주화/유형화하여 코딩을 위한 주제 리스트를 만들고, 이 리스트의 각 항목에 코딩 번호를 부여해야 한다. 이런 점에서 코딩을 '범주화' 작업이라고 부를 수도 있다.

2. 구조화 면담과 서술형 설문조사 내용을 엑셀 파일에 입력하여 분석하기

구조화된 질문 리스트를 사용하지 않는 비구조화 면담에서는 면담마다 질문의 내용과 순서가 상당히 다르다. 따라서 워드 파일로 분석을 하려면 비슷한 질문에 대한 답을 각 면담에서 일일이 찾아 주제/소주제별 파일을 만드는 번거로운 작업을 거쳐야 한다.[6] 앞에 소개한 대로 문답 내용과 키워드를 하나의 엑셀 파일에 한 토막씩 입력 후 이를 토대로 주제/소주제 리스트를 만들어 모든 면담내용을 주제/소주제별 파일로 통합하는 방법을 개발한 것은 이 번거로움을 피하려는 시도다. 하지만 이 작업도 간단하지는 않다. 그렇다면 '구조화 면담이나 이에 가까운 반구조화 면담'(이하 모두 '구조화 면담')을 했다면 어떻게 하면 좋을까? 구조화 면담은 정해진 질문 순서를 거의 따르되, 개별 답변 내용에 따라 추가 질문을 다르게 한다거나 일부 질문을 생략하는 정도로 약간의 변화만 준 면담을 말한다. 따라서 그 형식은 비구조화 면담보다는 서술형 설문조사에 더 가깝다. '서술형 설문조사'는 현장연구에서의 사용이 점차 늘어나고 있는 훌륭한 보완적 자료수집방법이므로, 여기에서는 구조화 면담과 서술형 설문조사의 엑셀 파일 만드는 방법을 함께 알아보도록 한다.[7]

설문조사나 구조화 면담에는 이미 질문 번호들이 지정되어 있으므로, 한 질문 번호를 엑셀의 한 열로 하여 모든 응답자의 답변 내용을 편하게 입력할 수 있다. 서술형 설문조사 결과를 입력하는 엑셀 파일 형식을 〈표 1-7〉에 제시했다. 모든 질문을 엑셀 파일의 첫째 줄에 나란히 입력한 후 둘째 줄부터는 각 응답자에게 한 행씩 배당하여, 답변 내용을 해당 질문의 아랫줄에 입력하는 것이다. 따라서 행의 수는 질문 행을 제외하면 응답

---

6) 필자도 1980~1990년대에는 텍스트 자료를 프린트해서 키워드에 밑줄을 긋고 이를 토대로 주제/소주제 리스트를 만들어 여백에 주제/소주제 번호를 적은 후, 같은 주제/소주제 번호가 들어간 페이지를 모두 복사해서 주제/소주제별 파일을 만드는 번거로운 방법을 사용했다. 이 방법은 당시에는 매우 체계적이었지만, 이로 인해 필자의 연구실에는 큰 캐비넷 2~3개에 다 들어가지 못할 정도로 많은 파일을 여기저기 보관해야 하는 문제가 생겼다.

7) 현장연구에서 서술형 설문조사도 하는 것은 질적/양적 분석을 통합하는 것이 바람직해서다. 양적 분석이 가능할 정도의 면담은 많은 시간이 필요하므로 연구 여건에서 가능한 수의 면담만 한 후, 이를 토대로 서술형 설문조사를 수백 명 대상으로 하는 것이다. 짧은 시간만 사용해 설문조사를 하려면, 비용은 들어도 조사회사(리서치 회사)를 활용할 수도 있다. 조사 대상을 어떻게 할지(예: 20~50대 남녀 직장인 각 50명) 정해서 연구자가 만든 설문지를 조사회사에 보내면, 회사와 계약 중인 수천~수만 명의 패널 중 조건에 맞는 사람들로부터 응답을 받아 준다. 필자의 경험으로는 설문지를 보낸 후 일주일 내에 조사결과를 받을 수 있었다. 또한 처음 보낸 설문 문항에 대해 응답자가 혼동할 여지는 없는지 자문해 주고 수정 기회를 주기도 한다는 장점도 있었다.

자의 수와 일치하고 열의 수는 질문의 수와 일치하여, 가로가 상당히 긴 파일이 된다.[8)]

〈표 1-7〉 서술형 설문조사 결과의 엑셀 파일 입력 사례(중간 부분)

응답자번호	성별	나이	질문 11	질문 12				질문 13
			다른 사람이 반려동물을 키우는 방식에 대하여 못마땅하게 느낀 경우가 있다면 모두 적어 주십시오. (서술형 응답)	키우는 개/고양이를 부를 때 사용하기도 하는 호칭에 해당하는 번호에 모두 표시해 주십시오.(객관식 복수응답)				현재 키우는 개/고양이를 가족이라고 여기십니까? (1. 예/ 2. 아니요) (객관식 단일응답)
				1. 이름을 부름	2. "아가야/우리 애기"	3. "OO야, 엄마(아빠/누나/형) 왔다"	4. 기타 (적어 주세요)	
1	여	40	어떤 사람은 자신의 반려견이 작은 개를 공격해도 그냥 놔두어서 저같이 작은 개를 키우는 사람은 불안하다. 그리고 반대로 자신의 개를 너무 무섭게 야단치거나 때려서 겁에 질려 있게 하는 사람도 있는데, 그런 사람은 반려견을 키우지 않아야 한다고 생각한다.	1	2	3	4. 우리 귀염둥이야	1
2	남	24	훈련을 제대로 시키지 않아 개가 계속 짖는 경우	1	2			1
3	여	52	지나치게 떠받들고 위해서 보기 흉한 모습	1				2

답변 내용 입력방식은 질문 유형에 따라 달라진다. '서술형 문항'이라면 각 응답자의 답변 내용을 해당 질문의 아래 행에 그대로 입력한다. 입력이 끝난 후 하나 더 할 작업은 키워드나 인용 가치가 높은 내용에는 밑줄을 쳐 주는 것이다. 이는 나중에 키워드나 인용할 자료를 쉽게 찾기 위한 것이다. 이런 식으로 키워드와 인용할 가능성이 있는 곳에 표시하는 것은 〈표 1-7〉의 형식에서는 〈표 1-2〉~〈표 1-4〉와 달리 여러 문항의 응답 내용이 가로로 제시되고 나중에 코딩 번호 열도 추가해야 하므로, 키워드와 인용 가

8) 일반 설문지로 설문조사를 했다면 엑셀 파일을 만들어서 각 응답자의 답변 내용을 입력하는 작업부터 해야 한다. 그러나 응답자들이 엑셀 파일에 익숙하다면 처음부터 조사지를 엑셀 파일 형식으로 만들어서 답하게 하는 것이 시간 절약이 된다. 연구자는 각 응답자의 응답 결과를 한 열씩 붙여 넣어서 하나의 엑셀 파일로 만드는 작업만 하면 되기 때문이다. 조사회사에 설문조사를 의뢰할 때도 모든 답변 내용을 하나의 엑셀 파일로 만들어 보내 준다(각 문항의 응답자 유형별 답변 빈도와 퍼센트가 제시된 표도 함께 보내 줌).

치 열까지 별도로 만들기는 어렵기 때문이다. 또한 해석 열도 따로 만들지 않기 때문에 추가하고 싶은 해석이 있다면 응답 내용의 뒤에 괄호를 해서 제시하고, 중요한 내용에는 역시 밑줄을 쳐 준다.

객관식 문항 중에서 하나의 답만 선택해야 하는 '단일응답 선택형 문항'이라면 질문의 아래 행에 각 응답자가 선택한 응답 번호를 입력한다. '복수응답 선택형 문항'이라면 두 가지 형식이 가능하다. 하나는 선택된 번호를 한 셀에 모두 입력하되, 각 번호의 사이에 "3, 4, 7"과 같이 쉼표(,)를 넣어서 구분해 주는 것이다. 이처럼 쉼표를 넣어 주어야 여러 개를 선택했다는 의미가 된다. 다른 하나는 〈표 1-7〉의 질문 12처럼 제시된 선택지의 수만큼 응답 번호 열을 따로 만들어서 각 응답자가 선택한 응답 번호에만 숫자를 적어 표시하는 것이다.

〈표 1-7〉과 같은 파일에서는 각 질문이 소주제인 셈이다. 따라서 서술형 응답 내용이라도 별도의 소주제별 파일을 만들 필요 없이 각 질문의 밑에 입력된 답변 내용을 한꺼번에 읽어 보면서 코딩을 바로 시작할 수 있다. 이처럼 엑셀 파일을 사용하면 서술형 문항 내용분석을 어렵지 않게 할 수 있다. 따라서 설문조사의 서술형 문항과 형식이 비슷한 구조화된 면담을 한 경우에도 '서술형 설문조사 엑셀 파일 형식'을 약간 변형시켜서 사용하는 것이 편하다. 서술형 설문조사 형식과 한 가지만 다르게 하면 된다. 질문 리스트에 없는 추가 질문을 한 경우에만 원래의 질문 옆에 새로운 열을 만들어(필요할 때마다 삽입하면 됨) 추가 질문과 답을 입력할 수 있게 하는 것이다. 일부에게는 생략한 질문이 있는 경우에는 해당 열을 비워 놓으면 되므로 별도의 형식 변형은 필요 없다.

〈표 1-8〉은 '대학생의 점심식사'를 주제로 한 구조화 면담내용의 엑셀 파일 입력 사례다. 이 사례에서 3번 정보제공자는 자신에게 점심식사는 어떤 의미인지 물은 '질문 1'에 대해 "고민"이라고 답했다. 이는 다른 대학생들은 거의 언급하지 않았던 것이었기 때문에 "왜 고민을 해요?"라는 후속질문을 하였고, 이 후속질문과 "무엇을 먹을지 고민해요"라는 답을 추가 질문 열(질문 1-1)에 입력한 것이다(코딩 번호에 대해서는 II절 참조).

〈표 1-8〉 구조화 면담내용의 엑셀 파일 입력 사례

정보제공자번호	성별	나이	학년	질문 1	질문 1-1	코딩 번호	질문 2	질문 3
				"나에게 점심식사란 ( )다"의 괄호 안에 들어갈 수 있는 단어를 모두 말해 주세요. (서술형 응답)	추가 질문과 답 (있는 경우)		학교에서는 일주일에 평균 몇 회 점심을 먹습니까?	학교에서 점심 먹을 때 편의점 이용은 일주일에 평균 몇 회입니까?
1	여	20	3	공강 시간, 휴식시간, 밥 시간, 고민 시간, 기다리는 시간, '어디야?'라고 묻는 시간, 잡담시간, 즐거운 시간, 지출이 걱정되는 시간		9(1), 1(1), 4(1), 8, 7, 3(2), 3(1), 2, 6(2)	3	1
2	남	24	4	긴 하루 중의 여유, 작은 행복		1(2), 2	4	0
3	여	19	1	고민	Q: 무엇을 고민해요? A: 무엇을 먹을지 고민해요.	7	2	2
4	남	19	1	친구와의 대화 시간, 영양분 보충 시간, 에너지 충전, 수업 중간의 휴식, 마음의 안식		3(1), 5(2), 5(1), 1(1), 1(2)	3	1
5	남	21	2	생명수단		5(3)	5	1
6	여	19	2	고단한 대학 생활 가운데 행복을 주는 시간		2	2	1
7	남	19	1	필수, 휴식시간, 해피타임		5(3), 1(1), 2	3	0
8	남	19	1	즐거움		2	3	1
9	여	19	1	마음이 편안한 시간		1(2)	4	1
10	남	24	4	바쁜 일상에 주어진 잠깐의 휴식시간		1(1)	3	1
11	남	19	1	돈 아낌		6(2)	2	2
12	남	25	4	첫 끼		4(2)	3	1

*출처: 이용숙, 이수현(2016), "대학생의 점심식사 방식과 점심식사에 부여하는 의미" 연구사례임.

Ⅱ 질적 자료 코딩하기

1. 질적 자료의 코딩이란

질적 자료의 코딩(약호화)은 질적 연구를 통해 수집된 텍스트 자료를 코드를 이용하여 효과적으로 분류하는 분석방식이다. 이때 '코드'는 앞 절에서 살펴본 엑셀 파일의 키워드와 유사한 것이다. 코딩은 이처럼 코드 추출이라는 작은 작업부터 시작하지만, 작은 것들의 집합을 통해 작용의 원리를 파악해 이해를 발전시키며 더 넓은 질문에 대한 이론을 알아낼 수 있다. 코딩은 코드(키워드)를 통해 텍스트 자체의 전체적인 내용을 파악할 수 있음은 물론이고, 중요한 질문에 집중해 자잘한 부분을 생략하는 방식으로 시행할 수도 있다. 방대한 질적 자료를 간략하게 요약함으로써 자료분석에 필요한 시간을 줄이는 것이다.

코딩은 특정한 상황/행동의 빈도 확인, 사건의 연속성 파악, 어떤 현상의 원인이나 개입된 관계 등을 연구하면서 비슷한 패턴을 발견하기 위해 활용한다. 이를 위해 한편으로는 여러 단위를 더 큰 단위로 범주화하고, 또 한편으로는 각 단위에 속하는 더 작은 단위들로 분류해서 2~3단계 정도로 분류하는 경우가 많다. 또는 세부 단위들을 다시 중간 단위로 묶어서 3~4단계 정도로 분류하기도 한다. 예를 들어, '집'을 연구할 때 거실, 부엌, 침실, 현관 등으로 나누어 연구를 시작하면서 각 방의 세부 공간을 분류해 나간다고 하자. 이 중 부엌은 포함된 단위를 '조리 공간'과 '식사 공간'이라는 중간 단위로 범주화했고, '식사 공간'은 다시 '식탁'과 '아일랜드 겸용 간이식탁'이라는 세부 단위로 나누었다면 3단계 분류가 되는 것이다. 이런 분류작업을 여러 차례 하면서 패턴을 발견하게 되면, 집을 단순히 여기저기 둘러보는 것보다 효과적으로 집이라는 전체를 파악할 수 있게 된다.

코딩을 시작할 때 어디에 집중할지 미리 결정한 후 진행하면 편하겠지만, 현장연구에서는 사전 결정이 가능하지 않은 경우가 더 많다. 현장연구 기록에서 작은 단위들을 모두 찾아서 더 큰 단위로 묶어 주는 귀납적 작업을 한동안 진행해야 어디에 집중할지 알게 되는 것이다. 그러나 코딩 시작 전에 이미 관련 이론을 알고 있다면, 귀납적 방식의 코딩 대신 이론을 통해 사전 결정된 코드로 코딩을 하면서 그 밖에 중요한 코드를 발견하는 경우에만 추가함으로써 그 이론을 명확히 하는 과정을 거칠 수도 있다.

2. 코딩하기

어떤 과정으로든 코드를 정의했다면, 코딩을 시작할 수 있다. 예를 들어, 앞의 〈표 1-8〉에서 서술형 문항인 질문 1의 옆에는 코딩 번호 열이 있고 붉은색 코딩 번호가 입력되어 있다. 이는 이 문항의 답변 내용을 범주화하여 코딩 번호를 부여하고 다음과 같은 코딩 번호 리스트를 만들어, 해당 코딩 번호를 답변 내용 옆에 제시한 것이다. 이런 코딩 번호 리스트를 먼저 만들어야 엑셀 파일에 코딩 번호를 입력하는 작업을 할 수 있다.

질문 1의 코딩 결과(코딩 번호 리스트)

1. 여유/쉬는 시간
   (1) (바쁜 가운데 주어진) 휴식시간/쉬는 시간
   (2) 편안한 시간/여유를 주는 시간/마음의 안식 시간
2. 행복을 주는/즐거운 시간
3. 친구 만나는 시간
   (1) 친구와의 대화, 잡담 시간
   (2) 친구 찾는 시간
4. 밥 먹는 시간
   (1) 밥 먹는 시간
   (2) 첫 끼
5. 에너지/영양분 보충 시간
   (1) 에너지 충전 시간
   (2) 영양분 보충 시간
   (3) 생명수단/필수
6. 지출 시간
   (1) 돈 지출
   (2) 돈 아낌/지출 걱정
7. 고민하는 시간
8. 기다리는/기다려지는 시간
9. 기타
   (1) 공강 시간

이처럼 모든 서술형 응답에 대해서는 바로 옆에 코딩 번호 열을 만들어 놓고, 서술내용의 코딩이 끝나는 대로 그 결과를 코딩 번호로 입력하면 된다. 이때 주의할 점은 한

응답자가 한 가지의 내용만 적는 것이 아니므로 설문조사의 '복수응답 선택형 문항'의 경우처럼, 답변 내용의 코딩 번호(세부 번호 포함)를 모두 적어야 한다는 것이다. 답변 내용이 여러 개라면 모든 번호를 입력하되, 각 번호 사이에는 반드시 쉼표를 넣어 주어야 한다. 그래야 분석을 할 때 각 코딩 번호를 따로따로 계산할 수 있기 때문이다. 예를 들어, 〈표 1-8〉의 1번 응답자의 답변 내용은 아홉 가지나 되었기 때문에, 코딩 번호 열에도 9개의 코딩 번호를 모두 입력했다. 한편 코딩 번호 리스트에서 "휴식시간/쉬는 시간" 같이 2개 이상의 단어 사이에 "/"가 있는 것은 연구자가 '휴식시간'과 '쉬는 시간'은 실질적으로 같은 의미인 것으로 판단했음을 보여 주는 것이다.

또 하나의 사례로, 앞에 소개한 디저트 소비 연구의 주제 리스트 중 'III. 디저트 소비 상황의 다양화' 대주제 아래의 '1. 디저트 소비상황의 종류' 주제에 대해서는 해당 키워드(코드)들을 분류한 결과, 다음과 같은 코딩 번호 리스트를 얻을 수 있었다.

'디저트를 먹는 상황'의 코딩 번호 리스트

1. 식후 상황
   (1) 식사 후 뭔가 먹고 싶어서
   (2) 식후에 입가심으로
   (3) 식사 후 소화를 돕기 위해서
2. 여유/기분전환 상황
   (1) 휴식하며 여유를 갖고 싶어서
   (2) 스트레스 해소 등 기분전환
3. 그냥 먹고 싶은 상황
   (1) 심심한 입의 군것질거리로
   (2) 그냥 맛있는 것을 먹고 싶음
4. 배고픈 상황
   (1) 식사의 연기를 위해서
   (2) 식사 대용으로
5. 타인 관련 상황
   (1) 이야기할 때 분위기를 부드럽게 하려고
   (2) 다른 사람이 먹자고 해서
6. 보상/축하 상황
   (1) 수고한 내게 주는 상/선물
   (2) 특별한 날을 축하하기 위해

참여관찰이나 비구조화된 면담내용의 엑셀 파일의 경우에는 각 문항 아래에 답변 내용이 모두 정렬된 것이 아니라 여기저기 흩어져 있으므로, 원래의 파일에 직접 코딩 번호 열을 만드는 것이 불가능하다. 따라서 소주제별로 해당 내용이 포함된 행만 모은 소주제별 파일을 먼저 만든 후, 키워드 열의 옆에 코딩 번호 열을 추가하여 해당 코딩 번호를 입력해야 한다. 이 결과에 따라서 빈도분석이 가능하다면 빈도분석을 하고, 그렇지 않다면 패턴이나 특기할 사항 등을 찾아서 해석을 제시한다.

엑셀을 이용한 자료 관리와 분석은 예비조사 단계부터 적용할 필요가 있다. 예비조사 결과를 체계적으로 관리 · 분석해야 본조사가 더 잘 이루어질 수 있기 때문이다. 비구조화 면담에서도 예비조사가 큰 도움이 되지만, 특히 질문 리스트를 응답자마다 바꾸기는 어려운 구조화 면담이나 아예 불가능한 설문조사에서는 질문의 확정 전에 반드시 예비조사를 충분히 해서 필요한 수정을 최대한 해야 한다. 예를 들어, 〈표 1-9〉는 스마트폰의 사용과 구매, 의미부여 등을 주제로 한 필자의 연구(이용숙, 이수현, 2019)에서 이루어진 66명 대상 예비조사 결과의 엑셀 입력 내용 중 일부와 코딩 결과를 보여 준다.

〈표 1-9〉 예비설문조사 엑셀 파일에서 서술형 응답 옆의 새로운 열에 코딩 번호를 입력한 사례

응답자 번호	(2) 사용 중인 모델	2. 사용 기간	3. 선택 이유	4. 만족도(10점 기준)	4(1) 단점	4(2) 장점	5(1) 사고 싶은 브랜드	5(2) 사고 싶은 모델	Ⅲ. 1. 스마트폰의 의미	코딩 번호
1	갤럭시S7	3	7, 8	8	9	2	삼성	새로운 갤럭시 시리즈	편리함의 수단	3
2	아이폰6	6	1, 8, 11	6	5, 10	4	디월트	Md501	나를 사회화시켜 주는 교화기	20
3	갤럭시S4	6	1	9	3, 8, 9, 2	6, 7	애플	아이폰	스케줄 표	6
4	아이폰6	3	1, 3, 6, 7	7	10, 컴퓨터와 바로 호환 안 됨	7, 6, 2, 4	애플	아이폰	없어서는 안 되는 것, 연락수단 이상의 역할을 하는 것	1
5	갤럭시S3	1	1, 2, 6, 8	9	7, 10	5, 6, 7, 8, 10	애플	아이폰 시리즈	생활 속 필수 요소	1

6	아이폰7	1	1, 3, 5, 6, 7, 8	9.5	6	1, 2, 3, 4, 7, 8	애플	아이폰 시리즈	일상 전부이자 나의 모든 정보가 들어있는 것	1, 7
7	아이폰6	4	3, 5, 6, 7	8	8, 10	4, 5, 2, 1	애플		전자기기, 심심풀이	4, 19
8	갤럭시S7	3	3, 8, 9, 11, 크기가 작아서	8	9, 7, 4	5, 8, 3	애플	아이폰6	시계, 길잡이, 장난감	4, 14, 15

〈표 1-9〉의 8명의 응답은 흥미 있는 경향을 보인다. 2017년 봄 갤럭시폰을 사용 중인 4명 중 3명이 다음에는 아이폰을 사겠다는 반면, 아이폰을 사용 중인 4명 중 3명은 아이폰을 다시 사겠다고 했다. 아이폰으로 바꾸겠다는 20대 여성 응답자들과의 면담결과 이들의 불만은 주로 "카메라 기능과 디자인이 아이폰보다 못하다"라는 것이었다. 특히 사진은 이들의 놀이에 중요하게 사용되므로, 카메라 기능 하나만 부족해도 그 스마트폰은 안 산다는 답이 많았다. 따라서 본설문조사에서는 관련 문항들을 추가했다. 이후 본조사 직전에 디자인과 카메라 기능을 개선한 갤럭시S8이 출시되었고, 본조사에서 20대 여성의 아이폰 선호는 예비조사 시보다 줄어든 것으로 나타났다(남성은 갤럭시폰을 더 선호). 또한 2018년 3월 카메라 기능을 중점적으로 개선한 갤럭시S9이 출시되자 이후의 면담에서는 사진에 대한 불만은 별로 언급되지 않았다. 이런 결과는 수시로 새 모델이 출시되는 제품의 선호 조사는 여러 시점에 해서 비교할 필요가 있음을 보여 준다.

〈표 1-9〉에서 마지막 열은 "나에게 스마트폰은 (   )다"의 괄호 안에 들어갈 수 있는 말을 모두 적어 달라는 서술형 문항의 답변 내용을 엑셀 표에 입력한 후, 모든 응답 내용을 분류하여 만든 코딩 번호를 그 옆줄에 입력한 결과다. 이를 보면 이미 9개나 되는 코딩 번호가 나타나고 있다. 따라서 본조사에서 이 항목을 선택형 문항(복수응답)으로 바꾸려던 계획을 취소하고, 서술형 문항으로 놔두기로 했다. 선택할 답변 항목이 지나치게 많아지면 답변하기 오히려 어려울 것으로 판단했기 때문이다.

코딩을 위해 반드시 엑셀 파일로 작업해야 하는 것은 아니다. 텍스트가 많지 않다면 각 코드에 색깔 혹은 숫자를 부여한 뒤, 텍스트 속 각각의 단어나 문장에 해당 색이나 숫자를 표시하는 방식으로 코딩을 할 수도 있다. [그림 1-1]과 같이 중요한 문장이나 단어에 해당 코드의 색을 칠하고, 이를 색깔별로 정렬한 후, 단편적인 코드들이 어떻게 연관되어 있는지 생각해 보며 하나의 범주로 묶는 것(범주화)이다. 예를 들어 행복, 슬픔, 불만 등과 같은 구체적인 코드들은 '감정'이라는 하나의 큰 카테고리로 묶을 수 있다. 이러한 작업이 어느 정도 이루어졌다면 이론화의 가능성을 탐색해 볼 수 있다.

텍스트 → **코드의 정렬** → **원인 변인**

텍스트

Q: 그동안 안 쓰던 브랜드의 화장품을 써 본 경우가 있나요?
A: 주로 화장품 샘플을 통해서 이것저것 써 보게 되지만 금방 없어지니까 다시 잊어버리게 되는 경우가 많아요. 그런데 얼마 전 친구가 제 생일선물로 B 브랜드 에센스를 줬는데, 한참 써 보니까 생각보다 맘에 들었어요. 향도 좋고 촉촉함이 오래 가 는 것 같아서요. 그동안은 B 브랜드는 엄마 이미지라고 생각해서 사용한 적이 없었는데, 이번에 써 보니까 좋아서 다 쓴 후에 같은 것을 하나 더 사서 쓰고 있어요.
Q: 어떤 점에서 엄마 이미지라고 생각하셨어요?
A: 용기 디자인이 왜 그런지 탈모 샴푸를 연상시켜서요.
Q: 엄마 이미지인지 아닌지에 영 향을 주는 것이 제품 내용보다는 용기 디자인인가요?
A: 네. 그리고 광고 출연자의 나이하구요.

코드의 정렬

- 샘플로 화장품 이것저것 써 봄
- 생일선물로 받은 B 브랜드 에센스

- 생각보다 맘에 들었어요
- 향도 좋고 촉촉함이 오래 가는 것
- 써 보니까 좋아서 다 쓴 후에 같은 것을 하나 더 사서 쓰고

- B 브랜드는 엄마 이미지
- 용기 디자인이 탈모 샴푸 연상
- 엄마 이미지인지 아닌지에 영향주는 것은 용기 디자인과 광고 출연자의 나이

원인 변인

- 안 쓰던 브랜드 화장품 사용 계기: 선물, 샘플

- 에센스가 맘에 드는 조건: 향이 좋음, 촉촉함이 오래감

- 화장품의 '엄마 이미지'에 영향 미치는 요소: 용기디자인(탈모 샴푸 연상), 광고 출연자의 나이

↓

이론화의 가능성과 마케팅 시사점

1) 젊은 소비자가 기피하는 '올드한 이미지'(엄마 이미지)에 영향을 미치는 것은 화장품 성분보다 용기 디자인과 광고 출연자 나이인가?
2) 새로운 화장품 구매의 유도는 샘플 제공보다 선물 세트 마케팅이 효과적인가?
3) 그렇다면 선물용 화장품 구성과 포장을 어떻게 하면 안 쓰던 화장품을 다양하게 사용해 보도록 유도할 수 있을 것인가?

[그림 1-1] 워드 문서에서 각 코드에 색을 부여하는 방식으로 이루어진 코딩의 사례

[그림 1-1]의 사례에서 보듯이, 범주화된 코드들을 통해 이론화나 마케팅 적용 가능성이 있는 것들을 몇 개 발견할 수 있다. 첫째, '화장품의 엄마 이미지에 영향 미치는 요소' 코드들을 통해서는 젊은 소비자들이 엄마 이미지가 떠오르는 화장품을 기피하는 경향이 있으며, 화장품 성분보다 '용기 디자인'과 '광고 출연자의 나이'가 엄마 이미지 여부에 영향을 미칠 가능성을 발견했다. 둘째, '안 쓰던 브랜드 화장품 사용 계기'의 코드들을 통해서는 생일선물로서 처음 사용해 보는 화장품을 받게 하는 것이 잠재적인 고객, 특히 젊은 소비자에게 제품을 어필하는 좋은 기회라는 것을 알 수 있다. 샘플 제공도 새 제품 체험 기회이기는 한데, 너무 양이 적어서 효과가 없을 가능성도 제기되었다. 셋째, 이러한 발견들로부터 유도된 것은 '선물용 화장품 구성과 포장을 어떻게 해야 사용해 보지 않은 화장품을 다양하게 사용해 보도록 유도할 수 있을 것인지'에 대한 마케팅 전략을 세울 필요가 있다는 것이다.

워드로 정리된 텍스트 코딩의 다른 방법으로는 오른쪽에 충분한 여백을 두도록 프린트해서, 중요해 보이는 단어나 문장(코드)에 밑줄을 긋고, 해당 코드들을 옆의 여백에 써 놓는 방식도 있다. 〈표 1-10〉과 같이 종이의 여백에 코드를 메모해 놓으면, 나중에 이 코드들을 훑는 것만으로도 전체적인 텍스트 내용을 파악할 수 있다는 장점이 있다. 또한 코드를 메모한 열의 옆에 한 줄을 더 만들어서 이 코드들을 묶어 주는 카테고리(범주)를 적어 놓고 관련 코드들과 연결해 놓는다면, 추후 코딩 번호를 부여하는 시간을 절약할 수 있다. 이런 방식으로 워드 문서에 직접 코딩을 할 때는 형광펜과 색깔 포스트잇을 활용하면 같은 코드에 해당하는 내용을 시각적으로 나타낼 수 있어서 더욱 효과적이다.

수집한 텍스트 자료가 많지 않다면 지금까지 살펴본 바와 같은 워드 문서 중심의 코딩만을 할 수도 있지만, 이 경우에도 엑셀 프로그램을 사용하면 시간 절약을 많이 할 수 있다. 더구나 텍스트 자료가 많은 경우에는 워드 문서의 코딩만으로는 중요한 자료가 빠지기 쉽다.

〈표 1-10〉 워드 문서로 된 참여관찰일지의 각 코드에 줄을 긋고 여백에 코드를 메모하는 방식으로 이루어진 코딩 사례

<table>
<tr><th></th><th>코드</th><th>범주화</th></tr>
<tr><td rowspan="3">A 햄버거 지점에는 3대의 키오스크 주문기가 설치되어 있었다. 20~40대 고객들이 주문하고 있고, 그 뒤에서 기다리고 있는 사람들도 대부분 비슷한 연령대였다. 나는 줄을 서서 기다리며 이번 기회에 주문방법을 제대로 익히고 싶어서, 직원의 도움을 요청하지 않고 매장에 붙어 있는 사용방법 설명을 열심히 읽었다. 그동안 키오스크를 두 번 사용해 본 적은 있지만, 그때마다 어려워서 누군가의 도움을 받았고, 키오스크에 쉽게 익숙해지지 않아서 가능하면 키오스크 대신 직원에게 주문한다. 하지만 이 매장에는 카운터에 직원도 없었고, 기다리면서 설명문을 보니 천천히 따라 해 보면 혼자서 주문할 수도 있을 것 같았다. 이때 60대 남성이 매장에 들어왔다가 키오스크를 보고는 도로 나가 버렸다. 나도 나가 버리고 싶은 생각도 들었지만, 키오스크로 주문해야 하는 매장은 점점 늘어나고 있는데 언제까지나 피하다가 먹고 싶은 음식도 못 먹으면 너무 속상할 것 같아서 꿋꿋하게 버티기로 했다. 그러나 설명문을 보면서도 무엇을 하라는 것인지 빨리 이해가 안 되는 단계가 있어서 조금 헤매게 되었다. 다행히 내 뒤에 서 있던 20대 여성이 자진해서 도움을 준 덕분에 조금만 헤매고 주문을 끝냈다. 하지만 여러 사이드메뉴 중 선택을 해야 하는 단계에서 도와주는 사람이 기다리는 것이 미안하니까 서둘러 아무거나 선택하게 되어 버렸다.

주문한 햄버거를 드디어 받아서 테이블에 앉아 한숨 돌리고 있는데, 50대 후반이나 60대 초반으로 보이는 여성이 혼자 들어와서는 주문을 키오스크로 하게 되어 있는 것을 보고는 어쩔 줄 몰라 했다. 마침 이 고객을 본 직원이 다가가서 도와주자 그 직원에게 여러 차례 미안하다며 사과를 하고, "이거를 한 번도 안 써 봐서"라고 변명을 했다. 주문 후에 번호표를 뽑아 주자, 번호표를 손에 꼭 쥔 채 순서를 놓칠까 걱정되는 듯 전광판을 계속 쳐다보면서 서 있었다. 젊은 고객들은 모두 스마트폰으로 자기 할 일을 하면서 여유 있게 기다리는 것과 대조적인 모습이었다. 이분에게 동병상련의 정을 느꼈지만, '고객을 돕는 것은 직원이 당연히 해야 하는 일인데, 좀 더 당당하게 도움을 요청하면 좋겠다'라는 생각도 들었다. 나 자신도 티는 안 냈어도 도움 준 사람의 시간을 덜 뺏기 위해 사이드메뉴 선택을 제대로 못할 정도로 주눅이 들어 있었다. 그래도 나와 비슷한 연령대의 사람이 새로운 기기에 익숙하지 않아 도움을 받아야 한다고 젊은 세대에게 주눅이 들어 있는 것은 보기 싫었던 것 같다. 세대 간의 디지털 격차가 점점 더 커지고 있다는 것에 서글픈 생각이 들었다.</td>
<td>- 키오스크에 쉽게 익숙해지지 않음
- 설명문을 봐도 빨리 이해 안 되는 단계 있음
- 가능하면 키오스크 대신 직원에게 주문
- 키오스크를 보면 도로 나감</td>
<td>시니어 고객의 키오스크 사용 어려움과 회피</td></tr>
<tr><td>- 도와주는 사람에게 미안해서 서둘러서 아무거나 선택
- 도움을 준 직원에게 여러 차례 사과
- 젊은 세대와 달리 순서를 놓칠까 걱정
- 새로운 기기에 익숙하지 않아 도움을 받아야 하는 젊은 세대에게 주눅이 듦</td>
<td>시니어 고객은 도움을 주는 젊은 세대에게 미안, 사과, 주눅이 듦</td></tr>
<tr><td>- 세대 간의 디지털 격차가 점점 더 커져서 서글픔</td>
<td>세대 간 디지털 격차 점점 커짐</td></tr>
</table>

Ⅲ 코딩과 양적 분석의 연계

코딩을 할 때 다음 장에서 소개할 분류체계분석을 함께 사용한다면, 코딩과 양적 분석의 연계가 비교적 쉽게 이루어질 수 있다. 코딩 결과와 양적 분석의 연계를 위해서는 엑셀에 입력된 서술내용에서 코드(키워드)들을 추출한 후 이를 범주화해서 코딩 번호를 부여하는 작업을 거쳐야 하는데, 이때 분류체계분석을 적용하는 것이다. 예를 들어, 앞서 〈표 1-7〉에 일부를 제시한 질문 11의 응답 내용 전체에 대한 분류체계분석 결과는 〈표 1-11〉과 같았다.

〈표 1-11〉 '다른 사람이 반려동물을 키우는 방식에 대하여 못마땅하게 느낀 경우'에 대한 답변 내용 분류체계분석 결과

0. 못마땅하게 느낀 적이 없다.	
1. 훈련을 제대로 시키지 않음	1) 버릇이 없다/제대로 훈련을 시키지 않았다.
	2) 지나치게 짖게 만든다.
	3) 아무에게나 덤벼들게 만든다.
	4) 작은 개/고양이를 공격해도 놔둔다.
2. 제대로 돌보지 않음	1) 제대로 돌보지 않아서 지저분하고 비위생적이다.
	2) 혼자 놔두는 시간이 너무 길어 외롭게 한다.
	3) 경비를 지나치게 아껴서 건강이 걱정될 정도이다.
3. 지나치게 위함	1) 지나치게 많은 낭비성 지출을 한다.
	2) 지나치게 떠받들고 위해 바쳐 보기 흉할 정도이다.
4. 데리고 산책을 하면서도 뒤처리를 하지 않는다.	
5. 사람의 편의나 자랑 또는 예쁘게 만들기 위해서 개/고양이를 힘들고 불편하게 만든다.	
6. 너무나 무섭게 대해서 겁에 질려 있게 한다.	
7. 기타	

코딩 번호가 확정된 후에는 서술형 문항의 답변 내용 오른쪽에 새로운 열을 만들어서 코딩 번호를 넣어야 한다. 이렇게 코딩 주제/세부 주제 번호의 입력이 완성되었다면, 연구자가 필요하다고 생각하는 양적 분석을 엑셀의 함수를 사용해서 쉽게 할 수 있다. 예를 들어, 필자의 논문인 "가족으로서의 반려동물의 의미와 반려동물로 인한 구별

짓기"(이용숙, 2017a)에서는 이 질문에 대한 200명의 답변 내용을 〈표 1-12〉와 같이 제시하였다. 이 표는 '다른 사람들이 반려동물을 키우는 방식'에 대한 응답자들의 가장 큰 불만은 '자신의 반려동물을 제대로 훈련시키지 않는 것'(31.7%)과 '제대로 돌보지 않는 것'(25.9%)임을 보여 준다. 또한 다른 문항들과 달리 이 문항에서는 성별 차이가 별로 없음을 알 수 있다.

〈표 1-12〉 '다른 사람이 반려동물을 키우는 방식에 대하여 못마땅하게 느끼는 경우'에 대한 성별 응답 내용

<table>
<tr><th colspan="2">답변 내용</th><th>남성</th><th>여성</th><th>계</th></tr>
<tr><td colspan="2">0. 못마땅하게 느낀 적이 없다.</td><td>7(1.8%)</td><td>3(0.6%)</td><td>10(1.2%)</td></tr>
<tr><td rowspan="5">1. 훈련을 제대로 시키지 않음</td><td>버릇이 없다/제대로 훈련 시키지 않았다.</td><td>23(5.9%)</td><td>28(5.6%)</td><td>51(5.9%)</td></tr>
<tr><td>지나치게 짖게 만든다.</td><td>39(10.1%)</td><td>39(8.3%)</td><td>78(9.1%)</td></tr>
<tr><td>아무에게나 덤벼들게 만든다.</td><td>34(8.8%)</td><td>43(9.1%)</td><td>77(9.0%)</td></tr>
<tr><td>작은 개/고양이를 공격해도 놔둔다.</td><td>20(5.2%)</td><td>36(7.7%)</td><td>56(6.5%)</td></tr>
<tr><td>1번 계</td><td>116(29.9%)</td><td>149(31.7%)</td><td>272(31.7%)</td></tr>
<tr><td rowspan="4">2. 제대로 돌보지 않음</td><td>제대로 돌보지 않아 지저분하고 비위생적이다.</td><td>42(10.8%)</td><td>55(11.7%)</td><td>97(11.3%)</td></tr>
<tr><td>혼자 놔두는 시간이 너무 길어 외롭게 한다.</td><td>39(10.1%)</td><td>50(10.6%)</td><td>89(10.4%)</td></tr>
<tr><td>경비를 지나치게 아껴서 건강이 걱정될 정도다.</td><td>16(4.1%)</td><td>20(4.3%)</td><td>36(4.2%)</td></tr>
<tr><td>2번 계</td><td>97(25.0%)</td><td>125(26.6%)</td><td>222(25.9%)</td></tr>
<tr><td rowspan="3">3. 지나치게 위함</td><td>지나치게 많은 낭비성 지출을 한다.</td><td>23(5.9%)</td><td>18(3.8%)</td><td>41(4.8%)</td></tr>
<tr><td>지나치게 떠받들고 위해 바쳐 보기 흉할 정도다.</td><td>41(10.6%)</td><td>34(7.2%)</td><td>75(8,7%)</td></tr>
<tr><td>3번 계</td><td>64(16.5%)</td><td>52(11.1%)</td><td>116(13,5%)</td></tr>
<tr><td colspan="2">4. 데리고 산책을 하면서도 뒤처리를 하지 않는다.</td><td>55(14.2%)</td><td>65(13.8%)</td><td>120(14.0%)</td></tr>
<tr><td colspan="2">5. 사람의 편의나 자랑 또는 예쁘게 만들기 위해서 개/고양이를 힘들고 불편하게 만든다.</td><td>26(6.7%)</td><td>39(8.3%)</td><td>65(7.6%)</td></tr>
<tr><td colspan="2">6. 너무나 무섭게 대해서 겁에 질려 있게 한다.</td><td>23(5.9%)</td><td>38(8.0%)</td><td>61(7.1%)</td></tr>
<tr><td colspan="2">7. 기타</td><td>0(0%)</td><td>2(0.4%)</td><td>2(0.2%)</td></tr>
<tr><td colspan="2">총계</td><td>388(100%)</td><td>470(100%)</td><td>858(100%)</td></tr>
</table>

*출처: 이용숙(2017a), p. 389.

선택형 질문도 엑셀을 활용해 응답자 배경별 응답 내용 비교표를 만들 수 있으므로, 보고서에 참여관찰/면담내용과 연계해 제시할 수 있다. 또한 2개의 서술형 문항을 연계하는 분석이나 선택형 문항과 서술형 문항을 연계하는 분석을 할 수도 있다. 예를 들어, 응답자의 의견이 어떤 분포를 보이는지 보여 준 후에, 각 의견처럼 생각하는 이유의 유형별 응답 수를 제시하는 것이다. 앞에서 소개한 반려동물 연구의 경우 '현재 키우고 있는 개/고양이를 가족이라고 여기십니까?'라는 선택형 문항에서 '그렇다'라는 응답자는 91.5%(183명)나 되었다. 이들이 제시한 이유(〈표 1-13〉)로는 반려동물이 주는 이득(반갑게 맞아 줌, 가족 간의 매개체, 항상 같이 있어 줘서)보다는 '처음부터 가족으로 여겼다' 또는 정서적인 이유(감정적으로 애틋함, 교감), 책임감 등이 더 높은 비율을 차지하는 것으로 나타났다.

〈표 1-13〉 '반려동물을 가족으로 여기는 이유'에 대한 자유 서술 응답 결과(복수응답)

응답 내용	전체	성별	
		남성	여성
총 응답자 수	183명	84명	99명
가족만큼 감정적으로 애틋하게 느껴져서(병에 걸리면 걱정되고, 집을 비우면 걱정되는 등)	138(75.4%)	62(73.8%)	76(76.8%)
끝까지 돌봐야 한다는 책임감이 들기 때문에	115(62.8%)	47(56.0%)	68(68.7%)
교감이 이루어짐을 느껴서	108(59.0%)	47(56.0%)	61(61.6%)
내가 돌아가면 반갑게 맞아 주기 때문에	108(59.0%)	54(64.3%)	54(54.6%)
가족들 간의 매개체가 되고 즐거움을 주어서	107(58.5%)	50(59.5%)	57(57.6%)
항상 같이 있어 주기 때문에	104(56.8%)	47(56.0%)	57(57.6%)
처음 데려와서부터 가족이라고 생각	98(53.6%)	35(41.7%)	63(63.6%)
같이 생활한 지 오래되어서	87(47.5%)	42(50.0%)	45(45.5%)
말이나 명령을 잘 알아듣기 때문에	36(19.7%)	17(20.2%)	19(19.2%)
총계	901(492.4%)	401(477.4%)	500(505.1%)

* 출처: 이용숙(2017a), p. 357.

이 장에서는 엑셀과 코딩을 적절히 사용하면 현장연구의 광범위한 자료의 체계적 관리와 분석이 더 짧은 시간에 가능하며, 엑셀을 활용해서 질적 분석과 양적 분석을 연계하는 것도 가능함을 알아보았다. 현장연구에서는 질적 자료의 수집과 분석이 중심이기는 하지만, 양적 자료를 함께 수집 · 분석할 때 현상을 더 잘 이해할 수 있다. 특히 정책 제안이나 마케팅 제안을 할 때, 의사결정자들은 양적 분석 결과가 함께 있을 때 연구결과와 이를 토대로 한 제안을 더 신뢰하는 경향이 있다.

다음 장에서는 이 장에서 언급된 분류체계분석과 성분분석을 연계해서 실시하는 방법을 구체적으로 살펴본다.

■ 안내된 실습 ■

먼저, 2~3명 정도의 실습팀을 구성합니다. 분석은 1명의 연구자가 모두 할 수도 있지만, 이보다는 2~3명의 연구자가 각각 입력한 후 통합하는 것이 더 바람직합니다. 예를 들어, 처음부터 연구자 또는 외부 전문가 2~3명이 각각 실습과정을 거친 후 비교를 해 보는 것입니다. 특히 초보 연구자는 이러한 팀 협동작업을 통해서 연구역량을 크게 키울 수 있을 것입니다.

2명 이상이 각각 작업한 결과의 차이가 크지 않다면, 키워드나 주제들을 병합하거나 추가하거나 표현만 바꾸는 정도의 수정을 하면 됩니다. 하지만 차이가 크다면, 상의를 거쳐 가장 적합한 키워드/주제를 하나만 결정할 수도 있습니다. 또는 각각 입력까지만 담당하고, 비교와 수정 등의 통합 작업은 주 연구자가 혼자 담당할 수도 있습니다. 만약 다른 연구자들의 도움 없이 1명의 연구자가 모든 과정을 담당한다면, 초기의 작업 결과 중 일부만이라도 전문가에게 보여 주고, 문제점이나 이견이 있다면 수정할 기회를 가지는 것이 좋습니다. 또한 주제 리스트를 확정하는 단계에서도 논리적 적합성 등을 전문가와 상의해서 최종적인 결정을 하는 것이 바람직합니다.

'엑셀과 코딩을 활용한 현장연구 자료 관리와 분석' 실습은 실습에 사용할 현장연구 자료를 선정하는 것부터 시작합니다. 너무 길지 않은 면담내용 또는 참여관찰 내용을 선정하는 것이 짧은 시간에 전체 과정을 실습하기 편할 것입니다. 실습용 자료가 선정되었으면 다음과 같은 단계를 밟아서 실습하되, 어려움을 느낄 때마다 앞의 사례들을 다시 살펴보면 도움이 될 것입니다.

[1단계] 엑셀 파일을 만들어 내용 · 키워드 · 인용 가치 · 해석 입력하기

1-1. (면담 자료의 경우) 앞의 〈표 1-2〉와 같은 형식의 엑셀 파일을 다음과 같이 만듭니다.

정보제공자 번호	나이	성별	직업	학력	자료의 성격	내용	키워드	인용 가치	(잠정적) 주제	주제 번호	해석
1											
1											
1											
1											
1											

1-2. 이 엑셀 파일에 정보제공자 배경을 입력한 후에 면담내용을 한 토막씩 입력합니다.

1-3. 각 칸(cell)에 제시된 질의응답 내용으로부터 키워드를 선정해서 키워드 열에 입력합니다.

1-4. 키워드를 입력하는 동시에 인용 가치 열에 '0(인용 가치가 전혀 없음)'부터 '5(보고서에 반드시 인용되어야 할 중요한 내용)' 중 알맞다고 생각하는 숫자를 입력합니다. 해석에 들어갈 내용이 떠오른다면 해석 열에도 입력을 시작하며, 이후 생각날 때마다 해석 열에 입력을 추가합니다.

[2단계] 잠정적 주제 리스트 만들기

2-1. 입력된 모든 키워드를 작은 포스트잇에 하나씩 적습니다(엑셀에 입력해서 가나다순으로 정렬하는 방법을 사용할 수도 있습니다).

2-2. 포스트잇들을 책상 위에 나열합니다. 표현은 다르지만 거의 같은 내용의 키워드들이 있다면 포스트잇들이 70~80% 정도 서로 겹치게 붙여 놓아서 하나처럼 만듭니다. 이때 비슷한 표현의 키워드 중에서 가장 대표적인 것을 제일 위쪽에 붙여서 대표 키워드로 사용할 수도 있고, 마땅하지 않으면 모인 키워드들을 대표하는 하나의 키워드를 새로 만들 수도 있습니다.

2-3. 내용상 더 큰 범주로 묶을 수 있는 포스트잇끼리 모아서 각 묶음을 하나의 백지 위에 붙입니다. 각 백지의 위쪽에는 아래에 붙인 포스트잇들에 적힌 내용을 포괄할 수 있는 제목을 붙입니다. (이때 포스트잇 중 하나에 포괄적인 제목에 해당하는 내용이 적혀 있다면, 새로 적는 대신에 그 포스트잇을 위의 제목 자리에 붙이면 됩니다.)

2-4. 백지들을 책상 위에 가로로 나란히 배열한 후에 각 백지에 적힌 제목들을 비교해 봅니다. 더 큰 제목으로 묶일 만한 것들이 있다면, 다른 색의 포스트잇에 굵은 펜으로 제목을 써서 책상 위쪽에 붙인 후 그 아래에 해당 백지들을 세로로 한 줄이 되도록 배열합니다. 이 작업이 모두 끝나도 묶이지 않은 백지들은 굵은 펜으로 '기타'라고 쓴 포스트잇을 책상 위쪽의 가장 오른쪽에 붙인 후 그 아래에 위치하도록 배열합니다.

2-5. 책상 위에 배열한 백지와 포스트잇이 흩어져도 문제가 없도록 작업한 결과를 사진으로 찍어서 남겨 놓고, 전체 내용을 워드로 입력하여 잠정적 주제 리스트를 만듭니다. 이때 앞의 주제 리스트 사례에서 보듯이, 글자만 적는 것이 아니라 번호를 체계적으로 부여해야 합니다. 다른 색의 포스트잇으로 붙인 큰 제목은 가장 상위단계의 '대주제'이므로 'I, II, III' 등의 번호를 붙이고, 그 아래에 여러 장의 백지가 배열된 곳에 적혀 있는 백지 위의 제목들은 대주제 아래의 '주제'들이므로 '1, 2, 3, 4, 5' 등의 번호를 붙여서 표시합니다. 각 백지에 여러 개가 붙어 있는 포스트잇에 적힌 내용은 더 하위단계에 속하는 '소주제'들이므로 '1), 2), 3)' 등의 숫자로 표시합니다. 한편, 묶이지 않고 한 장씩 따로 있는 백지의 경우에는 적어 놓은 제목이 다른 대주제들과는 독립된 것인지 다시 살펴보고, 그렇다면 대주제 번호인 'IV, V' 등의 로마자 번호를 부여합니다. 그 아래에 붙어 있는 포스트잇들에는 주제의 번호인 '1, 2, 3, 4, 5' 등의 숫자를 부여합니다. 이 내용을 모아서 워드로 작성하면 '잠정적 주제 리스트'가 완성된 것입니다. (모든 주제 리스트가 이처럼 3단계로 구성되는 것은 아닙니다. 2단계로만 구성될 수도 있고, 4단계로 구성될 수도 있습니다. 4단계가 필요한 경우도 많지만, 너무 복잡해서 실습단계에서 운영하기는 힘들 것이므로, 되도록 2단계나 3단계로 구성하면 좋을 것입니다.)

[3단계] 잠정적 주제 번호 입력과 필요한 수정하기

3-1. 잠정적인 주제 리스트를 프린트해서 컴퓨터 옆에 놓고, 이를 참고하여 엑셀의 잠정적 주제 열에 해당 주제 번호를 입력합니다.

3-2. 전체적으로 파일을 검토하면서 주제 리스트의 수정이 필요하다면 수정합니다.

3-3. 이 과정에서 새로 떠오르는 '해석'(분석이나 해석, 더 알아볼 내용, 공감하는 내용 등)이 있다면 추가 입력합니다.

[4단계] 가장 중요해 보이는 주제의 엑셀 파일을 따로 만들어, 포함된 키워드들을 분류하기

4-1. 가장 중요해 보이는 대주제 또는 주제를 하나 골라서 해당 내용만 포함된 주제별 엑셀 파일을 만듭니다.

4-2. 이 파일에 포함된 키워드들을 포스트잇에 하나씩 적고, 모든 포스트잇을 가지고 분류작업을 해 봅니다. 한편으로는 비교적 큰 단위로 범주화하고, 다른 한편으로는 각 단위에 속하는 더 작은 단위들로 분류해서 패턴을 찾아봅니다.

[5단계] 주요 발견사항에 대한 간단한 보고서 작성하기

5-1. 현재까지의 주요 발견사항을 정리하고, 이러한 발견은 어떤 의미가 있을 것 같은지도 잠정적으로라도 적어 봅니다(시간이 부족해도 최소한 이 단계까지는 끝내도록 합니다).

5-2. 이를 토대로 간단한 보고서를 각자 작성합니다. 이때 발견사항에 대한 논의 내용을 독자에게 생생하게 잘 전달할 수 있도록 참여관찰이나 면담내용 중 흥미 있는 사례를 논의 내용의 아래에 인용해 줍니다. 이를 위해서는 주제별 파일에서 인용 가치가 5인 것을 우선 살펴보고, 마땅한 것이 없다면 인용 가치 4인 것도 찾아봅니다. 아직도 알맞은 것이 없다면 인용 가치 3에서도 찾아봅니다(일반적으로는 인용 가치 2 이하로까지 내려가야 하는 일은 드뭅니다).

5-3. 팀원 각자가 작성한 보고서를 돌려 보면서, 여백에 피드백을 적습니다. 이 과정이 끝나면 작성자에게 돌려주고 각자 피드백을 읽어 봅니다. 이를 토대로 팀원들이 토의하여서 팀별 대표보고서를 만듭니다. 시간 여유가 없다면, 팀의 대표보고서를 만드는 경우 어떤 내용을 포함해야 하며, 어떤 부분은 수정되어야 하는지 의논하는 것으로 끝내도 좋습니다.

5-4. 만약 연구방법 수업에서 이 실습이 이루어진다면, 각 팀에서 대표보고서를 발표하고 지도교수와 동료 학생들의 피드백을 받는 단계도 진행합니다.

02 분류체계분석과 성분분석[1)]

이 장에서는 분류체계분석(taxonomic analysis)과 성분분석(componential analysis)을 연계해서 시행하는 방법을 소개한다. 우선 개념과 연구방법의 설명 후 다양한 분석사례를 통해 분석과정을 구체적으로 살펴보고, 두 분석의 다양한 적용사례도 제시한다.

I 분류체계분석과 성분분석의 개념과 연계

인지인류학(cognitive anthropology)은 1950년대에 나타난 '민족과학(ethnoscience)'[2)]을 토대로 심리학과 언어학을 접목해서 발달했으며, 1970년대에 인류학의 한 하위분야로 자리 잡았다. 인지인류학에서는 자료수집과 분석의 체계성을 강화하기 위해 체계적인 여러 단계의 질문을 하는 방법을 사용하고 있다. 인지인류학에서 개발된 자료분석방법 중 대표적인 것은 '분류체계분석'과 '성분분석'이다. 분류체계분석에서는 여러 단계로 이루어지는 면담과 면담결과 분석을 반복적으로 실시해 각자가 자신을 둘러싼 세계를 개념화하는 분류체계를 충실히 파악하고, 이를 토대로 각 사회의 개념적 세계의 구조를 설명한다(Hunter & Whitten, 1976; Spradley, 1979; 1980). 이와 함께 개념의 의미나 명칭을 사용의 맥락 속에서 정의하는 성분분석이 상호보완적으로 사용되고 있다.

- 분류체계분석: 현장구성원들이 **자신을 둘러싼 세계를 개념화하는 분류체계를 충실히 파악**함으로써 각 사회의 개념적 세계의 구조를 설명하고자 함[구조적 질문(structural questions) 다섯 가지 사용 가능].

---

1) 이 장의 내용 중 일부는 필자(2009)의 "분류체계 성분분석법 재개발 실행연구: 수업분석 적용사례를 중심으로"("열린교육연구", 17(1): 99-128)와 필자(2015)의 "분류체계/성분분석과 설문조사 연계 교육프로그램 개발 실행연구"("열린교육연구", 23(1): 157-186)를 바탕으로 작성되었다.

2) '신문화기술지/신민족지(new ethnography)'라고 불리기도 한다.

• 성분분석: 참여관찰 현장이나 면담과정에서 현장구성원이 **사용한 개념(어휘)의 의미를 사용되는 맥락 속에서 정의**하고자 함[대조질문(contrast questions) 일곱 가지 사용 가능].

이러한 질문/분석방법들은 Spradley가 『Ethnographic Interview』(1979)와 『Participant Observation』(1980)에 소개했다.[3] 이 책들은 사회과학자들에게 폭넓게 읽혔고, 인류학 연구(김선희, 1999; 배연주, 2014; 변혜원, 2011; 안준희, 2000; 왕한석, 1992, 1996b, 2018; 조숙정, 2010, 2012, 2015, 2019 등) 외에도 국내 교육학(김영철, 1986; 이혜정, 1989; 이인효, 1990), 사회학(김소연, 1985), 경영학(유창조, 정혜은, 2002) 연구 등에서 분석법이 활용되기도 했다. 그러나 그 유용성에도 불구하고 필자의 기대만큼 분석법이 활발히 사용되지는 않았다. 수업 중 실습까지 잘한 학생들도 본인의 연구에서는 이 방법을 별로 사용하지 않아 이유를 알아본 결과, 이들은 Spradley가 제시한 열두 가지의 질문 유형이 너무 많아서 어렵게 생각함을 발견했다.

이에 필자는 가장 유용한 4개의 질문 유형만 연계해서 쉽게 사용하도록 재개발하고,[4] 다양한 사례도 포함한 연구결과를 학술지에 게재하였다(이용숙, 2009). 이후 문화인류학과 학생은 물론, 비전공자 대상 워크숍 참여자들도 3~4시간이면 이 분석방법들을 학습할 수 있음이 확인되었고, 분석방법의 활용도 크게 늘었다. 이 장에서는 당시 재개발한 분석법을 더 이해하기 쉽도록 설명을 보완해서 적용사례와 함께 소개하도록 한다.

Ⅱ 구조적 질문과 대조질문을 활용한 분류체계분석과 성분분석 방법

분류체계분석과 성분분석은 따로 사용될 수도 있지만, 상호보완적으로 사용되어야 더 효율적이다. 하나의 표로 두 가지 분석 결과를 연계해서 제시할 수 있기 때문이다.

---

3) 『문화기술적 면접법』(2003), 『참여관찰 방법』(1988)이라는 번역판도 출간되었다. 서울대 왕한석 명예교수는 "언어 사회 문화: 언어인류학의 주요 조류"(1996a)에서 분류체계분석과 성분분석방법을 소개하였으며(folk taxonomy는 '민속분류법'으로 번역), 여러 편의 논문과 '한국의 언어 민속지' 시리즈에서 민속분류법이나 성분분석을 적용하였다.

4) 장기간의 연구방법 수업 참여관찰을 통해 배우기도 사용하기도 쉬운 4개 질문의 조합을 발견한 것이다.

1. 구조적 질문과 대조질문

Spradley(1979; 1980)는 분류체계분석을 위한 다섯 가지 구조적 질문(structural questions)과 성분분석을 위한 일곱 가지 대조질문(contrast questions)을 소개했다. 필자가 간략화한 분석과정에서는 구조적 질문 중에서는 '대체질문(괄호 넣기 질문)'만 사용한다. 이와 함께 Spradley가 대조질문 중 하나로 제시한 '대조집합분류질문'을 분류체계분석을 위해서 사용한다. 성분분석을 위해서도 이 '대조집합분류질문'을 다시 사용하며, 다른 대조질문 중 '등급질문'(순서의 질문)과 '3원 대조질문+유도된 대조질문'도 사용한다. Spradley가 "가장 유용한 대조질문"이라고 한 '3원 대조질문'은 대체질문의 답으로 언급된 것 중 세 가지만 골라서 이를 더 비슷한 것 2개와 다른 1개로 나누도록 하는 방법이다. 나눈 후에는 그렇게 분류한 이유를 묻는다. 이어서 대체질문에서 언급된 것 중 나머지에 대해서도 이 기준을 적용하여 분류하도록 하는 '유도된 대조질문'을 한다. 즉, '3원 대조질문'과 '유도된 대조질문'은 두 가지 질문 유형이 아니라, 한 세트의 질문 유형이다. 면담은 항상 대체질문을 첫 번째 질문으로 하여, 보통 다음의 순서로 진행한다.

① 대체질문(Substitution Frame Question)
→ ② 대조집합분류질문(Contrast Set Sorting Question)(가능하면 2~3회 반복)
→ ③ 등급질문(Rating Question)(가능하면 2~4회 반복)
→ ④ 3원 대조질문(Triadic Contrast Question)과 유도된 대조질문(Directed Contrast Question)(가능하면 2~3회 반복)

이외에 Spradley와 다르게 한 것은 다음 두 가지다. 첫째, 대체질문의 답을 정보제공자(연구현장의 구성원 중 면담 참여자)가 직접 포스트잇 한 장에 하나씩 적고, 이 포스트잇들을 이어지는 질문들의 답을 하는 데 사용하는 것이다. 즉, 포스트잇을 가지고 분류나 순서대로 늘어놓는 작업을 하도록 한다. 이 방법은 연구자가 답을 받아 적는 방법보다 시간도 적게 걸리고 기록의 정확도가 높아진다. 이에 더해 대부분 이 방법을 재미있게 여겨서 더 적극적으로 면담에 임하며, 면담이 길어져도 덜 지루해 한다는 장점도 있다. 둘째, 면담과정에서 정보제공자와 함께 분류체계표와 성분분석표를 연계한 통합분석표를 만드는 것이다. 면담의 중간중간 표의 일부씩을 그려 확인받고, 이를 활용해 다음 질문을 해 나감으로써 표를 완성한다. 이처럼 포스트잇을 분류하면서 면담을 하고 면담 중간 결과를 토대로 분류체계표과 성분분석표를 연계해서 만드는 작업을 순환적으로 반복하면, 최종 분석표까지 짧은 시간에 만들 수 있다. 다음에서는 각 질문 유형의 개념, 목적 등을 간단히 제시한 후 사용방법을 살펴본다.

〈단순화한 분류체계분석과 성분분석을 위한 '구조적 질문'과 '대조질문'의 유형과 절차〉

① **대체질문(괄호 넣기 질문)**(예: 회의에서는 보통 (　　)을(를) 한다.)

– 정보제공자가 예와 같은 괄호 넣기 문장의 괄호 안에 들어갈 수 있는 단어(개념)들을 포스트잇 한 장에 1개씩 모두 기록하도록 하여, 알아보고 싶은 영역에 어떤 개념들이 있는지의 리스트를 가능한 한 많이 손쉽게 얻는 방법

② **대조집합분류질문**(정보제공자가 인식하고 있는 **분류체계나 대조의 기준**을 알기 위한 질문) (다른 기준으로 2~3회 반복 가능)

– 정보제공자가 대체질문으로 찾은 단어들(포스트잇)을 비슷한 것끼리 몇 묶음으로 든지 분류하여 각 묶음의 이름을 정하도록 하고, 가능하면 처음 적은 단어를 더 하위 항목으로 세분해 달라고 하여, 분류체계(taxonomy)를 손쉽게 얻는 방법

→ **이 두 가지 질문만으로 분류체계분석표(분류체계표)나 분류체계분석도형(분류체계도형) 만들기가 가능하며, 대조집합분류질문을 두 차례 이상 사용하는 경우, 두 번째부터는 성분분석표의 한 열로서 제시함.**

③ **등급질문(순서의 질문)**(다른 기준으로 2~4회 반복 가능)

– 정보제공자가 포스트잇의 모든 단어를 일정한 기준에 의한 순서에 따라 배열하도록 하는 것으로서, 배열을 끝낸 후에는 "어떤 기준으로 배열한 것인지"를 질문(예를 들어, '가장 중요한 순서', '가장 많이 하는 순서', '가장 좋아하는 순서' 등으로 배열하는 경우가 많음)

④ **3원 대조질문 + 유도된 대조질문**

1 **3원 대조질문**(잠재적으로만 인식한 **대조의 기준**을 찾기 위한 질문) (다른 기준으로 2~3회 반복 가능)

– 같은 영역에 속한 3개의 포스트잇 또는 각기 다른 영역에서 하나씩을 제시하고, "이 중 어느 것 2개가 비슷하고 어느 것 하나가 다를까요? 2개와 1개로 나누어 주세요."라고 부탁하여, 처음에 쉽게 떠오르지 않았던 대조의 기준을 찾는 방법("비

슷한 것이 없어서 나누는 것이 불가능하다."라고 해도 "조금이라도 더 비슷한 것 2개를 뽑아 주세요."라고 부탁하여, 새로운 대조의 기준을 생각하도록 함)

2 유도된 대조질문(예: '앞의 기준'을 여기에 적용하면 어느 쪽에 속할까요?)

– 앞의 기준을 나머지 모든 포스트잇에 적힌 단어에도 적용해 보도록 하는 질문

→ 이 두 가지 질문만으로 성분분석표 만들기가 가능함.

앞에 제시한 질문 순서를 무조건 고수해야 하는 것은 아니다. 면담 시간에 여유가 있다면, 상황에 따라 ③과 ④는 순서를 바꿔도 된다. 보통 '등급질문'에는 쉽게 답을 하고 '3원 대조질문과 유도된 대조질문'을 가장 어렵게 여기기 때문에 마지막에 제시한 것뿐이다. 같은 시간이 주어졌는데 면담 시간이 부족해진 상황을 생각해 보자. 만약 ④ → ③의 순서로 면담을 했다면, 3원 대조질문의 중간에 멈추게 되어서 분류체계분석만으로 끝내야 할 가능성이 크다. 이에 비해 ③ → ④의 순서로 면담을 했다면, 시간이 덜 필요한 등급질문은 최소 한두 번 끝냈을 것이므로 성분분석도 일부나마 할 수 있어, 결과를 더 잘 활용할 수 있다. 한편, 면담에 할애할 수 있는 시간이 매우 짧거나 정보제공자가 답변을 힘들어 하는 경우에는 ① → ②만 질문해서 분류체계분석만 하거나 ① → ③만 질문해서 순서 중심의 성분분석만 할 수도 있다.

이 네 가지 질문 유형을 사용한 면담방법을 좀 더 구체적으로 살펴보자.

〈네 가지 질문 유형을 사용한 면담방법〉

① 대체질문

대체질문(Substitution Frame Questions)은 참여관찰 시에 듣게 된 문장 하나를 선택하거나 관찰한 중요한 상황을 문장으로 만든 후, 이 문장에서 단어 하나를 빼고 괄호를 넣어서 그 단어를 대체할 수 있는 말(개념)들을 찾아달라고 부탁하는 질문이다. 알아보고 싶은 영역에 어떤 개념들이 있는지 가능한 한 많이 얻기 위해 사용한다. 예를 들어, "경비실에 갔다가 청소직원을 만났어."라는 이야기를 들었다면 "경비실에 갔다가 (　　)을(를) 만났다."라는 문장을 만들어 놓고, 면담 시 괄호를 채울 수 있는 단어들을 모두 적어(말해) 달라고 부탁하는 것이다. 이를 통해 경비실에는 보통 당직 경비, 다른 경비, 청소직원 등이 있으며, 가끔 관리소장도 있다는 것을 알아낼 수 있다. 다만 이 사례에서

는 찾을 수 있는 개념의 수가 너무 적어서 의미 있는 분류체계분석을 하기 어렵다. 보통 7개 이상의 개념은 나올 만한 문장을 사용해 대체질문을 하는 것이 좋다. 빈칸에 들어갈 수 있는 단어가 한 번에 기억하기 어려울 정도로 많을 만한 대체질문일수록 의미 있고 유용한 분석이 이루어지는 경향이 있기 때문이다. 예를 들어, "내가 손목시계를 살 때 고려하는 요소에는 ( )이 있다." "내가 회의시간에 집중하지 않을 때 하는 일에는 ( )이 있다."와 같은 문장이 이에 해당한다.

② 대조집합분류질문

대조집합분류질문(Contrast Set Sorting Questions)은 한 '대조집합' 내에 있는 모든 개념(단어)을 정보제공자가 비슷하다고 생각하는 것끼리 몇 묶음으로든 분류하도록 하는 것이다. '한 대조집합 내에 있는 모든 개념'으로는 앞의 대체질문을 통해 찾은 개념들을 적어 놓은 포스트잇을 그대로 사용하면 편리하다. 분류 후에는 "왜 그렇게 분류를 한 것인지", 즉 분류 기준이 무엇인지를 말하도록 한다. 1차 분류를 했을 때 어느 묶음에 상당히 많은 포스트잇이 포함되어 있다면, 그 묶음을 더 분류하도록 하는 것이 좋다. 이러한 '대조집합분류'는 계속 다른 기준으로 반복함으로써 여러 다른 기준에 의한 대조에 대한 정보를 얻을 수 있다. 다만 주의할 점은 두 번째 기준과 이에 따른 정보부터는 분류체계분석표가 아닌 성분분석표에 기록해야 한다는 것이다. 또한, 지나친 반복은 정보제공자를 지루하게 해서 면담을 빨리 끝내고 싶게 만드므로, 반복은 3회 이내로 하는 것이 좋다. 한편 정보제공자가 "몇 묶음으로 할 것인지" 또는 "무엇을 기준으로 분류할 것인지" 되묻는 경우가 많은데(test question response), 이때 연구자는 "무엇이든지 생각하신 기준에 알맞게 몇 묶음으로든 나누어 주시면 됩니다. 두 묶음, 세 묶음, 네 묶음 다 좋습니다."와 같이 응답한다. 정보제공자의 답에 영향을 미치지 않아야 하기 때문이다.

③ 등급질문

등급질문(Rating Questions)은 한 '대조집합' 내에 있는 모든 개념을 일정한 기준에 의한 순서대로 배열하도록(등급을 매기도록) 하는 것이다. 배열을 끝낸 후에는 "어떤 기준으로 배열한 것인지"를 묻는다. 즉, 대체질문 결과로 만들어 놓은 포스트잇에 적힌 모든 단어를 정보제공자가 생각한 하나의 기준에 의해서 순서대로 배열하도록 한다. 등급질문 역시 지나치지 않는 수준에서 계속 다른 기준으로 반복함으로써 여러 기준에 의한 등급에 대한 정보를 얻을 수 있다. 한편 이 질문에서도 정보제공자가 어떤 기준으로 배열할 것인지를 되묻는 경우가 많은데, 되도록 기준을 제시하지 말고 정보제공자가 기준을 생각해 내도록 기다려야 한다. 그러나 도저히 생각할 수 없다면, "예를 들어, '가장 많이 하는 순서'라거나 '가장 좋아하는 순서'라거나 '가장 중요한 순서'라거나 어떤 것이든 순서대로 늘어놓을 수 있는 것이면 됩니다."와 같은 지침을 줄 수도 있다. 다른 유형의 질문보다 등급질문에서 정보제공자들이 기준을 생각하기 어려워하는 경향이 있으며, 앞의 세 가지 기준은 비교적 흔히 제시되는 것이기도 하고 어차피 필요한 경우가 많기 때문이다.

④ 3원 대조질문 + 유도된 대조질문

1 3원 대조질문(Triadic Contrast Questions)

정보제공자가 잠재적으로만 인식하고 있던 분류 기준을 찾아내는 효과적인 방법인 '3원 대조질문'은 3개의 개념(단어)을 제시하고, "이 중 어느 것 2개가 비슷하고 어느 것 하나가 다릅니까?"와 같은 질문을 하는 것이다. 이때 앞의 대조집합분류질문 결과 같은 묶음에 속한 단어 중 3개를 선택할 수도 있고, 각기 다른 묶음에서 하나씩 선택할 수도 있다. 다만 한 묶음에서 2개, 또 하나의 묶음에서 1개를 선택하는 것은 비효율적이다. 어느 것 2개가 더 비슷한지는 이미 밝혀져 있기 때문이다. 일단 2개와 1개로 분류를 하고 나면, "어떤 점에서 이 2개가 더 비슷하고 이 1개는 다른가요?"라는 질문을 통해서 분류 기준을 찾는다. 3원 대조질문 역시 정보제공자가 "어떤 종류의 차이 말인가요?"와 같이 되묻는 경우가 있다. 이때 연구자는 "'누가 더 업무를 잘하나'라든지 '상사들은 어느 것을 더 좋아하나'라든지…….."라는 식으로 가이드라인을 주려는 유혹에 빠지기 쉽다. 그러나 이는 정보제공자의 답변에 영향을 미치므로, 다음과 같은 답변으로 응답의 책임을 다시 돌려주어야 한다. "생각하실 수 있는 어떤 면에서든 비슷한 점과 차이점을 말해 주시면 됩니다." "대부분에게 중요할 것 같은 차이점을 말씀해 주시면 좋겠는데요……." "30대 남성이 어떻게 생각하는가를 알려는 것이니까, 본인 생각에 어떤 것 2개가 더 비슷하고 1개는 다른지를 말씀해 주시면 됩니다."

2 유도된 대조질문(Directed Contrast Questions)

한 '대조집합' 내의 1개의 단어에 대해 알고 있는 특성에서 출발하여, 같은 특성에 의해 대조되는 다른 개념들이 있는지 물어보는 질문이다. 예를 들어, 한 부서의 직원이 부장, 과장, 대리, 사원, 인턴으로 분류될 때 부장은 아침 회의에 항상 참석한다는 것을 알았다면 "과장(대리/사원/인턴)은 아침 회의에 항상 참석합니까?"와 같은 질문을 하는 것이다. 이러한 '유도된 대조질문'은 3원 대조질문에 대한 답변 중 새로운 대조의 기준이 나타날 때도 시도할 수 있다. 예를 들어, '회사에서 매일 하는 일'이라는 주제의 대체질문 결과로 나온 3개의 단어를 비슷한 것 2개와 나머지 1개로 구분하면서, 정보제공자가 "모두 매일 해야 하는 일들이기는 한데, 이 2개는 제가 필요하다고 생각하는 일이고, 나머지 하나는 필요 없는 것 같지만 고객들이 원해서 하는 일이에요."라고 답을 했다고 하자. 그렇다면 이 세 단어 이외의 모든 단어에 대해서도 "누가 필요하다고 생각해서 하는 일인가?"를 질문함으로써 이 기준을 적용한 속성을 찾아야 할 것이다.

이런 질문들을 사용한 면담에서는 포스트잇 사용이 효율적이지만,[5] 백지를 잘라 대체품으로 사용할 수도 있다. 대체품이라도 사용하는 것은 포스트잇 사용이 그만큼 유용해서다. 답변 시간이 절약되고 흥미 있게 느낀다는 것 외에도 두 가지 장점을 더 갖는다. 첫째, 포스트잇을 보면서 답을 할 때 말로만 하는 것보다 훨씬 많은 개념을 동시에 염두에 두면서 차이에 대해 생각할 수 있다. 둘째, 대체질문을 할 때 답변 내용을 모두 포스트잇에 적어 놓으면, 그 포스트잇들을 그대로 사용하여 대조집합분류질문, 등급질문, 3원 대조질문+유도된 대조질문을 서로 다른 기준으로 몇 차례씩 반복해서 할 수 있어서 시간 절약이 된다. 다만 바로 이 점 때문에 포스트잇의 분류는 그때그때 따로 기록하지 않으면 사라진다는 것을 잊지 말아야 한다. 즉, 분류나 배열이 이루어질 때마다 별지에 기록하거나 사진을 찍어 놓아야 하는데, 스마트폰으로 사진을 찍어 두는 것이 가장 편하다.[6]

이러한 과정으로 면담을 할 때 주의할 점이 몇 가지 있다. 첫째, 정보제공자가 무엇부터 떠올리는지가 중요할 수 있으므로, 포스트잇에 적은 내용을 연구자가 순서대로 적어 놓으면 도움이 된다. 둘째, 마지막의 '3원 대조질문'과 '유도된 대조질문'을 통해서 새로운 대조의 기준을 발견하면 반드시 성분분석표에 한 열로 추가해야 한다. 특히 새로운 등급질문의 기준이 나타나는 경우에는 등급질문을 추가로 해야 한다. 셋째, 연구자는 면담을 진행하면서 분석표만 만드는 것이 아니라, 응답 내용에 따라 필요한 '후속질문(probing question)'을 하고, 이 내용 역시 기록해야 한다. 특히 답변이 잘 이해되지 않

5) 디지털 포스트잇 툴의 사용도 가능하다.

6) 디지털 포스트잇의 경우에는 '화면캡처'를 한다.

거나 연구자의 상식과 다른 경우 정보제공자의 생각을 더 잘 이해하기 위한 후속질문을 할 필요가 있으며, 발견한 차이점 및 그 의미에 대해서는 해석에서 제시한다. 이처럼 후속질문과 면담내용을 잘 기록해 두어야 해석을 할 때 활용할 수 있으므로, 면담과정은 정보제공자가 허락하면 녹음하는 것이 좋다.

2. 분류체계분석방법

연구현장의 구성원이 한 영역에 속하는 개념들을 어떻게 분류해서 관계 짓고 있는지 찾아보는 분류체계분석을 위해서는 적절한 대체 틀(substitution frame)을 파악해야 한다. 대체 틀로서는 '(　　)는 (　　)의 종류'라는 포함관계가 가장 많이 사용된다. 포함관계 대체질문을 사용하여, 분석 대상 영역의 기본 의미 관계는 유지하되 개념을 다른 것으로 대체할 수 있는 틀을 만드는 것이다. 예를 들어, "신입사원이 하는 일"이라는 영역에서 대체 틀은 "(　　)는 신입사원이 하는 일의 종류"가 된다.

첫 번째로 할 일은 이 문장의 빈칸에 들어갈 말들을 찾는 것이다. 만약 빈칸에 '회의 준비'와 '행사 준비'라는 말이 들어감을 찾았다면, 다음에는 "(　　)는 신입사원이 하는 회의 준비의 종류이다."와 같은 문장을 만든다. 이를 가지고 다시 빈칸에 들어갈 말이 '회의실 예약'과 '회의자료 복사' 등이라는 것을 찾는 식으로 계속한다. 이렇게 가장 하위 단계에 속한 개념에 이르기까지의 분류체계를 파악하면 정보제공자가 '신입사원이 하는 일'이라는 영역에 속한 여러 상위개념과 하위개념의 관계를 어떻게 인지하고 있는지 알 수 있다. 이는 면담에만 적용되는 것은 아니다. 참여관찰 결과를 토대로 대체질문에 대한 답을 포스트잇에 적어서 앞의 과정을 따라서 분석할 수도 있다. 다만 이때에도 현장 구성원에게 추후 확인을 받고, 추가될 것은 없는지도 알아보아야 한다.

면담이 끝난 후까지 기다리지 말고, 면담과정에서 현장구성원인 정보제공자와 함께 분석표를 만들면 시간도 절약되고, 정확한지를 즉석에서 확인받을 수 있다. 대체질문과 대조집합분류질문을 끝내면 분류 결과를 큰 종이에 옮긴 후 다음 단계 질문으로 넘어가는 것이 좋다. 이는 포스트잇의 내용을 일일이 큰 종이에 적으라는 것이 아니다. 이보다는 분류 결과를 그림이나 표의 형태로 기록하되, 글씨가 들어갈 부분에는 해당 포스트잇을 붙이고, 포함관계만 줄을 이어서 표시하는 것이 편하다. 다만 중간 묶음의 이름 등 포스트잇에 적히지 않은 단어를 추가할 필요가 있다면 추가 질문을 하여 답을 직접 적어 넣어야 한다. 또한, 이렇게 만든 그림이나 표는 정보제공자의 확인을 거쳐서 필요하다면 수정을 해야 한다. 시간 여유가 된다면 큰 종이의 표나 그림을 정보제공자에게 확인받을 때, "완성된 도형/도표를 보니 자신의 인식은 어떻게 설명할 수 있겠는가?"라거나 "자신의 분류방식은 주변의 다른 사람들과 비슷한 것 같은가?" 등의 추가 질문을 하는 것이 도움이 된다. 이에 대한 답은 이 도형/도표에 대한 해석을 제시할 때 유용하게 사용할 수 있기 때문이다.

여기까지 작업이 끝났을 때 사진만 찍어 놓으면 현장에서의 분류체계분석은 이미 끝난 것이다. 추후 컴퓨터로 이 사진 내용을 표나 그림으로 그리면, 논문/보고서에 포함할 수 있는 분석표/도형이 완성된다. [그림 2-1]에는 면담 현장에서의 분류체계도형 만들기 중간 과정을 사진으로 찍은 사례를 제시했다.[7]

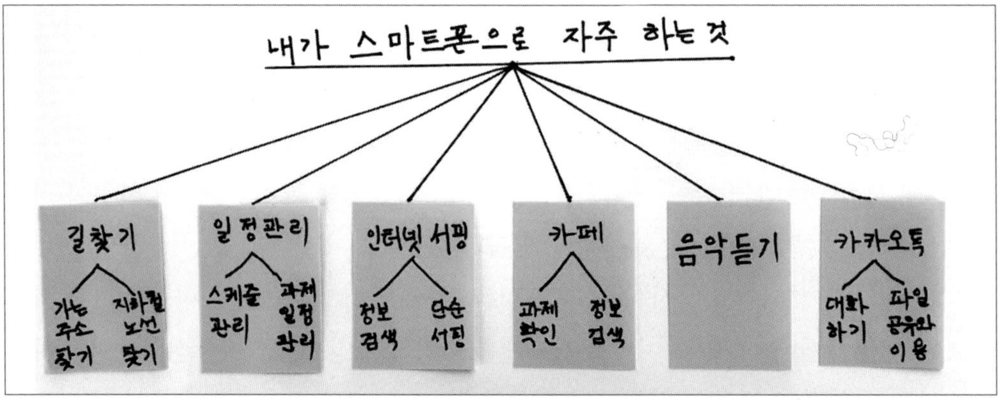

[그림 2-1] "내가 스마트폰으로 하는 일의 종류" 분류체계분석 과정에서 포스트잇을 활용한 중간 분류 결과임.

이 사례 참가자인 대학생은 '내가 스마트폰으로 자주 하는 것'과 '자주 하지 않는 것'의 아래로 각각 6장과 7장의 포스트잇을 배치했다. 사진은 이 중 '자주 하는 것'의 하위단계로, 6개 중 5개의 포스트잇에는 더 하위단계의 분류 결과도 적혀 있다. 예를 들어, '카카오톡'은 '대화하기'와 '파일 공유와 이용'으로 더 분류되었는데, 이는 포스트잇에 처음 쓴 항목을 세부항목으로 더 나눌 수 있다면 아래쪽에 적도록 한 결과다.[8]

---

7) 분류체계분석에서는 이처럼 '(　　)은 (　　)의 종류이다.'라는 포함관계를 직선으로 이어서 나타낸다. 직선 대신 화살표를 사용해서는 안 된다. 제4장에서 살펴볼 원인연쇄도형은 인과관계를 표현하기 위해서 화살표를 사용하므로, 분류체계도형에서 화살표를 사용하면 원인연쇄도형으로 오해받을 수 있다.

8) 세부항목까지 각각의 포스트잇에 쓰면, 작은 책상으로는 공간이 부족해서 이렇게 하는 것이다.

분류체계분석을 할 때는 일단 완성 후 포함관계의 정확성을 확인하는 것이 중요하다. 특히 분류체계분석의 도중에 다른 종류의 분류가 섞여 들어가지 않도록 주의해야 한다. 예를 들어, [그림 2-2]에는 대체질문과 대조집합분류질문을 본인에게 하는 방식으로 만들어진, '디저트 카페를 선택할 때의 고려사항' 분류체계분석도형 1차 완성결과를 제시했다. 이후 연구자는 포함관계의 정확성 확인 작업을 통해 '프랜차이즈 카페'와 '개인 카페'가 '크기'에 포함된다고 보기는 어려운 것을 발견하고, '크기'까지만 제시하는 것으로 수정했다. 또는 '크기'를 '프랜차이즈/개인 카페 여부'로 바꾸는 것도 적합했을 것이다.

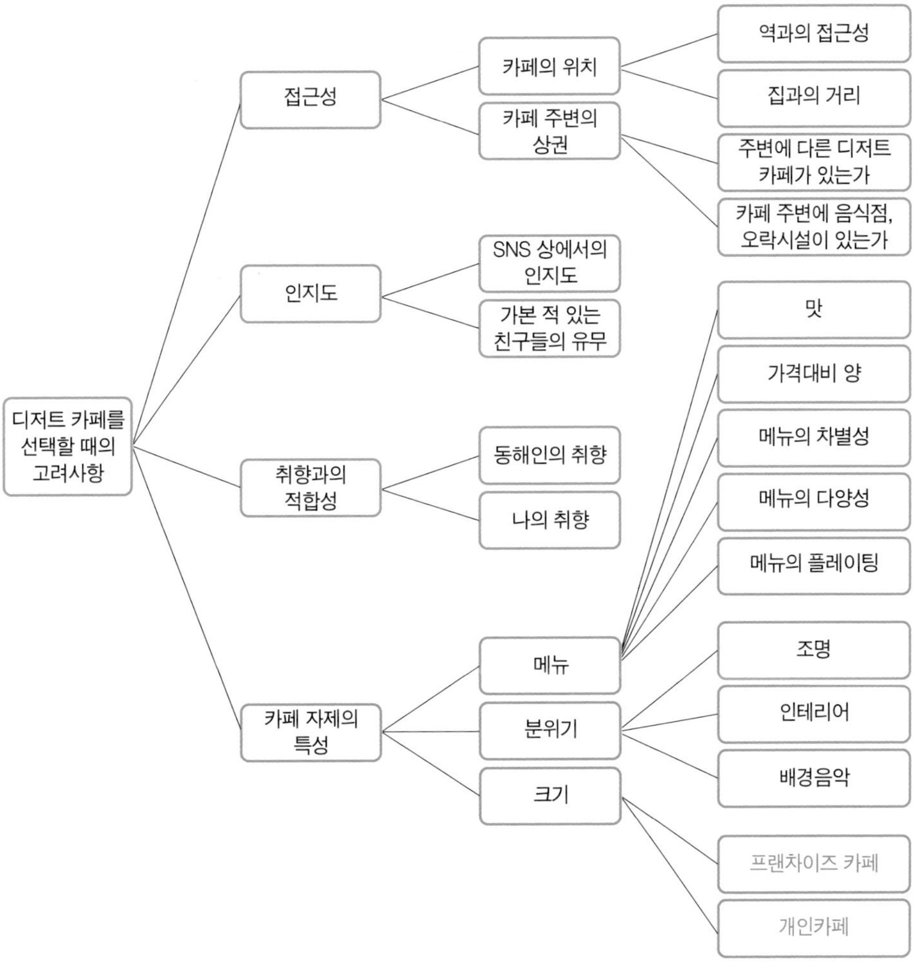

[그림 2-2] '디저트 카페를 선택할 때의 고려사항'에 대한 분류체계분석 결과

*출처: 진수지(2015), "소비와 마케팅의 인류학" 수업 실습결과임.

분류체계도형을 사용해서 연구의 주요 결과를 소개한 사례로는 조숙정(2019)의 "흑산도 어류의 민족생물학적 분류에 관한 연구: 19세기 전통지식의 지속과 변화의 관점에서"를 들 수 있다. 이 연구에서 현대 흑산도 주민들의 어류 분류체계는 '괴기(물고기)'라는 '생활형칭' 범주 아래 2개의 '중간칭'('비늘 있는 것'과 '비늘 없는 것')과 50개의 '속칭', 84개의 '종칭'으로 구성된 것으로 분석되었다. '속칭' 분류군은 '종칭'(specific) 분화가 없는 것과 있는 것으로 나누어지는데, 전자를 단형 속칭(monotypic generic)이라 하고, 후자를 다형 속칭(polytypic generic)이라 한다. 단형 속칭은 속칭 등급에서 그 범주 자체로서 종결되어 최종범주가 되고, 다형 속칭은 아래 등급에서 복수의 하위범주(즉, 종칭)를 포함한다. 흑산도 주민 관점에서 '괴기(물고기)'의 민족생물학적 분류체계를 보여 준 [그림 2-3]은 정보제공자들이 대표적이거나 중요하게 인식하는 속칭 '1.37 (참)조구'와 '2.10 홍에(홍어)'의 하위범주들만 예시하여 개요를 만든 것이다. 속칭과 종칭 등급은 분류군의 수가 많아서 도형에 다 넣기 어렵기 때문이다.

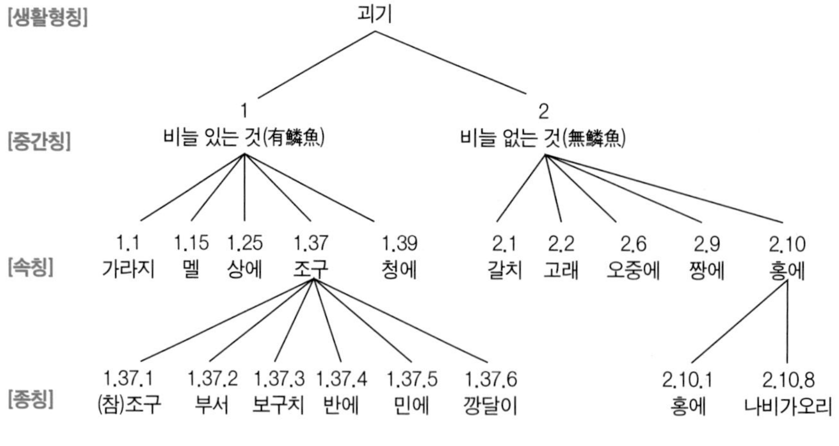

[그림 2-3] 현대 흑산도 '괴기'의 민족생물학적 분류 개요도

*출처: 조숙정(2019), p.285.

분류체계도형은 이처럼 분류 결과만 제시할 수도 있고, 의미 있는 발견내용을 함께 제시할 수도 있다. 예를 들어, 변혜원(2011)의 서울대 인류학과 석사학위 논문인 "청소년 내집단 범주의 민속구분법과 성향 특성"에 제시된 [그림 2-4]는 청소년들이 스스로를 지칭하는 민간 명칭(folk term)을 사용하여, 이들의 내집단 범주 구분을 정리한 것이다.

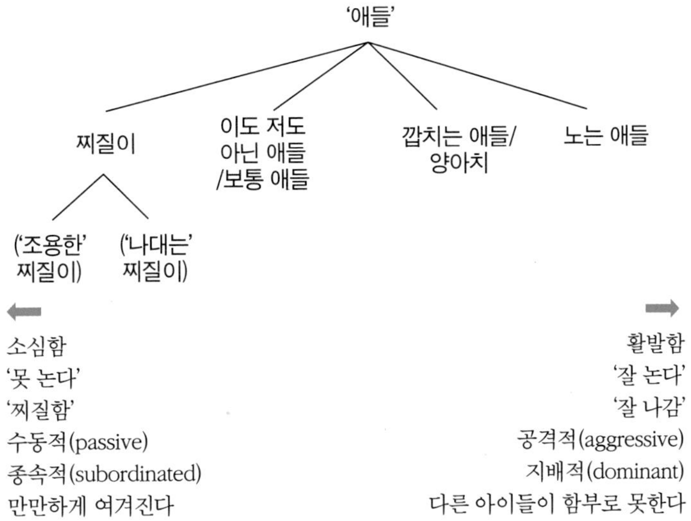

[그림 2-4] 청소년 내집단 범주의 민속구분법과 성향 특성

*출처: 변혜원(2011), p.30.

[그림 2-4]는 청소년들이 그들의 내집단을 '찌질이', '이도 저도 아닌 애들/보통 애들', '깝치는 애들/양아치', '노는 애들'로 분류하고 있음을 보여 준다. 이 중 '찌질이'는 다시 '조용한 찌질이'와 '나대는 찌질이'로 분류된다. 일반적인 분류체계도형이라면 여기까지만 제시했을 것이다. 하지만 [그림 2-4]에서는 이 도형의 밑에 화살표를 사용하여, 왼쪽으로 갈수록 '소심함', '못 논다', '찌질함', '수동적', '종속적', '만만하게 여겨진다' 등의 특징을 강하게 갖고, 오른쪽으로 갈수록 반대로 '활발함', '잘 논다', '잘 나감', '공격적', '지배적', '다른 아이들이 함부로 못 한다'는 특징을 강하게 갖는 것으로 여겨진다는 연구결과를 함께 제시하고 있다. 이런 도형의 제시는 독자들이 그림과 함께 제시된 설명을 미처 읽지 않고서도 이 도형의 의미가 무엇인지 어느 정도 이해하게 해 주는 효과를 가지며, 연구결과를 더 명확히 이해하도록 돕는다.

분류체계분석 결과는 표로 제시될 수도 있다. 예를 들어, 이정우, 김미영(2013)[9]의 "에스노그라피 연구방법을 활용한 유아복 구매행동 연구"에서는 연구의 5개 단계 중

9) "마케팅 에스노그라피 과정" 참가자였던 이정우 박사(당시 가천대 의상학과 박사과정)와 김미영 교수(가천대 의상학과)는 학습한 분석방법을 적용한 연구를 2013년 한국의류학회 학술대회에서 발표했으며, 2015년에는 더 발전된 논문을 "유아복 구매행동 연구의 에스노그라피적 접근"이라는 제목으로 한국의류학회지에 게재했다. 다만 학술지에는 지면의 한계로 2-1단계 분석의 결과표 제시는 생략되었다.

2-1단계로 '유아복 구매 시 고려 속성'의 분류체계분석을 5회 이상 실시했는데, 〈표 2-1〉은 그중 하나다. 이 연구의 2-2단계에서는 여러 차례의 분류체계분석 결과로 14개의 '고려하는 속성'을 찾아, 등급질문으로 연결했다. 정보제공자를 전업주부/취업모로 나누고 각 집단의 자녀 성별도 나눈 4개 집단이 이 14개 속성을 중요하게 생각하는 순위를 비교표로 제시하였고, 4개 집단 모두가 중요하게 고려하는 속성은 '디자인', '색상', '가격'임을 밝혔다.

〈표 2-1〉 '유아복 구매 시 고려 속성'의 종류에 대한 분류체계분석 결과

1차 분류 기준	고려하는 속성
필수적인 것	디자인
	편안함
	신축성
	가격
없어도 되는 것	소재
	AS
	크기
	색상

*출처: 이정우, 김미영(2013).

표 형식의 분류체계분석 결과는 세로 방향의 표로 제시할 수도 있다. 예를 들어, 왕한석(2018)의 "한국의 물때 체계: 그것의 구분법과 지역적 변이 그리고 실학자들의 이론 기술을 중심으로"에서는 어촌 사회에서 발달시켜온 '물때'의 명칭체계를 분석하여, 세로 방향의 분류체계표로 제시했다. 〈표 2-2〉와 〈표 2-3〉은 강화도와 조도 주민들이 각각 물때를 어떻게 범주화하고 있는지에 대한 민속분류법(folk taxonomy)을 비교해서 보여 주고 있다. 두 표는 각 지역의 주민들이 매일매일의 바다의 변화상태에 따라 보름 주기로 반복되는 음력 일자에 맞춘 15개의 '물때'를 나누고, 이 15개의 물때를 물의 상태가 유사한 날을 며칠씩 묶어서 4개의 상위단계로 묶고 있음을 보여 준다.

〈표 2-2〉 물때의 전체구분법(강화도)

단계 1	사리(때)								조금(때)						
단계 2	산김			사리(때)					음			조금(때)			
단계 3	두때	서때	너때	다섯때	여섯때	일곱때	여덟때	아홉때	열때	한게끼	다게끼	아치조금	조금	무시	한매

*출처: 왕한석(2018), p.18.

〈표 2-3〉 물때의 전체구분법(조도)

단계 1	사리때						조금때								
단계 2	사리때						게까질			조금질			산짐때		
단계 3	너물	다섯물	여섯물	일곱물	야닯물	아홉물	열물	(한)게끼	대게끼	아침조금	(한)조금	무수	한물	두물	세물

*출처: 왕한석(2018), p.18.

이처럼 '물때'나 상위단계의 명칭, 어떻게 묶이는가 등은 지역에 따라 차이가 있다. 하지만, 이 연구에서는 15개의 '물때'가 똑같은 의미의 4개의 상위단계로 묶인다는 점에서는 일치한다는 것을 발견했다. 이 4개의 상위단계는 '물이 살아나는 단계' → '물이 가장 사는 단계' → '물이 죽어 가는 (또는 꺾어지는) 단계' → '물이 가장 죽은 단계'의 4개의 순환적 단계로 구분되는 것이다. 마지막으로, 4개의 상위단계를 다시 '사리'와 '조금'이라는 2개의 더 큰 상위단계로 묶는 방식의 범주화가 이루어진다.

이처럼 분류체계(분석)표를 위해서는 가로 방향의 표와 세로 방향의 표를 모두 사용할 수 있지만, 분류가 여러 단계로 계속 이어지거나 최종 단계의 분류에서 항목별 내용 설명까지 제시한다면 가로 방향의 표가 읽기에 편하다. 예를 들어, 〈표 2-4〉는 유창조, 정혜은(2002)의 "인터넷쇼핑몰에서의 쇼핑경험의 질이 재방문 의사와 구매 의사에 미치는 영향에 관한 연구: 효용적 가치와 쾌락적 가치의 구분"에 제시된 분류체계분석 결과다. 이 연구에서는 정보제공자들과의 심층면담을 통해 소비자들이 인터넷쇼핑몰 방문 시 느끼는 다양한 감정적 경험에 관한 자료를 확보하고 표에 각 감정이 어떤 상황에서 발생하는지도 제시하였다. 또한, 이들을 일차적으로 쇼핑 시 느끼는 감정(추구되는 가치에 따른 감정), 사이트의 특징에서 나오는 감정, 가상공간이라는 특징에서 나오는 감정으로 분류하였다. 그리고 쇼핑 시 느끼는 (추구되는 가치에 따른) 다양한 감정은 다시 '효용적 가치를 경험하면서 느끼는 감정'과 '쾌락적 가치를 경험하면서 느끼는 감정'으로 분류하였다.

〈표 2-4〉 '인터넷쇼핑몰에서 느끼는 감정적 경험' 분류체계분석 결과

구분		내용
추구되는 가치에 따른 감정적 경험	효용적 가치	충족감: 호기심이 풀릴 때
		뿌듯함: 사고자 하던 제품을 받았을 때
		답답함: 숫자적인 제약을 받고 있다고 느낄 때, 배송일이 지켜지지 않을 때
		희열: 검색 한 번에 물품을 구매할 수 있다고 생각될 때
		불쾌감: 배달이 제대로 안 될 때
		허탈함: 실컷 구경하고 제품을 주문하려는 순간 컴퓨터 접속이 끊기고 다운될 때
		불안감: 신용카드 도용, 개인정보 유출에 대한 염려, 매일 쇼핑몰 사이트에 들어가지 않을 때
	쾌락적 가치	즐거움: 새로운 제품에 관한 정보를 접할 때
		재미: 여러 제품을 찾아서 볼 때
		매력적임: 새로운 볼거리를 발견했을 때
		지겨움: 볼 만한 것이 없을 때
사이트의 특징에 따른 감정적 경험		몰입감: 특별한 생각이 없이 어떤 일에 빠져 있을 때
		화남: 피드백이 제대로 안 될 때
		짜증: 시간이 너무 오래 걸릴 때, 사이트가 조잡할 때
		미심쩍음: 알려지지 않은 사이트에 접속했을 때
가상공간이라는 특징에 따른 감정적 경험		통제감: 내가 영향력을 행사하고 있다고 느낄 때
		정복감: 다양한 방법으로 원하는 물건이나 정보를 발견할 때
		자유로움: 혼자라는 자유로움을 느낄 때
		소외감: 인간적인 대면이 없어 정을 느낄 수 없을 때

*원래는 '내용'(감정적 경험) 칸에는 줄이 없었으나, 보기 편하도록 필자가 줄을 추가했음.

*출처: 유창조, 정혜은(2002), p.84.

유창조의 제자인 우제성(2011)[10]의 박사학위 논문에서는 27명과의 심층면담을 토대

10) 우제성 박사는 박사과정 중에 "마케팅 에스노그라피 과정"에 참가하였다.

로 소비자가 주얼리를 소비하면서 느끼는 다양한 가치를 확인하였다. 이 연구에서는 이 가치들의 의미를 바탕으로, 다양한 가치를 효용적 가치, 쾌락적 가치, 상징적 가치로 대분류하였다. 이어서 효용적 가치를 환금성, 투자성 및 가격 적절성으로, 쾌락적 가치를 자아 만족성과 패션성으로, 상징적 가치를 신분 표현성, 의미 상징성 및 주술적 상징성으로 분류하였다. 이러한 '고객이 인식하는 주얼리의 가치'의 여덟 가지 유형과 그 의미는 〈표 2-5〉에 정리되었다. 이와 함께 고객들이 주얼리 소비를 통해 경험하는 가치 요인들의 다층적이고 복합적인 특징이 논의되었다.

〈표 2-5〉 '고객이 인식하는 주얼리의 가치' 분류체계분석 결과

구분	(고객의) 가치 인식	내용
효용적 가치	환금성	– 주얼리의 주재료인 귀금속이나 보석을 현금으로 교환하거나 현금 대체수단으로 사용 – 주얼리 제품을 현금이나 금, 보석 등으로 교환
	투자성	– 자산 가치, 투자 가치, 나를 위한 투자 – 주얼리의 주재료인 귀금속이나 보석의 국제 시세 등에 따라 투자수단으로 이용 – 작품성, 예술성, 역사성 있는 고가의 앤티크 주얼리화
	가격 적절성/구매 가능성	– 소비자가 주얼리를 구매할 수 있는 경제적 능력 – 주얼리 제품 가격의 합리성, 적절성 정도
쾌락적 가치	자아 만족성	– 자기만족, 자기관리, 자신감, 행복감, 허영심, 성숙함, 과시욕
	패션성	– 개성 표현, 유행 선도 및 동참, 미적 감각 고양
상징적 가치	신분 표현성	– 부, 신분, 계급 상징성, 브랜드 가치
	의미 상징성	– 선물(생일, 결혼기념일, 졸업, 입학, 시험 합격 등) – 사랑 – 감사 – 우정 – 추억 – 약속
	주술적 상징성 (탄생석 주얼리)	– 건강 – 행운 – 수호

*출처: 우제성(2011), p.116.

3. 성분분석방법

한 문화 영역의 분류체계분석만으로는 그 영역 내에서 의미 관계를 유지하는 개념들(현장의 어휘들)의 의미를 충분히 이해할 수 없다. 한 개념의 의미 이해를 위해서는 그 속성을 이해해야 하며, 이는 현장의 정의(folk definition)를 얻는 것으로 가능해진다(Werner & Schoepfle, 1987). 한 영역 내에서 대조 관계에 있는 개념들에 대한 현장의 정의를 수집하고, 그 성분을 분석함으로써 그 영역의 대조 관계가 갖는 의미를 이해하는 것이다.

현장의 정의 수집을 위해서는 직접 "이 개념은 무엇을 의미하는가?"라는 질문을 할 수 있다. 이때 정보제공자가 문단의 상태로 주는 정의를 단문의 나열로 고침으로써 그 개념이 가지고 있는 속성들의 파악이 가능하다. 예를 들어, 프랜차이즈 식당 연구를 할 때 대조집합 내에 있는 3개의 단어인 '점장', '정규직원', '인턴직원'에 대해서 각기 "점장은 프랜차이즈 각 지점의 책임자이며, 각 지점에 1명이 있다." "인턴직원은 6개월에 한 번씩 본사에서 선출한다." "각 지점에는 2~3명의 정규직원이 있다."라는 정의가 주어졌다고 하자. 각 직원에 대한 정의들에 포함된 속성들을 비교하면 〈표 2-6〉과 같다.

〈표 2-6〉 프랜차이즈 식당 직원의 속성 대조표

속성	점장	정규직원	인턴직원	알바생
역할	각 지점의 책임자	?	?	?
뽑는 방식	?	?	본사에서 뽑아서 보냄	?
인원	각 지점에 1명	각 지점에 2~3명	?	?

〈표 2-6〉에서 세 유형의 직원 모두에 대한 정보는 아직 없으며, 점장과 정규직원의 뽑는 방식, 정규직원과 인턴직원의 역할, 인턴직원의 인원수 정보가 필요함을 알 수 있다. 또한, 같은 영역 내의 '알바생'에 대해서는 역할, 뽑는 방식, 인원수 정보가 모두 필요함을 알 수 있다. 이처럼 '대조질문'을 잘 활용하면 개념들의 의미에 대해 직접 묻는 것보다 더 짧은 시간에 효과적으로 개념의 속성을 이해할 수 있다. 따라서 분류체계표를 만든 후에는 그 표와 포스트잇을 이용해서 대조질문을 한다. 이때 성분분석을 위한 '대조집합분류질문'부터 할 수도 있고, 필요 없다면 '등급질문'부터 시작해서 '3원 대조질

문 + 유도된 대조질문'까지 진행할 수도 있다.

각 질문에 대한 답은 분류체계표의 옆에 열을 추가하는 방법으로 성분분석표까지 하나의 표에 들어가게 완성하는 것이 편하다. 〈표 2-7〉은 이러한 통합표의 사례다. 이인효(1990)의 "인문계 고등학교 교직문화연구"에서는[11] 여러 차례의 참여관찰과 면담 후 그 내용을 종합해서, '담임교사의 종류(스타일)'와 각 스타일에 따른 속성에 대한 분류체계+성분분석표를 제시하였다. 〈표 2-7〉에서 왼쪽의 '담임의 종류' 아래가 분류체계표, 오른쪽 부분은 성분분석표이다. 이처럼 두 가지의 분석 결과를 하나의 표로 만들 수 있어서, 복잡한 연구결과라도 한눈에 잘 들어오도록 제시할 수 있다는 것이 분류체계+성분분석표의 장점이다.

〈표 2-7〉 인문계 고등학교 담임의 종류와 속성에 대한 분류체계분석과 성분분석 결과를 하나의 분류체계+성분분석표로 제시한 사례

담임의 종류		학급 학생들의 속성			인정도	
		분위기		성적	교사	교장
		집중함	생기 있음			
죄는 스타일	죄는 스타일 ("꼼꼼한 선생")	+	−	높다	높다	매우 높다
	풀어 줄 땐 풀어 주는 스타일 ("화끈한 선생")	+	+	높다	매우 높다	높다
풀어 주는 스타일	풀어 주는 스타일 ("느슨한 선생")	−(산만)	+	낮다	낮다	낮다
	풀어 줄 때와 죌 때를 구분하지 못하는 스타일 ("이상한 선생")	−(산만)	−	가장 낮다	매우 낮다	매우 낮다

*출처: 이인효(1990), p.160.

한편 성분분석표에 들어갈 내용이 복잡하고 많다면, 단어 대신에 기호를 사용할 수도 있다. 예를 들어, 안준희(2000)의 "'노숙자'의 정체성과 적응전략: 인지인류학적 접근"에서는 노숙자들이 '얻어먹는 방법'이라는 의미 영역을 '꼬지(구걸)', '삐끼질', '대가리(공공근로)', '노가다'의 네 가지 범주로 나누어 인식하고 있음을 발견했다. 이 중 '대가리'와

11) 이 연구는 우리나라 교육학 최초로 교육인류학적 연구방법을 사용한 박사학위 논문으로, 주로 분류체계분석과 성분분석을 사용했다.

'노가다'는 하위범주로 나뉘지 않으며, '삐끼질'은 두 가지 하위범주로만 나뉜다. 이에 비해서, '꼬지'는 다섯 가지의 하위범주로 나뉘고, 그중 하나인 '생꼬지'는 다시 '짤짤이', '커피꼬지', '담배꼬지', '주차꼬지'의 네 가지 하위범주로 더 분류될 정도로 이들에게 가장 대표적인 얻어먹는 방법이다. 이 연구에서는 이어지는 성분분석을 위한 조사결과 노숙자들이 〈표 2-8〉과 같은 여덟 기준을 가지고 얻어먹는 방법들을 구분하고 있음을 발견하였다.

〈표 2-8〉 '얻어먹는 방법'을 구성하는 대조의 차원

1.0 얻는 방식 1.1 구걸 1.2 사취 1.3 노동	5.0 대상 5.1 노숙자 5.2 일반인 5.3 없음
2.0 경찰 단속 2.1 있음 2.2 없음	6.0 잠자는 장소 6.1 쉼터 6.2 여관/여인숙/쪽방 6.3 난장
3.0 강제성 3.1 있음 3.2 없음	7.0 계절 7.1 봄/여름/가을 7.2 겨울 7.3 관계 없음
4.0 옷차림 4.1 허름함 4.2 깨끗함	8.0 시설 추천 8.1 필요 8.2 불필요

*출처: 안준희(2000), p.243.

〈표 2-8〉에 제시한 대조의 차원을 적용하여, '얻어먹는 방법'의 네 가지 범주(대분류 결과)는 각 차원에서 어디에 해당하는지 보여 주는 것이 〈표 2-9〉다. 예를 들어, 이 표를 활용한 '삐끼질'의 설명을 요약하면 다음과 같다. '삐끼질'은 사취(1.2), 즉 다른 노숙자를 괴롭히거나 이용하여(5.1) 수입을 얻는다(다른 노숙자들이 구걸해서 얻은 돈을 억지로 뺏는 것, 인력소개소 직원인 '오야지'에게 노숙자들 소개해 주고 소개료로 10% 받는 것 등). 다

른 노숙자들을 이용해서 돈을 버는 것이기 때문에 당연히 강제적인 방법을 사용하게 되며(3.1), 불법적인 방법이기 때문에 경찰의 단속 대상이 된다(2.1). 돈벌이에 유리하도록 다양한 전략이 사용되는데 그중 대표적인 것은 노숙자로 보이기 위한 '허름한 옷차림'(4.1)과 '난장(길거리에서 자기)'(6.3)이다. 이 방법은 날씨나 계절의 영향을 받지는 않으며(7.3), 시설의 추천이 필요하지도 않다(8.2).

〈표 2-9〉 '얻어먹는 방법'에 대한 성분분석

	1.0	2.0	3.0	4.0	5.0	6.0	7.0	8.0
꼬지	1.1	2.1	3.1	4.1	5.2	6.3	7.3	8.2
삐끼질	1.2	2.1	3.1	4.1	5.1	6.3	7.3	8.2
대가리	1.3	2.2	3.2	4.2	5.3	6.1	7.2	8.1
노가다	1.3	2.2	3.2	4.2	5.3	6.2	7.1	8.2

* 출처: 안준희(2000), p.243.

〈표 2-9〉와 같이 성분분석표에 기호를 사용하는 것은 표가 간단해지는 장점이 있는 대신에 독자들이 별도로 제시한 대조의 차원 리스트(〈표 2-8〉)와 일일이 대조하면서 읽어야 한다는 불편한 점이 있다. 따라서 연구결과를 제시할 때는 이처럼 간단한 표로 제시할 것인지 아니면 표가 좀 복잡해지더라도 전체 내용을 말로 제시할 것인지 결정해야 한다. 만약 모두 다 말로 제시하기에는 표가 지나치게 복잡하다면, 전체가 아닌 일부 내용만을 기호를 사용하여 제시하는 것도 고려할 수 있다.

한편 기호만 사용한 성분분석표를 제시하되, 기호의 의미가 무엇인지를 보여 주는 표를 바로 아래에 붙여서 하나의 표처럼 제시하는 방법도 있다. 예를 들어, 배연주(2014)의 "하나님과의 대화: 한국 교회에서의 기도의 분류체계와 구조적 특징"에 제시된 〈표 2-10〉은 열한 가지 기도의 종류를 다섯 가지로 범주화한 후 각 범주에는 I, II, III, IV, V의 기호를 부여했다.

〈표 2-10〉 기도의 종류 분류체계+성분분석표

범주 / 대조의 차원	Ⅰ	Ⅱ	Ⅲ	Ⅳ	Ⅴ
소리 (vocality)	+	+	+	+	−
글말 · 계획성 (plannedness)	+	+	−	−	(+/−)
작성권 (authorship)	−	+	+	−	(+/−)
	⋮	⋮	⋮	⋮	⋮
기도의 종류	**1 주기도문** 2 사도신경 3 공동의 기도	**4 대표기도** 5 기원 6 마무리기도 7 봉헌기도 8 축도	**9 통성기도**	**10 방언기도**	**11 침묵기도**

*표의 제목은 원래 '기도의 종류 및 분류체계'였지만, 이 표가 성분분석표의 요소를 더 강하게 갖는다는 점에서 필자가 수정했음.

*출처: 배연주(2014), p.217.

세로 방향으로 제시한 이 성분분석표에서는 소리, 글말/계획성, 작성권이라는 3개의 대조의 차원으로 보았을 때 각 기도의 범주가 어떻게 구분되는지를 '+'와 '-'라는 기호를 사용하여 제시하였다. 하지만 이 표만 가지고는 각 범주의 기도가 어떤 것들인지 알 수 없다는 점에서, 바로 밑에 '각 범주에는 어떤 기도들이 있는가'를 보여 주는 표를 함께 제시해서 독자들의 수고를 덜어 주고 있다. 즉, 2개의 표처럼 보이기는 해도 하나의 표를 제시한 셈이다.

성분분석표는 이처럼 표 2개를 함께 제시하는 형태만이 아니라 표와 그림을 함께 제시하는 형태로도 만들 수 있다. 예를 들어, 앞에 소개한 배연주(2014)의 연구에서는 '기도의 형식성, 작성권 및 신성성'이라는 성분분석 결과를 제시하면서(<표 2-11>) 다섯 가지 대조의 차원 중에서 '텍스트의 형식성', '주된 수사법 및 준언어적 자질', '연행 상황'은 표 형식으로 제시하고, '텍스트 작성권'과 '신성함의 정도'는 바로 다음에 그림 형식으로 제시하여 연결하였다.

〈표 2-11〉 기도의 형식성, 작성권 및 신성성

장르 / 특성	기도			
	주기도문	대표기도	통성기도	방언기도
텍스트의 형식성	글말 · 계획성		입말 · 즉흥성	
주된 수사법 및 준언어적 자질	병렬, 문어투		반복, 유창성	
연행 상황	격식적 예배		비격식적 집회	

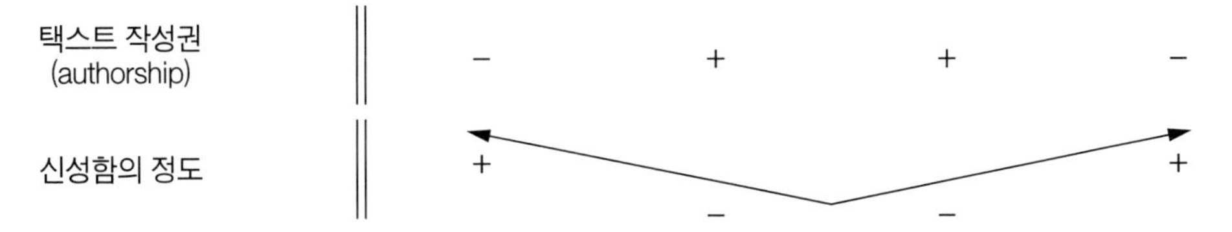

*출처: 배연주(2014). p.241.

성분분석은 반드시 분류체계분석과 연계해야 하는 것은 아니다. 면담 시간이 부족하거나 정보제공자가 분류를 위한 질문에 답하는 것을 어려워할 때는 대체질문 결과만 가지고 곧장 등급질문으로 연계해도 의미 있는 분석결과를 얻을 수 있다. 예를 들어, '본인의 가정과 주변의 다른 가정 한곳에서의 음식 소비와 구매'에 대한 장기간의 참여관찰과 심층면담을 토대로 한 신상선(2013)의 연구보고서에[12] 제시된 〈표 2-11〉에는 대체질문 결과와 등급질문 결과만 포함되어 있다. 신상선은 "내가 장을 볼 때 고려하는 요소에는 (　　)이 있다."라는 대체질문을 만들어서, 어머니(이하 엄마)를 대상으로 분류체계+성분분석을 위한 면담을 시작했다. 엄마는 괄호 안에 들어갈 수 있는 내용으로는 12개의 항목(고려요소)을 쉽게 포스트잇에 적었지만, '대조집합분류질문'이나 '삼원대조질문'에 답하는 것은 매우 어렵게 생각했다. 반면에, 고려요소들의 순위는 아주 쉽게 답을 할 수 있었으므로 '대조집합분류질문'이나 '삼원대조질문'은 생략하고 대신에 '고려요소들의 중요한 순서'에 대한 등급질문을 여러 차례 실시하여 비교하기로 했다. 우선 엄마 본인에게 중요한 순서를 '일반적으로 중요하다고 생각하는 순서'와 '구매하러 갔을 때 중요하다고 생각하는 순서'로 구분했다. 다음에는 가족 구성원들에게 중요할 것이라

12) 이 연구보고서는 2013년도 〈소비와 마케팅의 인류학〉 수업 수강생들이 한 대기업과의 산학협력과제로서 제출한 것이다.

고 엄마가 인식하는 순서를 남편(연구자의 아버지)/큰딸(연구자 본인)/작은딸(연구자의 동생)에게 중요한 순서로 구분하여 비교했다. <표 2-11>은 이러한 다섯 차례의 등급질문 결과를 비교한 것이다.

<표 2-12> 엄마가 장 볼 때의 고려요소들이 중요한 순서에 대한 인식의 성분분석

대체질문 결과	등급질문 결과				
장 볼 때의 고려요소	내게 중요한 순서		가족 구성원에게 중요할 것 같은 순서		
	평소에 중요한 순서	마트에서 중요한 순서	남편에게 중요한 순서	큰딸에게 중요한 순서	작은딸에게 중요한 순서
친구의 구매 (가격 정보)	12	12	12	12	12
양(적당한 양이 들어있나?)	11	11	11	6	6
시식	10	10	8	4	4
세일 여부 (가격)	8	9	9	5	4
꼭 필요한지	9	7	2	10	10
영양가	4	3	7	9	9
신선도(제조 일자 중심)	6	1	4	8	7
첨가물 들었나 여부	5	2	10	11	11
맛	7	8	3	1	1
아이들의 선호(자녀의 선호)	1	5	1	1	1
가족 건강	3	4	6	7	8
가족의 선호(온 가족의 선호)	1	6	5	3	3

*출처: 신상선(2013), "소비와 마케팅의 인류학" 수업 과제(연구보고서)에 제시된 표에서 위의 세 줄(제목 부분)을 이해하기 쉽도록 필자가 수정하고, 고려요소에는 설명에 해당하는 내용도 제시했음.

엄마와의 심층면담과 마트 동행구매 참여관찰 결과를 토대로 한 연구자의 <표 2-11>에 대한 해석 내용 중 두 가지를 제시하면 다음과 같다.

첫째, 엄마는 비슷해 보이는 '아이들 선호'와 '가족 선호'를 다른 항목으로 구분했는데, 엄마와 아빠의 선호가 포함되었을 때에 비로소 '가족의 선호'로 묶였다. 이러한 자녀 또는 가족의 선호는 평상시에 가장 중요하다고 생각하는 고려요소지만, 마트에 갔을 때는 이런 요소들보다 제품 자체의 속성(신선도, 첨가물 여부, 영양가)이 좀 더 중요해진다고 인식하고 있었다.

둘째, 식품 구매와 관련된 엄마의 인식은 '엄마와 다른 가족 구성원'으로 나누어지는 경향이 있었다. 다른 가족 구성원, 특히 자녀들이 '맛'과 '본인의 선호'를 가장 중시하는 반면에 가족 건강과 관련된 제품 정보에는 신경을 별로 안 쓸 것으로 여긴 것이다. 이에 비해서 본인은 음식구매에 있어서 정보 우위를 가지고 있는 존재라고 인식하고 있었다. 25년의 주부경력이 있으므로 음식으로 인한 건강 관련 정보에 접촉할 기회도 많았고, 그만큼 더 관심도 생겨서 "이런 정보가 쏙쏙 귀에 들어오기 때문에" 다른 가족 구성원보다 음식 정보가 많이 축적되고, 따라서 가장 '똑똑한 구매자'가 되었다는 자부심을 보이는 것이다. 이처럼 엄마는 스마트 컨슈머의 개념을 "세월이 지나면서 쌓여가며 '획득'되는 것"으로 인식하고 있었다.

이처럼 분류체계분석과 성분분석 결과는 다양한 방식의 표나 도형으로 제시할 수 있으므로, 연구자가 제시할 연구결과의 성격에 따라서 가장 알맞은 것을 선택하면 될 것이다. 다음 절에서는 분류체계분석과 성분분석의 과정을 구체적으로 살펴보도록 한다.

Ⅲ 분류체계분석과 성분분석 사례와 분석의 과정

이 절에서는 '슈퍼마켓에서 구매를 위해 하는 일', '여대생의 놀기', '핸드폰 구매 시 고려사항', '워크숍에서 강사가 한 일'이라는 네 가지 사례를 통해 분석의 과정을 살펴보도록 한다.

1. 분석사례 1: 슈퍼마켓에서 소비자가 구매를 위해서 하는 일의 단계

다음에서는 관찰 결과로 분류체계분석을 하는 과정을 제시한다.[13] 이처럼 분류체계분석만 하고 성분분석은 생략할 수도 있으며, 분류체계분석은 생략하고 성분분석만 할 수도 있다.

(1) 1단계: 대체질문을 대치하는 관찰 결과의 기록

연구자는 슈퍼마켓에 들어갈 때부터 나올 때까지 관찰한 소비자의 행동을 [그림 2-5]와

13) 여기에 소개한 '슈퍼마켓에서 소비자가 구매를 위해서 하는 일의 단계'는 Spradley(1980)가 간단히 소개한 내용을 바탕으로 필자가 상황과 설명을 보완하여 제시한 것이다.

같이 포스트잇에 한 단계씩 기록한다. 이는 "(   )은 슈퍼마켓에서 소비자가 구매를 위해서 하는 일의 단계 중 하나다."라는 대체질문을 대신하는 것이다.

단계 1 가게로 들어가기	단계 2 카트 고르기	단계 3 방향과 통로를 정하기	단계 4 육류 고르기	단계 5 우유 제품 집어내기
단계 6 채소류 고르기	단계 7 계산대 줄 선택하기	단계 8 계산하기	단계 9 산 식료품 운반하기	단계 10 가게에서 나가기

[그림 2-5] 슈퍼마켓에서 소비자가 하는 행동의 관찰 결과를 순서대로 포스트잇에 적기

(2) 2단계: '대조집합분류질문'을 사용하여 유사한 것 묶기

① 1차 분류: 눈에 쉽게 띄는 유사한 것을 묶어 주기

가장 간단한 방법은 슈퍼마켓 소비자(고객)나 종업원인 정보제공자와 면담을 하면서, 소비자의 행동을 적은 포스트잇 전체를 주고, **"이 포스트잇들을 비슷한 것끼리 몇 묶음으로 나누어 주세요."**라고 부탁하는 것이다.[14] 하지만 정보제공자가 한꺼번에 분류하는 것을 어렵게 느낀다면, 다음처럼 눈에 쉽게 띄는 것들만 찾아서 묶어 보도록 할 수도 있다.

질문 1: 이 10개 단계 중에서 하나의 큰 단계로 묶을 수 있는 비슷한 것들이 있을까요?
답: 육류 고르기, 우유 제품 집어내기, 채소류 고르기
질문 2: 이 묶음에 대한 이름으로는 무엇이 알맞을까요?
답: 식료품 고르기

14) 만약 이를 위한 면담이 어려운 상황이라면 연구자가 참여관찰 결과를 토대로 몇 묶음으로 나누어 볼 수도 있다. 또한, 여러 명과의 면담결과를 합쳐서 종합적으로 분석하고자 할 때도 연구자가 분류작업을 한다. 다만 이런 경우 연구자의 분류 결과를 추후 현장 구성원(이 사례에서는 슈퍼마켓 고객이나 종업원)에게 검토받아서, 잘못 알고 있는 것이 있다면 수정하는 과정을 거칠 필요가 있다.

이 결과를 토대로 앞에 제시한 10단계를 다음과 같이 8단계로 1차 조정한다. 단계 4(식료품 고르기)에는 그 아래에 3개의 하위단계(육류 고르기, 우유 제품 집어내기, 채소 고르기)를 제시한다. 여기에서 육류와 채소류는 "고르기"로, 우유 제품은 "집어내기"로 표현한 것은 소비자의 행동에 대한 관찰 결과를 반영한 것이다. 즉, 항상 같은 브랜드의 제품을 구매하는 우유는 그 브랜드 제품이라면 아무거나 집어 들지만, 잘 비교하여 더 품질이 좋은 것을 선택할 필요가 있는 고기와 채소는 신중하게 고르는 것이 관찰된 것이다.

1차 조정된 8단계

단계 1: 가게로 들어가기
단계 2: 카트 고르기
단계 3: 방향과 통로를 정하기
단계 4: 식료품 고르기
　　단계 4-1: 육류 고르기
　　단계 4-2: 우유 제품 집어내기
　　단계 4-3: 채소류 고르기
단계 5: 계산대 줄 선택하기
단계 6: 계산하기
단계 7: 산 식료품 운반하기
단계 8: 가게에서 나가기

② 2차 분류: 후속 질문을 통하여 각 단계를 더 세분하거나 더 묶을 여지가 있는지 찾기

다음에는 각 단계/하위단계를 더 세분할 여지가 있거나 현재의 단계를 더 묶을 여지가 있는지 찾기 위해서 정보제공자 또는 자신에게(연구자가 분류작업을 하는 경우) 후속질문을 한다. 이때 사용할 수 있는 후속질문에는 세 가지가 있다.

- 방법 1: 어느 묶음에 상당히 많은 포스트잇이 있는 경우
"이 묶음에는 포스트잇이 5개나 있는데, 혹시 이것을 다시 나눌 수 있을까요?"
→ (더 나눌 수 있다면) 새로 나눈 작은 묶음의 이름도 질문함

- 방법 2: 현재의 포스트잇 중에서 더 세분하는 것이 가능할 것 같은 경우
"이것을 더 나누어 본다면 어떤 것들이 있을까요?"
- 방법 3: 현재의 묶음 안에 더 들어갈 항목이 있을 것 같은 경우
"이 묶음 안에 들어갈 만한 것으로 여기 있는 3개 이외에 더 생각나는 것이 있으세요?"

다음에는 이 중에서 '방법 2'와 '방법 3'을 활용하는 사례를 제시하였다.

2단계 2차 분류 중 '방법 2'의 적용사례

질문: 슈퍼마켓의 '계산하기'의 단계를 더 나누어 볼 수 있을까요?
답: 계산하기의 단계에는 우선 '**계산대 줄 선택하기**'가 있는데 이거는 아까 포스트잇에 이미 썼던 것이네요. 계산대 줄을 선택한 다음에는 '**줄에서 기다리는 것**'과 '**카트의 물건을 계산대에 꺼내 놓기**'도 있어요. 그리고 '**돈 내기**' 다음에 '**계산대를 떠나기**'도 있어요.

이러한 질문과 답을 반영해 단계를 재조정 할 필요가 있다. 우선 '단계 5'로 독립되어 있던 '계산대 줄 선택하기'는 '계산하기' 단계의 첫 번째 하위단계로 편입해야 한다. 또한 '줄에서 기다리기', '카트의 물건을 계산대에 꺼내놓기', '돈 내기', '계산대를 떠나기' 등 네 가지가 5단계의 하위단계로 추가되어야 한다. 이를 반영한 2차 조정된 단계 5는 다음과 같다.

2차 조정된 '단계 5'의 하위단계

단계 5: 계산하기
- **단계 5-1:** 계산대 줄 선택하기
- **단계 5-2:** 줄에서 기다리기
- **단계 5-3:** 카트의 물건을 계산대에 꺼내 놓기
- **단계 5-4:** 돈 내기
- **단계 5-5:** 계산대를 떠나기

2단계 2차 분류 중 '방법 3'의 적용사례

한편 앞에서 1차 조정되었던 '단계 4'의 경우에는 '식료품'에는 더 많은 종류가 있다는 점에서, 다음과 같이 '방법 3'을 적용한 질문을 할 필요가 있다.

질문: '식료품 고르기 단계'에 들어갈 만한 것이 이 세 가지 이외에 더 있나요?
답: '**냉동식품 고르기**'와 '**건강식품 고르기**'도 있는데 빠졌네요.

이러한 답을 반영하여 다음과 같이 3차 조정된 4단계의 하위단계는 다음과 같다.

3차 조정 결과를 반영한 '단계 4'의 하위단계

단계 4: 식료품 고르기
- **단계 4-1**: 육류 고르기
- **단계 4-2**: 우유 제품 집어내기
- **단계 4-3**: 채소류 고르기
- **단계 4-4**: 냉동식품 고르기
- **단계 4-5**: 건강식품 고르기

(3) 최종 분류체계분석 결과의 제시

이처럼 처음 관찰된 10단계는 3차에 걸친 조정을 거쳐 총 7단계로 줄어들었으며, 대신 단계 4와 단계 5가 각각 5개씩의 하위단계를 포함하게 되었다. 그 결과는 다음과 같다.

최종적인 분류체계분석 결과

단계 1: 가게로 들어가기
단계 2: 카트 고르기
단계 3: 방향과 통로를 정하기
단계 4: 식료품 고르기
- **단계 4-1**: 육류 고르기

단계 4-2: 우유 제품 집어내기

단계 4-3: 채소류 고르기

단계 4-4: 냉동식품 고르기

단계 4-5: 건강식품 고르기

단계 5: 계산하기

단계 5-1: 계산대 줄 선택하기

단계 5-2: 줄에서 기다리기

단계 5-3: 카트의 물건을 계산대에 꺼내 놓기

단계 5-4: 돈 내기

단계 5-5: 계산대를 떠나기

단계 6: 산 식료품을 운반하기

단계 7: 가게에서 떠나기

이러한 분류체계분석 결과 제시 방식을 '개요 형식'이라고 한다. 이는 책의 목차(차례) 형식과 비슷한 것으로, 가장 쉽게 만들 수 있다는 장점이 있다. 그러나 시각적인 효과는 적으며, 분류체계분석 결과를 성분분석 결과와 연결해서 제시하기에도 불편하다. 따라서 다음의 분석사례 2에서 소개하는 '표 형식'의 제시 방식(분류체계+성분분석표)이 가장 많이 사용된다. 한편, 프레젠테이션을 위해서는 그림 형식으로 제시하는 것이 가장 시각적인 효과가 크기 때문에 '분석사례 3'과 같이 분류체계분석 결과만 분리해서 그림 형식(tree 구조도 형식)으로 제시하기도 한다.

2. 분석사례 2: '놀기의 종류'(〈안내된 실습〉을 위한 참고자료)

여기에는 여대생 D와 면담을 하면서 '놀기의 종류'에 대한 분류체계분석과 성분분석을 하는 과정을 상세히 제시했다. 독자들도 같은 주제로 실습을 해 보면 좋을 것이다. 또한, 이 장의 〈안내된 실습〉을 할 때 어려움을 느낀다면, 이 사례를 참고할 수 있을 것이다.

(1) 1단계: '대체질문'

[1] "나는 평소에 (　　)을(를) 하면서 논다."라는 대체질문을 준비했다.

[2] 여대생 D에게 이 문장의 괄호에 들어갈 말들을 포스트잇에 하나씩 적어 달라고 부탁한 결과 디저트 카페에 가기, 맛집 순례하기, 새로운 음식 만들어 먹기, 공연장 가기, 영화관 가기, 재미있는 사진 찍기, 게임 하기, 검색하기, 채팅하기의 총 9개가 제시되었다.

(2) 2단계: '대조집합분류질문'과 분류체계분석

[3] 포스트잇마다 하나씩 적어 놓은 9개의 '놀기'를 몇 묶음이든 비슷한 것끼리 나누어 달라고 하는 '대조집합분류질문'을 했다. 여대생 D는 다음과 같이 'A', 'B', 'C'의 세 묶음으로 나누었다.

A: 공연장 가기, 영화관 가기
B: 디저트 카페에 가기, 맛집 순례하기, 새로운 음식 만들어 먹기
C: 재미있는 사진 찍기, 게임하기, 검색하기, 채팅하기

여대생 D에게 "왜 이렇게 세 가지로 나누었어요?"라는 질문을 해 다음의 답을 얻었다. "A는 '관람하기', B는 '먹으면서 놀기', C는 '스마트폰으로 놀기'에 해당하는 것들이에요."

[4] 이어서 "C 그룹에는 4개가 포함되어 있는데, 혹시 더 나누어 볼 수 있을까요?"라는 질문을 하자 여대생 D는 '혼자서 하는가 아닌가'를 기준으로 C(1)에 2개와 C(2)에 2개의 두 묶음으로 다시 나누었다. 이제 다음과 같이 나누어진 것이다.

A: 공연장 가기, 영화관 가기
B: 디저트 카페에 가기, 맛집 순례하기, 새로운 음식 만들어 먹기
C(1): 게임하기, 검색하기
C(2): 재미있는 사진 찍기, 채팅하기

5 다음에는 “A, B, C 3개의 그룹 중에서 함께 묶을 수 있는 것도 있나요?”라고 묻자, “놀 때 스마트폰이 얼마나 필요한가를 기준으로 묶을 수도 있어요. A와 B 그룹은 ‘스마트폰이 있으면 더 즐거운 놀기’라고 할 수 있고, C 그룹은 ‘스마트폰이 반드시 있어야 하는 놀기’라고 할 수 있어요.”라고 답했다. “그러면 스마트폰이 있거나 없거나 아예 상관없는 놀기는 없나요?”라고 확인 질문을 하자 “그렇다.”라고 했다. 후속질문으로, “A와 B 그룹의 놀기는 왜 스마트폰이 있어야 더 즐거운가요?”라고 물어서 다음의 답을 얻었다. “공연장이나 영화관에 갈 때는 포스터 사진이나 공연장 모습을 스마트폰으로 찍어서 친구들에게 보내고, 공연 후 느낀 점도 공유해서 더 즐거워요. 디저트 카페나 맛집에 갈 때는 음식이나 예쁘게 플레이팅한 모습, 분위기 같은 것들을 스마트폰으로 찍어서 SNS에 올리거나 친구들과 공유하면서 먹어야 더 즐겁구요. 새로운 음식을 만들 때도 먹는 것은 가족과 함께이지만, 요리 과정이나 완성된 모습을 스마트폰으로 찍어서 SNS나 친구들 단톡방에 올려야 더 뿌듯하고 즐거워요.”

6 여기까지의 면담내용만 가지고도 〈표 2-13〉과 같은 분류체계분석표를 만드는 것이 가능했다. 표를 만든 후에는 D에게 맞는지 확인을 받았다.

〈표 2-13〉 ‘여대생 D의 놀기의 종류’ 분류체계분석표(분류체계표)

	1차 분류	2차 분류	3차 분류	
여대생 D의 놀기	스마트폰이 있으면 더 즐겁지만, 없어도 즐길 수는 있는 놀기	관람하기	공연장 가기	
			영화관 가기	
		먹으면서 놀기	새로운 카페에 가기	
			맛집 순례하기	
			새로운 음식 만들어 먹기	
	스마트폰이 반드시 있어야 하는 놀기	스마트폰으로 놀기	혼자서 스마트폰으로 놀기	게임하기
				검색하기
			친구와 함께 스마트폰으로 놀기	재미있는 사진 찍기
				채팅하기

(3) 3단계: '등급질문'

7 D에게 9개의 포스트잇을 모두 주고, 어떤 기준으로든 순서대로 나열해 달라고 했다. 이때 9개를 1위부터 9위까지 나열할 수 있다면, 각 포스트잇에 적힌 단어에는 순위를 부여할 수 있다. 그러나 몇 개씩은 같은 순위로 묶이게 된다면, 여러 개의 단어에 같은 등급을 부여하면 된다. D의 경우 "많이 하는 순서" 기준으로는 1위에서 9위까지 나열했지만, "좋아하는 순서" 기준으로는 3개 묶음으로 나누었기 때문에 순위 대신 '상, 중, 하'라는 등급을 부여했다.

(4) 4단계: '3원 대조질문'과 '유도된 대조질문'

8 앞의 대체질문을 할 때 만들어 놓은 9개의 포스트잇 중에서 '먹으면서 놀기'에 해당하는 '디저트 카페에 가기', '맛집 순례하기', '새로운 음식 만들어 먹기' 등 3개를 더 비슷한 것 2개와 덜 비슷한 것 하나로 나누어 달라고 하자, D는 '디저트 카페에 가기+맛집 순례하기/새로운 음식 만들어 먹기'로 분류했다. "이 2개가 '새로운 음식 만들어 먹기'와 어떤 점에서 다른가요?"라고 묻자 "디저트 카페와 맛집 순례는 친구들과 하고, 새로운 음식을 만든 것은 가족들과 함께 먹는다는 점이 달라요."라고 답했다. 이로부터 '함께하는 사람이 누구인가'라는 분류 기준을 찾아낼 수 있었다. 이 기준을 가지고 다른 6개의 포스트잇에 대해서도 함께하는 사람이 누구인지를 묻는 '유도된 대조질문'을 한 결과, 게임하기와 검색하기만 혼자서 하고 다른 것은 모두 친구와 함께임을 알 수 있었다. 이런 방식으로 한두 차례 더 3원 대조질문+유도된 대조질문을 하고 싶었지만 시간 부족으로 면담을 끝내고, 분류체계+성분분석표가 정확한지만 확인받기로 했다.

(5) 5단계: 성분분석표 그리기

9 이 면담과정에서의 답은 분석표에 적어 넣었다. 〈표 2-14〉는 앞에 제시한 〈표 2-13〉의 오른쪽 옆으로 줄을 연장하고 추가적인 열을 3개 만들어서, 면담결과 나타난 각 대조의 기준에 따른 답을 빈칸에 넣을 수 있게 만든 것이다. 새로운 열의 제일 윗줄에 분류 기준(대조의 차원)을 적은 후 밑의 칸에는 그 기준에 따른 답을 적어 넣는다. 이 작업이 끝나면 그동안 면담을 하면서 제시된 모든 분류와 대조의 차원들을 모은 종합적인 분석표가 그려진다.

〈표 2-14〉 '여대생 D의 놀기의 종류'의 분류체계+성분분석표

<table>
<tr><th colspan="4">분류체계분석 결과</th><th colspan="3">성분분석 결과</th></tr>
<tr><th>1차 분류</th><th>2차 분류</th><th colspan="2">3차 분류</th><th>많이 하는 순서</th><th>좋아하는 순서</th><th>함께하는 사람</th></tr>
<tr><td rowspan="5">스마트폰이 있으면 더 즐겁지만, 없어도 즐길 수는 있는 놀기</td><td rowspan="2">관람하기</td><td colspan="2">공연장 가기</td><td>9</td><td>상</td><td>친구</td></tr>
<tr><td colspan="2">영화관 가기</td><td>8</td><td>중</td><td>친구</td></tr>
<tr><td rowspan="3">먹으면서 놀기</td><td colspan="2">새로운 디저트 카페에 가기</td><td>5</td><td>상</td><td>친구</td></tr>
<tr><td colspan="2">맛집 순례하기</td><td>6</td><td>상</td><td>친구</td></tr>
<tr><td colspan="2">새로운 음식 만들어 먹기</td><td>7</td><td>중</td><td>가족</td></tr>
<tr><td rowspan="4">스마트폰이 반드시 필요한 놀기</td><td rowspan="4">스마트폰으로 놀기</td><td rowspan="2">혼자서 스마트폰으로 놀기</td><td>게임하기</td><td>3</td><td>하</td><td>혼자</td></tr>
<tr><td>검색하기</td><td>2</td><td>하</td><td>혼자</td></tr>
<tr><td rowspan="2">친구와 함께 스마트폰으로 놀기</td><td>재미있는 사진 찍기</td><td>4</td><td>상</td><td>친구</td></tr>
<tr><td>채팅하기</td><td>1</td><td>중</td><td>친구</td></tr>
</table>

⑩ 성분분석표는 〈표 2-14〉처럼 분류체계분석표와 통합해서 만들 수도 있지만, 분류체계분석표의 요소는 없애고 '성분분석표'로서만 만들 수도 있다. 이때는 분류체계분석표의 분류 기준을 성분분석표의 '대조의 차원'으로 사용하여 만들면 된다. 이런 방식으로 만든 것이 다음의 〈표 2-15〉다.

〈표 2-15〉 "여대생 D의 놀기의 종류' 성분분석표

여대생 D의 놀기의 종류	스마트폰이 필요한가?	놀기의 성격	많이 하는 순서	좋아하는 순서	함께하는 사람
공연장 가기	있으면 좋음	관람	9	상	친구
영화관 가기	있으면 좋음	관람	8	중	친구
새로운 디저트 카페에 가기	있으면 좋음	먹으면서 놀기	5	상	친구
맛집 순례하기	있으면 좋음	먹으면서 놀기	6	상	친구
새로운 음식 만들어 먹기	있으면 좋음	먹으면서 놀기	7	중	가족
게임하기	반드시 필요	스마트폰으로 놀기	3	하	혼자
검색하기	반드시 필요	스마트폰으로 놀기	2	하	혼자
재미있는 사진 찍기	반드시 필요	스마트폰으로 놀기	4	중	친구
채팅하기	반드시 필요	스마트폰으로 놀기	1	중	친구

〈표 2-14〉와 〈표 2-15〉로부터 여대생 D의 놀기는 '스마트폰'과 '친구'라는 두 가지 요소를 동반하는 경우가 매우 많다는 점과 '먹으면서 놀기' 역시 중요한 비중을 차지한다는 것을 알 수 있었다. 또한, 많이 하는 순서와 좋아하는 순서가 일치하지 않음을 알 수 있었는데, D는 이에 대해 "덜 좋아하는 놀기라도 손쉬우면 더 많이 하는 경향이 있기 때문"이라고 해석하였다.

필자의 논문인 "'놀기'가 된 디저트 먹기: 디저트 카페에서의 소비와 놀이"(2017b)에서는 여대생 14명과의 분류체계분석을 병행한 면담결과, 13명에게서 '먹기'가 '누군가와 함께하는 놀기'에 포함되는 것으로 나타날 정도로 가장 흔한 놀이 방법임을 발견했다. 또한, 20대 직장여성들과의 면담이나 일상생활 참여관찰에서도 '먹기', '스마트폰', '친구'가 놀기에서 상당히 큰 비중을 차지한다는 것이 거듭 확인되었다. 설문조사에서도 20대 여성 응답자 87%가 '맛집 탐방(디저트 카페 탐방 포함)'을 '놀이'라고 인식하고 있었다. 이들은 자신이 맛집에 가서 하는 행동으로서, 1위는 음식 먹기(98.1%), 2위는 친구와 대화(92.6%), 3위는 음식 사진 찍기(72.2%), 4위는 구경하기(35.2%), 5위는 SNS에 인증하기(16.7%) 를 들었다. 즉, 친구와 함께 먹을 곳을 고르고, 길을 찾아 걸어가고, 대화하고, 사진 찍고, 새로운 곳을 경험하고, 공유하면서 노는 것이므로 먹기, 친구, 스마트폰은 20대 여성들의 '놀기'에서 뗄 수 없는 관계라고 할 수 있다.

3. 분석사례 3: '핸드폰 구매 시의 고려사항의 종류' 분류체계+성분분석(〈안내된 실습〉을 위한 참고자료)

이 분석사례도 면담을 토대로 한 것이다. 첫 번째 사례는 스마트폰이 거의 판매되지 않았던 2009년에 '대학원생 A(여성)'의 일반 핸드폰 구매를 위한 고려사항들을 분석한 것이다. 이 분석 결과는 수많은 모델이 매년 출시되어 선택이 쉽지 않던 당시의 상황에서는 소비자들의 고려사항이 매우 많았음을 반영한다. 두 번째 사례는 이로부터 12년이 지난 2021년에 이제는 직장인이 된, 같은 소비자 A의 스마트폰 구매를 위한 고려사항들을 분석한 것이다.

1) A의 일반 핸드폰 구매 시(2009년) 고려사항 분류체계+성분분석 과정과 결과

다음에는 대학원생 A의 일반 핸드폰 구매 시의 고려사항에 대한 분류체계+성분분석 결과를 단계별로 상세히 제시하였다.

(1) 1단계: '대체질문'

"내가 핸드폰을 살 때 고려하는 것에는 (   )이(가) 있다."라는 대체질문을 만들어서, "(   ) 안에 들어갈 말을 모두 포스트잇에 써 주세요."라고 부탁했다. 그 결과는 [그림 2-6]과 같다.

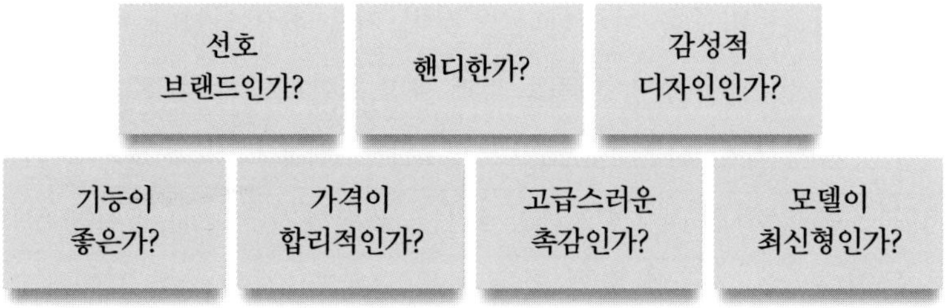

[그림 2-6] 대체질문 결과: 대학원생 A가 핸드폰을 살 때 고려하는 것들

(2) 2단계: '대조집합분류질문'을 사용하여 유사한 것 묶기

① 1차 분류: 후속 질문을 통하여 각 고려사항을 더 세분할 여지가 있는지 찾기

'방법 2'를 활용하여 대체질문 결과 제시된 7개 고려사항 각각을 더 세분할 수 있는지 질문한 결과, 7개 중에서 3개의 고려사항만 더 세분될 수 있음을 [그림 2-7]과 같이 발견했다.

핸디한가?	1) 가벼움 2) 슬림함 3) 컴팩트함
감성적 디자인인가?	1) 감성적인 컬러 2) 유선형 3) 잘빠진 디자인 4) 감성적인 폰트
기능이 좋은가?	1) 카메라 – 셔터스피드, 편집기능, 플래시, 광학렌즈 적용, 파노라마 기능 2) LCD 창 – 크기, 선명, 튼튼함 3) 빠른 속도 – 작동 속도, 인터넷 속도 4) 기본적인 것들 – 전화, 문자, 알람, MP3, 블루투스, 외장 메모리 카드

[그림 2-7] 고려사항 세분화를 위한 후속질문 결과

② 2차 분류: 분류체계분석을 위한 '대조집합분류질문'

앞에 소개한 '방법 1'을 활용하여, A에게 다음의 질문을 했다. "(어떤 기준이든지 하나의 기준을 정해서) 이 포스트잇 7개를 비슷한 것끼리 몇 개의 그룹으로 나누어 주세요." A가 7개의 포스트잇을 2개 그룹으로 나눈 후 다시 "어떤 기준으로 그렇게 나누었는지요?"라고 질문하여, 각 묶음의 이름이 '브랜드 관련 가치'와 '상품의 속성 관련 가치'임을 발견했다. 이 중 불분명하게 느껴진 "'상품의 속성 관련 가치'란 무엇을 의미하는지"에 대한 후속 질문을 하여, "다른 상품과의 차별점"이라는 답을 얻었다. 이 문답 결과는 [그림 2-8]과 같이 정리될 수 있다.

브랜드 관련 가치	선호 브랜드인가? 가격이 합리적인가? 모델이 최신형인가?
상품의 속성 관련 가치 (= 다른 상품과의 차별점)	감성적 디자인인가? 기능이 좋은가? 핸디한가? 고급스러운 촉감인가?

[그림 2-8] 대조집합분류질문 결과로 나타난 대학원생 A의 고려사항 분류

(3) 3단계: 대체질문 결과 세분화와 대조집합분류질문 결과에 따른 분류체계도형 그리기

앞의 두 가지 분류 결과를 통합하여, 분류체계도형을 그리면 [그림 2-9]와 같다.

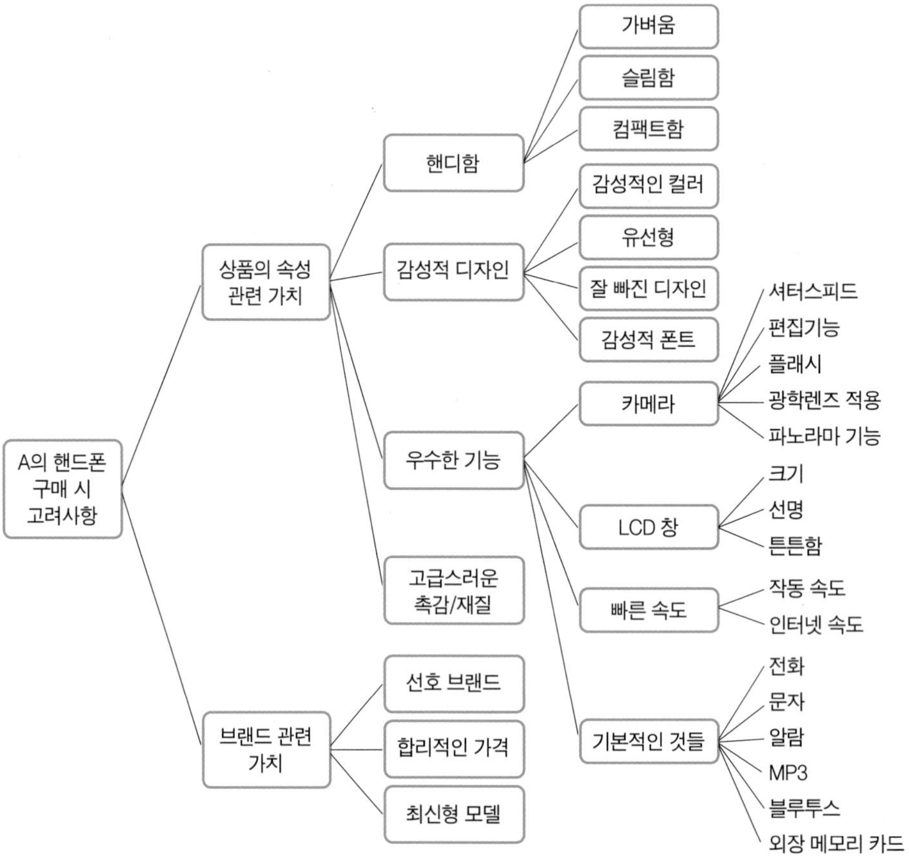

[그림 2-9] 대학원생 A의 최종적인 '핸드폰 구매 시 고려사항' 분류체계도형

(4) 4단계: 성분분석을 위한 '대조집합분류질문'

성분분석을 위한 대조집합분류질문을 위해 포스트잇 7개를 다시 섞어 놓고, "다른 기준으로 다시 나누어 주세요."라고 A에게 부탁했다. 이에 A가 3개의 묶음으로 나누었으므로 어떤 기준으로 나눈 것인지 후속 질문을 하여서, [그림 2-10]과 같이 각 묶음의 이름이 "인터넷 정보검색으로 평가가 가능한 것", "직접 만져 봐야 평가가 가능한 것", "직접 사용해 봐야 평가가 가능한 것"이며, 뒤로 갈수록 평가의 난이도가 커짐을 발견했다.

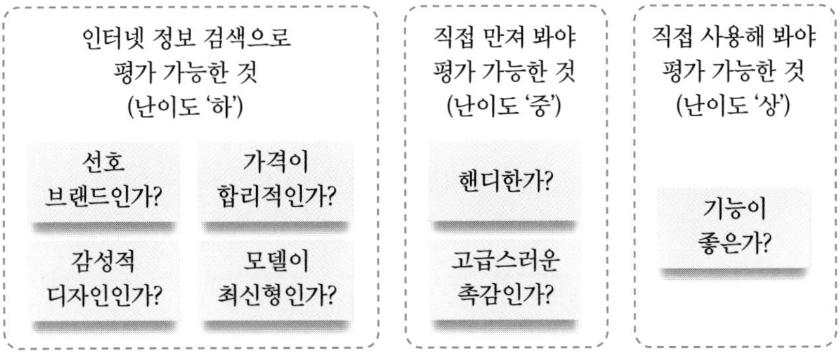

[그림 2-10] '핸드폰 구매 시 고려사항'의 성분분석을 위한 대조집합분류질문 결과

(5) 5단계: 성분분석을 위한 '등급질문'

등급질문으로는 A에게 "이 7개의 포스트잇을 어떤 기준이든지 하나를 정해 순서대로 늘어놓아 주세요."라고 부탁했고, 순서대로 늘어놓은 후 "어떤 기준으로 그렇게 순서를 정하셨어요?"라고 질문해, [그림 2-11]과 같이 "내게 가장 중요한 순서"대로 배열한 것을 발견했다.

[그림 2-11] 핸드폰 구매 시 고려사항의 중요한 순서 등급질문 결과

(6) 6단계: '3원 대조질문'과 '유도된 대조질문'

① 1차 적용

'3원 대조질문'을 위해서는 7개의 포스트잇 중 '기능이 좋은가?', '핸디한가?', '가격이 합리적인가?'를 뽑아서 A에게 주고, "이 중 어느 것 2개가 더 비슷하고 나머지 하나는 다른지, 2개와 1개로 나누어 주세요."라고 부탁했다. 나눈 후에는 "어떤 기준으로 그렇

게 나누셨어요?"라는 후속질문을 통해 '기능이 좋은가?'와 '핸디한가?'는 '제품 속성이라 변하지 않는 것'이며, '가격이 합리적인가?'는 '상황에 따라 변할 수 있는 것'이기 때문에 분리했다는 것을 발견했다([그림 2-12]). 이로부터 "변화하지 않는 고정된 속성인가?"라는 성분분석을 위한 새로운 기준(대조의 차원)을 얻을 수 있었다.15)

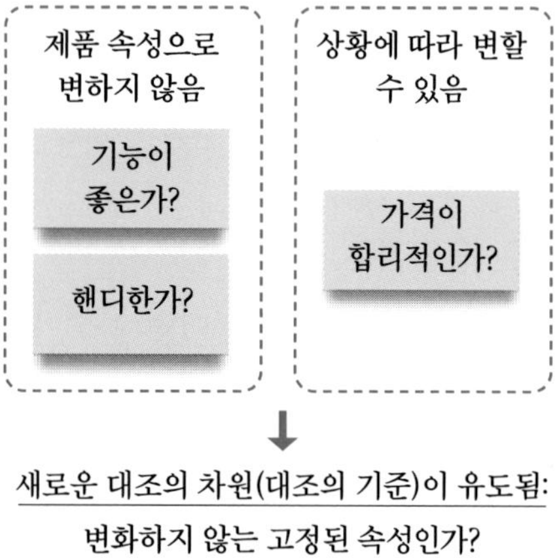

[그림 2-12] '3원 대조질문' 1차 적용 결과

"변화하지 않는 고정된 속성인가?"라는 대조의 기준을 적용한 '유도된 대조질문'을 나머지 4개의 포스트잇에 적용한 결과 '최신형 모델'은 상황에 따라서 변할 수 있고, 나머지는 모두 변화하지 않는 고정된 속성이라고 인식함을 발견했다.

② 2차, 3차 적용

'3원 대조질문'은 총 세 차례 적용했다. 브랜드 관련 가치에 속하는 세 가지 고려사항을 가지고 3원 대조질문을 실시한 결과로는 "**디자인적인 요소가 있는가?**"라는 대조의 기준을 얻었다. 남은 4개의 포스트잇 각각에 대해서 "디자인적인 요소가 있는가?"를 적용하는 질문을 하였으며, 그 결과는 성분분석표에 다음과 같은 기호로 표시하기로 했다.

15) 만약 정보제공자가 대조의 기준으로 한 가지가 아닌 두 가지를 언급했다면, 두 가지 대조의 기준을 모두 적용하면 된다. 예를 들어, "이쪽은 순수 외형이고, 이것은 'quality'에 가까워요."라고 답했다면 '순수 외형인가'와 'quality와 관련 있는가'라는 대조의 기준을 각각 적용하는 것이다.

1. 질문: '핸디함'에는 디자인적인 요소가 있을까요?
   답: 불확실하네요 ➡ △ 로 표시하기로 함

2. 질문: '감성적인 디자인'은 어떨까요?
   답: 많이 있지요 ➡ ◎ 로 표시하기로 함

3. 질문: '좋은 기능'은 어떨까요?
   답: 전혀 없지요 ➡ ×× 로 표시하기로 함

4. 질문: '고급스러운 촉감'은 어떨까요?
   답: 어느 정도 있지요 ➡ ○ 로 표시하기로 함

앞의 '유도된 대조질문' 4번에서 "고급스러운 촉감은 어떤 점에서 디자인과 관련 있는지요?"라는 후속질문을 할 수도 있지만, 이 면담에서는 시간의 제약으로 생략하였다. 마지막으로, 같은 방식으로 실시한 3차 분석에서는 "이것을 보았을 때 그 브랜드가 떠오르는가?"라는 대조의 기준을 얻어서 같은 방식으로 적용하였다.

(7) 7단계: 분류체계+성분분석표 완성

이와 같은 과정을 거쳐서 완성한 분류체계+성분분석표는 〈표 2-16〉과 같다.

〈표 2-16〉 '대학원생 A의 핸드폰 구매 고려사항의 종류' 분류체계+성분분석표(2009년)

휴대폰 구매 시 고려사항		구매 결정을 위한 평가의 난이도	내게 중요한 순서	고정된 속성 인가?	디자인적 요소가 있는가?	이것을 보았을 때 그 브랜드가 떠오르는가?
상품의 속성 관련 가치 (차별점)	핸디함	중간(실물을 봐야 함)	4	○	△	◎
	감성적 디자인	쉬움(인터넷 검색)	1	○	◎	◎
	좋은 기능	어려움(사용해 봐야 함)	3	○	××	◎
	고급스러운 촉감/재질	중간(실물을 봐야 함)	7	○	○	○
브랜드 관련 가치	선호 브랜드	쉬움(인터넷 검색)	2	○	○	◎
	합리적인 가격	쉬움(인터넷 검색)	6	×	×	△
	최신형 모델	쉬움(인터넷 검색)	5	×	○	×

2) A의 스마트폰 구매 시 고려사항(2021년) 분류체계+성분분석 결과

2021년에 다시 실시한 면담에서 A의 스마트폰 구매 시 고려사항은 일반 핸드폰 시절보다 훨씬 간단해진 것을 발견했다. 따라서 면담과 분석의 과정은 생략하고 결과표만 제시하도록 한다. 〈표 2-17〉은 '3원 대조질문'은 생략하고, 등급질문까지 한 결과다. 2009년에는 27개였던 전체 항목 자체가 9개로 줄었기 때문에 분류체계도형을 따로 그리지 않고, 분류체계+성분분석표 하나에 분석 결과를 모두 포함했다. 비고 난의 내용은 A가 중요도가 떨어지는 요소들에 대해서 말을 하면서 분류한 내용을 필자가 받아 적은 것이다.

〈표 2-17〉 '직장인 A의 스마트폰 구매 고려사항의 종류' 분류체계+성분분석표(2021년)

스마트폰 구매 시 고려사항			중요한 순서	비고
필수 고려사항	브랜드		1	
	최신형인가		1	
	기능	터치펜 기능	3	
		모바일 페이 기능		
	디자인	화면 크기	3	케이스를 끼우므로 색상은 덜 중요해짐
		색상		
필수가 아닌 고려사항	가격		5	감가상각, 할인율 등을 주로 봄
	부가 서비스	사은품	6	
		A/S		보험, 액정, 사후처리 등을 봄

〈표 2-17〉을 앞의 〈표 2-16〉과 비교해 보면 스마트폰으로 바뀌면서 각 고려사항이 중요한 순서에도 많은 차이가 생겼음을 알 수 있다. 우선 2009년에 가장 중시했던 '디자인'의 순위가 3위로 내려갔는데, "이제는 디자인은 모두 잘 나오는 데다가 색상도 케이스가 다양해져서 그 중요도가 떨어졌기 때문"이라는 것이 A의 해석이었다. 대신에 2순위였던 '브랜드'와 함께 5순위였던 '최신형인가'가 1순위로 올라갔다. '핸디함'이나 '고급스러운 촉감/재질'이 고려사항 목록에서 아예 사라진 것은 "이제는 그렇지 않은 제품이 없기 때문"이라고 하였다.

4. 분석사례 4: 워크숍에서 토론이 잘 이루어지도록 강사가 한 일의 종류

여기에는 참여관찰과 간단한 면담을 토대로 이루어진 분석사례를 제시한다. 이 사례는 미국 New York University 교수학습개발센터장이었던 Ken Bain 교수[16)]의 '토론' 워크숍(2005년)에서 참가자들(교수)이 "토론이 잘 이루어지도록 강사가 한 일의 종류"에 대해 발표한 내용 중 11개를 카드로 만들어 활용한 것이다(즉, '대체질문'을 이것으로 대치).

(1) 1단계: 대체질문을 대신하는 카드 만들기

우선 11장의 작은 종이 카드를 만들었다.(포스트잇을 사전 준비하지 못해서, 대체품으로 A4 용지를 12장으로 잘라서 종이 카드를 만들었다.) 그리고 각 카드에 워크숍에서 강사의 요청으로 참가자들이 발표한 '토론이 잘 이루어지도록 강사가 한 일' 열한 가지를 하나씩 적었다.

1. 5개의 소집단별로 테이블에 앉게 함
2. (워크숍 시작할 때) 소집단별로 자기소개 시간을 갖게 함
3. 강사가 핵심질문을 던지는 것으로 토론 시작함
4. 토론 시작 전에 각자 질문의 답을 쓰는 시간 갖기
5. 짝과 발표시간 가진 후에 전체발표 시간 가짐
6. 지명해서 발표를 시킬 때 위협적이지 않게 함
7. 활동에 대한 성찰 시간을 가져서 활동의 의미를 생각하게 함
8. 강사가 한군데에만 서 있지 않고 적절히 이동함
9. 강의는 필요한 순간에 짧게 해 줌
10. 참가자끼리 의견을 교환할 시간을 많이 줌
11. 강사가 일련의 연계된 질문을 던짐

2단계에서 4단계까지의 과정은 〈사례 3〉과 비슷한 방식으로 이루어졌다. 중간 과정은 생략하고, 분석 결과표(〈표 2-18〉)만 제시하였다.

---

16) Ken Bain 교수는 베스트셀러인 『미국 최고의 교수들은 어떻게 수업하는가?』의 저자로, 이 워크숍은 Ken Bain 교수가 New York University 교수학습개발센터장이던 시절에 이루어졌다. 필자는 연구년을 활용하여 풀브라이트 방문교수(visiting professor)로서 2005년 한 학기 동안 뉴욕대학교 교수학습개발센터에서 참여관찰을 했다.

〈표 2-18〉 '토론이 잘 이루어지도록 강사(Ken Bain)가 한 일'의 분류체계+성분분석표(2005년)

분류체계분석표 \ 성분분석표					수강생들의 대답을 요구?	수강생 참여가 능동적 인가?	수업 전체 측면에서 활동이 중요한 순서	강사의 개입이 중요한 순서
토론 수업이 잘 되게 하기 위해서 강사가 한 일	강사가 한 일	강사의 행동	6) 지명발표를 시킬 때 위협적이지 않게 함		×	×	9	6
			8) 한군데에만 서 있지 않고 적절히 이동함		×	×	7	11
		토론 시 강사의 개입	3) 핵심질문을 던지는 것으로 토론 시작함		○	×	3	2
			9) 강의는 필요한 순간에 짧게 해 줌		×	×	11	7
			11) 강사가 일련의 연계된 질문을 던짐		○	×	8	1
	참가자가 하게 시킨 일	활동시간 주기	토론 전 활동	2) 소집단별로 자기소개 시간을 갖게 함	×	○	2	9
				4) 토론 시작 전에 각자 질문의 답을 쓰는 시간 갖기	○	○	4	4
			토론 활동 자체	5) 짝과 발표시간 가진 후에 전체발표 시간 가짐	○	○	5	8
				10) 참가자끼리 의견을 교환할 시간을 많이 줌	×	○	6	5
			토론 마무리 활동	7) 활동에 대한 성찰 시간을 가져서 활동의 의미를 생각하게 함	×	○	10	3
		활동준비 시키기	1) 소집단별 테이블에 앉게 함		×	×	1	10

참가자들의 워크숍 평가까지 포함한 전 과정의 참여관찰과 강사/참가자들과의 면담 내용을 토대로 분석한 결과인 〈표 2-18〉로부터 '수업 전체측면에서 활동이 중요한 순서'가 반드시 '강사의 개입이 중요한 순서'와 일치하지는 않는다는 것을 알 수 있다. 예를 들어, 중요한 순서 1, 2위인 '소집단별로 테이블에 앉게 함'과 '소집단 별로 자기소개 시간을 갖게 함'은 강사의 개입이 중요한 순서로는 10위와 9위이며, 강사의 개입이 중요한 순서 1위인 '강사가 일련의 연계된 질문을 던짐' 활동은 수업 전체측면에서는 중요도가 8위에 불과하다. 그러나 두 가지 기준에서 모두 비슷하게 순위가 상위권인 활동들도 있는데, '(강사가) 핵심질문을 던지는 것으로 토론을 시작함'은 각각 3위와 2위이고, '토론 시작 전에 각자 질문에 답을 쓰는 시간을 갖기'는 각각 4위였다. 필자의 참여관찰에 의하면 이 두 가지는 '토론'을 주제로 한 이 워크숍이 참여 교수들로부터 매우 좋은 평가

를 받은 데에 큰 영향을 미쳤다.

Ⅳ 분류체계 + 성분분석의 적용

분류체계+성분분석은 다양한 적용이 가능하다. 이 절에서는 먼저, 현장연구에서의 적용 가능성에 대해서 살펴본 후, 교과서 분석, 상담, 기업 관련 연구에서의 적용에 대해서도 논의하도록 한다.

1. 현장연구에서의 적용

현장연구에서 포스트잇 활용 면담과 분류체계 + 성분분석은 매우 다양한 방식으로 사용될 수 있지만, 여기에서는 세 가지 방법만 제시한다.

1) 여러 집단의 인식에서 공통점과 차이점을 찾아낸다

이를 위해서는 여러 집단의 정보제공자들 대상으로 대체질문으로 시작하는 면담과 분류체계+성분분석을 하여 비교할 수 있다. 예를 들어, 필자는 교사와 교수 30여 명을 대상으로 수업 분석방법 워크숍을 운영하면서, 초등/중등/대학교별로 팀 편성을 하여 수업분석을 위한 분류체계+성분분석을 실습하도록 하였다. 이런 경우 대체질문 단계는 두 가지 방법으로 운영할 수 있다. 시간 여유가 있다면 "훌륭한 수업의 특징에는 (　　) 이(가) 있다."라는 대체질문의 괄호 안에 들어갈 수 있는 단어를 각자 적어 본 후, 팀별로 많이 언급된 것을 선정해서 전체적으로 합친다. 시간 여유가 없다면 브레인스토밍 방식 사용으로 시간을 절약할 수 있다. 모든 참가자가 빠른 속도로 괄호에 들어갈 수 있는 내용을 돌아가며 말하고, 기록자 2명이 칠판 양쪽에서 번갈아 기록하는 것이다. 브레인스토밍이 끝나면 참가자들과 함께 칠판을 보면서 비슷한 것들은 통합하고, 남아 있는 내용 중에서는 덜 중요한 것을 빼거나 더 중요한 것에는 동그라미를 치는 방법으로 일정한 수만 선정한다. 이 사례에서는 참가자들의 분석시간이 지나치게 많이 걸리지 않도록 12개만 선정했다. 다음 단계로는 각 팀에서 이 12개를 포스트잇 한 장에 하나씩 기록한 후, '대조집합분류질문'과 '등급질문'의 답을 하도록 했다.[17] 〈표 2-19〉는 초등학교 교사 팀의 분류체계+성분분석 결과를 보여 준다.

---

17) 워크숍 시간의 제한 때문에 '3원 대조질문'은 생략했다.

〈표 2-19〉 각급 학교 교사 대상 수업방법 워크숍 실습결과: 초등학교 교사 팀의 사례

분류체계 분석표 \ 성분분석표				대조의 차원			
	1차 분류 기준	2차 분류 기준	카드에 적은 내용(특징)	교사의 개입	매체 활용	훌륭한 수업에 기여 정도	학습자가 얼마나 잘 알아듣나
훌륭한 수업의 특징의 종류	학습자 입장	수업 전	수행 활동(미니과제, 토론)이 있는 수업/ 학생활동/학생 중심	?	○	1	1
		수업 중	학생들의 적극적인 참여	×	○	4	2
			학생들이 스스로 오류를 찾아냄	×	○	7	7
			학생들이 스스로 문제해결	×	○	2	6
		수업 후	배움의 가치를 느끼게 하는 것	×	?	12*	12
	교사 입장	교수법	강의자의 말솜씨(분명한 목소리, 자신감, 표정)	○	×	11*	11
			풍부한 예시 제시	○	○	5	4
			시각자료의 효과적 활용	○	○	9	9
			적절한 질문 제시(지식, 이해, 분석, 종합)	○	×	10	10
		교수 성향	교사가 기다려 줌/교사의 인내심	○	×	3	3
			교사의 허용적 태도	○	×	6	5
			교사가 안내자적 역할	○	○	8	8

* 초등학교 교사와 대학교수의 인식 차이가 특히 큰 부분임.

〈표 2-19〉를 보면 '배움의 가치를 느끼게 하는 것'과 '강의자의 말솜씨'에 대한 초등학교 교사 팀의 등급질문 결과는 대학교수팀의 경우와는 상반된 것으로 나타났다. 즉, '훌륭한 수업에 기여 정도'라는 기준으로 보았을 때, 대학교수팀에서는 이 두 가지 항목에 대해서 최상위 등급을 부여한 것에 비해서 초등학교 교사팀에서는 최하위 등급을 부여했다. 각 팀의 분석 결과를 발표하면서 이루어진 전체토론에서는 이러한 학교급별 차이의 의미가 논의되었다. 예를 들어, 강의의 비중이 상당히 높은 대학 수업에서는 강의자의 말솜씨가 매우 중요하지만, 활동 중심 수업이 많은 초등학교에서는 강의의 비중이 적어 덜 중요하다는 것이다. 또한, 초등학교 교사들에게는 '기초교육을 잘하는 것'이 가장 중요하므로, '배움의 가치를 느끼는 것'에 상위등급을 부여하기는 어렵다는 것도 논의되었다.

이러한 결과로부터 과연 학교 등급에 따라서 훌륭한 수업의 기준은 다르게 인식되는지 알아볼 필요가 제기되었다. 이 주제로 본격적인 연구를 한다면, 더 많은 초등학교 교사와 대학교수/강사들을 대상으로 하여, 이와 같은 대체질문으로 면담과 분석을 할 필요가 있을 것이다. 또한, 초등학생과 대학생도 연구 대상에 포함해서 교수자와 학습자의 인식이 달라지는지도 알아볼 필요가 있다. 여유가 있다면, 중 · 고등학교의 교사와 학생 대상으로도 같은 방식의 조사를 함으로써 '초등학교/중등학교/대학교'와 '교수자/학습자'라는 두 가지 기준으로 나누어진 집단별 인식에 대한 심도 있는 연구를 할 수 있다.

이때 1단계의 면담만 한다면 집단면담 방식이라고 해도 면담마다 포스트잇에 적히는 '훌륭한 수업의 특징'은 조금씩이라도 달라질 수밖에 없다. 다시 말해서, 앞에 언급한 두 가지 내용이 반드시 언급된다는 보장은 없다. 따라서 모든 정보제공자가 같은 내용을 어떻게 인식하는가를 조사하고자 한다면, 면담을 2단계로 나누어서 할 필요가 있다. 1차 면담결과를 토대로 '언급된 훌륭한 수업의 특징들'을 모아 같은 내용의 포스트잇을 만들어서 2차 면담을 하는 것이다. 즉, 대체질문은 이 포스트잇을 만드는 것으로 대치하고, '대조집합분류질문' 단계부터 각 집단 대상으로 면담을 한다. 이때 '훌륭한 수업에 대한 기여도'라는 기준을 사용한 등급질문을 모든 집단을 대상으로 함으로써, 각 항목의 중요도에 대한 인식의 차이를 비교할 수 있다.

2) 설문조사 문항 작성에 이용한다.

분류체계 + 성분분석 결과는 설문조사 문항 작성에도 활용할 수 있다. 예를 들어, '훌륭한 수업을 위한 기여도'에 대한 인식을 폭넓게 조사해 비교하고 싶다면, 훌륭한 수업의 특징 리스트를 제시한 후 "가장 기여도가 높다고 생각하는 것부터 시작해서 1, 2, 3의 번호를 순서대로 적어 주십시오."라는 문항을 만들 수 있다. 이와 함께 "학생들의 수업내용 이해에 도움이 되는 순서", "실제 수업에서 많이 이루어지는 순서" 등 알아보고 싶은 기준을 모두 제시한 표를 만들어서, 빈칸을 숫자로 채우도록 하는 것이다. 〈표 2-20〉과 같은 항목이 포함된 설문조사를 각급 학교 교사 100명씩을(성별/연령대별 균등 분배) 대상으로 수행한다면, 학교급별 차이 외에도 성별/연령대별 차이가 통계적 의미가 있는지도 알아볼 수 있다.

〈표 2-20〉 등급질문 결과를 활용한 설문조사 문항 사례

	훌륭한 수업이 되는 데 기여도가 높은 순서	수업내용 이해에 도움이 되는 순서	실제 수업에서 많이 이루어지는 순서
수행 활동(미니과제, 토론)이 있는 수업/ 학생활동/학생 중심			
학생들의 적극적인 참여			
학생들이 스스로 오류를 찾아냄			
학생들이 스스로 문제해결			
배움의 가치를 느끼게 하는 것			
강의자의 말솜씨			
풍부한 예시 제시			
시각자료의 효과적 활용			
적절한 질문 제시			
교사가 기다려 줌/교사의 인내심			
교사 허용적 태도			
교사가 안내자 역할			

3) 참여관찰과 면담결과, 또는 (서술형) 설문조사 결과 발견한 내용을 분류체계분석표나 성분분석표의 형태로 정리한다.

분류체계분석표와 성분분석표는 면담 시에만 사용하는 것은 아니다. 연구의 과정에서 수시로 그동안의 발견내용을 분류체계+성분분석표의 형태로 만들어 볼 수도 있다. 연구자 자신이 연구현장에 대한 정보제공자라고 생각하면 된다. 분석표를 만드는 것은 연구 후반까지 기다리지 말고 연구 중반부에 시작하는 것이 좋다. 자료가 불충분하더라도 일단 표를 만들다 보면, 자료가 부족해서 채워 넣을 수 없는 빈칸이 어느 것인지 더 분명해지기 때문이다. 이후에는 빈칸을 채우기 위한 자료수집을 하면서 완성한 표를 보고서에 제시할 수 있다. 분석표를 사용한 연구결과의 제시는 독자들이 연구 내용을 더 잘 이해하도록 도울 뿐 아니라, 연구자가 중요한 내용을 누락시키거나 잘못 제시할 가능성을 줄인다는 점에서도 매우 효율적이다.

예를 들어, 이수현, 이유재(2014)의 "경험수집 소비행동에 대한 통합적 연구"에서는 연구 초반에 이루어진 30여 명과의 심층면담내용을 바탕으로 '경험수집의 동기'에 대한

분류체계분석표를 〈표 2-21〉과 같이 만들었다. 이러한 분류체계분석은 1차 면담을 한 소비자 중 일부와 분류체계분석을 위한 2차 면담을 하여 얻은 결과들을 연구자들이 통합하고 재분석하여 완성한 것이다.[18]

〈표 2-21〉 심층면담을 통해 알아본 '경험수집의 동기' 분류체계분석 결과

대주제		소주제	이유
나와 관련된 동기	나의 성장	내적 성장	인생의 밑거름
			나의 가치를 높이고 싶어서
		외적/가시적 성장	스펙을 쌓고 싶어서
		지적 즐거움의 추구 (지적 성장)	관심 있는 분야를 깊이 알고 싶어서
			대화의 폭을 넓히고 싶어서
	삶의 즐거움	다양성/새로운 경험의 추구	다양한 것을 경험하고 싶어서
			한 세트를 완성하고 싶어서
		삶의 활력/기분전환	재미있어서
			일상의 탈출
타인과 관련된 동기	사회적 관계에서의 만족	긍정적 관계 형성(소속 욕구)	많은 사람과 교류하는 기회
		차별화(독특성 욕구)	남들과 차별화하고 싶어서
			남들이 알아봐 주니까 자랑스러워서

*출처: 이수현, 이유재(2014), p.34.

이 분석표에 제시된 소주제 7개로 설문조사 문항(2차 설문조사)을 개발해, 이 중에서 응답자 자신에게 가장 중요한 동기는 무엇인지 답하게 한 결과는 〈표 2-22〉와 같다. 이 결과는 연령대별 차이가 '삶의 즐거움' 영역에서 특히 크게 나타남을 보여 준다. '다양성/새로운 경험의 추구'가 동기라는 답은 나이가 적을수록 많아지는 반면, '삶의 활력/기분전환'이 동기라는 답은 나이가 들수록 많아지는 것이다. 이처럼 큰 차이는 아니지만, '사회적 관계에서의 만족' 영역에서도 '긍정적 관계 형성'은 나이가 들수록, '차별화'는 나이가 적을수록 많아지는 것으로 나타났다.

18) 이 논문을 길게 인용하도록 허락해 주신 저자들께 감사드린다. 이수현 교수는 "마케팅 에스노그라피 과정" 참가자이다.

〈표 2-22〉 가장 중요한 경험수집의 '동기'에 대한 설문조사 결과(연령대별 비교)

<table>
<tr><th colspan="2" rowspan="2">대주제</th><th rowspan="2">동기(소주제)</th><th colspan="4">가장 중요한 동기라고 응답한 비율</th></tr>
<tr><th>20대</th><th>30대</th><th>40/50대</th><th>계</th></tr>
<tr><td rowspan="5">나와 관련된 동기</td><td rowspan="3">나의 성장
(30.7%)</td><td>내적 성장</td><td>21.2%</td><td>23.1%</td><td>26.1%</td><td>23.3%</td></tr>
<tr><td>외적/가시적 성장</td><td>3.8%</td><td>3.8%</td><td>0</td><td>2.7%</td></tr>
<tr><td>지적 즐거움의 추구(지적 성장)</td><td>1.9%</td><td>7.7%</td><td>4.3%</td><td>4.7%</td></tr>
<tr><td rowspan="2">삶의 즐거움
(62.7%)</td><td>다양성/새로운 경험의 추구</td><td>50.0%</td><td>34.6%</td><td>30.4%</td><td>38.7%</td></tr>
<tr><td>삶의 활력/기분전환</td><td>17.3%</td><td>21.2%</td><td>34.8%</td><td>24.0%</td></tr>
<tr><td rowspan="2">타인과 관련된 동기</td><td rowspan="2">사회적 관계에서의
만족(6.7%)</td><td>긍정적 관계 형성(소속 욕구)</td><td>0</td><td>1.9%</td><td>4.3%</td><td>2.0%</td></tr>
<tr><td>차별화(독특성 욕구)</td><td>5.8%</td><td>7.7%</td><td>0</td><td>4.7%</td></tr>
</table>

*출처: 이수현, 이유재(2014), p.36.

연구 후반부에 이루어진 3차 설문조사에서는 이러한 '동기'에 대한 조사결과와 비교하기 위해서, '물질수집과 차별화되는 경험수집의 가치'는 무엇이라고 생각하는지 서술하는 문항을 포함했다. 그 응답 내용을 연구자들이 분류체계분석한 결과는 〈표 2-23〉과 같다.

〈표 2-23〉 '물질수집과 차별화되는 경험수집의 가치'에 대한 분류체계분석 결과

<table>
<tr><th>주제</th><th>소주제</th><th>가치(의미)</th></tr>
<tr><td rowspan="9">나와
관련된
가치</td><td rowspan="3">내적 성장
(38.7%)</td><td>발전의 계기/많은 깨달음/자기계발 기회</td></tr>
<tr><td>새로운 가치를 만들어 가는 것/이전에 몰랐던 자신의 재발견</td></tr>
<tr><td>인생의 밑거름/삶에 대한 시각를 넓힘</td></tr>
<tr><td rowspan="3">추억의 보존
(30.7%)</td><td>마음으로 추억을 떠올리며 느끼는 것/추억이자 기억이고 기록</td></tr>
<tr><td>사라지지 않는 것/내 안에 쌓는 것/추억이 몸과 마음에 새겨지는 것</td></tr>
<tr><td>여운이 더 오래 남는 것</td></tr>
<tr><td rowspan="3">정서적 만족
(22.0%)</td><td>행복감</td></tr>
<tr><td>심리적 안정</td></tr>
<tr><td>삶이 풍요로워짐</td></tr>
<tr><td rowspan="3">타인과
관련된
가치</td><td rowspan="3">타인과의
긍정적 관계
형성(8.7%)</td><td>상대방의 생각을 나눌 수 있는 것/경험을 공유하므로 공감의 범위 확장</td></tr>
<tr><td>타인과 교류할 기회/인간관계가 넓어짐/삶을 공유하여 소속감</td></tr>
<tr><td>다른 사람들과 이야기할 거리(스토리)가 생김</td></tr>
</table>

*출처: 이수현, 이유재(2014), p.37.

〈표 2-23〉을 〈표 2-21〉과 비교하면, 경험수집의 일곱 가지 '동기' 중 '외적/가시적 성장', '지적 성장', '다양성/새로운 경험의 추구', '차별화(독특성 욕구)' 등 네 가지는(〈표 2-21〉의 파란색 글씨) 경험수집 후에 느끼는 '물질수집과는 차별화되는 경험수집의 가치'에서는 없어지고, '내적 성장', '정서적 만족(삶의 활력/기분전환에 해당)', '타인과의 긍정적 관계 형성'만이 남게 된다. 대신에 동기는 아니었던 '추억의 보존'이라는 영역이 '나(self)와 관련된 가치" 아래에 추가되고 있다. 〈표 2-23〉의 네 가지 가치 중 소비자들이 가장 중시하는 것이 무엇인지 알기 위해서 응답자들의 서술내용을 코딩하여 양적 분석을 한 결과가 소주제들 밑에 제시한 백분율이다. 〈표 2-23〉과 〈표 2-21〉을 비교하여, 경험수집의 '나의 성장' 동기 중에서는 '내적 성장'만이 경험수집의 가치로서 중시되고, '사회적 관계에서의 만족' 동기 중에서는 '긍정적 관계 형성'만이 경험수집의 가치로서 중시됨을 발견했다. 또, 경험수집의 동기로서는 거의 언급되지 않았던 '추억의 보존'이 경험수집의 가치 네 가지 중 두 번째로 많이 언급되었을 정도로 중시됨도 발견할 수 있었다.

2. 교과서/교재/도서 내용 조직방식 분석에의 적용

분류체계분석은 교과서/교재/도서의 내용조직 방식 분석에도 유용하게 적용될 수 있다. 이용숙 외(1986)의 연구에서 개발한, 분류체계분석 도형을 변형시킨 [그림 2-13]과 같은 교과서/교재 분석 틀을 사용하는 것이다.

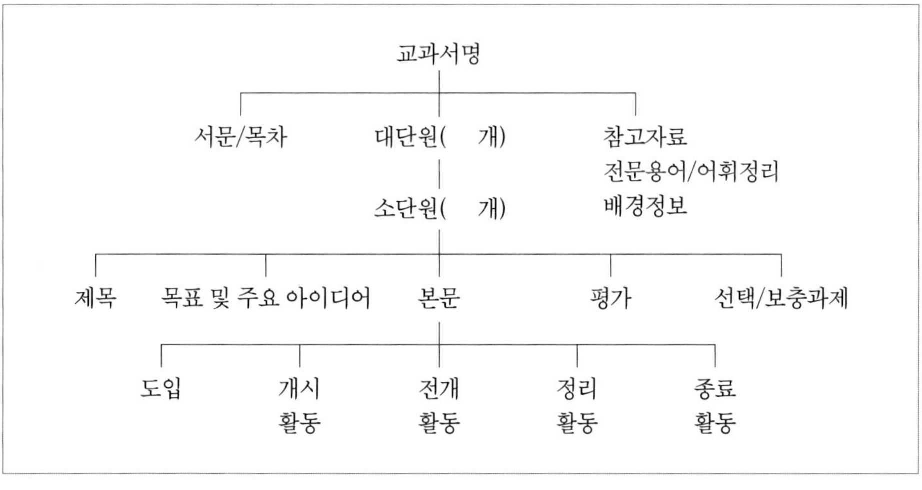

[그림 2-13] 교과서/교재 내용조직 방식의 분류체계분석 틀

이러한 분석 틀을 활용하여 교과서가 어떠한 내용 요소들로 구성되었으며, 각 내용 요소들이 어떤 위계를 갖고 얼마나 많은 지면이 할애되어 있는지 등을 알 수 있다. 또한, 여러 나라 교과서를 비교할 수도 있고, 교과서의 시대에 따른 변화를 비교하는 데 사용할 수도 있다. 예를 들어, 우리나라 6차 교육과정 시기의 초등학교 4학년 읽기 교과서와 당시의 프랑스 읽기 교과서의 내용조직 방식은 [그림 2-14], [그림 2-15]와 같이 나타낼 수 있다. 이 그림에서 〈1〉, 〈6〉 등은 해당 구성요소의 페이지 수를 나타내며, 네모를 두른 것은 명칭이 교과서나 교사용 지도서에 제시되어 있지 않아서 연구자 임의로 만든 것을 의미한다. (△)는 제시되는 경우도 있고 아닌 경우도 있음을 의미한다.

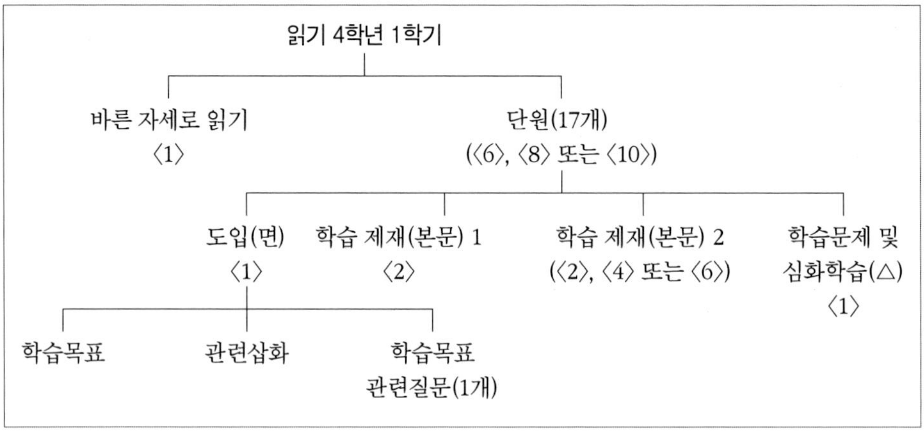

[그림 2-14] 국어 4학년 1학기 읽기 교과서(6차)의 내용조직방식

*출처: 이용숙 외(1995), p.184.

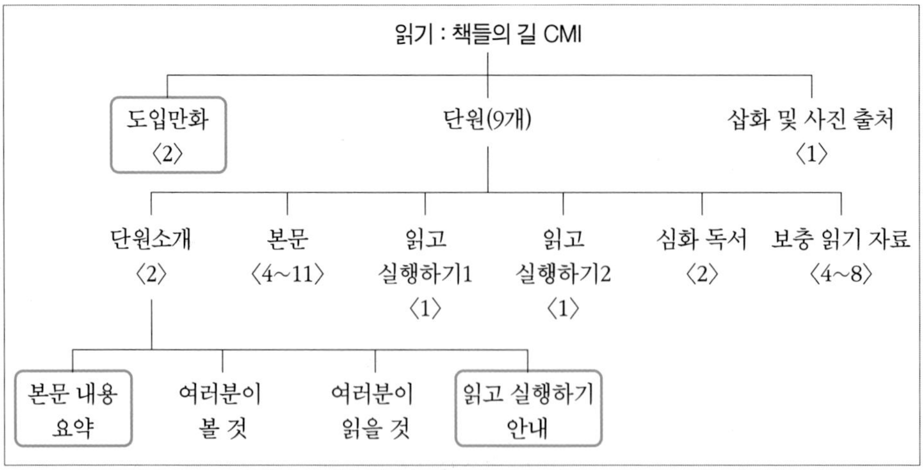

[그림 2-15] 프랑스 아쉐뜨 사 4학년 읽기 교과서의 내용조직방식

*출처: 이용숙 외(1995), p.217.

두 그림의 비교 결과 5개의 중요한 차이를 발견할 수 있었는데, 이 중 2개만 소개한다. 첫째, 한국 읽기 교과서는 한 학기 분의 읽기 교과서(1학기 144쪽, 2학기 128쪽)가 17개 단원, 프랑스 읽기 교과서는 1년분의 읽기 교과서(206쪽)가 9개 단원으로 구성되어 있어서, 한국 교과서에서 같은 기간에 다루어야 하는 단원의 수가 거의 4배가 된다.[19] 둘째, 길이가 짧은 한국 읽기 교과서의 한 단원에는 2개의 본문(학습 제재)이 실리는데, 적은 지면에 길게 실릴 수 없어서 학습 제재 1은 2쪽으로 통일되어 있고, 학습 제재 2는 2쪽, 4쪽, 6쪽의 세 가지 중 하나(2쪽이 가장 많음)로 제한된다. 이에 비해, 프랑스의 읽기 교과서에는 각 단원의 본문이 4~11쪽으로 길게 실리고, 이외에도 보충 읽기 자료 4~8쪽이 더 실린다.

3. 상담에의 적용

상담, 특히 학생상담을 위해서 카드나 포스트잇 활용 면담을 사용하는 방법[20]은 현실 문제를 해결하도록 상담을 통해 돕는 데 매우 유용할 수 있다. 사춘기 학생들은 교사와의 상담에 부담을 느끼는 경향이 있어서, 자발적으로 상담을 받는 학생은 많지 않다. 그러나 배희숙(2009)의 "학교 상담에서 활용할 수 있는 카드 활용 면담 기법"에서는 분류체계+성분분석을 배운 교사가 '카드 활용 상담'으로 다음과 같이 변형해 시행함으로써, 중학생들 간의 심각한 갈등문제를 해결한 사례를 제시하고 있다.

[1단계] "내가 1-○반 하면 떠오르는 친구들은 (　　)(이)다."라는 대체질문을 만들어서 가장 먼저 떠오르는 친구 이름 8명[20]을 작은 카드에 적게 하였다.
[2단계] "이 8명의 이름을 적은 특별한 이유라도 있을까?"라는 질문으로, 각 학생의 이름을 적은 이유를 하나씩 말하게 하였다. 이를 기준으로 분류체계분석 부분을 완성하였다.
[3단계] "이 친구들을 네가 친하다고 생각하는 순으로 나열해 볼래?"라는 질문으로 나열을 하게 한 후에, "그렇게 나열한 이유"에 대한 질문을 하였다.

19) 다행히 이러한 분석 결과 및 다른 연구들의 영향으로 바로 다음의 제7차 교과서에서는 5개의 마당, 즉 〈대단원〉으로 줄어들었으며, 여기에 제시한 사항들도 모두 달라졌다.
20) 이 방법은 필자의 덕성여대 교육대학원 연구방법 강의를 수강한 배희숙 교사에 의해 개발되었다. 배희숙 교사는 포스트잇 대신 작은 카드를 사용했으며, 학생들은 배희숙 교사와의 상담을 '카드 상담'이라고 불렀다.

[4단계] "그러면 이 친구들의 친한 순서가 한 달 전과 같니?"라는 질문을 하여 아니라는 답변을 얻자, "한 달 전에 친했던 순서"로 다시 나열하도록 하였다.

[5단계] 4단계에서 친한 순서(등급)의 변화가 있었던 친구(4번째에서 6번째로 떨어짐)에 대해 "왜 이런 변화가 있었는지 말해 줄 수 있을까?"라는 질문으로 자연스럽게 갈등의 원인 중 일부가 도출되었다.

[6단계] 사람의 단점에 대한 이해와 친구의 아픔을 주제로 하는 내용으로 친구와의 관계 개선에 도움이 되는 간단한 대화를 나눈 후에 "혹시 다음 상담을 해야 할 친구가 있다면 누구를 추천해 주고 싶니?"라는 질문을 하였다. 이에 대한 답으로서 상담의 필요가 있는 학생이 누구인지(주로 5단계에서 언급된 친구와의 갈등이 큰 학생으로 나타남)와 함께 문제의 발단에 대한 정보를 좀 더 얻을 수 있었다.

이러한 상담 결과는 〈표 2-24〉와 같이 정리되었다.

〈표 2-24〉 카드 활용 면담을 학생상담에 적용한 분류체계 · 성분분석사례

	분류 기준	이름	만나서 하는 일	좋은 점	단점	한 달 전 친밀도	최근의 친밀도	'라'와의 변화 가능성 수준
1-○반 하면 떠오르는 친구들	자주 만나 이야기하는 친구	가	수다, 점심, 같이 놀기, 문자 교환	친절하다. 착하다	산만하다.	1	1	40%
		나	수다, 점심, 같이 놀기, 문자 교환	잘 웃는다 기분 좋게 해준다.	산만하다.	2	2	관심 없음
		다	수다, 점심, 같이 놀기, 문자 교환	친절하다. 마음이 착하다.	느리다.	3	3	50%
	필요한 이야기만 하는 친구	라	대화 단절	노래 잘한다. 처음엔 칭찬을 잘해준다.	무시한다. 투덜댄다.	4	6	–
		마	단순한 이야기	이야기하면 잘 들어준다.	새침하다.	6	5	30%
		바	단순한 이야기	그저 그렇다.	새침하다.	5	4	10%
	특별한 관계 형성이 안 된 친구	사	별반 이야기하지 않음	그저 그렇다.	나댄다. 거칠다.	7	7	관심 없음
		아	별반 이야기하지 않음	거의 이야기하지 않는다.	전혀 이야기하지 않는다.	7	7	관심 없음

*출처: 배희숙(2009), p.147.

이와 같은 카드 활용 상담을 담임 학생 2~3명과 실시하고 나자, 학생들 사이에는 "선생님이 '카드 상담'이란 것을 하시는데 재미있다/할 만하다"는 이야기가 퍼졌다. 그러자 평상시에 상담을 매우 꺼리던 소극적 학생이 "카드 상담이라면 저도 한번 해 볼 수 있을 것 같아요."라며 상담을 자청했다. 이외에도 상담지원자가 많아져서 대기 번호를 가지고 순서를 기다릴 정도로 성과가 있었다. 또한, 첫 상담 이후 2주일 만에 한 학생의 전학 위기까지 갔던 학생 간의 갈등문제도 완전히 해결되었다. 이 사례는 상담에서도 분류체계+성분분석을 활용함으로써 참여자가 마음 편하게 느끼고 쉽게 말을 하도록 도와 줄 수 있음을 보여 준다.

4. 기업 관련 연구에서의 적용

유창조, 이상준(2010)의 "뉴미디어 환경에서 소비자의 역할 인식 변화에 관한 심층연구: 이동통신 사용 시 새로운 소비가치 발현자로서의 10대 소비자"에서는 Spradley(1979)의 연구단계를 따라 9명의 고등학생 대상으로 각각 4~5회씩의 심층면담과 부분적 참여관찰을 진행하여, 이들이 휴대폰을 사용하는 방식을 심층적으로 분석했다.[21] 그 결과 10대들은 휴대폰을 사용하면서 새로운 용도 또는 가치를 만들어 내고 있음을 발견했는데, 그 결과는 〈표 2-25〉에 요약되어 있다. 더 나아가 10대 소비자들은 새로운 가치를 소비하면서 새로운 규범을 형성하고 있었다. 당시 휴대폰의 주 사용자였던 성인 소비자들은 10대들이 발견한 새로운 용도를 사용하지 않고 있었고 따라서 이러한 가치들을 경험하지 못하고 있었음을 감안할 때, 새로운 용도는 10대 소비자들에 의해 확산했다고 볼 수 있다. 이와 같은 새로운 용도나 새로운 가치의 발견은 에스노그라피 자료수집방식을 사용했기에 가능했다고 하겠다.

21) 이후 12~19세 1,000명 대상의 설문조사를 시행하였으며, 심층면담으로 발견한 주요 주제는 대부분 설문조사에서도 확인되었다.

〈표 2-25〉 10대들에게 휴대폰의 의미(제품의 새로운 소비가치와 구성요소)

의미(새로운 소비가치)	내용(구성요소)
나만의 공간(For Me)	• 나만의 소중한 기억 보물창고 • 소중한 것들을 보관하는 장소(비밀번호 활용)
나를 표현하는 도구(My Pride)	• 가장 소중한 물건 1위 • 휴대폰 치장 (디자인 및 트렌드 중시)
나의 동반자(With Me)	• 항상 나와 함께하는 것 • 있을 때 중요한지 모르지만 없으면 불편한 물건
친구와의 연결고리(Link to Friend)	• 휴대폰이 없으면 친구와 멀어지는 느낌 • 친구 관계 확대와 강화의 수단 (정보공유)
놀이수단(Fun Generator)	• 휴대폰이 없으면 불안 • 여가시간 활용(재미있는 문자 주고받기)
기타 특별한 용도	• 파워 획득의 수단 • 부모와의 관계에서 우월적 지위 확인(인증/결제 수단)

*윗줄의 제목에서 괄호 안의 내용은 필자가 추가한 것임.
*출처: 유창조, 이상준(2010), p.256.

한편 연구팀과 조사원들이 연구 진행과정에서 실시한 6회의 팀 미팅에는 중, 고등학생 및 정성조사 전문가들과 함께 이동통신사 고객관리 담당 직원들도 초대하여 연구결과의 해석에 대한 이들의 의견을 듣고 다음 단계의 연구에 반영했다. 또한, 결론에는 이동통신사 고객관리 담당자들을 위해 '신규고객 확보보다 기존고객의 사용 빈도 증가나 새로운 용도의 발견을 통해서 시장의 성장을 추구할 필요성', '10대들이 휴대폰에 부여하는 스케줄 관리, 자신만의 공간 소유 욕구 및 상담 욕구에 관심을 기울일 필요성', '10대들이 커뮤니케이션 수단으로 가장 선호하고 있는 문자메시지의 다양한 기능개발의 필요성', '휴대폰의 놀이수단으로서의 가치를 높여 줄 필요성', '휴대폰 기능에 대한 가치의 명확한 파악과 그 가치에 근거한 가격정책 수립의 필요성', 총 다섯 가지의 관리적 시사점을 제시했다.

이 절에서는 분류체계 + 성분분석방법이 얼마나 다양하게 적용될 수 있는지 살펴보았다. 분류체계+성분분석방법은 다양한 분야에서의 연구는 물론이고, 상담과 수업 개선 등 실생활에서의 문제해결이나 기업의 신제품 개발 아이디어 제공 등을 위해서 다양하게 활용될 수 있다. 이러한 분류체계+성분분석은 가장 기본적인 분석방법이라는 점에서 분석방법의 정확한 습득을 위해 노력할 필요가 있다. 다음 장에서는 분류체계+성분분석과 연계해서 사용할 수 있어서 매우 유용한 결정표분석에 대해서 알아보도록 한다.

■ 안내된 실습 ■

다음에서는 2명이 팀으로 또는 혼자 분류체계+성분분석 실습을 할 수 있도록 실습 절차를 단계별로 상세히 제시하고, 그대로 복사해서 사용할 수 있는 실습결과표도 제시했습니다. 앞의 〈분석사례 2〉와 〈분석사례 3〉을 참조해서 실습을 진행하면 편할 것입니다.

[1단계] 분류체계+성분분석 실습을 위한 준비(준비물: 백지 몇 장과 두 가지 색의 포스트잇)

1-1. 각자 앞으로 살 계획이 있는 물건(제품)을 하나 선택해서 물건의 이름을 적습니다. (이 물건은 일상적으로 사는 것이 아니라 여러 고려사항을 검토해서 신중하게 살 필요가 있는 것으로 선정해야 분석 실습이 잘 이루어질 것입니다. 팀 실습의 경우 팀원들이 같은 물건을 선정해서 분석 결과를 서로 비교할 수 있으면 더 흥미 있을 것입니다.)

1-2. 이 물건이 왜 필요한지를(구매 목적) 적습니다. ____________________

____

[2단계] 대체질문과 대체질문 결과 세분화(개별 실습)

2-1. "내가 이 물건을 살 때 고려하는 것에는 (　　　　　)이(가) 있다."라는 문장의 괄호 안에 들어갈 내용을 7개 이상 적습니다. ____________________

____

2-2. 앞에 적은 고려사항들을 포스트잇에 하나씩 옮겨 적습니다(팀원들은 서로 다른 색의 포스트잇을 사용해서 섞이지 않게 합니다. 고려사항들은 포스트잇의 위쪽에 적습니다).

2-3. 각자 포스트잇에 적은 고려사항 중에서 더 하위항목으로 나눌 수 있는 것들이 있다면 포스트잇의 아래쪽에 적고, 위에 적은 고려사항과 줄로 이어 줍니다(방법은 앞의 [그림 2-1] 참조).

[3단계] 대조집합분류질문과 분류체계분석(협동 실습)

3-1. ('대조집합분류질문')

이제부터 팀원들은 서로 연구자와 정보제공자 역할을 번갈아 맡습니다. 연구자 역할을 맡은 팀원(이하 '연구자')은 정보제공자 역할을 맡은 팀원(이하 '정보제공자')에게 본인의 포스트잇들을 가지고 비슷한 내용끼리 묶어서 분류해 달라고 부탁합니다. 예를 들어, 다음과 같이 말하면 됩니다. "몇 묶음이든 좋으니 비슷한 것끼리 한 묶음이 되도록 나누어 주세요. 두 묶음, 세 묶음, 네 묶음 등 어느 것이든 상관없습니다."

3-2. 일단 분류가 완성되고 나면 "왜 이렇게 ○가지로 나누었어요?"라고 질문합니다. 답변 내용에 따라, 필요하다면 후속 질문도 해야 합니다. 이때 연구자는 질문 내용과 답변 내용을 가능한 한 있는 그대로(사용한 말투까지 구체적으로) 기록합니다.

3-3. 1차 분류 결과 한 묶음 내에 4개 이상의 고려사항이 들어간 경우가 있으면, 이에 대해서 "혹시 이 묶음을 더 나눌 수 있나요? (있다면) 다시 한번 나누어 주세요."라고 말합니다(즉, 2차 분류). 또한, 2차 분류 결과 아직도 4개 이상이 한 묶음 안에 들어 있다면, 다시 "혹시 이 묶음을 더 나눌 수 있나요? (있다면) 다시 한번 나누어 주세요."라고 3차 분류를 위한 질문을 합니다(만약에 모든 묶음에 2개씩의 고려사항만 들어가게 분류가 되었다면 거꾸로 "이 중에서 2~3개 묶음씩을 합친다면 합칠 수 있는 것들이 있나요?"라고 질문하고, 그렇다면 새로운 묶음의 이름을 질문합니다).

3-4. 이 면담결과를 토대로 연구자와 정보제공자가 함께 분류체계도형을 그립니다. 이때 포스트잇의 아래쪽에 적은 세부 고려사항도 포함하도록 하며, 묶음의 이름들과 포스트잇 사이에 줄을 이어 그립니다(방법은 [그림 2-9] 참조).

3-5. 분류체계도형을 그린 후에는 팀원이 함께 혹시 수정할 곳이 있는지 살펴보고, 있다면 수정해서 완성하여, 사진을 찍습니다.

[4단계] 분류체계 + 성분분석표의 분류체계분석 부분 입력하기(협동 실습)

4-1. 앞에서 만든 분류체계도형 중에서 포스트잇의 아래쪽에 적었던 세부 고려사항을 제외한 내용을 아래의 〈표 2-26〉의 왼쪽(분류체계분석표)에 기록하면서 기준과 기준 사이의 분리를 표시하는 선도 그어 줍니다. (3차 분류까지 가지 않았으면, 그 칸을 지우면 됩니다.) (방법은 〈표 2-14〉와 〈표 2-16〉 참조)

〈표 2-26〉 실습결과 제시를 위한 표

분류체계 분석표 \ 성분분석표					대조의 차원				
	1차 분류 기준	2차 분류 기준	3차 분류 기준	포스트잇에 적은 고려사항(세부 고려사항은 생략)	내게 중요한 순서				
( )을 구매할 때의 고려사항의 종류									

[5단계] '등급질문' 실시

5-1. (1차 등급질문)

연구자는 정보제공자에게 모든 포스트잇에 적힌 고려사항들을 '내게 중요한 순서'대로 배열해 달라고 부탁합니다(이때 너무 비슷해서 순서를 정할 수 없는 고려사항들이 있다면 공동 2위, 공동 3위 등으로 정해서 나란히 배열해도 됩니다).

5-2. 첫 번째 열의 '내게 중요한 순서'라고 적혀 있는 곳의 아래 칸에 배열한 순서대로 숫자를 적어 넣습니다.

5-3. (등급질문 반복)

정보제공자에게 다른 기준 하나를 정해서 앞과 같은 방법으로 순서대로 배열해 달라고 부탁한 후, 5-1~5-2와 같은 방법으로 성분분석표 부분의 두 번째 열을 채웁니다.

5-4. 다 끝나면 어떤 기준을 가지고 순서대로 배열한 것인지 질문하여, 그 기준을 성분분석표 부분('대조의 차원' 아래)의 두 번째 열의 가장 위에 있는 칸에 적습니다.

[6단계] '3원 대조질문'과 '유도된 대조질문' 실시와 성분분석표 완성

6-1. (3원 대조질문)

분류체계분석표의 한 묶음 안에 3개 이상의 고려사항들이 들어간 것 중에서 포스트잇 3개를 뽑습니다(만약 한 묶음 안에는 모두 2개 이하의 고려사항만 들어 있다면, 한 묶음에서 하나씩 뽑아도 됨). 다음에는 "이 3개 중에서 어느 것 2개가 더 비슷하고 1개는 좀 더 다른지 나누어 주세요."라고 부탁합니다. 나눈 다음에는 "이 2개가 다른 1개와 어떻게 다른지 나눈 기준을 이야기해 주세요."라고 부탁합니다.

6-2. 성분분석표 세 번째 열의 제일 윗줄에 대조의 기준을 적은 후에, 선정된 3개의 포스트잇(고려사항)에 대해서 해당하는 내용(속성)을 적습니다. 이때 2분법의 기준이면 O, X, 3분법의 기준이면 O, △, X로 적습니다. 순위로 나타낼 수 있으면 1, 2, 3 ……의 숫자로 적습니다. 내용을 적어야 하는 것은 말로 기술합니다.

6-3. (유도된 대조질문)

이 3개의 고려사항을 제외한 나머지 고려사항(포스트잇에 적힌 내용) 하나하나에 대해서 "이 기준(위에서 언급한 기준)을 적용하면 이 고려사항은 어떻게 됩니까?"라고 질문하고, 답을 해당 칸에 하나씩 기록합니다.

6-4. ('3원 대조질문'과 '유도된 대조질문' 반복과 성분분석표 완성)

이번에는 3개의 묶음으로부터 각 묶음에서 고려사항이 적힌 포스트잇을 하나씩 꺼냅니다. 총 3개의 고려사항(포스트잇)을 꺼내는 것입니다. 이 3개에 대해서 앞의 6-1~6-3과 똑같은 방법으로 질문을 하고 성분분석표의 네 번째 열에 있는 칸을 채웁니다. 이것으로 성분분석표를 완성합니다(시간 여유가 있다면, 6-4 과정을 한 번 더 반복하면 좋습니다. 반대로 시간이 부족하다면, 6-4 과정은 생략할 수도 있습니다).

[7단계] 팀원들은 각자의 완성된 분류체계+성분분석표를 함께 보면서 선정된 물건의 구매 고려사항에 대한 정보제공자와 연구자의 인식을 비교해 보고, 만약 인식의 차이가 있다면 이런 차이에는 어떤 의미가 있는지 토론합니다. 이때 연구자는 토론 내용을 적습니다(녹음 시에도 연구자는 토론 내용을 요약해서 기록합니다).

[8단계] 면담과 분석, 토론 결과에 대한 해석을 각자 적습니다.

03 결정표분석과 흐름도[1)]

이 장에서는 결정표(decision table)의 고려 조건들의 조합에 따라 연구현장의 구성원이 어떤 행동을 선택할지 빠짐없이 조사한 다음, 이로부터 고려 조건들의 실질적 중요성 순위를 알아보는 방법을 소개한다. 이러한 결정표분석(decision table analysis)을 현장연구의 중간에 적용함으로써 연구 방향이 달라질 수도 있다. 수십 명의 결정표를 통합적으로 분석하는 방법과 결정표를 만드는 것이 어려운 상황에서 흐름도(flowchart)로만 구매 의사결정 과정을 나타내는 방법도 소개한다.

I 결정표와 흐름도의 개념과 연계

1. 결정표와 흐름도의 개념

조직공학자들과 산업공학자들에 의해 개발된 결정표는 문제를 분석할 때 생각할 수 있는 복잡한 모든 조건과 각 조건에 대해 취해야 할 행동을 가로와 세로의 2차원 테이블에 열거한 표로서, '결정 테이블'이라고도 부른다(전산용어사전편찬위원회, 2011). 결정표는 원래 조직 내의 서류의 흐름이나 원자재 구매 절차 등 복잡한 업무의 처리 규칙을 분석하고 결정하는 데 사용되던 것이지만, 사람들이 여러 선택의 가능성 중 하나를 어떻게 선택하는지 체계적으로 알아보는 데에도 유용하다(Werner & Schoepfle, 1987). 이러한 결정표는 [그림 3-1]과 같이 네 가지 요소로 이루어진다(McDaniel, 1970; Werner & Schoepfle, 1987, p.125에서 재인용).

---

1) 이 장의 내용 중 일부는 필자(2004)의 "자료수집과 자료분석을 위한 결정표(decision table) 활용방법"(열린교육연구, 12(2), 151-178)과 필자(2016a)의 "결정표를 활용한 집단면담과 설문조사방법 실행연구"(비교문화연구, 22(1), 345-393)를 바탕으로 작성되었다.

조건 (condition stub)	조건의 조합 (condition entry)
행동 대안 (action stub)	해당 행동 (action entry)

[그림 3-1] 결정표의 요소들

'조건' 칸에는 특정한 행위의 선택을 결정짓게 하는 모든 고려 조건을 기록한다. 이런 조건은 '예/아니요'로 답할 수 있거나 긍정/부정할 수 있는 2분법의 형태로 만든다. 답이 세 가지 이상으로 세분될 수 있으면 결정표가 지나치게 복잡해져서 사용하기 어렵기 때문이다. '조건의 조합' 칸에는 긍정(○)과 부정(×)의 모든 가능한 조합들(2^n개)을 적어 넣는다.[2)] 조건이 3개라면 조건의 조합은 총 8개, 조건이 4개라면 조건의 조합은 총 16개가 된다. '행동 대안' 칸에는 모든 가능한 조건의 조합에 따라 파생할 수 있는 결과로서의 행동들을 기록한다. '해당 행동' 칸에는 조건의 조합 각각에 대해 해당하는 행동 대안을 체크만 하면 된다. 이처럼 '조건들의 모든 가능한 조합'에 대해 생각하게 하는 것이 결정표의 장점이다. 결정표를 만들면 가능한 조합 중 어떤 것에 대한 자료가 빠졌는지 알 수 있고, 따라서 이후의 자료수집 시 필요한 정보를 구할 수 있다.

Werner와 Schoepfle(1987)의 『체계적 현장연구(Systematic Fieldwork)』에서는 결정표가 비즈니스만이 아니라 현장연구에서도 사람들의 선택/결정 과정을 더 체계적으로 분석하도록 도울 수 있음을 보여 주었다. 우리나라에서는 필자가 결정표를 일대일 면담에 활용하는 사례 중심으로 소개하였으며(이용숙, 2004; 2005), 이후 "결정표를 활용한 집단면담과 설문조사 방법 개발 실행연구"(이용숙, 2016a)에서 더 본격적인 소개를 했다.

현장연구에서 결정표분석은 연구현장의 사람들이 여러 고려 조건의 조합에 따라서 어떠한 행동을 선택하는가를 빠짐없이 알기 위해서, 또는 여러 가지 조건의 실질적인 중요성의 순위를 알기 위해서 시행한다. 모든 고려 조건과 조건의 조합들이 제시된 결정표를 만들어서, 현장구성원인 정보제공자가 각각의 조합의 경우 어떤 행동을 할 것인지 말하는 대로 행동 대안을 기록하고, 각 경우의 '해당 행동 대안'에 체크를 하는 것이다. 이 중에서 '해당 행동 대안에 체크하기'는 2~3 개만 함께하고, 나머지는 정보제공자가 직접 하는 것이 더 빠르고 정확한 경우가 많다. 이러한 결정표분석을 위해서 보통 심

2) Werner와 Schoepfle(1987)이 소개한 결정표에는 긍정은 Y(yes), 부정은 N(no)로 표시했다.

층면담을 (참여관찰과 함께) 하지만, 면담이 어렵다면 참여관찰 내용만을 토대로 연구자가 결정표를 만든 후 현장 사람들의 확인을 받을 수도 있다.

결정표가 완성되었을 때 같은 행동 대안이 여러 차례 체크된 것이 발견되면, 몇 개의 경우들을 통합하면서 일부 조건을 축약시킨 '축약한 결정표(축약표)'를 만들 수 있다. 여기에서 '축약'이란 사전적 의미 그대로 "줄여서 간략하게 하는 것"을 뜻한다. 예를 들어, 행동 대안 선택 시에 긍정/부정이 상관없었던 조건, 즉 긍정이건 부정이건 결과가 똑같았던 조건은 '축약'시킴으로써 2개의 열로 따로 제시했던 것을 통합해서 1개의 열로 만들 수 있다. 〈표 3-1〉은 '결정표'와 '축약한 결정표'의 사례다.

〈표 3-1〉 '결정표'와 '축약한 결정표'의 사례(여대생 B의 운동화 구매 결정)

		결정표								축약표				
항목	조건의 조합	경우 1	경우 2	경우 3	경우 4	경우 5	경우 6	경우 7	경우 8	경우 1+5	경우 2+6	경우 7+8	경우 3	경우 4
조건	1. 브랜드가 좋은가?	○	○	○	○	×	×	×	×	–	–	×	○	○
	2. 디자인이 좋은가?	○	○	×	×	○	○	×	×	○	○	×	×	×
	3. 신었을 때 편안한가?	○	×	○	×	○	×	○	×	○	×	–	○	×
행동 대안	1. 내 돈으로 산다.		✓				✓				✓			
	2. 엄마 돈으로 산다.	✓		✓		✓				✓			✓	
	3. 조금 더 고려해 본다.				✓									✓
	4. 안 산다.							✓	✓			✓		

* '–'은 "상관없음" 또는 "영향을 주지 않음"을 의미함.

〈표 3-1〉의 여대생 B는 세 가지 고려사항의 조합인 '경우 1'부터 '경우 8'까지 8개의 경우 각각에 대해서 네 가지 행동 대안 중 하나를 선택했다. 그 결과 같은 행동 대안이 선택된 '경우 1+5', '경우 2+6', '경우 7+8' 조합은 두 가지 조건만 같으면 남은 한 가지 조건은 긍정(○)이든 부정(×)이든 상관없이 같은 결과(행동 대안)였다. 따라서 '축약한 결정표'에서는 두 경우를 통합하면서 행동 대안에 영향을 미치지 않는 조건은 축약 표시를('–'로 표시) 해서 제시한 것이다. 즉, 원래 8개였던 열이 '경우 1+5(조건 1의 축약)', '경우 2+6(조건 1의 축약)', '경우 7+8(조건 3의 축약)'을 통합한 결과 5개의 열로 줄었다. 남

은 '경우 3'과 '경우 4'는 선택하는 행동 대안이 서로 다르므로 축약을 할 수 없다.[3] 이처럼 축약을 해 봐야 1차 면담에서 모두 다 중요하다고 이야기한 고려 조건들의 중요도가 구매 결정 시에는 달라짐을 알 수 있다. 〈표 3-1〉에서 축약이 2회나 된 '브랜드가 좋은가?'는 구매 결정 단계에서는 B가 가장 쉽게 포기한 것이고, '디자인이 좋은가?'는 한 번도 포기하지 않은 것이다. ('축약한 결정표 만들기'에 대한 설명은 뒤에 다시 제시한다.)

한편, 결정표는 흐름도를 만드는 데 활용될 정도로(Werner & Schoepfle, 1987) 결정표와 흐름도는 연관성이 있다. 흐름도는 어떤 현상의 과정(예: 문제의 해법을 명확하기 위해서 필요한 작업이나 사무처리의 순서 등)을 통일된 기호와 도형을 사용해서 도식적으로 표시한 것을 말한다(컴퓨터 인터넷 IT용어 대사전, 2011). 어떤 분야에서 사용하든 흐름도에서는 각 조건은 마름모로 표시되고, 그 조건에 대한 긍정 여부는 화살표 위에 ○, ×(또는 Y, N)로 표시되며, (긍정인가 아닌가의) 선택의 결과로 나타나는 행동은 직사각형으로 표시된다. 예를 들어, 〈표 3-1〉의 축약한 결정표가 있으면, [그림 3-2]와 같은 흐름도를 그릴 수 있다. 〈표 3-1〉에서 한 번도 축약되지 않은 가장 중요한 조건은 '디자인이 좋은가?'였기 때문에 이 조건부터 시작해서 흐름도를 그렸다.

이러한 흐름도의 장점은 전체적인 진행 상황과 대안적인 행동들이 각기 어떤 일련의 결정 과정을 거쳐서 선택되는 것인지를 시각적으로 일목요연하게 보여 준다는 점이다. 따라서 흐름도는 결정표분석 결과의 프레젠테이션에 사용하기 좋다. 이에 비해 여러 조건의 조합 각각에서 어떤 행동 대안을 선택하며 고려 조건들의 중요도의 차이가 무엇인지 한꺼번에 보여 주기에는 결정표가 편하다. 특히 여러 정보제공자가 가장 중시하는 조건이 무엇인지 알려면 흐름도보다 결정표가 도움이 된다. 축약한 결정표 만들기를 통해 어느 조건이 각 정보제공자에게 더 중요한지 알 수 있으며, 이를 통합하여 집단 간

3) 〈표 3-1〉에서는 경우 1, 경우 3, 경우 5의 행동 대안이 똑같으므로, '경우 1+5' 대신 '경우 1+3'을 통합하고, 경우 5를 따로 제시할 수도 있다. 경우 1과 경우 3 역시 3개의 조건 중에서 하나만 다르기 때문이다. 그러나 경우 3과 경우 5는 통합할 수 없다. 3개의 조건 중에서 2개가 다르기 때문이다. 만약 '경우 1+3'을 통합한다면, 축약되는 조건은 '조건 1'이 아니라 '조건 2'가 된다. 따라서 3개의 조건이 모두 한 번씩 축약이 되는 셈이다. 이렇게 두 가지 방법으로 축약이 가능하므로 어느 조건이 더 중요한지 알기 위해서는 두 방법의 축약횟수를 합산해야 한다. 즉, 〈표 3-1〉에서의 조건별 축약횟수와 '경우 1+3'을 통합하는 경우의 축약횟수를 합산하면, 조건 1은 총 3회, 조건 2는 총 1회, 조건 3은 총 2회 축약이 된 것이다. 이렇게 합산을 해도 조건 2(디자인이 좋은가?) → 조건 3(신었을 때 편안한가?) → 조건 1(브랜드가 좋은가?)의 순서로 중요한 것은 〈표 3-1〉만 보았을 때와 마찬가지다. 3개 조건의 중요도 순서는 가장 축약이 적게 된 순서이기 때문이다. (두 번의 축약횟수를 합산하는 방법에 대한 설명은 뒤에 다시 제시한다.)

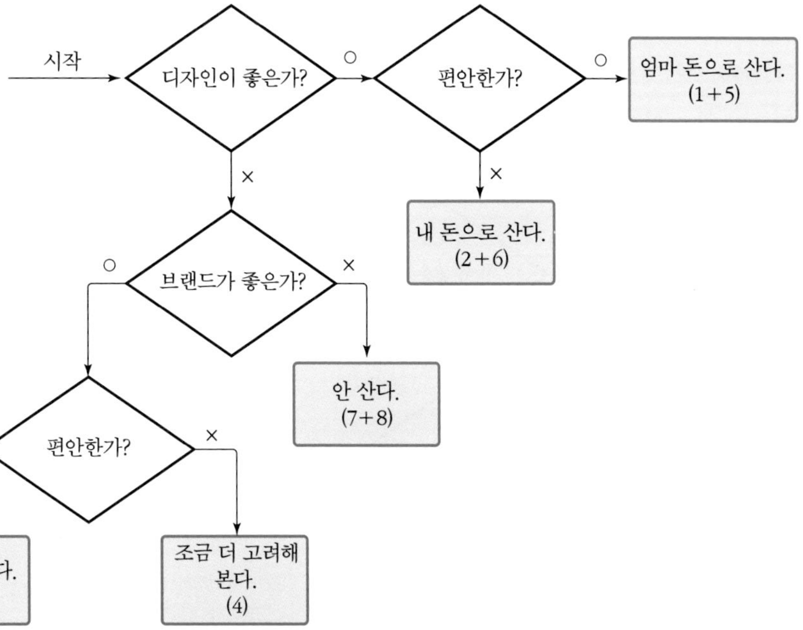

[그림 3-2] 여대생 B의 축약표(〈표 3-1〉)를 토대로 한 흐름도

비교 등 양적인 분석으로 발전시킬 수도 있기 때문이다. 흐름도와 결정표는 서로 독립적인 분석 도구로 활용되는 경우가 많지만, 두 가지를 연계해서 사용하면 더 효과적이다. 다만 연구목적에 따라 둘 중 하나만 활용할 수도 있을 것이다. 또는 연구목적으로는 결정표를 사용하고, 흐름도는 최종 연구결과를 시각적으로 잘 나타내기 위한 도구로서 보완적으로 활용할 수도 있다.

이처럼 결정표와 흐름도를 만드는 과정에서 각 경우(조건의 조합)에서의 정보제공자의 선택이 연구자가 보기에는 이해가 어려울 때도 있다. 이런 경우에는 이를 지적하는 것이 아니라 정보제공자가 왜 그런 선택을 했는지 물어보면, 정보제공자의 선택을 이해할 수 있게 되는 경우가 많다. 하지만 이런 정도로 그치는 것이 아니라 "혹시 정보제공자가 실수로 다른 칸에 잘못 체크를 한 것이 아닐까?"라는 의문이 생길 정도로 정보제공자의 선택이 비합리적으로 보일 때도 있다. 예를 들어, 구매를 위한 결정에서 가장 나쁜 조건의 조합일 때 "더 생각해 본다."를 선택하고, 이보다는 한 가지 조건이 더 나을 때 오히려 "안 산다."를 선택하는 것이다. 이런 경우에는 그런 선택을 한 이유를 반드시 질문해야 한다. 실제로 정보제공자가 결정표에서 행동 대안에 체크를 할 때 실수를 할 수도 있기 때문이다. 또한, 특별한 이유가 있어서 이러한 비합리적으로 보이는 선택을 일부러 하는 정보제공자도 있다. 이런 경우에는 반드시 그 이유의 설명을 충분히 듣도록 해야 한다. 그 예로 "신제품마케팅 에스노그라피" 수업 수강생 김류원의 기말 보고서에는 스스로의 바디워시 제품 선택 흐름도가 [그림 3-3]과 같이 제시되었다(결정표는 생략함).

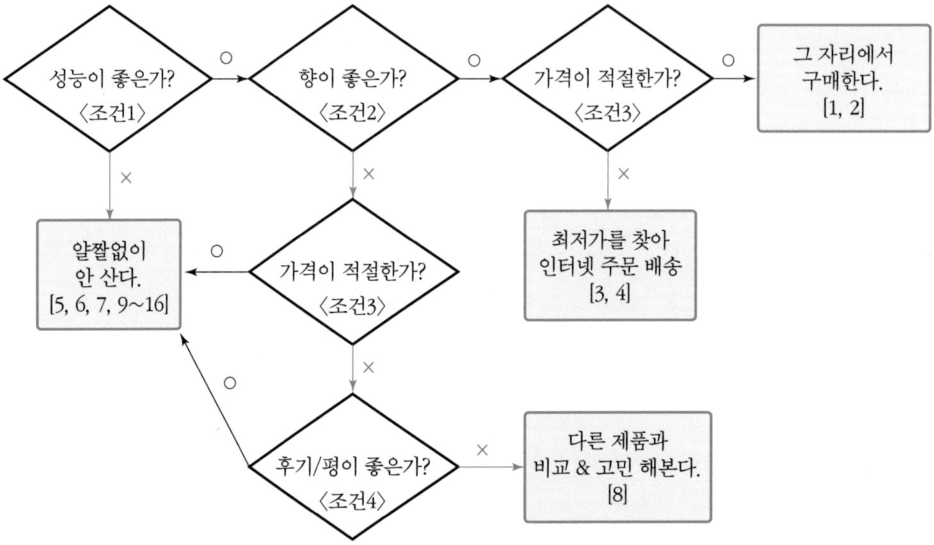

[그림 3-3] **바디워시 선택하기 흐름도**

*출처: 김류원의 "신제품마케팅 에스노그라피" 수업 개별보고서

이 흐름도는 우선 김류원이 분류체계+성분분석에서는 바디제품을 살 때 1순위로 중시하는 고려사항은 '향'이라고 했으나, 결정표에서 체크해 나가면서 '성능이 좋음'이라는 고려사항을 한 번도 축약하지 않을 정도로 가장 중시하고 있음을 보여 준다. 성능이 좋지 않다면 다른 조건 3개와는 상관없이 "얄짤없이 안 산다". 이에 대해서는 "(내가) 향이 가장 중요하다고 했던 이유는 일단 제품의 본질적인 성능이 만족스럽다는 전제가 깔려 있었던 것 같다."라고 스스로 해석했다. 가장 중시하지 않는 조건은 가장 많이 축약된 '후기/평이 좋은가?'이다. 여기에서 비합리적이라고 생각되는 점은 '성능'이 좋고, '향'과 '가격'이 나쁜 경우에는 '후기/평'이 좋아도 '안 산다.'를 선택하였고, '후기'까지 나쁠 때는 당연히 '안 산다.'를 선택할 것이라는 예상과 달리 오히려 '다른 제품과 비교 & 고민해 본다.'를 선택했다는 사실이다. 이에 대해서는 "(다른 조건은 모두 나쁘고) 성능만 우수한 제품인데 가격이 지지리도 비싸면 '무엇인가 이유가 있을 것 = 좋을 것' 같다는 결론을 내리게 되고, 이때 가격이 저렴하면 '저렴한 것에는 이유가 있을 것 = 성능 조작'이라

는 생각이 들게 되기 때문"이라고 해석을 했다. 또한, 여기서 후기가 좋다면 '광고가 아닐까' 하는 생각이 든다는 것이다.

이처럼 얼핏 보기에는 실수로 잘못 체크한 것처럼 보이지만 실제로 그렇게 선택할 만한 이유가 있어서 체크한 것일 가능성이 있다. 따라서 결정표를 활용한 면담을 할 때는 결정표와 흐름도만 만들고 끝내는 것이 아니라, 각 경우에서의 선택의 이유를 정보제공자가 충분히 이야기할 수 있도록 여유를 가지고 면담을 진행하는 것이 필요하다.

2. '결정표'와 '축약한 결정표' 만들기와 흐름도로 연결하기

여기에서는 결정표를 만들어 사용하는 과정을 단계별로 사례와 함께 소개한다.

1) 결정표를 위한 고려 조건과 행동 대안을 찾기

결정표를 만들 때는 면담과 참여관찰을 통해 정보제공자가 무엇인가를 선택/결정할 때 고려하는 조건들과 행동 대안들을 찾는 작업부터 시작한다. 이때 습관적으로 선택하는 지나치게 소소한 일상생활의 한 측면보다는 의미 있는 선택을 하기 위해서 시간을 써서 이것저것 따져 보는 주제일수록 결정표를 활용하는 분석에 적합하다.

(1) 참여관찰과 면담을 병행하여 고려 조건과 행동 대안 찾기

조건이 하나밖에 없는 경우 가장 간단한 결정표가 만들어진다. 우선, 참여관찰에서 출발하는 결정표 만들기의 사례를 보도록 하자. 한 회사에서 부서 회의시간을 몇 차례 참여관찰한 결과, 회의의 마지막에 여러 참가자에게 발언 기회를 주는 날도 있고, 회의를 주관하는 부장이 회의 결과를 간단히 정리하고 끝내는 날도 있는 것을 발견했다. 연구자는 직원들 간의 대화를 통해 이 두 가지 행동 대안을 결정하는 조건이 "회의시간이 충분히 남았는가?"라는 정보를 입수했다. 한 가지 조건만으로 이루어진 결정표는 〈표 3-2〉와 같이 될 수 있다.[4)]

4) 여기에 제시한 결정표에서 결정표의 네 가지 요소와 각각의 경우가 분명히 나타나도록, '조건', '행동 대안', '경우 1', '경우 2' 등이 제시되는 칸을 필자가 추가하였다. 표에 설명을 추가한 것이라고 할 수 있다.

〈표 3-2〉 '회의시간의 참가자 의견제시 기회 제공 여부'에 대한 결정표(1차 시도)

구분		경우 1	경우 2
조건	회의시간이 충분히 남았는가?	○ (그렇다)	× (아니다)
행동 대안	1. 여러 참가자에게 의견을 말하는 기회를 준다.	✓	
	2. 부장이 회의 결과를 간단히 정리하고 끝낸다.		✓

그러나 이는 회의의 주도권을 가지고 있는 부장에게 확인하지 않은 가정이므로, 확인을 위한 면담을 해야 한다. 예를 들어, "회의를 끝마칠 때 참가자들에게 발언 기회를 주시는 날도 있고, 부장님께서 간단히 정리하고 끝내는 날도 있으시네요. 어떤 분이 참가자들의 발언 기회를 주는 것은 회의시간이 남는 경우고, 부장님이 간단히 정리하시는 것은 회의시간이 부족한 경우라고 얘기하던데 맞는지요?"라고 질문하는 것이다. 이 질문에 대해, 부장은 "네, 대부분 그렇습니다. 그러나 회의 안건이 중요한 경우에는 시간이 부족하면 회의시간을 좀 늘려서라도 참가자들에게 발언 기회를 주려고 하고 있습니다."라고 답했다. 그렇다면 행동을 결정하는 데 최소 2개의 조건이 들어가므로 〈표 3-3〉과 같은 결정표를 만들 수 있다.

〈표 3-3〉 '회의시간의 참가자 의견제시 기회 여부'에 대한 결정표 수정 시도(미완성)

구분		경우 1	경우 2	경우 3	경우 4
조건	1. 회의시간이 충분히 남았는가?	○	○	×	×
	2. 회의 안건이 중요한가?	○	×	○	×
행동 대안	1. 회의시간 내에 참가자들에게 발언 기회를 준다.	✓			
	2. 회의시간을 연장해서 참가자들에게 발언 기회를 준다.			✓	
	3. 부장이 회의 결과를 간단히 정리하고 끝낸다.		✓(?)		✓

〈표 3-3〉을 만드는 과정에서 정보가 불충분하다는 것이 드러났다. 회의시간이 충분히 남았는데 회의 안건의 내용이 중요하지는 않을 때(경우 2) 참가자들에게 발언 기회를 주는지 아닌지가 분명치 않은 것이다. 이런 경우에는 해당 칸을 비워 놓거나 가깝다고 생각하는 칸에 체크 표시와 함께 '?'를 넣어 놓은 후, "회의시간이 충분히 남았는데 회의 안건의 내용이 중요하지는 않다면 어떻게 하세요?"라고 추가 질문을 해야 한다. 부장

이 이 질문에 대해서 "그런 경우에는 그냥 제가 간단히 정리하고 회의를 일찍 끝냅니다. 억지로 예정한 회의시간을 채우는 것은 시간 낭비니까 빨리 끝내고 각자 할 일을 하는 것이 낫지요."라고 대답했다고 하자. 이제는 〈표 3-3〉에 새로 입수한 정보를 채워 넣어 〈표 3-4〉와 같이 완성된 결정표를 얻을 수 있다.

〈표 3-4〉 '회의시간의 참가자 의견제시 기회 여부'에 대한 결정표 수정(완성)

구분		경우 1	경우 2	경우 3	경우 4
조건	1. 회의시간이 충분히 남았는가?	○	○	×	×
	2. 회의 안건이 중요한가?	○	×	○	×
행동 대안	1. 회의시간 내에 참가자들에게 발언 기회를 준다.	✓			
	2. 회의시간을 연장해서 참가자들에게 발언 기회를 준다.			✓	
	3. 부장이 회의 결과를 간단히 정리하고 예정된 시간에 끝낸다.				✓
	4. 부장이 회의 결과를 간단히 정리하고 회의를 일찍 끝낸다.		✓		

(2) 면담을 통해 결정표를 위한 조건과 행동 대안을 찾기

현장연구에서는 참여관찰과 면담을 하면서 결정표의 조건을 찾아 나가는 것이 바람직하지만, 항상 가능한 것은 아니므로 많은 경우 면담을 통해서만 결정표의 조건을 찾게 된다. 여기에서는 조사회사 직원 A를 대상으로 면담을 하면서 결정표를 만드는 과정을 소개한다. 소비 행동에 대한 정성조사(질적 연구) 실시과정에 대한 면담을 통해 결정표분석을 하고, 이때 만든 결정표와 축약표를 활용하여 정성조사 방법 개선을 위한 자문을 하는 사례다.

A는 심층면담과 초점집단면담(FGI)부터 하는 것은 이미 결정했으며, 다음 단계에는 어떤 자료수집방법이 알맞을지 선택해야 하는 상황이었다. 이런 상황에서 관찰을 통해 A가 어떤 조건을 가지고 결정을 하는지 알고자 한다면 장기간 A의 근무과정을 참여관찰해야 한다. 그러나 이는 불가능했으므로, 대신 A와의 면담을 통해서 조건들을 찾았다. 다음 단계의 정성조사 방법을 선택할 때 무엇을 우선 고려해야 하는지 물었더니, "소비자의 '행동'과 '행동에 대한 인식'을 비교하는 것이 필요한지 아닌지"라고 답했다. 이에 "비교가 필요한 경우와 아닌 경우 각각 어떤 자료수집방법을 선택하시겠어요?"라

고 질문하자 "비교가 필요하면 동행구매(동반쇼핑, accompanied shopping)[5]를 하고, 비교가 필요 없으면 추가면담만 하려고요."라고 답했다. 여기에서 끝낸다면 〈표 3-5〉와 같이 간단한 결정표가 만들어질 것이다.

〈표 3-5〉 '조사회사에서의 정성조사 방법 선택'에 대한 결정표(1차 시도)

구분		경우 1	경우 2
조건	1. 소비자의 행동과 자신의 행동에 대한 인식 비교가 필요한가?	○ (그렇다)	× (아니다)
행동 대안	1. 동행구매를 한다.	✓	
	2. 추가적인 면담만 한다.		✓

이 결정표를 제5장에 소개할 계획분석과 연결한 [그림 3-4]를 보면, '자료수집 하기'의 하위단계인 "FGI 실시'와 '심층면담 실시' 다음에 마지막 하위단계로서 '동행구매 참여관찰'을 할지 아니면 '추가면담'을 할지 선택하기 위해서 결정표를 만들어 보는 것이라고 할 수 있다.

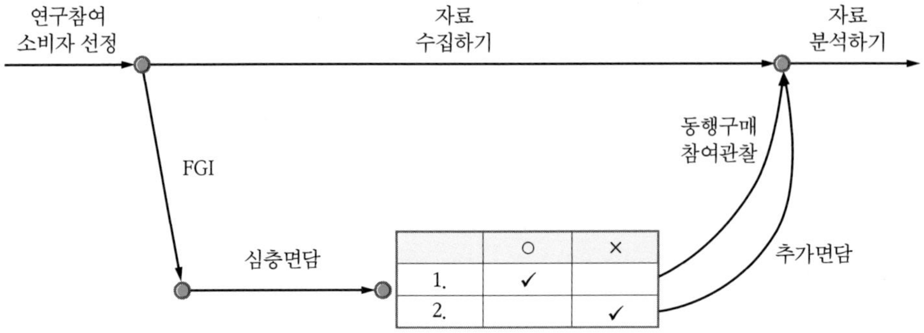

[그림 3-4] 연구계획분석과 연계한 결정표(〈표 3-5〉)

그러나 이처럼 간단히 결정이 이루어지는 경우는 많지 않다고 판단하여 "다른 고려사항은 없을까요?"라고 질문하자, A는 "소비자 집단 간 비교가 필요한지도 고려해야 해요."라고 답했다. 이제 조건이 2개인 결정표가 필요해진 것이므로 네 가지 경우 각각에

5) 동행구매(동반쇼핑)는 정보제공자가 물건을 사려고 할 때 연구자가 동행자(예: 친구)인 듯이 함께 다니면서 쇼핑의 과정 참여관찰을 하고, 쇼핑 후에는 궁금했던 것을 물어보는 면담을 하는 조사방법으로(Lowrey et al., 2005), 최근 조사회사나 기업체의 마케팅 조사팀에서 소비자 행동연구를 위해서 많이 사용하고 있다.

대해 어떤 자료수집방법을 선택할지 질문했다. 우선 "소비자 행동과 자신의 행동에 대한 인식의 비교도 필요하고 소비자 집단 간 비교도 필요하다면 어떻게 하세요?"라고 묻자, A는 "그러면 다수의 집단 소비자를 대상으로 동행구매를 해야지요."라고 답했다. 이어서 "만약 소비자의 행동과 자신의 행동에 대한 인식의 비교만 필요하고 소비자 집단 간 비교는 필요 없다면 어떻게 하세요?"라고 묻자 A는 "그러면 소수의 소비자만 대상으로 동행구매(동행구매 참여관찰)를 해야지요."라고 답했다. "거꾸로 소비자 행동과 자신의 행동에 대한 인식의 비교는 필요 없고 소비자 집단 간 비교만 필요하다면 어떻게 하세요?"라는 질문에는 "그러면 다수의 집단 소비자 대상으로 추가 심층면담을 할 것 같아요."라고 답했다. "마지막으로, 둘 다 필요 없다면 어떻게 하세요?"라고 묻자, "그러면 소수의 소비자만 대상으로 추가 심층면담을 하면 될 것 같아요."라고 답했다. 이 면담결과는 〈표 3-6〉과 같은 결정표로 정리될 수 있다.

〈표 3-6〉 조사회사에서의 정성조사 방법 선택에 대한 결정표 1차 수정안

구분		경우1	경우2	경우3	경우4
조건	1. 소비자의 행동과 자신의 행동에 대한 인식 비교가 필요한가?	○	○	×	×
	2. 소비자 집단 간 비교가 필요한가?	○	×	○	×
행동 대안	1. 다수의 집단 소비자 대상으로 동행구매 참여관찰	✓			
	2. 소수의 소비자만을 대상으로 동행구매 참여관찰		✓		
	3. 다수의 집단 소비자 대상으로 추가 심층면담			✓	
	4. 소수의 소비자만을 대상으로 추가 심층면담				✓

〈표 3-6〉을 다시 앞의 계획분석과 연결한다면, 조사회사의 연구계획은 [그림 3-5]와 같은 수정이 필요하다. 이 정도로 만족할 수도 있지만, 심층 분석을 위해 "혹시 이외에도 다른 고려사항이 있을까요?"라고 묻자, A는 "네. 최근에는 클라이언트 회사에서 '소비자도 모르는 인사이트(insight)의 발견'을 요구하는 경우가 생겼어요. 인사이트 발견을 중시하는 분이 본부장으로 오셨대요. 그래서 이번 프로젝트에서도 인사이트 발견에 중점을 두려는지 챙겨 보아야 할 것 같아요."라고 답했다. 그렇다면 이제 세 번째 조건이 생겼으므로, 세 가지 조건을 조합한 경우의 수는 8개가 된다. 이 여덟 가지 경우를 하나

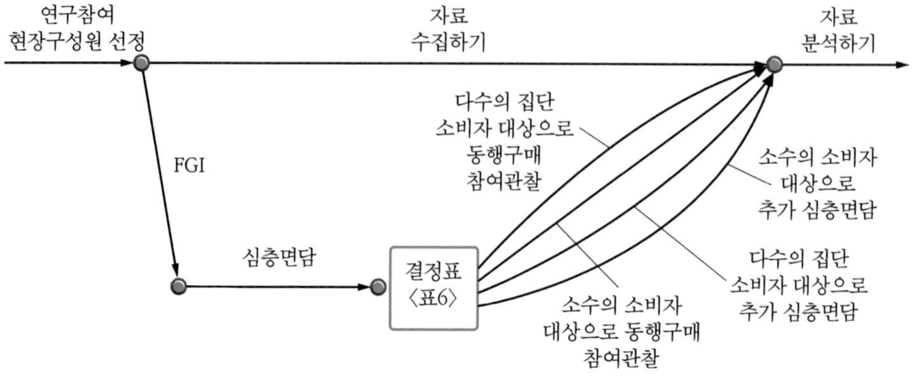

[그림 3-5] **연구계획분석과 연계한 결정표(〈표 3-6〉)**

하나 말로 물어본다면 A가 혼동을 할 가능성이 크다. 또한, 연구자도 혼란스러워서 1~2개를 빠뜨릴 수도 있다. 따라서 중간단계 결정표를 만들어, A와 함께 보면서 답을 얻는 것이 효과적이다.

이를 위한 결정표에는 〈표 3-7〉과 같이 '행동 대안' 칸에 추가적인 빈 줄을 만들어 놓는다. 고려 조건이 추가되었으니 새로운 행동 대안도 추가될 수 있기 때문이다. 8개의 각 경우에 대해서 A가 "어떤 행동을 할 것 같은지" 말하는 것이 이미 '행동 대안' 칸에 제시되어 있으면 '해당 행동' 칸에 체크만 하면 되고, 새로 언급되는 것이라면 빈칸에 그 행동 대안을 적은 후에 '해당 행동' 칸에 체크를 해야 한다.

〈표 3-7〉을 활용해서 '경우 1'부터 '경우 8'까지 어떤 행동을 할 것인지 묻기 시작하자, A는 '경우 1'에서 새로운 행동 대안을 언급했다. 즉, "소비자의 행동과 자신의 행동에 대한 인식 비교와 소비자 집단 간 비교가 모두 필요하고, 소비자 자신도 모르는 소비 행동에 대한 인사이트 발견까지 필요하다면 어떻게 하시겠어요?"라고 묻자, "그러면 다수의 집단 소비자 대상으로 동행구매와 가정방문조사(home visiting)[6]를 한 후에 나타난 의문사항에 대해 설문조사를 해야 할 것 같아요."라고 답한 것이다. 다음 경우부터는 결정표를 이용해서 "경우 2라면 어떻게 하시겠어요?" "경우 3은요?" 등과 같이 간단히 질문할 수 있어서 질문 시간도 절약되고 혼동의 염려도 없었다. A는 '경우 3', '경우 5', '경우 7'

6) 가정방문조사는 연구팀이 소비자 가정에 방문해서 조사 대상 제품을 사용하는 모습을 관찰하고 이와 관련한 면담도 하는 조사방법이다. 최근 국내외 조사회사와 기업체의 마케팅 조사 부서에서 많이 사용하기 시작했다. 가정방문 시간은 5~6시간 이상은 되는 것이 바람직하지만, 비용이나 협조문제로 긴 시간 방문이 어렵다면, 3~4시간만 하기도 한다.

〈표 3-7〉 '조사회사에서의 정성조사 방법 선택'에 대한 면담용 결정표 2차 수정안

구분		경우 1	경우 2	경우 3	경우 4	경우 5	경우 6	경우 7	경우 8
조건	1. 소비자의 행동과 자신의 행동에 대한 인식 비교가 필요한가?	○	○	○	○	×	×	×	×
	2. 소비자 집단 간 비교가 필요한가?	○	○	×	×	○	○	×	×
	3. 소비자 자신도 모르는 소비 행동에 대한 인사이트 발견이 요구되는가?	○	×	○	×	○	×	○	×
행동 대안	1. 다수의 집단 소비자 대상으로 동행구매 참여관찰								
	2. 소수의 소비자만을 대상으로 동행구매 참여관찰								
	3. 다수의 집단 소비자 대상으로 추가 심층면담								
	4. 소수의 소비자만을 대상으로 추가 심층면담								
	5.								
	6.								

의 행동 대안도 '경우 1'과 같다고 했다. 또한, '경우 2'는 행동 대안 1, '경우 4'는 행동 대안 2, '경우 6'은 행동 대안 3, '경우 8'은 행동 대안 4에 체크를 했다. 이런 과정을 거쳐서 완성한 최종 결정표는 〈표 3-8〉과 같다.

〈표 3-8〉 '조사회사에서의 정성조사 방법 선택'에 대한 최종 결정표

구분		경우 1	경우 2	경우 3	경우 4	경우 5	경우 6	경우 7	경우 8
조건	1. 소비자의 행동과 자신의 행동에 대한 인식 비교가 필요한가?	○	○	○	○	×	×	×	×
	2. 소비자 집단 간 비교가 필요한가?	○	○	×	×	○	○	×	×
	3. 소비자 자신도 모르는 소비 행동에 대한 인사이트 발견이 요구되는가?	○	×	○	×	○	×	○	×
행동 대안	1. 다수의 집단 소비자 대상으로 동행구매 참여관찰		✓						
	2. 소수의 소비자만을 대상으로 동행구매 참여관찰				✓				
	3. 다수의 집단 소비자 대상으로 추가 심층면담						✓		
	4. 소수의 소비자만을 대상으로 추가 심층면담								✓
	5. 다수의 집단 소비자 대상으로 동행구매 참여관찰과 가정 방문조사 후 나타난 의문에 대한 설문조사	✓		✓		✓		✓	

2) '행동 대안 선택에 영향을 주지 않는 조건'을 축약시켜 '축약한 결정표'를 만들고, 축약횟수 비교로 조건들의 중요한 순서 찾기

앞에서 설명했듯이, '축약한 결정표'에서는 2개 또는 그 이상의 경우를 통합하면서 행동 대안에 영향을 미치지 않는 조건(들)은 축약 표시(–)를 하고, 나머지 조건들만 ○/×를 제시한다. 중요한 고려 조건일수록 행동 대안의 선택에 영향을 많이 주므로, 이 조건을 쉽게 축약할 수는 없다. 따라서 결정표를 가능한 데까지 축약해 보는 것은 어느 조건이 더 중요하고 덜 중요한지에 대해서 알아볼 수 있는 좋은 방법이 된다. 어떤 조건은 축약이 되지 않는다는 것은 그 조건을 빼고 다른 조건들의 조합만으로 행동 대안의 선택이 이루어질 수는 없다는 것을 의미하기 때문이다. 또한, 축약이 적게 된 조건은 축약이 많이 된 조건에 비해서 중요성이 더 크다.

결정표의 축약을 하려면 같은 행동 대안을 선택하는 두 가지 이상의 경우로부터 축약할 수 있는 조건들을 찾아내야 한다. 우선, 같은 행동 대안이 2회 선택되었고, 조건 중 한 가지가 서로 다를 때 축약이 가능하다. 예를 들어, "과제의 내용이 매우 중요한가?"라는 조건만 긍정적으로 만족하면 "수업시간이 충분히 남았는가?"라는 조건에 대해서는 긍정이든 부정이든 상관없이 수학 교사는 같은 행동 대안("과제물을 걷어서 일일이 고쳐 준다.")을 선택하고 있다고 하자. 이런 경우 "과제의 내용이 매우 중요하다."라는 조건만 성립하면 "수업시간이 충분히 남았는가?"라는 조건은 행동 대안 선택에 아무런 영향도 미치지 않는다. 즉, 조건의 조합은 4개에서 3개로 줄게 되는데, 이를 결정표와 '축약한 결정표(축약표)'로 나타낸 것이 〈표 3-9〉다. 〈표 3-9〉의 축약표 부분에서는 '경우 1'과

〈표 3-9〉 '수학 교사의 과제검사'에 대한 축약한 결정표

		결정표				축약표		
구분		경우 1	경우 2	경우 3	경우 4	경우 1+3	경우 2	경우 4
조건	1. 수업시간이 충분히 남았는가?	○	○	×	×	–	○	×
	2. 과제의 내용이 매우 중요한가?	○	×	○	×	○	×	×
행동 대안	1. 과제물을 걷어서 일일이 고쳐 준다.	✓		✓		✓		
	2. 즉석에서 과제의 검사를 한다.		✓				✓	
	3. 과제물을 걷어서 끝냈는지 검사만 한다.				✓			✓

* '–'은 "상관없음" 또는 "영향을 주지 않음"을 의미함.

'경우 3'을 합쳐서 한 칸으로 제시하면서, 행동 대안 선택에 영향을 미치지 않으므로 의미가 없어진 조건 1은 '–' 표시로 상관없음을 나타냈다.

또한, 조건이 3개인 결정표에서 같은 행동 대안이 4회 선택되고, 이 4개의 경우 모두 가장 중요한 한 가지 조건은 같다면 한꺼번에 축약할 수 있다. 다른 조건들은 긍정과 부정에 상관없이 같은 행동 대안을 선택하므로 한꺼번에 축약하는 것이다. 예를 들어, 앞의 〈표 3-8〉에서 행동 대안 1부터 4까지는 한 번씩만 체크가 된 것에 비해서, 행동 대안 5는 4회나 체크되었다. '경우 1', '경우 3', '경우 5', '경우 7'에서 모두 '행동 대안 5'에 체크했다는 것은 조건 3('소비자 자신도 모르는 소비 행동에 대한 인사이트 발견이 요구되는가?') 만 만족하면 조건 1과 조건 2는 ○, × 상관없이 같은 행동 대안을 선택함을 의미한다. 이럴 때는 행동 대안 선택에 영향을 미치지 않는 조건 1과 조건 2를 〈표 3-10〉과 같이 한꺼번에 축약시킬 수 있다. (마찬가지로 조건이 4개라서 경우의 수가 16개인 결정표에서는 가장 중요한 조건 하나만 같다면 다른 조건 세 가지는 ○, × 상관없이 같은 행동 대안이 8회 선택될 때, 8개의 경우를 한꺼번에 축약하는 것이 가능하다. 이처럼 축약은 항상 2개, 4개, 8개 등 짝수로만 이루어진다.)

〈표 3-10〉 '조사회사에서의 정성조사 방법 선택'에 대한 축약한 결정표

구분		경우 1+3+5+7	경우 2	경우 4	경우 6	경우 8
조건	1. 소비자의 행동과 자신의 행동에 대한 인식 비교가 필요한가?	–	○	○	×	×
	2. 소비자 집단 간 비교가 필요한가?	–	○	×	○	×
	3. 소비자 자신도 모르는 소비 행동에 대한 인사이트 발견이 요구되는가?	○	×	×	×	×
행동 대안	1. 다수의 집단 소비자 대상으로 동행구매		✓			
	2. 소수의 소비자만을 대상으로 동행구매			✓		
	3. 다수의 집단 소비자 대상으로 추가 심층면담				✓	
	4. 소수의 소비자만을 대상으로 추가 심층면담					✓
	5. 다수의 집단 소비자 대상으로 동행구매 참여관찰과 가정방문조사 후 나타난 의문에 대해서 설문조사	✓				

* '–'은 "상관없음" 또는 "영향을 주지 않음"을 의미함.

'축약한 결정표'가 있다면 가장 중요한 조건이 무엇인지를 쉽게 찾아볼 수 있다. 축약이 가능하다는 것은 그 조건이 절대적으로 중요하지는 않다는 의미이므로, 거꾸로 말하면 축약이 안 될수록 중요한 조건이다. 〈표 3-9〉의 2개의 조건 중에서는 축약이 되지 않은 '과제의 내용이 매우 중요한가?'가 더 중요하다. 〈표 3-10〉의 3개의 조건 중에서는 축약이 되지 않은 '소비자 자신도 모르는 소비 행동에 대한 인사이트 발견이 요구되는가?'가 가장 중요하다. 이 조건은 처음에 어떤 조건을 고려해야 하는지 물어보았을 때는 A가 언급하지 않다가 "혹시 추가해서 고려해야 하는 것이 더 있는지" 계속 물어보았을 때 비로소 언급한 것임에 주목할 필요가 있다. 이는 결정표분석을 위한 면담에서는 1~2개의 질문으로 만족하지 말고 어떤 조건을 더 고려해야 하는지 충분히 질문해야 함을 의미한다.

3) 축약한 결정표를 토대로 결정 과정의 흐름도 그리기

결정표를 바탕으로 흐름도를 그릴 때는 결정표를 최대한 축약해야 흐름도를 쉽고 간결하게 그릴 수 있다. 그렇지 않으면 축약될 조건들까지 흐름도에 불필요하게 포함되어서 그림이 복잡해진다. 또한, 가장 중요한 조건부터 그리기 시작해야 흐름도가 간결해진다. 축약을 해 봐야 가장 중요한 조건을 찾을 수 있으므로, 흐름도를 그리기 전에 '축약한 결정표'부터 만드는 것이다. 예를 들어, 〈표 3-10〉이라면 '소비자 자신도 모르는 소비 행동에 대한 인사이트 발견이 요구되는가?'라는 조건이 한 번도 축약되지 않아 가장 중요하므로, 이 조건부터 시작하여 흐름도를 그리면 [그림 3-6]과 같이 된다.

그러나 이 조건은 연구의뢰 회사에서 처음에는 요구하지 않은 것이기 때문에 잘못 처리하면 어려운 문제가 생길 수 있다. '소비자 자신도 모르는 소비 행동에 대한 인사이트 발견'을 위해서는 가정방문조사처럼 비용이 많이 드는 조사방법을 추가해야 해서, 처음 예산으로는 실행하기 어렵기 때문이다. 따라서 "다음 단계로 가기 전에 연구의뢰 회사의 새로운 본부장과 연구 진행에 대한 협의를 다시 하는 것이 중요하다. 이때 '소비자 자신도 모르는 인사이트 발견'이 언급된다면 추가 비용이 필요하다는 것을 분명히 설명하는 자료를 미리 준비해 가는 것이 좋겠다."라는 자문을 할 수 있다. 이런 협상 없이 처음 제시한 두 가지 조건만 염두에 두고 조사를 끝낼 수도 있지만, 새 본부장은 이 정도의 조사결과에는 만족하지 않을 가능성이 크므로 이런 과정을 거치는 것이 안전하다고 본 것이다.

이처럼 소수의 정보제공자 대상으로 개별적인 결정표분석을 해도 의미 있는 결과를

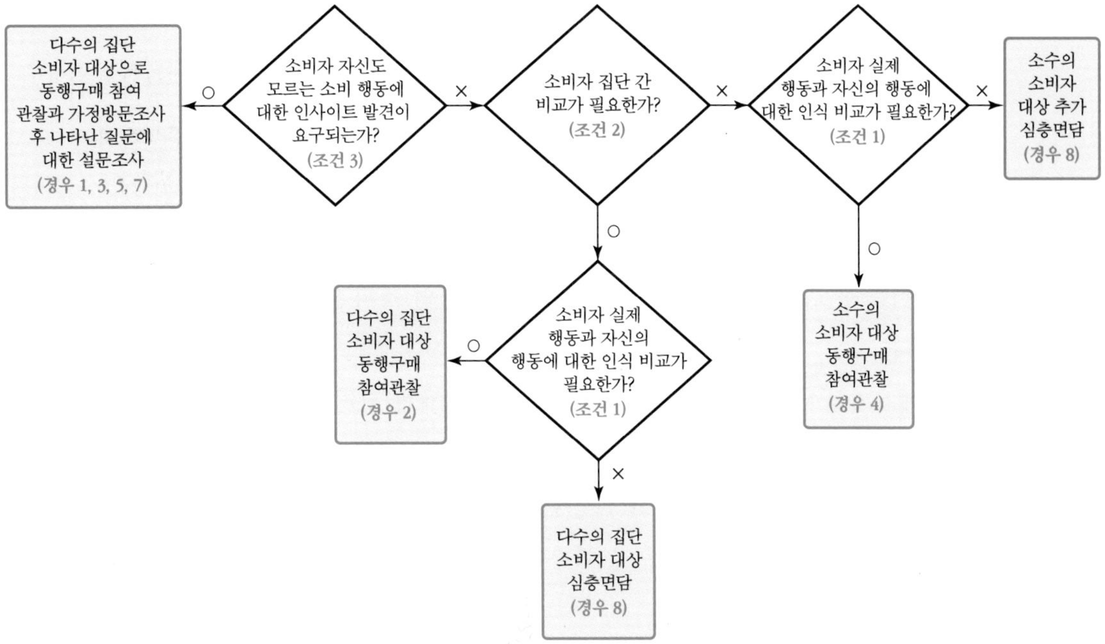

[그림 3-6] 행동 대안 선택에 영향을 미치지 않는 조건을 축약한 결정표를 흐름도로 나타내기

얻는 경우가 많지만, 다수의 정보제공자 대상으로 통합적인 결정표분석을 할 수 있다면 훨씬 활용도가 높아질 수 있다(이에 대해서는 III절에서 살펴본다).

Ⅱ 현장연구 결과의 중간 점검과 새로운 발견을 위한 결정표분석의 적용

결정표는 자료수집 단계에서만 사용하는 것이 아니라 현장연구 결과의 중간 점검을 위해서도 사용할 수 있다. 즉, 현재까지 수집한 자료를 토대로 결정표와 축약한 결정표를 만들어 그동안의 연구결과를 점검하면, 다음 단계의 연구에 유용하게 활용할 수 있다. 결정표를 만드는 과정에서 연구결과가 정리될 뿐 아니라 새로운 발견이나 더 의미 있는 해석이 가능해지고, 앞으로 무엇을 수집해야 할지도 뚜렷해지는 경우가 많기 때문이다. 이러한 중간 점검을 위해서는 결정표분석만 활용할 수도 있고, 결정표분석을 분류체계분석+성분분석과 연계하여 활용할 수도 있다. 여기에서는 이러한 두 가지의 활용 사례를 살펴보도록 한다.

1. 결정표분석만 활용하는 사례

연구의 중간 점검을 위해서 결정표분석을 활용한 사례로서는 2010년 석사학위 논문을 위한 자료수집 중이던 연구보조원 채주헌[7]과 진행한 결정표분석 실습결과를 제시한다. 논문 주제가 결정표분석에 적합한 '음향애호가의 중고스피커 구매'인 것을 발견한 필자는 함께 결정표분석 실습을 해 보자고 제안했다. 결정표분석에 대한 설명을 들은 채주헌은 이를 중고스피커 구매 결정에 대한 그동안의 조사결과를 정리하는 데 적용해 보기로 했다.

음향애호가들이 중고스피커를 구매할 때 중요하게 고려하는 조건은 다음의 세 가지로 이미 파악되어 있었다. 첫째, (현재 가지고 있는 것들보다) 더 좋은 소리가 나올 것인가? 둘째, 가족이 찬성할 것인가?[8] 셋째, 환금성이 좋은가(다시 제값을 받고 판매할 수 있는가)? 따라서 이 세 가지 조건으로 이루어진, 경우의 수가 8개인 결정표를 〈표 3-11〉과

〈표 3-11〉 현장연구 결과를 토대로 연구자가 만든 중고스피커 구매 결정표

구분		경우 1	경우 2	경우 3	경우 4	경우 5	경우 6	경우 7	경우 8
조건	1. 더 좋은 소리가 나올 것인가?	○	○	○	○	×	×	×	×
	2. 가족이 찬성할 것인가?	○	○	×	×	○	○	×	×
	3. 환금성이 좋은가?	○	×	○	×	○	×	○	×
행동 대안	1. 바로 구매해서 장기간 사용한다.	✓		✓					
	2. 판매자에게 깎아 달라고 한다.		✓						
	3. 안 산다.				✓		✓		✓
	4. 사서 잠깐 들어보고 다시 판매한다.					✓		✓	

7) 이 실습자료와 추후의 해석까지 제공해 주신 채주헌[독일 지겐 대학교(University of Siegen) DFG-GRK Locating Media 프로그램 박사과정 중] 선생님께 감사드린다.

8) 논문 완성 이후의 채주헌의 해석에 따르면, "가족의 찬성"이라는 두 번째 조건문은 사실상 "디자인과 마감의 뛰어남"을 의미하는 비유적 표현이라고 한다. 가족, 특히 배우자의 찬성 여부가 중고스피커의 외모에 따라서 결정되는 것처럼 보였기 때문이다. 부피도 크고 가격도 비싼 스피커는 가구 또는 '미적 오브제'의 역할도 하게 되므로 보기 흉하거나 집안 분위기와 어울리지 않는다면 가족이 반대할 가능성이 상당히 커지는 것이다. 독신으로 생활하거나 인테리어에 관심이 많은 애호가에게는 "디자인과 마감의 뛰어남"이라는 원래 의미가 "가족의 찬성"이라는 표현을 대신하여 중고스피커 구매 결정에서 작용하는 조건으로 기능하게 될 것이다. 그러나 이 사례에서는 이러한 해석을 시도하기 전 현장연구 단계에서 결정표분석을 활용했기 때문에, 연구자의 해석이 아닌 그의 연구대상자(음향애호가)들로부터 관찰되었던 서사를 조건문으로 활용하였다.

같이 만들었다.

각 경우에서 해당 행동 대안을 선택한 이유는 다음과 같았다.

경우 1: 모든 조건이 좋은 최고의 매물. 빨리 붙잡아야 한다.
경우 2: 갖고 싶지만, 나중에 애물단지가 될 것 같아 불안하다.
경우 3: 가족에게 미안하지만 어쩔 수 없다.
경우 4: 돈 걱정 없고 집에 큰 창고라도 있으면 그때쯤이나 하나쯤…?
경우 5: 경험상 한 번쯤 들어본다. 생각보단 괜찮을지도…?
경우 6: 이건 뭘 좀 모르는 문외한들이나 좋아하는 물건이다.
경우 7: 잠깐 들어보기만 할 것이니까 가족에게 양해를 구한다.
경우 8: 아무 매력이 없다.

〈표 3-11〉에서는 세 차례의 축약이 가능하다. '바로 구매해서 장기간 사용한다'라는 행동 대안에 체크를 한 '경우 1'과 '경우 3'은 모두 '조건 1'과 '조건 3'은 ○이고 '조건 2'만 서로 다르므로, '조건 2'를 축약하면서 합칠 수 있다. 마찬가지로, '사서 잠깐 들어보고 다시 판매한다'라는 행동 대안에 체크를 한 '경우 5'와 '경우 7' 역시 '조건 2'만 다르므로 '조건 2'를 축약하면서 합칠 수 있다. '안 산다.'라는 행동 대안에 체크를 한 '경우 4'와 '경우 8'은 '조건 1'을 축약하면서 합칠 수 있다. 〈표 3-12〉는 이러한 세 차례 축약의 결과를 보여 준다.

〈표 3-12〉 중고스피커 구매 결정표의 축약 결과('경우 4+8'을 축약한 사례)

구분		경우 1+3	경우 2	경우 4+8	경우 5+7	경우 6
조건	1. 더 좋은 소리가 나올 것인가?	○	○	–	×	×
	2. 가족이 찬성할 것인가?	–	○	×	–	○
	3. 환금성이 좋은가?	○	×	×	○	×
행동 대안	1. 바로 구매해서 장기간 사용한다.	✓				
	2. 판매자에게 깎아 달라고 한다.		✓			
	3. 안 산다.			✓		✓
	4. 사서 잠깐 들어보고 다시 판매한다.				✓	

* '–'은 "상관없음" 또는 "영향을 주지 않음"을 의미함.

〈표 3-12〉에서는 한 번도 축약되지 않은 '환금성이 좋은가?'가 가장 중요한 조건이고, 두 번이나 축약된 '가족이 찬성할 것인가?'가 가장 덜 중요한 조건이다. 그러나 '경우 4'와 '경우 8'을 합치는 대신에 〈표 3-13〉과 같이 '경우 6'과 '경우 8'을 합치는 것도 가능하다.[9] 〈표 3-13〉에서는 '더 좋은 소리가 나올 것인가?(조건 1)'와 '환금성이 좋은가?(조건 2)'가 둘 다 축약이 한 번도 안 되었으므로 똑같이 중요한 조건이다.

〈표 3-13〉 중고스피커 구매 결정표의 축약 결과('경우 6+8'을 축약한 사례)

구분		경우 1+3	경우 2	경우 4	경우 5+7	경우 6+8
조건	1. 더 좋은 소리가 나올 것인가?	○	○	○	×	×
	2. 가족이 찬성할 것인가?	–	○	×	–	–
	3. 환금성이 좋은가?	○	×	×	○	×
행동 대안	1. 바로 구매해서 장기간 사용한다.	✓				
	2. 판매자에게 깎아 달라고 한다.		✓			
	3. 안 산다.			✓		✓
	4. 사서 잠깐 들어보고 다시 판매한다.				✓	

* '–'은 "상관없음" 또는 "영향을 주지 않음"을 의미함.

그렇다면 어떤 조건이 축약이 가장 조금 된 중요한 조건인지를 판단할 때 두 표 중 어느 것이 맞는 것인가? 이런 경우에는 하나를 선택하는 것이 아니라 두 표의 축약횟수를 합산해 보면 된다. '조건 1'은 〈표 3-12〉에서는 1회 〈표 3-13〉에서는 0회 축약되었으므로, 합하면 1회 축약되었다. '조건 2'는 각각 2회와 3회 축약되었으므로 합하면 5회 축약되었다. '조건 3'은 두 표에서 모두 한 번도 축약되지 않았으므로 0회 축약되었다. 따라서 가장 축약이 적게 된 '조건 3'이 가장 중요한 조건이다. 이처럼 가장 중요한 '환금성이 좋은가?'부터 시작해서 흐름도를 그린 결과를 [그림 3-7]에 제시했다.

9) 행동 대안이 같다고 해서 경우 4, 경우 6, 경우 8을 모두 합칠 수는 없다. 조건 3개 중 1개만 달라질 수가 없기 때문이다.

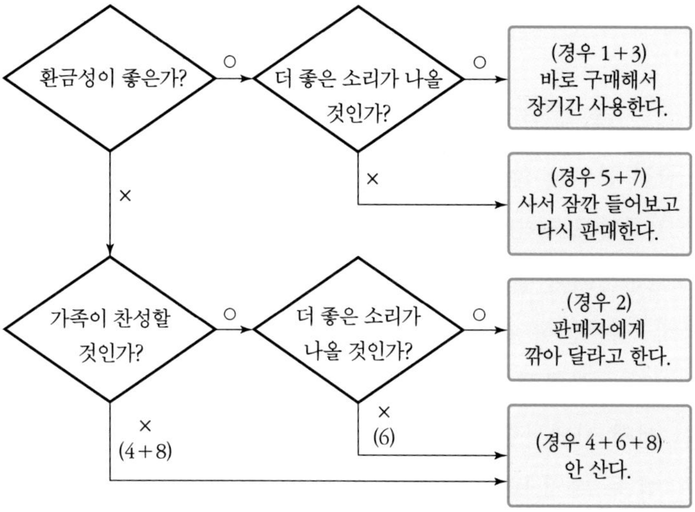

[그림 3-7] 중고스피커 구매과정의 흐름도

이처럼 중간 연구결과를 결정표로 만들어 축약시키고 흐름도까지 만들어 본 경험에 대해 채주헌은 "지금까지 사람들이 중고스피커를 구매할 때 가장 중시하는 고려사항은 '더 좋은 소리가 나는가?'라고 생각했었는데, 이 분석을 해 본 후에 '환금성'이 더 중요하다는 깨달음을 얻었다."라고 하였다. 또한, 다음과 같은 잠정적인 해석을 제시했다.

1) 중고스피커 구매를 결정하는 가장 중요한 조건은 "다시 제값을 받고 판매할 수 있는가?" 즉, '환금성'으로 나타났다. (지속 가능한 취미 생활을 위해) 구매에 들인 돈을 다시 회수하고 그 돈으로 나중에 다른 스피커를 구매할 수 있어야 한다.
2) 환금성이 부족할 경우, 다른 2개의 조건이 "모두(and)" 충족되어야만 겨우 구매할 의욕이 생기며, 2개의 조건 중 "하나만(or)" 충족되는 경우에는 구매를 포기한다. 구매의욕이 생기더라도 판매자가 제시한 가격을 깎아야만 구매 결정에 도달한다.
3) 소리의 품질 차이는 환금성이 보장된 다음에, 그 스피커를 얼마나 오랫동안 소장할 것인가에 영향을 미친다.
4) 환금성이 있는 경우에는 가족의 동의는 그리 중요하지 않은 것으로 나타났다. 즉, 전체적으로 보아 앞의 세 가지 조건 중 가장 중요하지 않은 것은 '가족의 동의'였다. 그러나 환금성이 없는 경우에는 '가족의 동의'가 '소리의 품질 차이'와 동일한 중요성을 가진다.

이러한 잠정적인 해석은 이후의 추가적인 현장연구를 통해서 확인할 필요가 있다.[10)]

2. 결정표분석을 분류체계분석+성분분석과 연계하여 활용하는 사례

현장연구의 중간 분석을 할 때 결정표분석을 분류체계분석+성분분석과 연계하면 두 가지의 분석을 따로따로 하는 것에 비해서 더 의미 있는 결과를 얻을 가능성이 커진다. 분류체계분석+성분분석과 결정표분석을 연계시키는 방식에는 두 가지가 있다. 한 가지는 분류체계분석+성분분석의 결과를 결정표분석을 통해서 재확인하거나 명확히 하는 것이다. 또 한 가지는 분류체계+성분분석 결과로 나타난 고려 조건들의 중요성 정도가 실제 행동 대안 선택 시에서도 비슷하게 나타나는지 아닌지를 결정표분석을 통해서 알아보는 것이다. 이 두 가지 방식 중 어느 것을 선택할지가 반드시 사전계획으로 결정되는 것은 아니다. 때로는 결정표분석을 해 보아야 분류체계+성분분석 결과가 재확인되는지 아니면 차이점이 드러나는지 알 수 있다.

첫 번째 방식에 대해서는 논문(연세대 생활디자인학과)을 쓰는 시점에 10주 프로그램인 "마케팅 에스노그라피 과정"에 참여했던 이현주(2014)의 박사학위 논문인 "남성의 패션정보 활용특성을 고려한 애플리케이션 정보구조 디자인"의 사례를 살펴본다. 정보제공자 7명(35~45세 남성)의 패션상품 구매 시 고려 조건에 관한 분류체계분석과 성분분석을 한 이 연구에서는 대체질문 결과 모두가 언급한 유일한 항목은 '가격'이었다. 하지만 등급질문에서는 가격이 최상위권이 아닌 3~9순위였다. 이와 관련하여 정보제공자 대다수는 가격을 '마지노선', 즉 한계를 정하는 개념으로 인식하고 있음을 심층면담결과 발견했다. 가격을 3순위나 4순위로 비교적 높게 제시한 정보제공자들도 "가격을 먼저 고려한다는 것이 아니라 다른 고려사항들이 충족되어도 가격이 높으면 사지 않기 때문에 중요하다."라는 입장을 가진다는 것이다. 이처럼 가격이 '구매의 한계'를 결정하는 항목이라는 점은 결정표분석을 통해서 더 분명하게 드러났다. 예를 들어, 한 출판기획자의 결정표는 〈표 3-14〉와 같다.

10) 이후 이 잠정적 해석에 나타난 '환금성의 중요성'에 대한 논의는 하나의 절('2. 환금성: 지속 가능한 바꿈질의 필수조건')로 발전하여, 채주헌(2011)의 서울대학교 인류학과 석사학위 논문, "소리를 찾는 사람들–오디오 애호가의 위세경쟁, 소비의례, 시장윤리"에 포함되었다.

〈표 3-14〉 42세 출판기획자(남성)의 패션상품 구매 결정표(축약한 결정표)

항목		경우 1	경우 2	경우 3~4	경우 5~8
고려요소	1. 내 스타일이다.	○	○	○	×
	2. 디자인이 마음에 든다.	○	○	×	–
	3. 가격이 적당하다.	○	×	–	–
행동	1. 구매할 것이다.	✓			
	2. 구매하지 않을 것이다.			✓	✓
	3. 아우터일 경우 생각해 본다.		✓		

*표의 제목은 원래 "정보제공자 강호(가명)의 응답을 바탕으로 분석한 결정표"였으나, 표의 내용이 무엇인지 알 수 있도록 필자가 수정한 것이다.
*출처: 이현주(2014), p.78.

〈표 3-14〉에서 보듯이 이 남성은 스타일, 디자인, 가격의 세 고려요소를 모두 만족한 경우에만 구매할 것이라고 답했다. 하지만 가격이 비싼 경우라도 정체성(내 스타일)과 디자인을 만족한다면 한번 구매 시 오래 입게 되는 아우터의 구매는 고려할 것이라고 했다. 반면, 정체성과 디자인 중 어느 한 항목이라도 만족하지 않는다면 어떤 종류의 패션상품이든 구매하지 않을 것이라고 답했다. 이는 가격으로 인해 구매를 결정하지는 않아도 가격이 적정선을 벗어나면 구매를 하지 못하며, 어떤 아이템인가에 따라 가격의 기준이 다르게 적용됨을 보여 준다.

두 번째 방식에 대해서는 "소비와 마케팅의 인류학" 수업 중 실습결과인 스마트폰의 구매 결정 사례를 제시한다. 이 사례에서는 우선 수강생 33명 대상의 분류체계+성분분석 결과 이들이 스마트폰을 구매할 때 가장 많이 언급하고 우선순위도 높은 고려 조건 세 가지는 '평소 선호하는 브랜드인가', '스마트폰 기기와 UX 디자인이 좋은가', '사진 기능이 좋은가'임을 발견했다. 이러한 세 조건이 구매 결정을 할 때도 비슷하게 중시되는지 확인하기 위해서 〈표 3-15〉와 같은 결정표를 만들었다.

33명의 결정표 응답 결과를 토대로 축약표까지 만든 결과, 수강생(여대생)들은 '디자인'과 '사진 기능'보다 '선호 브랜드'를 더 많이 축약하는 경향이 있음을 발견했다. 즉 구매를 위한 선택을 할 때는 디자인과 사진 기능이 좋으면 평소에 선호하는 브랜드가 아니라도 구매한다는 수강생이 상당수 있었다. 한편 이러한 결과가 다른 집단에서도 비슷하게 나타나는지 비교하기 위해서 "마케팅 에스노그라피" 과정 수강생인 20~50대의 직

〈표 3-15〉 스마트폰 구매 결정표 양식

결정표										축약표					
구분		경우 1	경우 2	경우 3	경우 4	경우 5	경우 6	경우 7	경우 8						
고려 조건	1. 평소 선호하는 브랜드(가성비 포함)인가?	○	○	○	○	×	×	×	×						
	2. 스마트폰 기기와 UX 디자인이 좋은가?	○	○	×	×	○	○	×	×						
	3. 사진 기능이 좋은가(예쁘게 나오나)?	○	×	○	×	○	×	○	×						
행동 대안	1. 산다.														
	2. 생각해 본다.														
	3. 사지 않는다.														

장인/대학원생 14명 대상으로도 같은 결정표를 활용한 실습을 했다. 모든 결정표의 축약 결과 비교표인 〈표 3-16〉을 보면 직장인/대학원생 집단이 가장 많이 축약한 것은 '사진 기능'으로, 그 축약횟수는 디자인의 3배, 브랜드의 2배나 되었다.

〈표 3-16〉 대학생과 직장인/대학원생의 고려 조건별 축약횟수

고려 조건	대학생(여학생 33명)의 축약횟수 계	직장인/대학원생(14명)의 축약횟수 계
1. 평소 선호하는 브랜드(가성비 포함)인가?	39회(40.2%)	12회(28.6%)
2. 스마트폰 기기와 UX 디자인이 좋은가?	29회(30.0%)	7회(16.7%)
3. 사진 기능이 좋은가(예쁘게 나오나)?	29회(30.0%)	23회(54.8%)
계	97회(100%)	42회(100%)

이러한 결과는 두 집단 모두 '디자인'을 중시하지만, 브랜드와 사진 기능에 대한 태도는 두 집단이 상반된다는 것을 보여 준다. 상당수의 대학생(특히 여학생)은 디자인과 함께 사진 기능도 좋다면 선호 브랜드를 희생할 수 있을 정도로 사진 기능을 중시하는 반면, 직장인/대학원생은 사진 기능에는 불만이 있더라도 선호하는 브랜드 제품을 구매하는 경향이 있는 것이다. 필자의 연구(이용숙, 이수현, 2019)에서 중간 점검을 위한 분석 결과 이러한 발견을 했기 때문에 이후의 참여관찰과 면담에서는 사진 기능과 선호 브랜드에 대한 소비자들의 태도를 더 주의 깊게 살펴보았다. 또한, 이어서 실시한 500명

대상의 설문조사에도 이와 관련된 문항을 포함하여 응답 집단별 비교를 한 결과, 매우 큰 차이가 나타났다. 예를 들어, '본인에게 없으면 큰일 날 것 같은 앱'으로 사진 앱이 1순위라고 답한 전체 응답자는 24.6%로서, 1위 연락(66.8%), 2위 인터넷(43.6%), 3위 은행업무(48.2%), 4위 정보검색(39.2%), 5위 교통(31.6%) 관련 앱에 이은 6위였다. 이에 비해 여자 대학생의 경우에는 사진 앱(42.0%)이 연락 앱(71.0%)과 인터넷 앱(48.0%)에 이은 3위로, 훨씬 높게 나타났다. 또한, 200명 대상의 예비조사에서도 '앞으로 스마트폰을 살 때 가장 중점적으로 고려할 사항은 무엇인가'에 대한 20대의 응답은 '사진 기능(예쁘게/분위기 있게 나오나)'이 1순위라는 경우가 9.3%로, 1위 적절한 가격(14.4%), 2위 디자인(13.3%), 3위 선호하는 브랜드(10.0%)에 이은 4위를 차지했다. 그러나 30~40대 응답자에게는 사진 기능이 1순위라는 경우는 2.0%뿐으로, 19개 항목 중에서 하위권인 공동 12위에 불과했다.[11)]

Ⅲ 행동 대안 선택 시 고려 조건들의 중요도 집단별 비교를 위한 결정표분석의 적용

이 절에서는 같은 집단에 속하는 여러 명의 인식의 경향성을 알아보거나 여러 집단에 속하는 구성원들의 인식 비교에 사용하기 위해 필자가 개발한 통합적 결정표분석방법을 살펴본다. 여러 명의 결정표를 통합적으로 분석하는 것은 다음 네 가지 방법으로 가능하다(설문조사로의 연결은 제8장 참조).

첫째, 같은 결정표를 가지고 여러 명과 개별 면담을 한 후 이를 모아서 각 경우의 빈도분석을 통해 선택의 경향성을 알아볼 수 있다.

둘째, 워크숍 등 여러 명이 한 장소에 모이는 것이 가능한 상황이라면 집단면담 형식으로 참가자들에게 같은 결정표를 나누어 주고, 연구자의 질문에 따라서 각자 '해당 행동' 칸에 체크를 하도록 하면 크게 시간을 절약할 수 있다. 이렇게 수집한 각각의 결정표로 경향성 분석만 할 수도 있지만, 이보다는 연구자가 각각의 결정표를 축약표(축약한 결정표)로 만들어서 축약횟수를 계산하는 방법으로 더 체계적인 분석을 할 수 있다.

셋째, 어떤 행동 대안들이 있는지부터 발견해야 한다면, 같은 조건들만 제시하고 행

11) 지면의 제한으로 이 예비조사 결과는 논문에는 제시되지 않았다.

동 대안 칸을 아예 비워 놓거나 일부만 제시한 결정표를 만든다. 각 경우에 어떤 행동을 할 것 같은지 면담과정에서 물어봐서 빈칸을 채워 넣도록 한 후에 통합적인 분석을 할 수 있다.

넷째, 각각의 축약표를 만들 시간의 여유가 없다면, 같은 결정표를 활용한 개별/집단 면담이나 설문조사 후 각 경우의 행동 대안별 응답빈도만 계산해서 결정표 형식으로 제시할 수 있다. 이 절에서 제시하는 네 가지 방법 중에서 가장 짧은 시간이 필요한 방법이다.

1. 같은 결정표로 여러 명과 개별 면담을 한 후 통합적으로 분석하기

여러 정보제공자와 개별 면담을 한 후에 통합적 분석을 하고자 한다면, 우선 조건과 행동 대안이 같은 결정표를 사용해서 각 정보제공자와 면담을 해야 한다. 이는 연구자가 사람들이 가장 많이 고려하는 조건들과 가능한 행동 대안들을 이미 파악하고 있어야 가능하다. 연구자가 모든 면담을 하는 것이 이상적이지만, 몇 명의 훈련된 조사자가 할 수도 있다. 이때 조사자는 정보제공자와 결정표를 같이 보면서 각 경우에 어느 행동 대안을 선택할 것인지 물어보아 '해당 행동' 칸에 체크를 해 나가고, 이들이 하는 말도 구체적으로 기록하도록 한다. 또한, 각 경우에 해당 행동 대안을 선택한 이유도 기록해 놓아야 한다.

다음에서는 대학입시생 학부모들이 가장 많이 언급하는 학원선택의 조건 네 가지와 행동 대안 다섯 가지[12]로 구성된 결정표(〈표 3-17〉 참조)를 만들어서, 조사자들이 22명의 학부모 대상으로 면담을 한 연구사례(이용숙, 2004)를 소개한다. 〈표 3-17〉에서 '수강료가 비싼가?'와 '교통이 편한가?'라는 조건에 괄호를 하고 기준을 쓰도록 한 것은 사람마다 '비싸다', '편리하다' 등의 기준이 다르기 때문으로, '10만 원', '30분' 등의 기준을 적도록 한 것이다.

12) 필자가 사전에 파악한 행동 대안은 네 가지였지만 혹시 새로운 행동 대안이 나올 가능성에 대비하여 '연구 참여자가 말한 다른 대안'이라는 항목을 더 추가한 것이다.

〈표 3-17〉 '학부모의 학원선택' 결정표

항목	조건의 조합	경우 1	경우 2	경우 3	경우 4	경우 5	경우 6	경우 7	경우 8	경우 9	경우 10	경우 11	경우 12	경우 13	경우 14	경우 15	경우 16
조건	1. 잘 가르치는 것으로 유명한 강사가 강의를 담당하는가?	○	○	○	○	○	○	○	○	×	×	×	×	×	×	×	×
	2. 수강료가 비싼가?[12)] (기준: ________)	○	○	○	○	×	×	×	×	○	○	○	○	×	×	×	×
	3. 학원에서 학생관리를 잘(열심히) 하는가?	○	○	×	×	○	○	×	×	○	○	×	×	○	○	×	×
	4. 교통이 편한가? (기준: ______분 소요)	○	×	○	×	○	×	○	×	○	×	○	×	○	×	○	×
행동 대안	1. 보낸다.																
	2. 긍정적이지만, 더 생각해 보고 결정한다.																
	3. 부정적이지만, 혹시 모르니까 더 알아본다.																
	4. 안 보낸다.																
	5. 연구 참여자가 말한 다른 대안: ________																

학부모 22명이 16개의 각 경우에서의 행동 대안을 선택한 결과를 기록한 후에 각 경우에 어떤 경향이 나타나는지에 대한 빈도분석을 한 결과, 다음의 발견을 하게 되었다.

첫째, 학부모는 '학원비'와 '교통 시간'보다는 '잘 가르치는 강사인가?'와 '학원이 학생관리를 잘하는가?'를 훨씬 중시하는 경향이 있다. 이는 자신의 가정환경을 '중상' 이상으로 보고 있는 학부모에게서 더 분명히 드러났다. 학원비 부담을 상대적으로 덜 느낄 뿐 아니라, "거리가 멀면 내가 차로 태워다 주면 된다."라는 것이다. 한편, 가정환경이 '중하'면서 '자신은 교육열이 높은 편'이라고 생각하는 학부모의 경우에도 "학원비가 비싸고 교통 시간이 오래 걸려도 강사가 잘 가르치고 학원에서 관리를 잘해 주면" 학원에 보낼 의사가 있는 것으로 나타났다.

둘째, 학원의 선택에 있어서 가장 중요한 2개의 조건(기준)인 '잘 가르치는 강사'와 '학생관리' 중에서, 학생관리를 더 중시하는 학부모가 좀 더 많은 것으로 나타났다.

결정표를 사용한 면담을 할 때는 정보제공자가 답하는 대로 해당 칸에 체크 등 칸만 채우면 되는 것으로 생각하기 쉽다. 그러나 이에 못지않게 중요한 것이 결정표와 관련하여 정보제공자가 어떤 태도를 보이고, 무슨 말을 했으며, 이에 대한 연구자의 느낌은 무엇이었는지를 적어 놓는 것이다. 예를 들어, 경제적 수준은 '중상', '교육열은 매우 높다'라고 판단한 한 전업주부 학부모와의 면담 후 조사자가 쓴 참여관찰일지(조사일지)는 다음과 같다. 이러한 기록이 함께 제시됨으로써, 학생관리가 안 되는 경우는 모두 부정적이며 수강료와 교통은 큰 영향을 미치지 않는 것으로 나타난 이 학부모의 결정표는 더 잘 이해된다.

"학원을 선택할 때의 선택기준의 순위는 '학생관리 > 유명강사 > 교통편리 > 수강료' 순이었다. 유명강사보다 학생관리를 더 중요하게 여기는 부분에선 좀 의외였는데, 아무래도 이 부근의 ○○학원의 영향이 컸을 것으로 예상된다. ○○학원은 아주 유명한 스타강사는 없지만 내신 관리를 철저히 해 주고 명문대에 간 학생도 다수 나왔기 때문이다. 이는 불과 4~5년 전만 하더라도 유명강사의 강의를 듣기 위해 빼곡히 줄을 서야 했던 분위기에서 많이 달라진 점이라 할 수 있다. 일종의 '거품'이 조금씩 빠진 것이라고 생각했다. 교통은 피곤한 고3 학생이기에 건강을 생각한 거지만, "교사도 좋고 관리도 잘하는 학원이라면 멀어도 긍정적으로 생각해 본다."라는 대답을 봐선 '옵션' 이상의 기준은 아닌 것 같았다. 수강료는 중산층이라서 그런지 너무 비싸지만 않다면 상관없는 듯싶었다."

2. 집단면담 후 여러 명의 결정표를 축약표로 만들어서 통합적으로 분석하기('불필요한 조건 축약' 결과로 조건들의 중요성 비교하기)

연구자가 정보제공자들을 직접 찾아가서 각각 개별 면담을 하는 것이 가장 깊이 있는 자료를 얻는 방법이지만, 상당한 시간과 노력이 필요할 수밖에 없다. 따라서 연구 시간에 제한이 있고 정보제공자들이 쉽게 모이는 기회가 있다면, 집단면담 형태의 조사를 할 수 있다. 수십 명의 참여자에게 같은 결정표를 배부하고, 이들이 연구자의 설명을 들으면서 각자 자신이 선택할 것 같은 행동 대안에 체크를 하도록 하는 것이다. 필자의 경험에 따르면, 결정표에 대한 설명을 듣고 다른 주제에 대한 완성된 결정표의 사례도 보고 난 후에는 대부분 주어진 결정표에서 행동 대안들에 체크하는 것을 어려워하지 않았다. 또한, 이들이 체크를 하는 동안 연구자가 돌아다니면서 제대로 하고 있는지 확인할 수 있어서 안심할 수 있었다. 개별 면담과는 달리 결정표 작성 후에 "모든 경우의 해당하는 행동 대안에 체크를 해보고 느낀 점" 등을 개별적으로 물어볼 수는 없었지만, 결정표의 다음 페이지에 두세 항목 정도 질문을 제시하고 답을 적도록 함으로써 이 문제도 어느 정도는 해결할 수 있었다.

개별 면담이건 집단면담이건 여러 명의 결정표가 수집되었다면, 각각의 결정표를 축약표(축약한 결정표)로 만들어서 축약횟수를 계산하는 방법으로 통합적 분석이 가능하다. 예를 들어, 필자는 "소비와 마케팅의 인류학" 수업의 연구방법 실습을 위해서 '디저트 카페 선택'에 관한 네 가지 조건의 결정표를 〈표 3-18〉과 같이 만들었다. 이 네 가지 조건은 수강생(여대생)들을 대상으로 디저트 카페 선택 시의 고려사항에 대한 분류체계+성분분석을 한 결과로 선정한 것이다. 대체질문 결과인 '얼마나 많은 수강생이 이 고려 조건을포함했는가?'와 등급질문 결과인 '조건들의 중요한 순서'의 평균적인 순위가 얼마나 높은가?'의 두 가지 기준을 사용했다.

〈표 3-18〉 '여대생의 디저트 카페 선택' 결정표

항목 \ 조건의 조합		경우 1	경우 2	경우 3	경우 4	경우 5	경우 6	경우 7	경우 8	경우 9	경우 10	경우 11	경우 12	경우 13	경우 14	경우 15	경우 16
조건 (고려사항)	1. 맛이 있는가?	○	○	○	○	○	○	○	○	×	×	×	×	×	×	×	×
	2. 분위기가 좋은가?	○	○	○	○	×	×	×	×	○	○	○	○	×	×	×	×
	3. 질 대비 가격이 적절한가?	○	○	×	×	○	○	×	×	○	○	×	×	○	○	×	×
	4. 메뉴가 다양한가?	○	×	○	×	○	×	○	×	○	×	○	×	○	×	○	×
행동 대안	1. 고민 없이 바로 간다.																
	2. 고민해 본다.																
	3. 가지 않는다.																
	4. 검색해 본 후 결정한다.																

〈표 3-18〉을 27명의 수강생에게 배부한 후 16개 경우 각각에 대해 '해당 행동' 칸에 스스로 체크를 하도록 하고, 같은 행동 대안에 체크한 경우 중 축약이 가능한 것들은 축약하여 축약표를 만들게 했다. 필자의 피드백과 필요한 수정을 거쳐서 완성된 여대생 D의 축약표 사례는 〈표 3-19〉와 같다.

〈표 3-19〉 여대생 D의 '디저트 카페 선택' 결정표 축약 결과

항목	조건의 조합	경우 1+9	경우 2	경우 3+4+7+8	경우 5+13	경우 6	경우 10	경우 11+15	경우 12+16	경우 14
조건 (고려사항)	1. 맛이 있는가?	−	○	○	−	○	×	×	×	×
	2. 분위기가 좋은가?	○	○	−	×	×	○	−	−	×
	3. 질 대비 가격이 적절한가?	○	○	×	○	○	○	×	×	○
	4. 메뉴가 다양한가?	○	×	−	○	×	×	○	×	×
행동 대안	1. 고민 없이 바로 간다.	✓				✓				
	2. 고민해 본다.		✓	✓						✓
	3. 가지 않는다.								✓	
	4. 검색해 본 후 결정한다.				✓		✓	✓		

이와 같은 방식으로 27명의 '축약표'가 완성된 후 4개의 조건 중에서 축약이 된 횟수를 합산한 결과는 〈표 3-20〉과 같다. 이로부터 모두 중요해 보였던 네 가지 조건 중에서도 가장 중요한 조건은 축약이 가장 적게 된 '맛이 있는가?'이며, 가장 덜 중요한 조건은 축약이 가장 많이 된 '메뉴가 다양한가?'라는 것을 알 수 있다.

〈표 3-20〉 여대생 27명의 디저트 카페 선택 '축약한 결정표'에서 조건별 축약횟수의 합산결과

조건(고려사항)	축약횟수의 합
1. 맛이 있는가?	9회(5.7%)
2. 분위기가 좋은가?	24회(15.2%)
3. 질 대비 가격이 적절한가?	26회(16.5%)
4. 메뉴가 다양한가?	99회(62.7%)
계	158회(100%)

3. 조건만 같은 결정표를 만들어 여러 명과의 면담결과를 통합적으로 분석하기('불필요한 조건 축약' 결과로 조건들의 중요성 비교하기)

앞서 제시한 사례들에서는 사전조사를 통해 가능한 행동 대안까지도 발견할 수 있었지만, 조건들만 발견하고 가능한 행동 대안은 충분히 발견하지 못하는 경우도 많다. 이런 경우에는 결정표의 행동 대안 칸을 아예 비워 놓거나 일부만 제시하고, 나머지는 정보제공자가 각 경우에 어떤 행동을 할 것 같은지 물어보아서 채워 넣도록 하면 된다. 다음에서는 분류체계+성분분석 결과 고려 조건(고려사항)은 발견했으나, 가능한 행동 대안에는 어떤 것들이 있는지 아직 알아보지 못한 상황에서 이루어진 결정표분석의 사례를 살펴본다.

우선 야간 과정인 "마케팅 에스노그라피 과정"의 참여자 중 16명을 대상으로 분류체계+성분분석방법을 가르치면서, 운동화 구매 시 고려사항을 주제로 실습을 진행했다. "내가 운동화를 살 때 고려하는 것에는 (   )이(가) 있다."라는 대체질문을 만들어 괄호 안에 들어갈 수 있는 고려사항을 모두 쓰게 한 결과, 16명 중 10명 이상이 언급한 것은 일곱 가지였다. 〈표 3-21〉에는 이러한 언급 결과(즉, 대체질문 결과)와 함께 이 고려사항들을 중요한 순서로 늘어놓도록 했을 때(즉, 등급질문) 1순위, 2순위, 3순위로 언급된 횟수를 기록했다.

〈표 3-21〉 16명의 야간 과정 참여자가 언급한 운동화 구매 시 고려사항(2013)

고려사항	언급된 횟수	1순위로 언급된 횟수	2순위로 언급된 횟수	3순위로 언급된 횟수
1. 브랜드	16	2	0	0
2. 디자인(색상, 무늬 등 포함)	15	7	1	4
3. 편안함	14	2	1	2
4. 가격	14	0	1	1
5. 옷과 어울림	10	0	6	0
6. 기능, 소재, 재질	10	0	0	2
7. 무게가 가벼움	10	0	2	0

다음 해에는 "소비와 마케팅의 인류학" 수업에서 27명의 수강생(여대생)이 13개의 팀이 되어 결정표분석을 실습할 때 이 자료를 활용했다. 〈표 3-21〉에서 총 언급 수와 1순

위 언급 수가 가장 많았던 세 가지 고려사항, 즉 브랜드, 디자인, 편안함의 3개 중 어떤 고려 조건이 운동화 구매를 결정할 때 가장 중요한지 알아보기 위한 결정표분석을 한 것이다. 이를 위해 조건만 제시되고 행동 대안은 제시되지 않은 결정표(〈표 3-22〉)를 만들었다. 연구자 역할을 맡은 수강생은 면담을 진행하면서 각 경우에 대해 정보제공자가 말한 행동 대안을 적고, 동시에 해당 행동에 체크를 하도록 했다.

〈표 3-22〉 분류체계분석/성분분석 결과를 토대로 만든 운동화 구매 결정표(2014)

구분		경우 1	경우 2	경우 3	경우 4	경우 5	경우 6	경우 7	경우 8
조건	1. 브랜드가 좋은가?	○	○	○	○	×	×	×	×
	2. 디자인이 좋은가?	○	○	×	×	○	○	×	×
	3. 신었을 때 편안한가?	○	×	○	×	○	×	○	×
행동 대안	1.								
	2.								
	3.								
	4.								

〈표 3-23〉과 〈표 3-24〉는 여대생 E와 F의 결정표 사례로, 축약표도 함께 제시하였다.

〈표 3-23〉 여대생 E의 운동화 구매 결정표(2014)

항목 \ 조건의 조합		결정표: 경우 1	경우 2	경우 3	경우 4	경우 5	경우 6	경우 7	경우 8	축약표: 경우 1+5	경우 2+6	경우 3+4+7+8
조건	1. 브랜드가 좋은가?	○	○	○	○	×	×	×	×	–	–	–
	2. 디자인이 좋은가?	○	○	×	×	○	○	×	×	○	○	×
	3. 신었을 때 편안한가?	○	×	○	×	○	×	○	×	○	×	–
행동 대안	1. 다른 사람에게 물어본다. (사는 것이 거의 확정되었을 때)	✓				✓				✓		
	2. 보류한다. (살지 안 살지 불확실. 나중에 한 번 더 고민)		✓				✓				✓	
	3. 구매하지 않는다.			✓	✓			✓	✓			✓

〈표 3-24〉 여대생 F의 운동화 구매 결정표(2014)

항목	조건의 조합	경우 1	경우 2	경우 3	경우 4	경우 5	경우 6	경우 7	경우 8	경우 2+4+6+8	경우 1+5	경우 3+7
조건	1. 브랜드가 좋은가?	○	○	○	○	×	×	×	×	–	–	–
	2. 디자인이 좋은가?	○	○	×	×	○	○	×	×	–	○	×
	3. 신었을 때 편안한가?	○	×	○	×	○	×	○	×	×	○	○
행동 대안	1. 바로 구매한다.	✓				✓					✓	
	2. 보류한다.			✓				✓				✓
	3. 구매하지 않는다.		✓		✓		✓		✓	✓		

정보제공자가 말한 대로 기록한 〈표 3-23〉과 〈표 3-24〉의 행동 대안은 일부 다르지만, 공통점은 '브랜드가 좋은가?'라는 조건은 매번 축약되었다는 점이다. 이처럼 때로는 분류체계+성분분석만 했을 때는 중요해 보였던 조건이 결정표분석에서는 축약되어 완전히 사라지기도 한다. 흥미로운 점은 참여자 80% 이상의 경우에 '브랜드가 좋은가?'가 완전히 축약되었다는 사실이다. '브랜드'가 완전히 축약되지는 않은 몇몇 사례에서도 앞에 제시한 〈표 3-1〉과 같이 가장 많이 축약되는 고려사항은 '브랜드'로 나타났다. 반면, '디자인'은 운동화 구매 시 축약되는 일이 거의 없는 가장 중요한 고려사항이었다.

이러한 결과에 대해서는 실습에 참여한 수강생들도 놀라워했다. 이들은 "결정표에 답해 보기 전에는 자신이 '브랜드가 좋은가?'도 중요하게 고려한다고 생각했다."라는 것이다. 이러한 발견으로부터 여대생들은 운동화 구매를 위한 선택을 할 때 '디자인이 좋고 편안하다.'라는 요소만 만족스러우면 브랜드와 상관없이 구매할 가능성이 크다는 잠정적인 결론을 내릴 수 있었다. 이후 같은 결정표를 가지고 주로 직장인과 교수로 구성되었으며, 대학원생도 일부 참여한 야간 과정의 수강생들과도 똑같은 방식의 실습을 하였다. 그 결과, 이번에는 여대생들과는 달리 '브랜드가 좋은가?'라는 조건을 축약시키는 경우가 별로 나타나지 않았다. 즉, 경제적 여유가 있는 직장인들은 브랜드도 상당히 중시하는 경향이 있음을 발견했다. 이로부터 결정표분석을 활용해서 집단 간 구매 행동의 비교도 가능하다는 시사점을 얻을 수 있었다.

이와 같은 소비자의 배경별 비교만이 아니라 소비자가 사용/선호하는 제품 브랜드별로 중시하는 고려사항이 어떻게 다른지도 결정표분석을 통해서 비교할 수 있다. 예를 들어, 갤럭시폰/아이폰 사용자로 나누어서 다음번 스마트폰 구매 시 주요 고려사항의 결정표분석을 하는 것이다. 다양한 배경의 참가자를 대상으로 하는 "에스노그라피 연구방법 특강" 시 이런 실습을 해 본 결과, 아이폰 사용자는 '디자인'을 '기능'보다 훨씬 중시하는 경향이 있었고, 갤럭시폰 사용자는 '디자인'과 '기능'을 비슷하게 중시하는 경향이 있음을 발견했다.

4. 같은 결정표를 활용한 집단면담/설문조사 후 각 경우의 행동 대안별 응답빈도 계산하기

비교적 쉽게 여러 명의 결정표를 통합하는 방법은 결정표를 활용한 집단면담 후에 각 경우의 행동 대안별 응답빈도를 계산하는 것이다. 이처럼 집단면담 형태로 결정표를 활용하는 자료수집을 할 때는 충분한 사전조사를 거쳐서 결정표를 잘 구성하는 것이 중요하다. 사전조사로서는 참여관찰/심층면담을 해서 현장 사람들이 고려하는 사항들이 무엇인지 발견하는 방법을 사용하는 것이 바람직하다. 그러나 이는 시간이 오래 걸리므로 제2장에 소개한 분류체계분석과 성분분석을 해서 중요한 고려사항들이 무엇인지 찾는 것이 더 효율적일 수도 있다. 분류체계+성분분석을 활용한다면, 10~20명[13] 정도의 정보제공자를 대상으로 다음의 단계를 따라서 면담을 하면서 결정표를 만들면 된다.

① 연구주제에 따라 "나는 ……을 할(살) 때 (　　)을 고려한다."라는 대체질문을 만들어서 정보제공자들이 괄호 안에 들어갈 수 있는 말을 포스트잇에 하나씩 적도록 한다.
② "이 포스트잇들을 중요한 순서대로 늘어놓으세요."라는 등급질문을 통해서 각 조건의 순위를 찾는다. 이를 통해 가장 많이 언급된 고려 조건을 7~8개 정도 찾는 것이다.
③ 앞의 〈표 3-21〉과 같이, 등급질문에서 각 고려 조건이 1~3순위로 나타난 횟수를 기록한 표를 만들어서 비교해 보면서, 가장 중요한 고려 조건을 3개 또는 4개 선정한다.
④ 이 고려 조건들을 사용하되 행동 대안 칸은 비워 놓은 결정표를 만들어서, 정보제공자들[14]에게 각 경우에 선택할 행동 대안을 적으면서 체크하게 한다.

---

13) 가능하다면 20명 이상은 면담을 하는 것이 바람직하지만, 여건이 어렵다면 최소 10명은 되어야 전반적으로 중시하는 고려 조건들을 찾을 수 있을 것이다.
14) 같은 정보제공자와의 2차 면담이 어렵다면 다른 정보제공자들을 대상으로 해도 된다.

⑤ 이들이 각자 적은 행동 대안 중 가장 많이 언급된 것을 3~4개 선정해서, 집단면담/설문조사용 결정표를 완성한다(행동 대안이 너무 많으면 통합적 분석이 어려워진다).

이 결정표를 집단면담/설문조사를 통해 수십 또는 수백 명의 응답자에게 제공하고, 8개(고려 조건이 3개인 경우) 또는 16개(고려 조건이 4개인 경우)의 경우 각각의 행동 대안 선택결과를 표시하도록 하면, 모든 경우의 응답 경향성을 빈도분석을 통해서 제시할 수 있다. 즉, 경우별로 각각의 행동 대안 선택 결과를 합산해 행동 대안 칸에 제시함으로써, 각 조건의 중요성을 비교하는 것이다. 예를 들어, 스마트폰 구매 시의 고려 조건 세 가지에 대한 결정표를 만들어 20대 여성 65명을 대상으로 설문조사를 한 후, 8개의 각 경우에 세 가지 행동 대안이 선택된 빈도를 합산해서 행동 대안 칸에 제시한 결과는 〈표 3-25〉와 같다.

〈표 3-25〉 20대 여성 65명의 스마트폰 구매 시 각 경우의 행동 대안이 선택된 빈도 (2017)

항목 \ 조건의 조합	경우 1	경우 2	경우 3	경우 4	경우 5	경우 6	경우 7	경우 8
조건 1: 평소 선호하는 브랜드인가?	○	○	○	○	×	×	×	×
조건 2: 디자인이 좋은가?	○	○	×	×	○	○	×	×
조건 3: 사진 기능이 좋은가(예쁘게 나오나)?	○	×	○	×	○	×	○	×
행동 대안 1: 구매함	61	9	6	1	28	0	3	1
행동 대안 2: 더 생각해 보고 결정함	4	36	31	4	27	17	16	1
행동 대안 3: 구매하지 않음	0	20	28	60	10	48	46	63

〈표 3-25〉를 보면, 다른 조건들은 충족하지 않고 한 가지 고려 조건만 충족했을 때 '구매하지 않음'이라는 행동 대안을 선택한 응답자 수는 '사진 기능만 충족되었을 때'('경우 7'의 46명)와 '디자인만 충족되었을 때'('경우 6'의 48명)에 비해서 '브랜드만 충족되었을 때'가 더 많았다('경우 4'의 60명). 또한, 다른 조건들은 충족하고 한 가지 고려 조건만 충족되지 않을 때 '구매한다'라는 행동 대안을 선택한 응답자 수는 '사진 기능만 충족되지 않을 때'('경우 2'의 9명)와 '디자인만 충족되지 않을 때'('경우 3'의 6명)에 비해서 '브랜드만 충족되지 않을 때'('경우 5'의 28명)가 많았다. 이로부터 20대 여성들이 스마트폰 구매 시

에 가장 중시하는 세 가지 조건인 '브랜드, 디자인, 사진 기능' 중에서 한 가지를 포기해야 한다면 '브랜드'를 포기하는 경우가 많음을 알 수 있다. 즉, 세 가지 조건 중에서 '브랜드'가 가장 중요도가 떨어지는 조건이며, '사진 기능'은 '디자인' 못지않게 중요한 조건이라는 것이 예상하지 못했던 발견이었다.

지금까지 살펴본 네 가지 방법은 크게 결정표를 가지고 '축약한 결정표'를 만드는 방법과 축약한 결정표를 만들지 않고 단순히 응답빈도를 분석하는 방법의 두 가지로 나눌 수 있다. 축약한 결정표를 만드는 경우, 하나의 고려사항이 얼마나 여러 차례 축약되는지를 계산하는 것이 가능하므로 각 조건의 중요도를 단순 합산하는 방법에 비해서 좀 더 정확하게 상대적인 중요도를 계산할 수 있다(설문조사 결과의 축약횟수 분석사례는 제8장 참조). 이는 큰 장점이지만, 단순합산 방법보다 분석시간이 많이 걸리며 축약과정에서 실수가 있지는 않은지도 확인해야 해서 연구 시간이 부족하다면 선택하기 어렵다. 가능하다면 두 가지 방법을 모두 활용하는 것이 가장 바람직하지만, 두 가지 다 사용할지 둘 중 한 가지만 사용할지는 연구 여건에 따라서 결정해야 할 것이다.

Ⅳ 흐름도로 나타낸 소비자들의 구매 의사결정 과정

면담이나 (참여)관찰을 한다면 대부분 결정표를 그릴 만큼 충분한 정보를 수집할 수 있다. 이에 비해 온라인상의 여러 소비자의 구매 선택과정을 분석하는 경우라면, 각 소비자의 의사결정 과정을 결정표로 나타내기에는 정보가 부족한 경우가 많다. 하지만 이런 상황에서도 행동 대안이 2~3개 정도로 간단하다면, 통합적인 흐름도를 그려서 소비자들의 의사결정 과정을 보여 주는 시도를 할 수 있다. 또한, 개별 면담을 기반으로 하더라도 고려하는 조건이 너무 많다면 결정표로는 나타내기 어려워서, 흐름도로만 의사결정 과정을 보여 줄 수도 있다. 고려하는 조건이 처음에는 많이 제시되더라도 정보제공자와의 협의를 거쳐서 비슷한 것들은 통합할 수 있다면, 3~4개의 고려 조건으로 만들어서 결정표분석을 할 수 있다. 그러나 정보제공자가 각 조건 하나하나를 매우 중요시해서 통합할 수 없다고 생각한다면 억지로 통합을 할 수는 없으므로, 결정표 대신 흐름도를 적용하면 된다.

여기에서는 이 두 가지 경우의 흐름도 사례를 살펴본다. 이 사례들은 모두 2010년

"마케팅의 문화인류학" 수업의 산학협력 과제로서 기업체에서 의뢰한 모니터와 디지털 액자 조사를 할 때, 수강생들이 수업시간에 배운 흐름도를 활용한 것이다.

[그림 3-7]은 모니터 구매에 대한 면담결과 7개나 되는 조건을 통과해야 '구매한다'라는 결정을 하는 소비자의 선택과정을 보여 준다. 조건이 5개만 되어도 결정표는 너무 복잡해져서 그리기 어려운데, 조건이 7개라면 결정표는 포기할 수밖에 없다. 다만 이렇게 조건이 많은 이유가 이 소비자의 모니터 구매 결정이 까다롭기 때문이고 행동 대안은 3개뿐(안 산다/고려한다/구매한다)이라는 점에서, 흐름도는 비교적 쉽게 그릴 수 있었다.

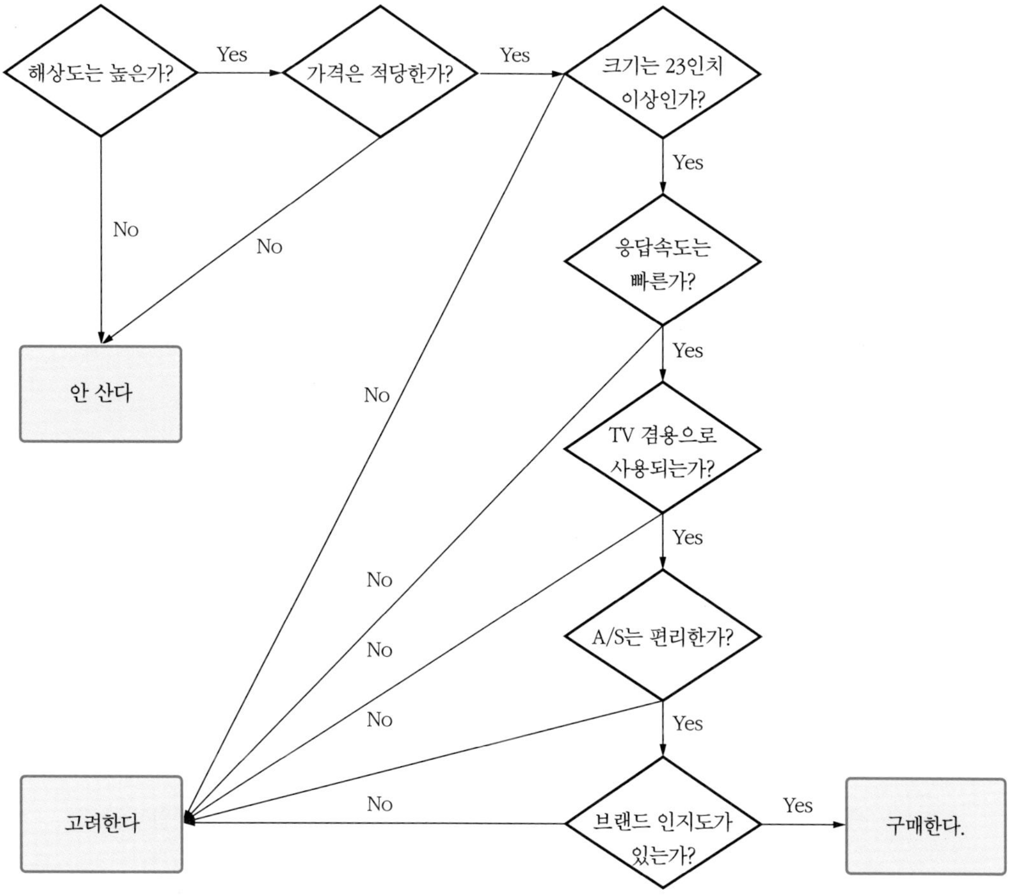

[그림 3-8] 고려 조건이 많은 소비자의 모니터 구매 의사결정 흐름도(2010)
*출처: "마케팅의 문화인류학" 수업 시 1조 과제임.

[그림 3-8]에서 모니터 구매 시 가장 중요한 두 가지 조건은 '해상도는 높은가?'와 '가

격은 적당한가?'이다. 둘 중 한 가지가 부정적이라면 곧장 '안 산다'로 연결되기 때문이다. 이외의 다섯 가지 조건들은 부정적이라고 해도 '고려한다'로 연결되기 때문에 중요도가 덜 하다. 하지만 확실한 구매 결정으로 연결되려면 이 다섯 가지 조건을 모두 통과해야 하므로 어느 한 가지도 중요하지 않은 것은 아니다.

[그림 3-9]와 [그림 3-10]은 인터넷상에서의 디지털 액자의 구매 경험담(리뷰) 120개를 분석한 결과다. [그림 3-9]는 자신을 위한 디지털 액자를 구매할 때의 의사결정 과정을 통합적으로 보여 주고, [그림 3-10]은 선물용으로 디지털 액자를 구매할 때의 의사결정 과정을 통합적으로 보여 준다. 이처럼 통합적인 흐름도를 그릴 수 있었던 것은 소비자들의 구매 의사결정 과정이 상당히 유사하여, 약간의 차이만 있었기 때문이다. 또한, 행동 대안이 '구매함'과 '구매 안 함'의 2개뿐이라서 비교적 간단한 흐름도로 나타낼 수 있었다.

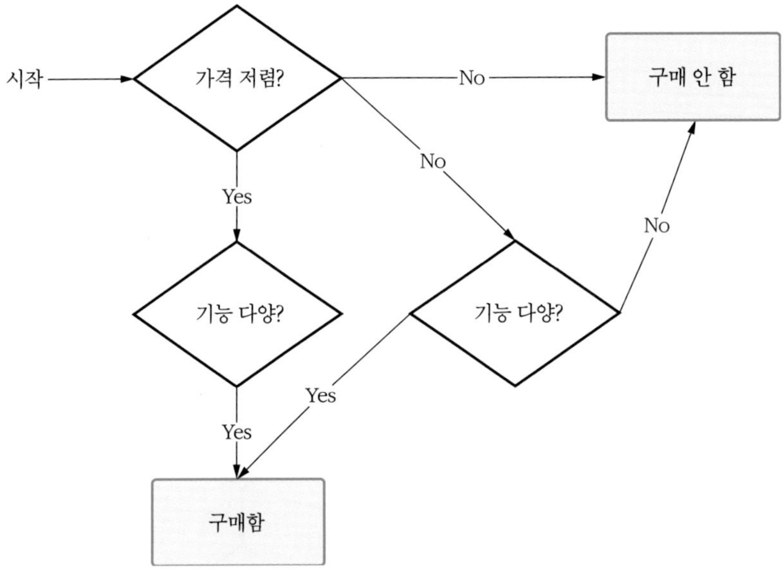

[그림 3-9] 자신을 위한 디지털 액자 구매 시 구매 흐름도(2010, 리뷰 120개의 통합적 분석)
*출처: "마케팅의 문화인류학" 수업 시 2조 과제임.

[그림 3-9]에서 보듯이, 인터넷 후기에 의하면 '자신을 위한' 디지털 액자의 경우 소비자들은 대부분 가격도 저렴하고 기능도 다양하다는 두 가지 조건만 다 갖추면 '구매함'을 선택했다. 그러나 가격이 저렴하지 않다면 소비자들이 둘로 나뉘는데, 일부는 '구매

안 함'을 선택하고, 나머지는 '기능이 다양한가?'도 살펴본 후 다양하지 않아야 '구매 안 함'을 선택했다. 기능이 다양하다면 가격이 저렴하지 않아도 '구매함'을 선택하는 소비자들이 있는 것이다.

[그림 3-10]을 [그림 3-9]와 비교해 보면 '자신을 위한' 것이 아닌 '선물용'으로 디지털 액자를 구매하는 경우, [그림 3-9]에는 없던 새로운 구매 조건인 '삼성인가?'가 등장할 뿐 아니라, '삼성인가?'가 가장 중요한 구매 조건임을 알 수 있다. 삼성 제품이 아니라면 처음부터 구매 대상에서 제외하고, 삼성 제품이어야 가격이나 기능의 다양성 여부를 따지는 것이다. 이는 조사가 이루어졌던 2010년 당시 대기업 중에서 디지털 액자를 생산하는 곳은 '삼성'뿐이었음을 반영한다. 조사팀은 이 결과에 대해서 "자신을 위해서는 저렴하면서 기능도 다양하다면 대기업 제품이 아니라도 구매할 수 있지만, 선물용이라면 대기업 제품만을 고려대상으로 생각하는 소비자들의 심리를 보여 준다."라고 해석했다.

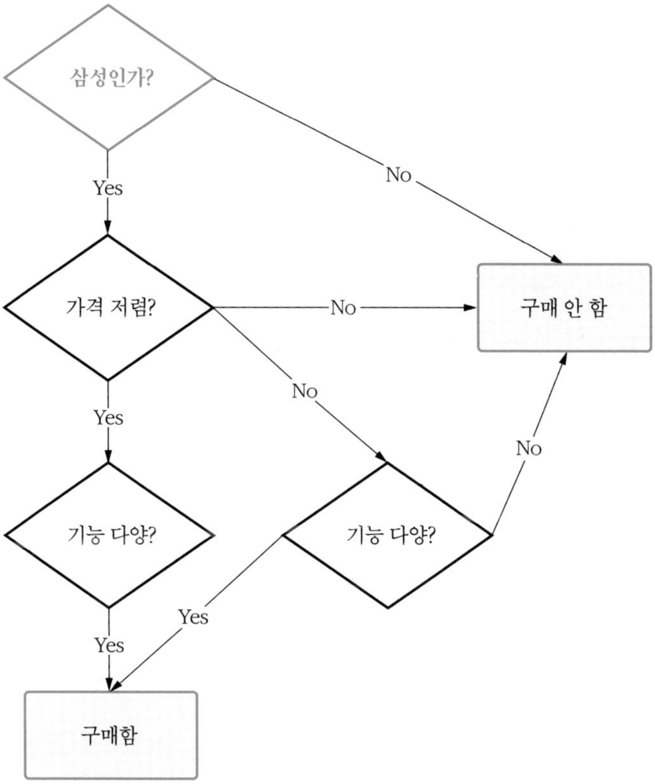

[그림 3-10] 선물용 디지털 액자 구매 시 구매 흐름도(2010, 리뷰 120개의 통합적 분석)

*출처: "마케팅의 문화인류학" 수업 시 2조 과제임.

이 사례는 인터넷의 구매 후기 분석 결과만으로 흐름도를 그려서 소비자들의 구매 의사결정 과정을 비교할 수 있음을 보여 주었다. 다만 한 가지 아쉬운 점은 각 화살표에 해당하는 소비자의 수를 적어 놓지 않은 것이다. 예를 들어, 가격이 저렴하지 않은 경우, 곧장 '구매 안 함'을 선택한 소비자는 120명 중 몇 명이었고 '기능이 다양한가?'도 고려한 소비자는 몇 명이었는지 적어 놓았다면, 소비자들의 의사결정 과정 이해에 더 큰 도움이 되었을 것이다. 최종 결과 발표 시에 필자가 이 점을 지적하면서 숫자를 포함해 다시 제출할 수 있는지 물었으나, 이들이 캡처해 놓았던 120명의 리뷰 자료를 이미 삭제한 후라서 불가능했다. 이는 일반 현장연구와 마찬가지로, '네트노그라피(netnography)'[15]에서도 수집한 자료를 장기간 보관하는 것이 얼마나 중요한지를 보여 주는 사례라고 할 수 있다. 처음 분석할 때는 생각하지 못했던 새로운 분석의 가능성이 연구를 진행하면서 나타날 수도 있고, 그렇지 않더라도 처음 분석할 때 계산 실수나 문장을 옮겨 적으면서 잘못 적는 등의 실수를 교정해야 할 필요가 생길 수도 있으므로, 수집 자료는 반드시 연구가 완전히 끝날 때까지 보관해야 한다.

■ 안내된 실습 ■

여기에서는 '해외여행의 유형 결정'이라는 주제로 결정표분석 실습을 합니다. 다음의 실습용 결정표에 제시한 고려 조건과 행동 대안들은 해외여행을 주제로 한 필자의 연구 결과(이용숙, 2019; 이용숙, 이수정, 채현정, 2019)를 토대로 구성한 것입니다. 이 실습은 2명이 팀으로 하면 좋지만 혼자 할 수도 있으며, 자신의 해외여행 경험이나 해외여행 계획, 해외여행을 주제로 한 다른 사람과의 대화 경험, 해외여행을 다루는 글을 읽은 경험 등을 토대로 결정표에 답하게 구성했습니다. 해외여행 관련 경험이 없다면 해외여행 경험자와 팀이 되어 실습하거나 주변의 경험자와 면담을 하면서 제시된 결정표를 채워 넣는 방식으로 실습을 해도 좋습니다.

[1단계] 다음에 제시한 해외여행의 유형 선택 결정표에서 3개 조건의 조합에 따른 8개의 각 경우에 대해, 본인 또는 정보제공자가 택한 행동 대안에 체크합니다. 이 표에서

15) '네트노그라피(netnography)'는 'internet'과 'ethnography'를 합성한 신조어로, 인터넷을 통해 에스노그라피 연구를 하는 것을 의미한다.

행동 대안은 4개만 제시했는데 5번도 빈칸으로 있는 것은, 표에 제시되지 않은 새로운 행동 대안이 있는 경우 직접 적으라는 것입니다.

〈표 3-26〉 해외여행의 유형 선택 결정표(실습용)

결정표										축약표				
항목	조건의 조합	경우 1	경우 2	경우 3	경우 4	경우 5	경우 6	경우 7	경우 8					
조건	1. 명소 관광을 많이 하고 싶은가?	○	○	○	○	×	×	×	×					
	2. 관심 있는 곳에서는 충분한 시간을 보내고 이외에는 여유를 갖고 싶은가?	○	○	×	×	○	○	×	×					
	3. 영어 등 필요한 외국어가 가능한가?	○	×	○	×	○	×	○	×					
행동 대안	1. 패키지여행을 한다.													
	2. 개별자유여행을 한다.													
	3. 개별자유여행을 하면서 중간에 패키지여행도 한다.													
	4. 개별자유여행을 하면서 현지 여행사의 '일일 투어'를 몇 개 골라 참여한다.													
	5.													

[2단계] 결정표의 행동 대안 체크까지 끝낸 후 같은 행동 대안에 체크를 한 것 중에서 축약이 가능한 것들이 있는지 살펴보고, 합칠 수 있는 것들이 있다면 '축약표' 열에 통합해서 제시합니다. 5개의 열을 제시하였지만, 필요한 만큼만 사용하고 나머지는 빈칸으로 놔두면 됩니다. 만약 축약 과정에서 어려움을 느낀다면 본문에 여러 개 제시한 축약표들을 참고하면 됩니다.

[3단계] 축약표를 토대로 가장 중요한 조건(축약이 전혀 되지 않거나 제일 적게 된 조건)부터 시작하는 흐름도를 그립니다. 이 역시 어려움을 느낀다면 본문에 제시한 흐름도 사례들을 참조하면 됩니다.

[4단계] 완성된 '축약표'와 '흐름도'를 보면서 무엇을 발견하였으며, 그 의미는 무엇인지 해석과 논의를 적어 봅니다.

〈선택 활동〉

앞의 실습이 끝난 후 시간의 여유가 있으면 제2장의 분류체계+성분분석 실습결과를 토대로 결정표분석을 해 봅니다. 우선, '조건'과 '행동 대안' 칸이 비어 있는 결정표를 만들고, 물건 구매 시의 고려사항 중에서 등급질문 결과 가장 중요했던 고려사항 3개를 사용하여 결정표분석을 하는 것입니다. 이 결과를 등급질문에서의 중요한 순서와 비교해 봅니다.

04 원인연쇄분석[1)]

I 원인연쇄분석의 개념

원인연쇄분석(causal chains analysis)은 '결과 문장'과 '원인 문장' 사이를 인과관계를 나타내는 화살표로 계속 이어 주는 '원인연쇄도형'으로 그리면서 분석하는 것이다. [그림 4-1]에서 보듯이, 분석 대상인 '특정 현상이나 문제'의 원인을 3단계 이상으로 나누어

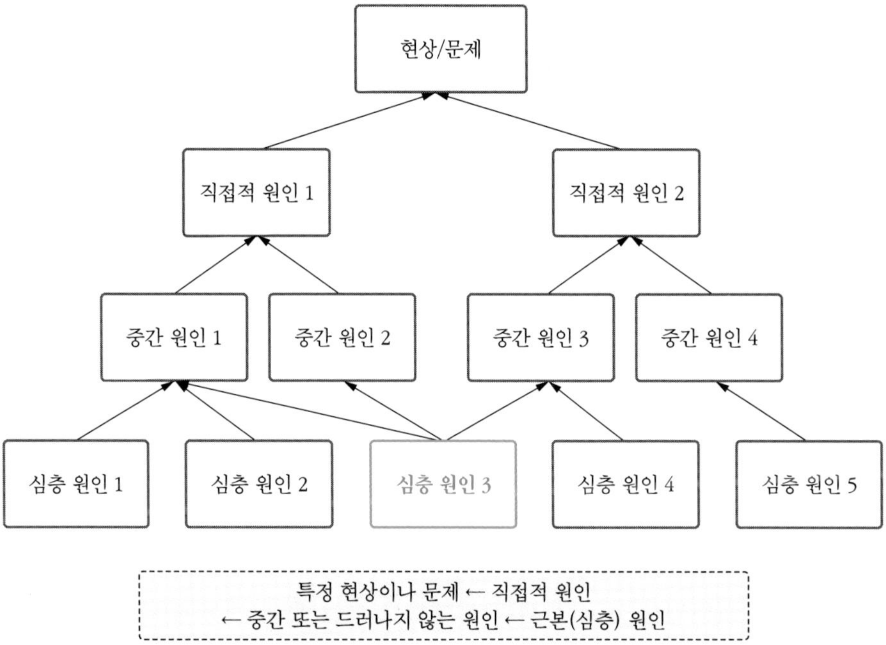

[그림 4-1] 원인연쇄분석의 개념 도형

1) 이 장의 내용 중 일부는 필자(2012a)의 "대학 수업 개선을 위한 수업 디자인의 새로운 접근방법 개발연구-원인연쇄분석과의 연계를 중심으로"(교육방법연구 24(4), 729-770)와 필자(2005)의 『교육인류학: 연구방법과 사례』를 바탕으로 작성되었다.

서, '특정 현상 ← 직접적 원인 ← 중간 원인 ← 근본 원인(심층 원인)'의 순서로 인과관계를 화살표로 연결한다. 이러한 원인연쇄도형은 인과관계를 종합적 · 체계적으로 분석하는 데 적합하며, 이를 통해 현장 사람들 입장의 민간 이론(folk theory)을 찾을 수도 있다.

Werner와 Schoepfle(1987)이 『체계적 현장연구(Systematic Fieldwork)』에서 소개한 원인연쇄분석(2권: pp.187-192)은 Werner의 제자 Colby(1979)가 연쇄적인 원인에 대한 질문과 답변을 컴퓨터로 자동화시키려 개발한 것을 응용한 방법이다. Werner의 다른 제자인 Ahern(1979)은 나바호 인디언이 뉴멕시코주 정부에서 구매해 만든 라바 플로우(Lava Flow) 주립공원을 싫어하는 이유의 분석에 원인연쇄분석을 적용했다. 지주의 허락으로 자유롭게 사용하던 파우와우(Pow-Wow) 지역이 주립공원이 되자 싫어하게 된 것이다. 이 인과관계의 일부는 [그림 4-2][2)]와 같다.

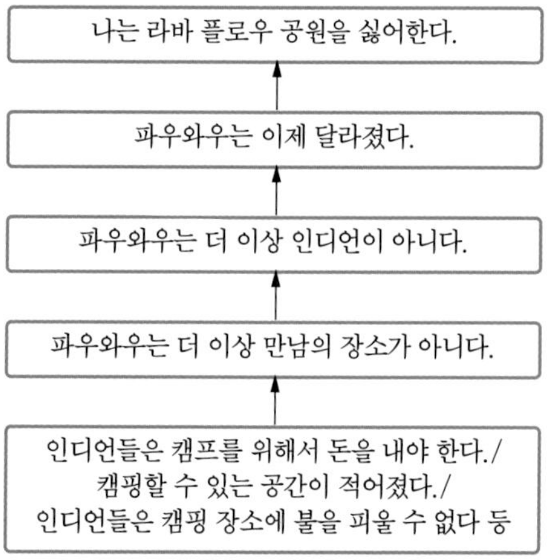

[그림 4-2] '나바호 인디언이 라바 플로우 공원을 싫어하는 이유'에 대한 원인연쇄분석 결과 중 일부

원인연쇄분석은 이후 인류학만이 아니라 다른 분야에서도 사용되었다. 예를 들어, Purcell과 Hutchinson(2007)의 인사관리 분야 연구에서는 일선 매니저들의 인사관리 성과 분석에 '원인연쇄'를 적용개념 모형으로 사용했다. 국제수역평가(The Global International Waters Assessment: GIWA)에서는 'GIWA 원인연쇄분석' 시스템을 정형화해서, 여러 지역에서의 물 관련 환경 문제 연구에 적용해 왔다. GIWA 관련 이슈들을 분석

2) Ahern의 연구를 재구성하여 Werner와 Schoepfle(1987, pp.190-192)이 소개한 4개의 도형 중 일부를 필자가 발췌하여 합쳐서 제시하였다.

대상인 상황으로 놓고서, 그 원인을 3단계로 나누어 각 지역의 물과 관련된 이슈 ← 직접적인 원인(immediate cause) ← 중간 원인(intermediate cause 또는 sector activity) ← 근본 원인(root cause)의 순서로 분석하는 것이다(Tri, 2007).

Ⅱ 원인연쇄도형을 그리는 방법과 논리적 정확성 검토

1. 화살표를 사용해서 원인연쇄도형을 그리는 방법

원인연쇄도형은 원인이 되는 문장과 그 원인의 결과라고 할 수 있는 문장을 화살표로 이어 주는 그림을 그리는 것이다. '원인→결과'의 관계를 화살표 방향으로만 표시할 때는 [그림 4-3]처럼 아래쪽의 원인에서 위쪽의 결과로 화살표가 향하도록 그릴 수 있다. 또한, [그림 4-4]와 같이 화살표 방향이 아래쪽의 원인을 향하게 할 수도 있는데, 이때는 '왜냐하면'이라는 말을 화살표 양옆에 추가해서 어느 쪽이 원인인지를 나타낸다. 또는 별도의 작은 화살표 그림으로 어느 쪽이 원인이고 결과인지를 표시해 준다.

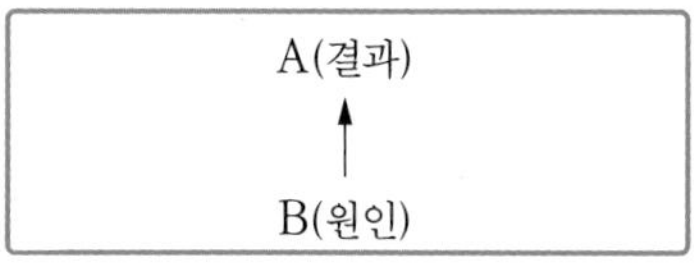

[그림 4-3] 결과가 같은 방향 화살표 위로 가도록 그리는 원인연쇄도형

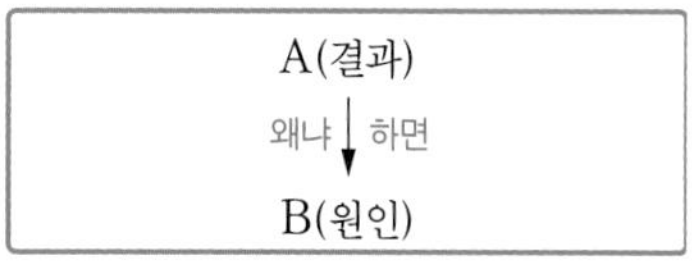

[그림 4-4] 원인이 같은 방향 화살표 아래로 가도록 그리는 원인연쇄도형

필자가 연구방법 수업과 워크숍에서 원인연쇄도형 그리기를 참여관찰한 바에 따르면, [그림 4-3]과 [그림 4-4]를 선호하는 사람의 수는 비슷했다. 어떤 참가자는 화살표를 결과인 위로 향하도록 할 때 더 쉽게 이해하고, 다른 참가자는 화살표가 아래를 향해야 계속 내려가야 할 것 같은 느낌이 들어서 더 심층적인 원인까지 찾게 된다고 한 것이다. 따라서 [그림 4-3]과 [그림 4-4] 중 하나를 자유롭게 선택해 사용할 수 있게 했다. 앞의 [그림 4-1]과 [그림 4-2]는 [그림 4-3]의 형식을 따른 것이다. 앞으로 제시하는 사례는 주로 [그림 4-4] 형식을 따른다. 필자가 이 형식을 주로 사용해 왔기 때문이다.

원인연쇄도형에서는 여러 개의 원인이 제시되어 아래쪽이 위쪽보다 넓어지는 경우가 많지만, 때로는 심층 원인이 제시되는 아래쪽이 중간단계보다 더 좁아질 수도 있다. 한

두 가지 근본적 원인이 여러 가지 중간단계 원인을 유발할 수도 있기 때문이다. 이처럼 현장연구 결과 아래가 중간보다 훨씬 좁은 원인연쇄도형을 그리게 되었다면, 특정한 현상의 심층적인(근본) 원인을 발견했을 가능성이 크다.

원인연쇄도형을 면담의 길잡이로 활용하는 사례를 살펴보자. '신임교사의 어려움'을 주제로 한 한 신임교사와의 면담 과정에서 "사무로 인한 스트레스가 많음"이 상당히 중요한 어려움으로 나타났다. 그 이유로는 "사무처리 시간이 너무 많이 걸리고, 긴급하다는 공문이 교육청에서 너무 많이 와서 사무처리로 인한 수업결손이 발생한다."라는 견해를 갖고 있음이 발견되었다. 이 교사의 견해를 분석하면, '신임교사가 사무로 인한 스트레스를 많이 받는 것'에 대한 직접적인 원인은, 첫째, "사무처리 시간이 너무 많이 걸리는 것"이고, 둘째, "사무처리로 인한 수업결손이 발생하는 것"이라고 할 수 있다. 이 두 가지 중 둘째 원인에 대해서는 다시 그 원인으로서 "긴급하다는 공문이 교육청에서 너무 많이 오는 것"이 제시되었다. 일반적인 면담이라면 이 정도에서 끝낼 수도 있으나, 원인연쇄도형을 그리면서 면담을 한다면 우선 이 부분에 대한 그림([그림 4-5]의 윗부분)을 그린 후에 후속질문을 계속하게 된다. '사무처리 시간이 너무 많이 걸리는 이유'를 묻자 "사무가 서툴고, 사무처리를 두세 번씩 다시 하는 일이 많다."라고 답했다. '사무처

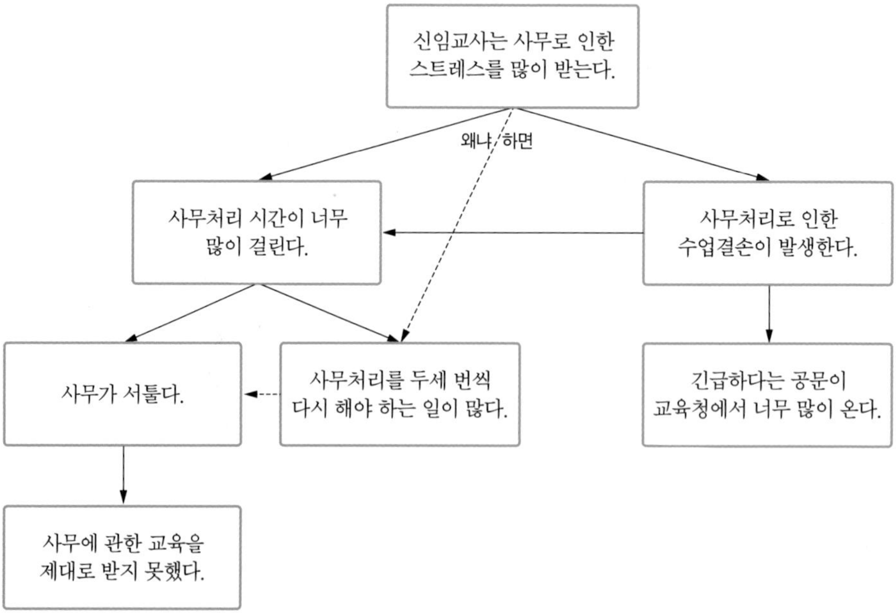

[그림 4-5] '신임교사가 사무로 인한 스트레스를 많이 받는 이유'의 원인연쇄도형

리가 서툰 이유'를 이어서 묻자 "사무에 관한 설명이나 교육을 제대로 받지 못했기 때문"이라고 답했다. 이와 같은 면담내용을 원인연쇄 방식으로 도형화하면 [그림 4-5]와 같다.

이 도형을 토대로 면담을 계속하면, 다시 '신임교사가 사무에 관한 교육을 제대로 받지 못하는 이유' 등을 이어서 질문할 수 있다. 또한 "신임교사는 사무로 인한 스트레스를 많이 받는다."라는 명제의 직접적인 원인을 더 찾아내어 도형을 옆과 아래로 키울 수 있다. 신임교사의 답변에 따라서는 아래로 내려갈수록 폭이 좁아질 수도 있다. 즉 면담 초기에 제시한 두세 가지 원인에 만족하는 대신, 체계적으로 더 필요한 질문들을 찾아서 자료를 보충할 수 있다. 또한, 여러 신임교사와 면담 및 원인연쇄분석을 반복적으로 실시하면, 이들의 견해를 통합적으로 유형화하는 것이 가능해진다.

2. 원인연쇄도형을 그린 후의 두 가지 검토사항

원인연쇄도형을 만들었다고 분석이 끝난 것은 아니다. 다음의 두 가지 검토를 거쳐 필요한 수정을 해야 한다.

1) 논리적 정확성 검토 작업의 필요

원인연쇄분석에서 가장 중요한 것은 인과관계의 논리적 정확성이다. 화살표로 연결한 원인과 결과가 논리적으로 정확한지를 하나하나 따져보아야 한다. 면담과정에서 원인연쇄도형을 함께 그린다면 화살표의 방향을 잘 생각함으로써 정보제공자의 인식에서 논리적 모순이 있을 때 쉽게 찾아낼 수 있다. 이때 모순을 지적하기보다는 왜 그렇게 생각하는지를 알아봄으로써 연구자가 미처 생각하지 못했던 중요한 발견을 하게 되는 경우가 많다. 또한, 분석단계에서 원인연쇄분석을 사용할 때는 논리적 모순이 있어서는 안 되므로, 인과관계가 정확하게 되었는지에 대해서 각 화살표를 철저히 검토하는 것이 중요하다.

논리적 검토 작업을 위해서는 화살표의 반대 방향으로 '따라서'를 넣어서 정확한지 확인하는 일종의 '검산' 같은 작업을 해 보면 된다.[3] [그림 4-4]에서 '왜냐하면' 화살표의 아래에 있는 문장 B는 위의 문장 A의 원인이며, 거꾸로 보면 위의 문장 A는 아래의 문

3) [그림 4-3]을 사용했다면, 화살표의 방향으로 '따라서'를 넣어서 정확한지 확인한다.

장 B의 결과라고 할 수 있다. 그러므로 "A다. 왜냐하면 B다."라는 의미를 나타낸 [그림 4-4]는 동시에 "B다. 따라서 A다."라고 읽힐 수도 있어야 한다. 즉, 원인연쇄도형의 화살표로 연결된 모든 문장 사이에 '따라서'라는 말을 넣어 보고, 'B다(아래의 문장). 따라서 A다(위의 문장).'라는 말이 논리적으로 성립이 되어야 한다. 예를 들어, [그림 4-5]에서는 "사무처리 시간이 너무 많이 걸린다. 따라서 신임교사는 사무로 인한 스트레스를 많이 받는다."라고 두 문장을 연결해 보면, 자연스럽게 연결이 되었다는 것을 확인할 수 있다.

원인연쇄도형을 만든 후 이런 방식으로 검토해 보면 잘못이 쉽게 드러난다. 가장 흔한 실수는 정보제공자가 원인이 아닌 사례를 이유로서 제시했을 때 그대로 넘어가는 일이 많아서 발생한다. 이런 경우 원인연쇄도형을 그리면서 '따라서'로 연결하여 잘 검토해 보면 논리적으로 맞지 않는다는 것을 알 수 있다. 예를 들어, 스마트폰이 처음 출시되던 시절 대학원생 C(남성)를 대상으로 '아이폰 구매에 만족하는 이유'에 대한 면담을 할 때, C는 첫 번째 이유 중 하나로 "스마트폰이라 되는 것이 많다"라고 하였다. 이에 스마트폰이라서 되는 것이 많은 이유를 묻자, "수첩 기능이 있고" "지도 기능이 있고" "주변 지하철역과 가게 등 찾기 기능이 있다."라고 응답하였다. 이를 거꾸로 "수첩 기능이 있다. 따라서 스마트폰이라서 되는 것이 많다."라고 검토 작업을 하자 이상한 점이 보였다. 우선 "스마트폰이라서 되는 것이 많다."라는 문장 자체가 문제였다. 이미 원인과 결과가 한 문장에 들어 있기 때문이다. 원인연쇄분석에서는 원인과 결과로 이루어진 복문이 들어가서는 안 되므로, "아이폰은 되는 것이 많다."와 "아이폰은 스마트폰이다."라는 2개의 문장으로 분리할 필요가 있다. 즉, "아이폰은 되는 것이 많다. 왜냐하면 아이폰은 스마트폰이다."라고 먼저 인과관계를 설정한 후에 "아이폰은 스마트폰이다. 왜냐하면 아이폰은 수첩 기능이 있다."라고 다시 인과관계를 설정해야 한다. 그런데 이 두 가지 인과관계 검토 작업을 해 보면, "아이폰은 스마트폰이다. 따라서 아이폰은 되는 것이 많다."라는 것은 논리적으로 맞지만, "아이폰은 수첩 기능이 있다. 따라서 아이폰은 스마트폰이다."라는 것은 논리적으로 안 맞는다. 수첩 기능은 이전의 핸드폰에도 있었으며, 스마트폰인 것의 원인이라기보다 "아이폰은 되는 것이 많다."의 사례일 뿐이기 때문이다. 이처럼 원인연쇄분석 완성 후에 반드시 '따라서'를 활용하는 논리적 정확성 확인을 해야 잘못된 분석으로 끝나는 일을 막을 수 있다.

2) 화살표가 인과관계가 존재하는 모든 단계의 문장들 사이에 제시되었는지 확인할 필요

원인연쇄분석을 시도할 때 또 하나 필요한 것은 두 문장 사이에 인과관계가 존재하는 데도 화살표가 빠진 곳은 없는지 살펴보는 것이다. 실제 원인연쇄분석 과정에서 인과관계가 있는데도 화살표가 빠져 있는 경우가 많기 때문인데, 이런 누락은 주로 화살표가 항상 위에서 바로 아래의 단계에 있는 원인으로 연결되는 것이 아니라는 점을 간과해서 일어난다.

첫째, 때로는 두세 단계 아래의 문장이 위에 있는 문장의 직접적 원인이 될 수도 있다. 예를 들어, [그림 4-5]의 3단계에 있는 "사무처리를 두세 번씩 다시 해야 하는 일이 많다."는 2단계의 "사무처리 시간이 너무 많이 걸린다."의 직접적 원인인 동시에 1단계의 "신임교사는 사무로 인한 스트레스를 많이 받는다."의 직접적 원인이기도 하다. 이에 대해서는 면담 시에 처음부터 언급하지는 않았지만 후속질문을 통해서 확인할 수 있었으며, 그림에서는 점선 화살표로 연결하였다.

둘째, 같은 단계에 있는 문장이 옆의 문장의 원인이 되기도 한다. 예를 들어, [그림 4-5]의 3단계에 있는 "사무가 서툴다."는 "사무처리를 두세 번씩 다시 해야 하는 일이 많다."의 직접적 원인임이 후속질문을 통해서 확인되었으며, 그림에서는 점선 화살표로 연결하였다. 이외에도 "사무처리 시간이 너무 많이 걸린다."도 같은 2단계에 있는 "사무처리로 인한 수업결손이 발생한다."의 직접적 원인인데, 정보제공자가 처음부터 언급하였기 때문에 직선화살표로 연결하였다.

셋째, 위의 단계에 있는 문장이 더 아래 단계에 있는 문장의 원인이 될 수도 있다. 예를 들어, 전체 원인연쇄도형의 일부인 [그림 4-6]에서 화살표의 방향은 위를 향하기도 하고 아래를 향하기도 한다. 이 중 아래를 향하는 화살표의 경우 아래 단계에 제시된 문장이 위에 제시된 문장의 원인이지만, 위를 향하는 화살표 2개의 경우 3단계에 있는 문장들이 5단계의 '창고직원들은 시간에 쫓긴다'의 원인이다.

넷째, A는 B의 원인이고, B는 C의 원인이며, C는 A의 원인이 되는 '순환적 원인연쇄'가 일어나기도 한다([그림 4-7] 참조). 이러한 순환적 원인연쇄의 사례이기도 한 [그림 4-6]에서는 3, 4, 5단계의 원인 3개가 '순환적인 원인연쇄'를 이루고 있다. "컴퓨터상에서 재고로 남아 있어야 하는 교재가 실제로는 창고에 없는 경우가 많다."의 원인은 "물품의 재고기록 수정이 잘 안 되고 있다."이고, "물품의 재고기록 수정이 잘 안 되고 있

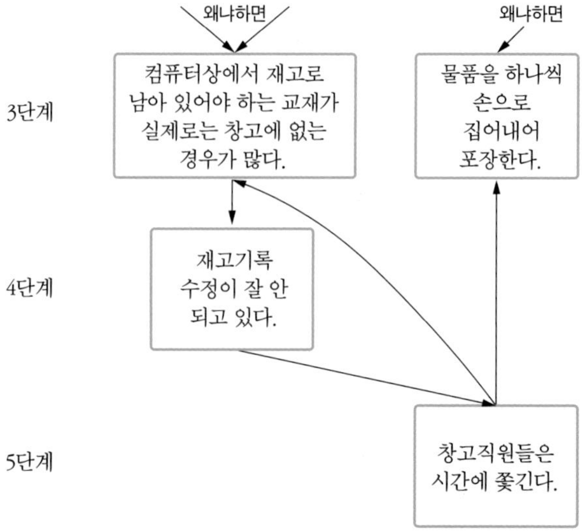

[그림 4-6] 'UTC 우송 서비스 문제'의 원인연쇄도형 중 일부(순환적 원인연쇄 사례)

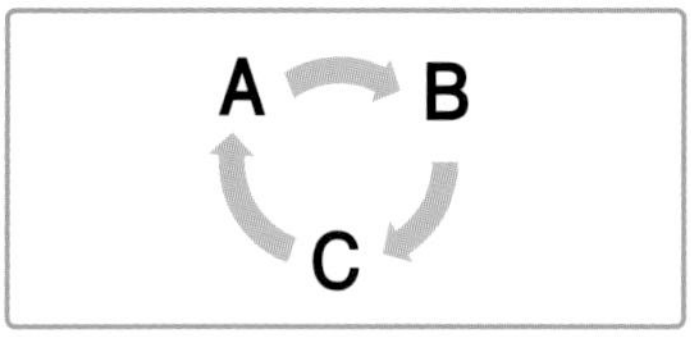

[그림 4-7] 순환적 원인연쇄도형

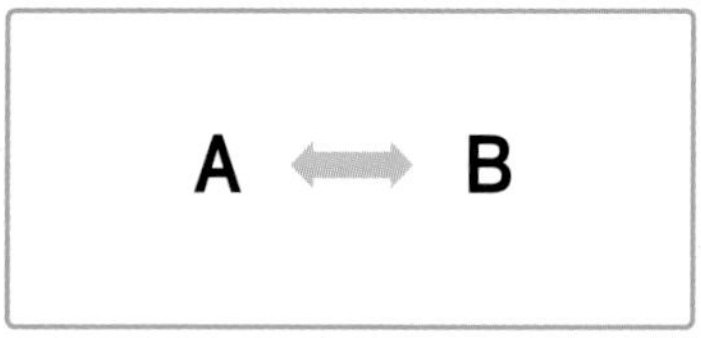

[그림 4-8] 상호작용적 원인연쇄도형

다."의 원인은 "창고직원들은 시간에 쫓긴다."이며, "창고직원들은 시간에 쫓긴다."의 원인은 다시 "컴퓨터상에서 재고로 남아 있어야 하는 교재가 실제로는 창고에 없는 경우가 많다."가 되는 것이다. 즉, 악순환이 일어나는 경우를 보여 주고 있다.

다섯째, [그림 4-8]처럼 A와 B가 서로 '원인'이자 '결과'인 '상호작용적 원인연쇄'가 일어나기도 한다.

이처럼 인과관계는 다양한 방향으로 존재하므로, 분석할 때 모든 인과관계가 빠짐없이 포함되었는가에 특히 유의할 필요가 있다. 또한, 원인연쇄도형을 그린 후에 이와 같은 네 가지의 인과관계가 빠진 곳은 없는지 다시 한번 확인할 필요가 있다.

Ⅲ 원인연쇄분석의 적용

원인연쇄분석을 사용하면 일상은 물론 기업이나 매장, 행정조직, 병원, 학교 등의 다양한 상황에서 나타나는 특정한 현상이나 문제의 원인을 심층적으로 분석할 수 있다. 원인연쇄분석은 현상/문제의 원인을 한편으로는 폭넓게 찾아보며, 또 한편으로는 각각의 직접적 원인의 원인을 여러 단계까지 깊이 찾아보는 방법이기 때문이다. 예를 들어, 다음과 같은 다섯 가지 상황을 생각해 볼 수 있다.

1) 이미 인식하고 있거나 현장연구를 통해서 발견된 주요 현상(예: 인식과 행동의 차이 또는 두 집단 간의 차이)의 원인을 심층적으로 분석하고자 할 때
2) 성공/실패의 심층 원인 찾기
   ① 문제해결에 참고가 되는 성공사례의 성공 원인을 심도 있게 이해하기 위하여 여러 차례의 심층면담을 할 때
   ② 참여관찰 및 심층면담을 통해 발견한 문제(예: 주민의 불편함, 회의가 잘 이루어지지 않음)의 원인을 깊이 있게 분석하고자 할 때
3) 면담의 길잡이 역할 – 중간중간 원인연쇄분석을 하면서 이어지는 분석을 위한 질문을 해 나간다면 중요한 요인이나 연결고리를 빠뜨리지 않고 분석하도록 도와주며, 피상적인 1차 원인만 찾고서 만족하는 일도 막아 줌
4) 여러 명과의 심층면담 자료 및 참여관찰 자료들을 종합하는 분석을 하고자 할 때
5) 현장연구 결과 중 핵심 내용을 원인연쇄도형으로 정리하고자 할 때[4)]

이 절에서는 원인연쇄도형의 적용사례 다섯 가지를 소개한다. 첫 번째는 수업분석과 개선에 적용하는 사례인데, 위의 '상황 1)'에 해당한다. 두 번째는 자신의 수업 개선을 위해 적용하는 사례로, 위의 '상황 2)'중 실패의 원인 찾기에 해당한다. 세 번째는 조사회사에서 주로 인터뷰 중심의 정성조사를 하는 이유를 찾아본 사례로, 위의 '상황 3)'에 해당한다. 네 번째는 참여관찰과 면담 중심의 현장연구 결과를 원인연쇄도형으로 정리한 사례로, 위의 '상황 4)'와 '상황 5)'에 해당한다. 마지막은 다른 연구자의 현장연구 결과를 원인연쇄도형으로 요약 · 정리한 사례로, '상황 5)'에 해당한다.

4) 이러한 다섯 번째 적용 방식을 확장하면, 학생들이 교재의 복잡한 내용을 원인연쇄도형으로 요약·정리해 보도록 함으로써 학습 내용을 체계적으로 이해하도록 하는 데 활용할 수도 있다.

1. 수업의 분석과 개선에 적용하는 사례(〈안내된 실습〉을 위한 참고자료)

여기에서는 수업의 현장연구과정에서 나타난 문제의 심층적인 원인을 찾아 해결방안(개선 대안)을 제시하기 위해서 원인연쇄분석을 적용한 사례를 소개한다.

(1) 1단계: 현장연구에서 출발한 문제의 제기

수업 중 소집단 활동과 소집단 과제가 늘어나면서 많은 교사/교수가 '무임승차를 하는 학생들이 많다.'라는 것을 수업 관련 어려움으로 들고 있다. 실제로, 초 · 중등학교 소집단 활동 중심 수업에 대한 필자의 수업관찰에서 절반 이상이 무임승차를 하는 경우가 발견되기도 했다. 이 문제를 해결하지 않고 놔둔다면, '강의 중심 수업'을 '학생활동 중심 수업'으로 바꾸려는 노력이 오히려 수업을 부실하게 만들 수도 있다. 무임승차 문제는 조별과제가 많은 편인 대학 수업에서는 더욱 심각하게 나타나고 있다. "조별과제가 강의계획서에 들어 있는 것을 발견하면 무임승차 문제 때문에 무조건 그 수업은 선택하지 않는다는 대학생이 많다."는 발견을 한 연구도 있다(김효진, 이희수, 오주희, 2011). "현장연구실습" 연구보고서인 이 연구의 설문조사에 따르면, "조별 과제의 단점은 무엇입니까?"라는 열린 질문에 대해 41.0%가 '무임승차'라고 답했으며, 조별 과제 경험이 있는 학생 중 57.6%는 직접 무임승차를 경험했다고 답했다.

(2) 2단계: 현재의 인식으로 원인연쇄도형을 그려서 추가 조사가 필요한 부분 발견하기

다음에서는 한 초등학교 교사와의 면담에서 출발해서 추가 조사를 하면서, 소집단 활동에서의 무임승차 문제의 해결을 위해 원인연쇄분석을 활용한 사례를 제시한다. 면담 결과 발견한 '교사가 이미 갖고 있었던 문제의 원인에 대한 인식'만 가지고 1차 원인연쇄도형을 그리면 [그림 4-9]와 같이 될 수 있다.

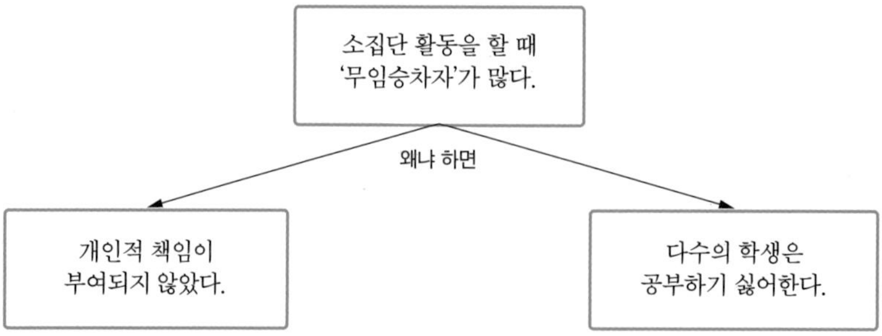

[그림 4-9] '소집단 활동에서의 무임승차 문제' 원인연쇄분석 시도 1

[그림 4-9]로부터, 다수의 학생이 공부하기 싫어한다는 것이 사실인지 확인할 필요가 있고, 다른 원인이 더 있는지 찾아볼 필요가 있으며, 개인적 책임이 부여되지 않는 원인도 찾아볼 필요가 있음을 알 수 있다. 이 세 가지 방향의 자료수집을 위해서 열심히 참여하는 학생과 무임승차 학생들의 행동비교에 초점을 둔 수업관찰과 학습일지 분석 및 면담을 한 결과, 다음과 같은 발견을 할 수 있었다.

① 학생들이 공부를 무조건 싫어하는 것이 아니라 어떤 종류의 공부인가에 따라서 선호도가 크게 달라지는데, 이들이 선호하지 않는 과제가 주로 주어지고 있다.
② 과제를 열심히 해 보려고 해도 조장들이 자기들이 한 것만을 소집단 과제로 내 버리고, 다른 학생들이 한 것은 무시하는 경향이 있다.
③ 조장은 주로 공부를 잘하는 학생들이기 때문에 다른 학생들이 '왜 내 것은 쓰지 않느냐'고 주장하기 어렵거나 주장해도 받아들여지지 않아서 점차 과제를 해 봐야 소용없다는 생각을 하게 되었다.
④ 어차피 교사는 소집단별 과제의 결과만 보는 것이지, 누가 무엇을 했는지는 상관하지 않으니까 별 부담 없이 놀게 된다.
⑤ 개인적 책임이 부여되지 않은 것은 교사가 각자 할 일을 주지 않았기 때문이다.

(3) 3단계: 원인연쇄도형의 수정 · 보완

이와 같은 발견을 토대로, [그림 4-9]의 원인연쇄도형은 [그림 4-10]처럼 수정될 수 있다. 4단계의 "개인적 책임이 부여되지 않았다."의 원인으로 "교사가 각자 할 일을 주지 않았다."를 제시하면 5단계의 도형이 되었을 것이다. 그러나 5단계까지 내려가는 것은 복잡해 보이므로 "개인적 책임이 부여되지 않았다."를 "교사가 개인적 책임을 부여하지 않았다."로 고치면 4단계에서 끝낼 수 있다고 판단했다.

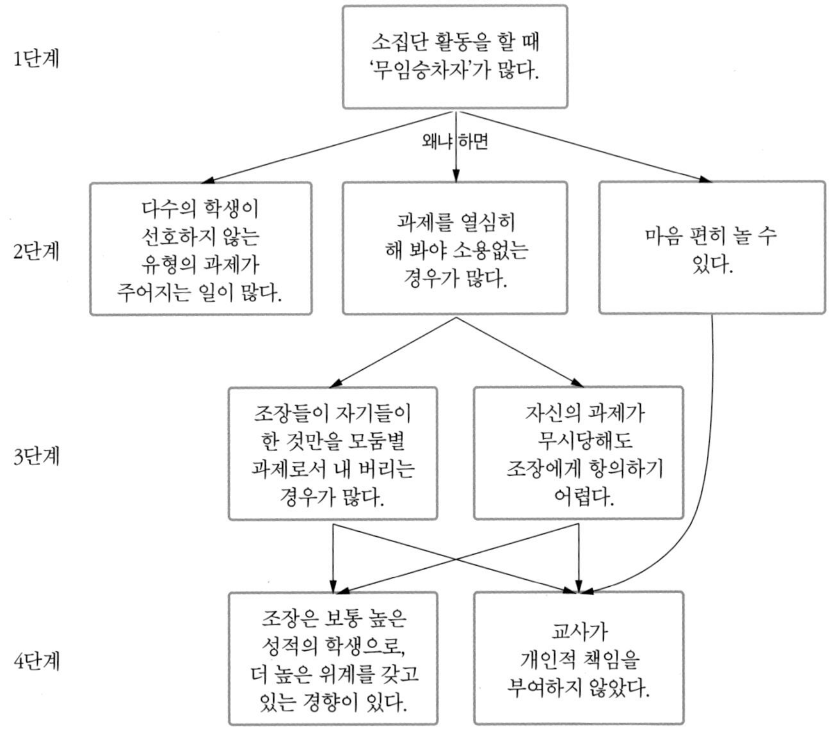

[그림 4-10] **수정된 원인연쇄도형**

(4) 4단계: 개선 대안 찾기

[그림 4-10]에서 원인연쇄분석을 멈추고 다음과 같이 개선 대안을 찾아볼 수 있다.

① 소집단 활동 과제의 유형을 다수의 학생이 선호하는 것으로 바꿀 필요가 있다.

② 소집단 활동을 할 때 모든 학생에게 개인적 책임을 부여할 필요가 있다.

③ 조장을 돌아가면서 담당하고, 모든 학생의 과제를 반영한 조별과제를 하도록 훈련할 필요가 있다.

하지만 이보다는 개선 대안대로 교수방법의 변화를 시도하면서 새로운 수업에 대한 참여관찰을 통해서 대안의 효과를 알아보는 한편, 다른 원인과 문제해결 방법을 찾아보는 실천적 연구(실행연구)를 이어서 진행하는 것이 더 바람직하다(실천적 연구에 대해서는 제10장 참조).

2. 자신의 수업에서 나타난 문제의 근본적 원인 발견을 위한 원인연쇄분석 활용 사례

원인연쇄분석은 자신의 수업이나 업무 실행과정에서 나타난 문제의 근본적/심층적 원인을 발견하는 데에 유용하게 사용할 수 있다. 예를 들어, 필자가 팀티칭으로 오랫동안 운영해 온 "현장연구실습 2 & 3" 수업의 경우, 수업 전반에 걸친 문제를 원인연쇄분석을 통해 해결할 수 있었다. 이 수업에서는 수강생들이 개별 또는 조별로 선정한 연구주제를 가지고 현장연구를 하고, 학기 말에 수십 페이지의 연구보고서를 제출해야 한다. 이를 위해 수강생들은 연구계획서를 제출하여 교수의 피드백을 받아서 수정하고, 연구과정에서 이루어지는 참여관찰에 대한 참여관찰일지, 중간보고서와 보고서 초안을 제출하여 계속 피드백을 받아서 수정하게 되어 있다.

1) 수강생들이 연구보고서 개요 만들기를 어려워하는 이유에 대한 원인연쇄분석을 통한 수업 개선

수강생들은 앞부분은 잘 따라오다가도 중간보고서 작성과정부터 상당히 어려워했다. 이들을 도우려 팀티칭 진행 교수들이 매주 30분 또는 2주에 1시간씩 개별 상담시간을 운영하는데도, 중간보고서의 제출을 계속 늦추는 문제가 발생했다. 이에 따라 중간보고서 제출 2주 전에 세부목차 형태의 연구보고서 개요를 만들어서 수업시간에 발표하고, 교수들과 다른 학생들의 피드백을 반영하여 수정하도록 한 결과, 중간보고서를 어려워하는 정도가 크게 줄었다. 그러나 이번에는 연구결과 개요 만들기를 상당히 어려워하며, 수강생들이 큰 부담을 느낌을 발견했다. 이에 '연구결과 개요 만들기를 어려워하는 이유'를 면담을 하면서 원인연쇄분석을 해 본 결과는 [그림 4-11]과 같다.

이러한 원인연쇄분석 결과로부터 1개의 중요한 원인이 있는 것이 아니라 여러 문제가 복합적으로 작용하고 있음을 깨닫게 되었다. 이는 1개의 심층적 원인이 있는 것보다 해결하기 쉽지 않아서, 많은 고심을 한 끝에 2011년의 수업에서는 '수업 중의 개요 발표' 단계 이전에 2개의 단계를 더 집어넣었다. 우선 개요 발표 일주일 전의 수업시간까지 개요 초안을 만들되, 수업 중에 동료 학생들과 조별로 교환하여 상호 피드백을 주고받도록 하였다. 다음에는 이를 반영하여 수정한 개요를 가지고 개별 상담시간에 교수의 피드백을 질의응답 형식으로 자세히 받으면서 가능한 데까지는 함께 수정하고, 나머지는 각자 더 수정하도록 하였다. 이를 반영하여 다시 수정한 개요는 수업시간에 발표했

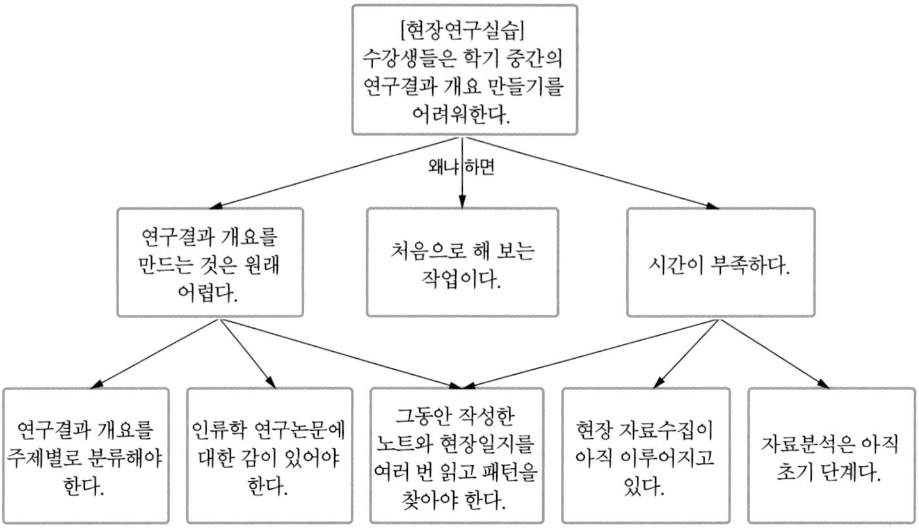

[그림 4-11] '현장연구실습 수강생에게 연구결과 개요 만들기가 어려운 이유' 원인연쇄도형

고, 피드백을 반영하여 최종 수정하도록 했다. 이처럼 여러 단계의 피드백과 수정을 거치자 예년보다 훨씬 훌륭한 개요가 완성되었으며, 이는 중간보고서와 최종보고서 수준을 높이는 데 크게 영향을 미쳤다.

2) '과제 수행에 필요한 핵심기능 습득 여부 판단이 어려운 이유'에 대한 원인연쇄분석을 통한 수업 개선

마케팅 인류학 관련 수업들의 개선과정에서도 원인연쇄분석이 큰 도움이 되었다. 이 수업에서는 소비자 이해 관련 과제 수행을 위해 필요한 분류체계분석방법, 성분분석방법, 원인연쇄분석방법, 결정표분석방법 등의 핵심기능을 가르치는데, 강의와 수업 중 실습으로 학생들이 이 기능들을 제대로 습득했는지를 판단하기 어려워서 문제가 생겼기 때문이다. 예를 들어, 2010년의 1차 수업디자인에서는 이 문제를 생각하지 못해서, 수업의 실행과정에서 학생들이 충분히 이해한 것으로 잘못 알고 수업을 진행했기 때문에 발생한 문제들이 있었다. 또한, 2011년의 수업에서도 첫 실습에서 일부 학생들이 분석방법들을 상당히 어려워하고 있어서 수업 중에 끝내지 못하는 것을 발견했다. 따라서 [그림 4-12]와 같은 원인연쇄도형을 만들어서, 과제 수행을 위한 핵심기능 습득 여부 판단이 어려운 이유를 분석했다.

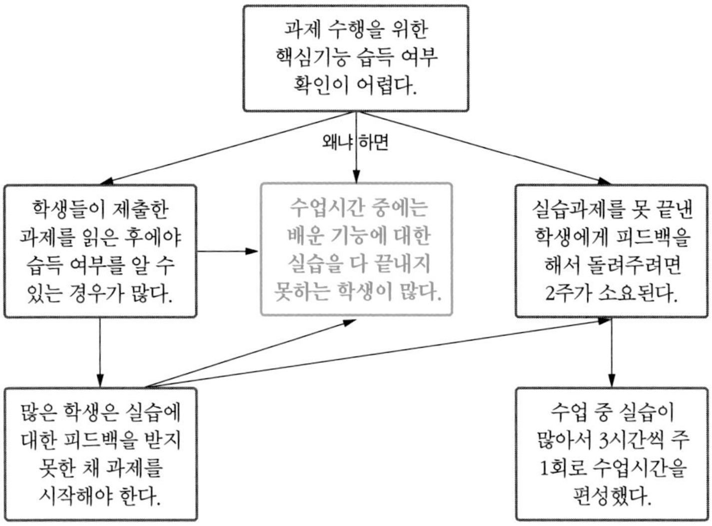

[그림 4-12] '대학 수업에서의 과제 수행을 위한 핵심기능 습득 여부 판단이 어려운 이유' 원인연쇄도형

이러한 분석 결과, 수업 중 실습 시에 열심히 피드백을 주었어도 실습을 다 끝내지 못한 학생들에게는 피드백이 너무 늦어지는 것이 큰 문제임을 깨달았다. 실습결과를 다시 받아서 피드백을 주면 이미 과제가 끝난 후이기 때문에, 많은 학생이 핵심기능 습득을 제대로 하지 못한 채 과제를 시작하게 되었다. 교수 입장으로는 이를 수정하기 위한 추후의 피드백 시간이 더 많이 필요했다. 또한, 이 때문에 학생들이 이 수업의 과제가 실제 이상으로 어려운 것처럼 느끼는 문제도 발생했다.

따라서 이 문제를 해결하기 위하여 한 포털 사이트에 온라인 수업카페를 개설하기로 했다. 수업 중 실습결과는 반드시 수업 다음 날까지는 수업카페에 올려놓도록 하고, 교수(필자)가 이에 대한 피드백을 다음 수업시간 전에 올려놓는 방식으로 수업 활동을 구성한 것이다. 이는 각 과제에 대한 교수 피드백을 수업 중 실습과제와 실제 과제 각각에 대해서 2단계로 제공하는 결과를 가져왔다. 동료 학생들도 피드백을 제공하도록 하였으며, 피드백을 반영하여 개선한 과제를 다시 내는 것을 허용하고, 이를 성적에 반영했다. 수업카페 운영 이후 교수-학생, 학생-학생 간의 상호작용이 훨씬 활발해졌다. 또한, 학생들에게 실습결과나 과제에 대한 피드백을 빨리 제공해 줄 수 있었으며 다른 학생들의 과제물을 참고자료로 쉽게 활용할 수 있어서 과제의 질은 높아지고, 과제 수행과정에서 학생들이 우왕좌왕하는 일도 줄어들었다. 수업카페는 이외에도 다양한 목적으로

사용할 수 있어서 이후 필자의 모든 수업에서는 수업카페를 사용하였다.[5)]

3. 조사회사의 인터뷰 위주 정성조사 관행의 원인을 원인연쇄분석으로 찾아본 사례

여기서는 "마케팅 에스노그라피 과정" 참가자 중 조사회사 근무자 3명[6)]이 함께 원인연쇄분석 실습을 하면서 조사회사의 조사 관행을 분석한 사례를 제시한다. 이들이 근무하는 두 회사는 모두 다양한 방법 중에서도 주로 인터뷰를 사용하여 정성조사(질적 연구)를 하는 경향이 있으므로 그 원인이 무엇인지 분석하기로 한 것이다. 이들은 서로 면담을 하면서 원인연쇄도형의 윗부분을 그리기 시작하고 이를 길잡이로 하여 다음 질문을 한 후 응답 내용을 그림에 추가하여 그리는 방식을 몇 차례 반복함으로써, 짧은 시간(1시간 정도)에 [그림 4-13]을 완성할 수 있었다.

[그림 4-13]을 보면, 직접적인 원인은 '익숙한 방법'이라는 것과 '비용 대비 효과적'이라는 두 가지다. 인터뷰가 익숙한 방법인 것은 조사회사에서 가장 많이 해 왔고 클라이언트(조사를 의뢰한 회사)가 잘 알고 있기 때문인데, 이 두 가지는 서로 원인이자 결과인 '상호작용 원인연쇄'의 사례이기 때문에 양방향의 화살표가 그려진 것이다. "비용 대비 효과적이다."에 대해서는 5단계나 이어지면서 다양한 원인이 제시되어[7)] 있는데, 가장 아래 단계에 제시되어 있으며 2개의 화살표가 연결된 "조사회사 내에 미러룸을 보유하고 있다."가 비교적 중요한 원인이다. '미러룸'이 있어서 실사(인터뷰)가 대부분 사내에서 이루어지며, 한편 클라이언트와 조사팀이 미러룸에서 참관을 하고, 이를 토대로 결론 도출까지 가능하기 때문이다.

---

5) 수업카페는 학년이 바뀌어도 유지되며, 따라서 수업 관련 자료가 계속 보관되고 학생들과 공유된다. 수업카페는 수업 진행을 위한 공지, 강의자료와 참고자료 제시, 수업 중 실습결과를 각자 올리면 교수의 피드백 제공 후에 필요하면 수정해서 다시 올리기, 과제를 올리면 교수 피드백을 댓글로 달기, 선배들의 현장연구보고서 비평하기 활동을 할 때 수업카페에 올려놓은 보고서 중 관심 있는 것을 선택해서 읽기, 수업 중 칠판에 기록한 토의결과 올리기, 조별활동 결과를 올리면 교수의 피드백 또는 학생들의 상호 피드백 제공하기, 결정이 필요한 사항이 있을 때 각자의 의견을 댓글로 올리기, 잠정적 연구주제를 올려서 피드백 받기, 연구개요 올리고 피드백 받아 수정하기, 발표용 PPT 올리고 피드백 받아 수정하기, 출석 현황 알리고 확인받기, 졸업논문으로서의 현장연구보고서 보관 등의 목적으로 사용하고 있다.

6) 훌륭한 분석 결과를 제공해 주신 남현미, 이지은, 김홍래 선생님께 감사드린다.

7) '미러룸'은 2개의 연결된 방으로 구성되며, 조사가 진행되는 방에서는 거울처럼 보이는 창을 통해서 옆방에서 조사 진행 상황을 관찰할 수 있게 만들어진다.

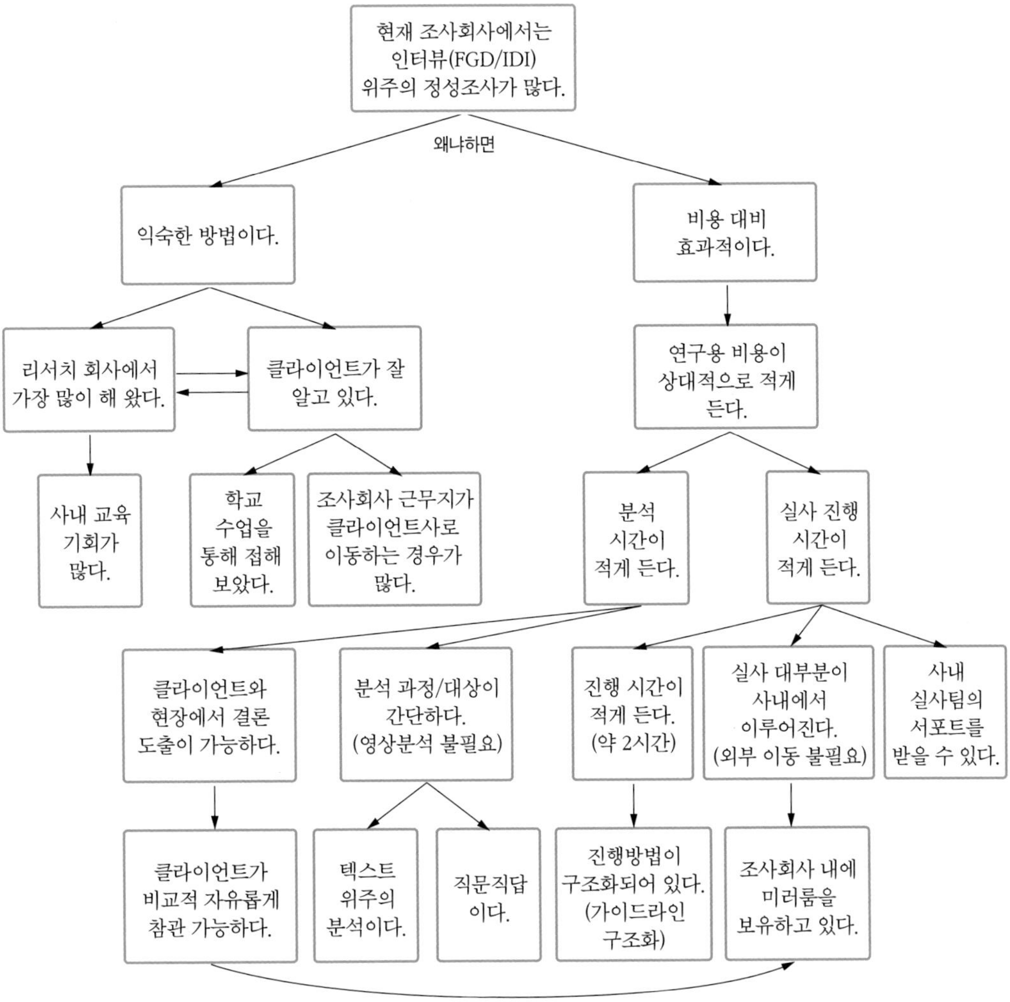

[그림 4-13] '조사회사에서 인터뷰 위주의 정성조사를 많이 하는 이유' 원인연쇄도형

*출처: 남현미, 이지은, 김홍래, "마케팅 에스노그라피 과정" 수업 시 작성함.

4. 여러 명과의 면담/참여관찰 결과를 원인연쇄도형으로 정리하는 사례

원인연쇄분석은 현장연구에서의 장기간의 참여관찰과 여러 명과의 심층면담결과를 종합하는 분석을 하는 데 유용하게 사용될 수 있다. 여기에서는 특정한 현장에서의 현장연구결과와 일상 속에서의 현장연구결과를 종합하는 사례를 각각 제시한다.

1) 지구대(파출소) 현장연구에서 발견한 문제의 복합적 원인 발견을 위한 원인연쇄분석 활용 사례

"현장연구실습" 개별연구 보고서(노지나, 2008)의 일부인 [그림 4-14]는 경기도의 한 지구대(파출소)에서 참여관찰과 심층면담을 한 결과 중 하나로, 여러 명의 지구대 경찰이 업무량이 많다고 인식하는 이유에 대한 원인연쇄분석 결과를 통합적으로 제시했다. [그림 4-14]에서 특히 흥미 있는 부분은 두 차례 제시된 서울과의 관련성이다. 한편으로는 서울의 시스템을 모방했기 때문에 힘들다(파출소 3개의 통합으로 관할 지역이 너무 넓어짐). 다른 한편으로는 서울보다 지원이 부족해서 쉬는 날에도 동원이 많아 힘든데, 이는 (농촌에서는 지구대로 직접 신고하는 일도 많다는 것을 무시하고) 112 신고 건수로 인원을 배

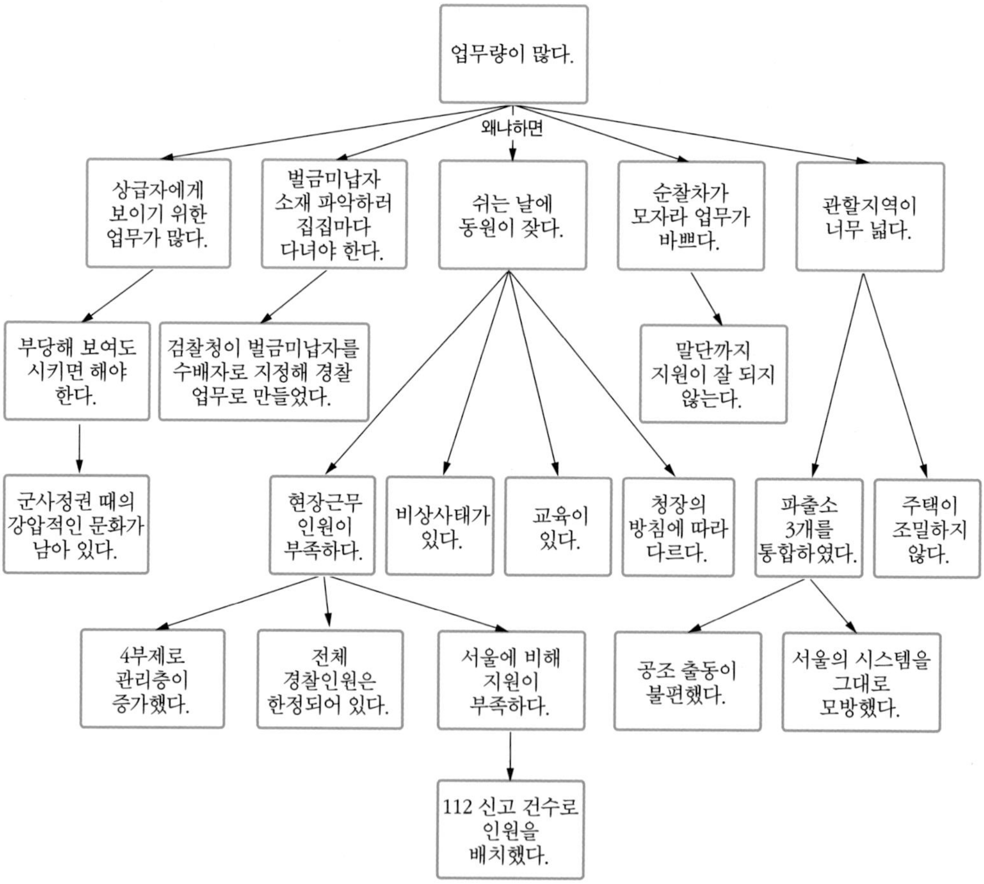

[그림 4-14] '경기도 지구대 경찰들이 업무량이 많다고 인식하는 이유' 원인연쇄도형

*출처: 노지나(2008).

치하기 때문이다. 두 가지 문제 모두 서울과의 근무 환경의 차이는 무시한 채 같은 시스템으로 운영해서 발생한다. 따라서 “112 신고 건수로 인원을 배치했다.”에서 “서울의 시스템을 그대로 모방했다.”로 이어지는 화살표를 추가하면 더 좋을 것이다.

[그림 4-14]는 훌륭한 원인연쇄분석사례이지만, 그림 그리는 방법에서는 개선의 여지가 있다. 첫째, 많은 원인이 제시되어서 지면이 부족해지자, 3단계에 들어갈 “쉬는 날에 동원이 잦다.”와 “관할 지역이 너무 넓다.”의 원인들을 4단계에 그려서 4단계에 들어갈 내용이 5단계로 내려가게 그려져 있다. 이런 경우 각 문장이 들어간 직사각형의 가로를 좁게 하고 세로는 길게 해서 같은 단계로 배치하면 더 보기 좋을 것이다. 둘째, 5단계에 제시된 “4부제로 관리층이 증가했다.”와 “전체 경찰 인원은 한정되어 있다.”라는 2개의 문장은 합쳐서 “전체 인원은 한정되어 있는데 4부제로 관리층이 증가했다.”라고 제시하면 더 명확할 것이다.

2) 대학생의 일상에서의 스마트폰 사용과 인식의 분석을 위한 원인연쇄 분석의 활용

여기에 제시하는 사례는 이용숙, 이수현(2019)의 “삶의 중요한 일부로서의 스마트폰: 직장인 · 대학생 대상 설문조사와 여자대학생 대상 현장연구”에 제시된 원인연쇄도형 중 하나를 개선하여 제시한 것이다. 이 연구에서는 대학생들이 거의 항상 스마트폰을 손에 들고 있거나 손이 쉽게 닿는 곳에 두고 있을 정도로 스마트폰이 이들의 삶에 밀착되어 있음을 발견하였다. 우선 스마트폰 사용 시간 설문조사 결과를 보면, 하루 5시간 이상을 사용한다는 대학생이 40.5%(여학생 57%, 남학생 34%)였고, 9시간 이상 사용도 18%(여학생 24%, 남학생 12%)나 되었다.

이처럼 사용 시간이 많다는 것은 스마트폰 사용이 비의도적이거나 무의식적인 경우도 많음을 의미한다. [그림 4-15]는 대학생들이 비의도적/무의식적으로 스마트폰을 사용하는 경향이 왜 생기는지에 대한 참여관찰, 면담, 설문조사 결과를 통합하여 원인연쇄도형으로 정리한 것이다. [그림 4-15]에서 보듯이, 이런 현상은 첫째, 다른 ‘주 행위’를 하면서도 스마트폰의 사용이 동시에 이루어지는 습관을 갖는 경우가 많기 때문이다. 이는 스마트폰 사용이 재미있어서이기도 하지만, 이들이 어려서부터 사용해 온 스마트폰에 익숙하고, 스마트폰이 손안에 쏙 들어오는 크기라서 다른 일을 하면서도 사용하기 쉽다는 점이 스마트폰을 ‘다른 주 행위’와 동시에 사용하는 습관을 갖게 한다.

둘째, 이들이 "잠깐을 때우기 위해서" 스마트폰을 사용하는 경우가 많으며, 이런 목적으로 시작한 짧은 '주 행위'로서의 스마트폰 사용이 때로는 자신도 모르게 장시간 계속되면서 '거의 무의식적인' 사용을 하게 되기 때문이다. SNS의 발달로 가볍게 즐길 수 있는 콘텐츠가 급증한 스마트폰의 사용은 재미있을 뿐 아니라, 부팅이라는 준비단계가 필요 없는 스마트폰의 간편함이 '본격적이지 않다'라는 느낌을 주어, 거슬림 없이 가볍게 하고 싶은 것을 해도 될 것 같은 마음이 들게 하기 때문이다. 대학생들은 "시간의 틈을 채운다."라는 표현으로 스마트폰을 '시간 때우기'의 용도로 사용하는 경우가 많았는데, 이는 이들이 '멍 때리며 시간을 보내기보다는 다른 행위로 그 시간의 틈을 때워야 한다.'는 생각을 가짐을 의미한다. 즉, 자투리 시간이 있을 때 '멍 때리기'를 한다면 시간을 헛

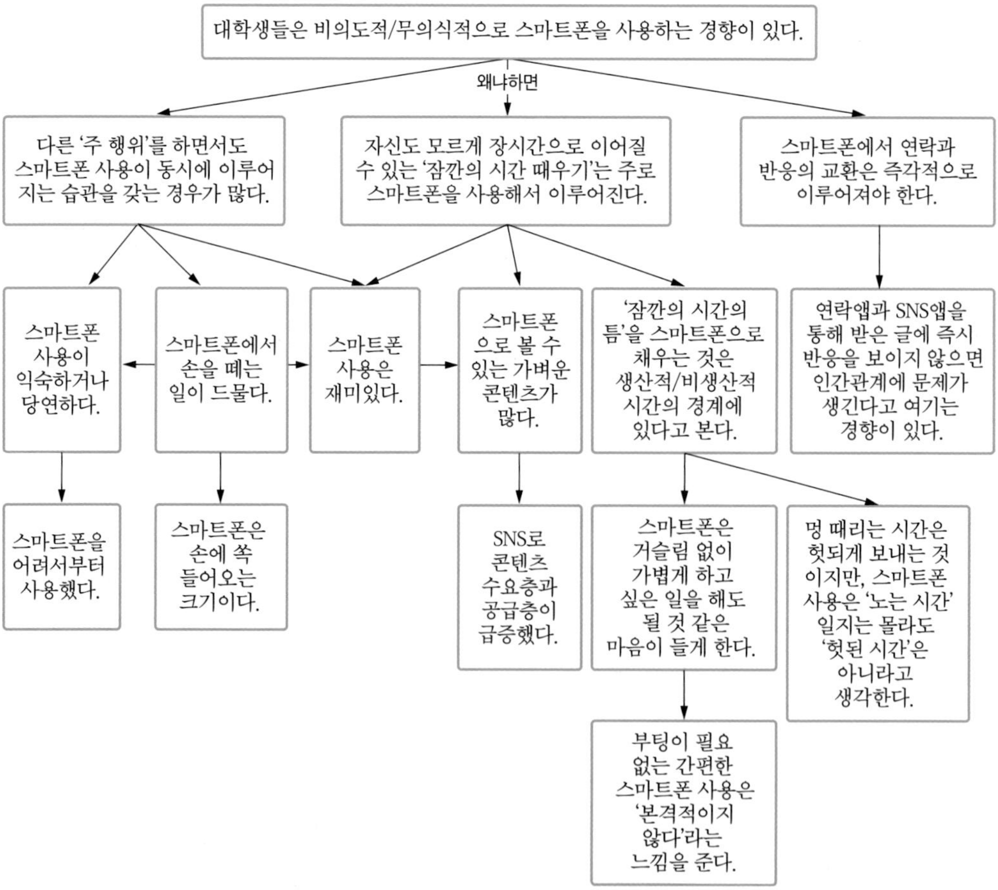

[그림 4-15] **'대학생들이 비의도적/무의식적으로 스마트폰을 사용하는 경향'의 원인연쇄도형**

*출처: 이용숙, 이수현(2019), p.231에 제시된 그림을 개선한 것임.

되이 보내는 것이지만, 스마트폰을 사용한다면 '노는 시간'일지는 몰라도 '헛된 시간'은 아니라고 여기는 것이다. 이처럼 잠깐의 시간의 틈을 스마트폰으로 채우는 행위는 이들이 인식하는 '생산적인 시간'(예: 본격적인 공부시간)과 '비생산적인 시간'(예: 아무것도 안 하고 멍 때리는 시간)의 중간에 있어, 생산적/비생산적 시간의 경계를 모호하게 만드는 효과가 있다.

셋째, 스마트폰 연락앱과 SNS앱을 통해 인간관계를 맺는 일이 일상화되면서 연락과 반응의 교환이 즉각적으로 이루어지게 된 것도 스마트폰을 자기도 모르게 사용하게 되는 원인이다. 대학생 대다수는 스스로 원해서든 소외되거나 이슈에 뒤처지지 않아야 한다는 강박을 느껴서든 간에 SNS 활동을 하고 있다. 이들 중 상당수, 특히 여자대학생들은 연락앱이나 SNS를 통해 받은 글에 즉시 반응을 보이지 않으면 인간관계에 문제가 생긴다고 여기고 있었다.

이러한 [그림 4-15]에서의 3개의 직접적 원인(1차적 원인) 중에서 두 번째 원인과 관련해서는 두 가지 논의가 필요하다. 하나는 시간의 "틈"을 채우려고 시작한 스마트폰 사용이 자신도 모르게 "많은 시간을 보내는 '본격적인' 활동"으로 바뀌어 버리는 일이 많다는 점이다. 많은 대학생이 이를 인식하고 이로 인해 걱정도 하지만, 스마트폰이 없으면 불안감까지 든다는 것이 여러 차례 언급되었다. 또 하나는 '멍 때리는 시간'이 과연 비생산적인 시간인가에 대해서는 논의가 필요하다는 점이다. 참여관찰과 면담결과 대학생들은 '멍 때리는 시간'을 아깝게 생각하여 모든 자투리 시간에 스마트폰을 사용하려는 경향을 보였다. 하지만 '멍 때리는 시간'은 결국 '혼자서 생각하는 시간'인 경우가 많으며 혼자서 생각하는 시간이 없으면 사고력이 약해질 수밖에 없다는 점에서, '멍 때리는 시간'은 '독서시간' 못지않게 중요하다고 볼 수도 있다. 이런 점에서 스마트폰의 사용 이후 소요시간에 변화가 있었던 활동 설문조사 결과, 소요시간이 줄어든 활동 중에서도 1순위가 '혼자서 생각하는 시간'이었다는 점은 우려할 만하다고 하겠다.

5. 현장연구 결과를 원인연쇄도형으로 요약 · 정리하는 사례

여기에 제시하는 사례는 『낯선 곳에서 나를 만나다』(한국문화인류학회 편, 2006)에 12쪽에 걸쳐 소개된 '회사에 간 인류학도'(데이비드 매커시와 도나 칼슨)의 내용을 필자가 원인연쇄도형으로 요약한 것이다. 인류학과 출신의 여성 직장인 수잔이 처음 창고 근무 매니저로 승진했을 때 당면한 어려움을 인류학의 현장연구 방식을 적용해 해결한 사례다.

[그림 4-16]은 UTC 직할점(대리점)의 교재우송 서비스가 형편없다고 생각하는 이유를 종합적으로 보여 주고 있다. [그림 4-16]에서 문제해결을 위해 주목해야 할 것은 3단계에 제시된 항목들 모두 여러 화살표가 모인 중요한 원인이라는 점이다. 즉, "컴퓨터상에

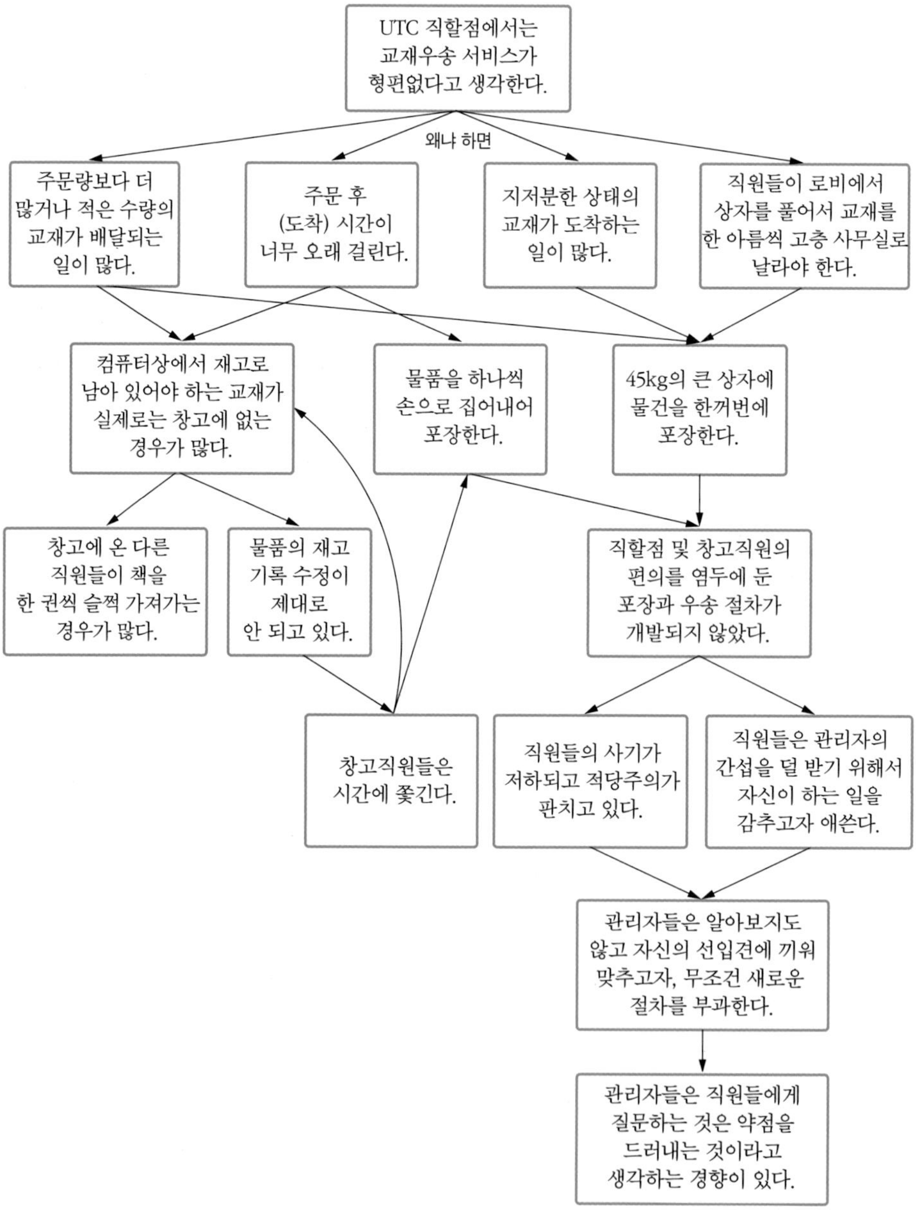

[그림 4-16] 'UTC 직할점의 교재우송 서비스가 형편없다고 생각하는 이유' 원인연쇄도형

*출처: 이용숙(2015), p.286에 제시된 그림을 더 보기 좋게 만든 것임.

서 재고로 남아 있어야 하는 교재가 실제로는 창고에 없는 경우가 많다."에는 3개, "물품을 하나씩 손으로 집어내어 포장한다."에는 2개, "45kg의 큰 상자에 물건을 한꺼번에 포장한다."에는 3개의 화살표가 모이고 있다. 수잔은 교재를 5~10권씩 '수축 랩'(빽빽이) 포장을 해서 창고에 보관했다가 주문을 받으면 최대 11kg의 작은 상자에 몇 묶음씩만 넣으면 되는 방식으로 포장방법을 개선함으로써 이런 문제들을 일거에 해결할 수 있었다.

이처럼 원인연쇄도형은 연구결과를 독자가 이해하기 쉽게 요약하는 용도로도 사용할 수 있다. 긴 설명만 제시하는 것보다 이런 도형들을 함께 제시함으로써 이해도를 높일 수 있다. 다른 한편으로는 연구자가 기술한 내용 중 중요한 것이 빠지지는 않았는지 확인하는 기회를 제공한다는 장점도 있다.

이 책의 제I부에서 소개한 분석방법들을 다양한 상황에서 가르치면서 발견한 것은 교사나 교수, 연구원, 기업체 직원, 학생 등 다양한 배경을 가진 사람들 모두 다른 분석방법들에 비해서 원인연쇄분석방법을 쉽고 빠르게 배우는 경향이 있고, 그 효용성에 대한 인정도 빠른 편이라는 점이다. 이 책의 독자들도 원인연쇄분석을 다양하게 활용할 수 있을 것이다. 다만 빠른 습득을 하면서도 정확한 분석이 가능하도록 하는 것이 중요하다. 따라서 여러 차례 실습을 해 보고, 실습결과인 원인연쇄도형을 본인만이 아니라 다른 사람에게도 검토를 받아서 정확성을 확인하면 좋을 것이다.

■ 안내된 실습 ■

실습결과에 대한 피드백을 쉽게 받을 수 있도록, 원인연쇄분석 실습은 2명씩 수행하는 것으로 구성했습니다. 협동 실습이 가능하지 않은 상황이라면 혼자서도 할 수 있습니다. 짝과 실습을 할 때, 앞 단계는 혼자서 할 것을 권합니다. 혼자서도 원인연쇄도형을 그릴 수 있는 것이 중요하기 때문입니다. 짝과는 같은 주제를 선택해도 좋고, 서로 다른 주제를 선택해도 좋습니다. 실습은 다음의 단계를 따라서 합니다.

[1단계] 주변의 주목할 만한 상황이나 현상 하나를 정해서 문장으로 적습니다. 개인적인 상황이라면 다음의 예와 같이 본인이 분석하고 싶은 것으로 자유롭게 정하면 됩니다

[예: "내가 스마트폰을(다른 제품으로 해도 됨) 구매할 때 가장 중시하는 것은 편의성/디자인/가능/가격(자유롭게 선택)이다." "최근에 개발된 새로운 전자제품 중 가장 유용한 것은 스타일러/의류건조기/로봇청소기/에어프라이어라고 생각한다." 사회현상으로 실습을 한다면 새로 자료조사를 할 시간은 없으므로 이미 어느 정도 알고 있는 흥미 있는 현상을 선택해야 분석을 시도할 수 있을 것입니다.

[2단계] 선정된 문장을 백지의 위쪽에 적고 그 아래로 직접적인 원인과 중간 원인, 근본 원인 등을 적어 나가면서 화살표로 연결합니다.

[3단계] 원인연쇄도형이 완성되면 가장 아래 문장부터 시작해서 '따라서'라는 말로 두 문장씩 연결해 보고, 논리적으로 틀렸다면 수정합니다.

[4단계] 모든 단계의 문장들 사이에 인과관계가 있는데도 화살표가 빠진 곳이 있는지 찾아보고, 필요하면 추가합니다.

[5단계] 짝으로 실습 활동을 했다면, 검토 활동은 함께합니다. 각자 실습한 후 3단계와 4단계의 검토는 함께해서 정확하고 누락이 없는 원인연쇄도형을 완성합니다.

[6단계] 완성된 원인연쇄도형을 다시 보면서 이를 통해 어떤 발견을 했으며 이는 어떤 의미인지 해석과 논의를 해 봅니다. 둘이서 함께 하는 경우, 이 부분은 토의를 한 후에 각자 적는 것도 좋습니다.

05 계획분석과 시간구조분석[1)]

계획분석(plan analysis)은 사람들이 앞으로 할 일에 대해, '그 일을 어떤 과정을 거쳐서 할 생각이며, 각 과정은 어떠한 하위과정으로 이루어지는지' 그림(계획분석도형)으로 나타내는 것이다. '시간구조분석(과정분석)[2)]'은 그 일의 실행과정을 관찰하여, '실제로 그 일이 어떤 과정과 하위과정을 거쳐서 이루어졌으며, 각 과정에 사용한 시간은 얼마나 되는지를' 그림(시간구조도형)으로 나타내는 것이다. '시간구조도형'은 '계획분석도형'에 시간 요인만 더 넣어서 변형시킨 것이므로, 두 가지 분석방법을 함께 소개한다.

I 계획분석과 시간구조분석의 개념

1. 계획분석과 분류체계분석의 차이

'언어화한 행동계획(verbal action plan)'이라고도 불리는 계획분석은 심층면담 분석방법 중 하나로, 사람들이 중요한 일을 어떠한 과정을 거쳐서 어떻게 하는지의 분석에 유용하다. 계획분석이 참여관찰/서술적 관찰 결과의 분석에 사용될 수 없는 것은 아니다. 예를 들어, 학생들이 각자의 시험공부 방법을 공유하는 장면이 관찰되었다면 그 대화 내용을 계획분석방법으로 분석할 수 있다. 그러나 자연적인 대화에서는 보통 상세한 절

---

1) 이 장의 내용 중 일부는 필자(2005)의 『교육인류학: 연구방법과 사례』와 필자(2007)의 "수업구조 분석법과 실제학습시간분석법 재개발연구"(열린교육연구 15(2), 21-49), 그리고 필자(2011b)의 "우수수업상 수상 교수의 수업 유형과 특성에 대한 문화기술적 연구"(교육방법연구, 23(1), 175-211)를 바탕으로 작성되었다.

2) '시간구조분석(time structure analysis)'은 필자가 서술적 관찰 결과의 분석을 위해서 '계획분석'을 변형시켜서 개발하면서 만든 용어다. 6개 국가 초등학교의 교과서와 수업을 비교한 이용숙 외(1986)의 연구에서 이 분석방법이 중요하게 사용되었다. 초기에는 '과정분석'이라는 용어를 사용했다. 하지만 '활동/하위 활동의 구조'와 '활동별 시간 사용'이라는 요소의 중요성이 점차 중요하게 여겨지면서, '시간구조분석'으로 명칭을 바꾸었다. 시간구조분석이 적용되는 맥락에 따라서 '수업구조분석', '워크숍구조분석' 등의 명칭을 사용할 수도 있다.

차까지 이야기하지는 않고, 중간 과정이 빠지는 경우도 많다. 따라서 체계적인 분석을 위해서는 심층면담을 병행하여 자료를 보완할 필요가 있다. 프로젝트 계획, 행사계획, 수업계획, 놀이계획 등 계획분석의 대상이 될 수 있는 주제에 대한 심층면담을 하면서 계획분석을 하면, 모든 과정의 상세한 절차에 대한 정보를 수집할 수 있다. 또한, 1차 면담의 결과를 계획분석하면 빠진 곳이 쉽게 발견되어, 2차 면담에서 더 상세한 질문을 할 수 있다.

계획분석은 Werner와 Schoepfle(1987)이 분류체계분석방법을 변형시켜서 개발하였다. 분류체계분석으로도 정보제공자가 어떤 일을 할 때 거친다고 생각하는 과정이나 구성요소들을 분석하는 것은 가능하지만, 각 과정의 연결까지 분석하기는 어렵다. 특히 두 가지 이상의 과정이 동시에 이루어지거나 하나를 선택해야 한다면 그 표현이 불가능하다. 예를 들어, '공연을 위해서 할 일'에 관한 공연 담당 직원과의 면담결과 중 일부를 분류체계분석을 한 [그림 5-1]과 계획분석을 한 [그림 5-2]를 비교해 보자.

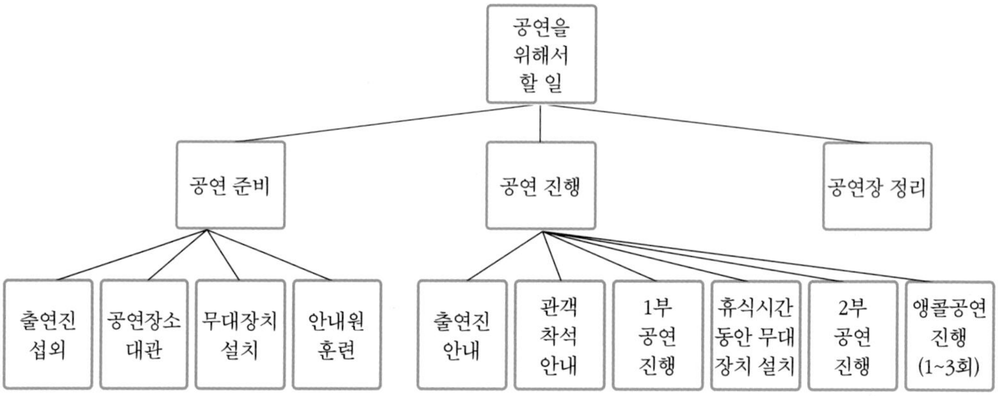

[그림 5-1] '공연을 위해서 담당 직원이 할 일'의 분류체계분석 결과

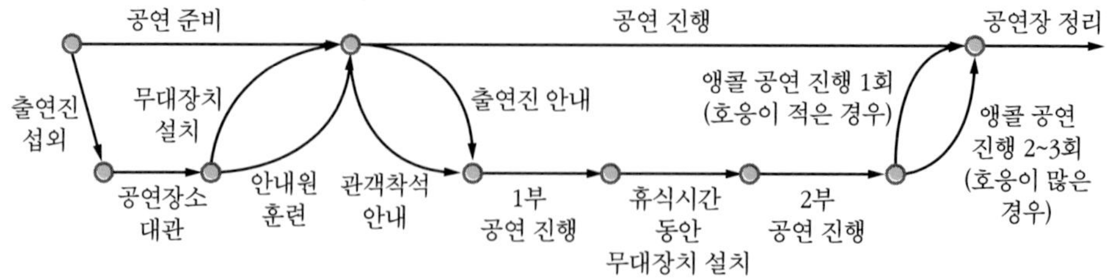

[그림 5-2] '공연을 위해서 담당 직원이 할 일'의 계획분석 결과

[그림 5-1]의 분류체계분석도형은 마디와 선만을 사용하여 공연을 위해서 할 일의 각 단계가 어떤 하위단계들로 구성되어 있는지와 순서만 표시할 수 있다. 이에 비해 [그림 5-2]의 계획분석도형으로는 공연을 위해서 할 일의 각 단계와 하위단계가 어떻게 연결되어 있는지 더 잘 표현된다. 또한, '무대장치/안내원 훈련'이나 '출연진 안내/관객 착석 안내'처럼 두 가지 과정이 동시에 이루어지거나 '앵콜공연 1회/앵콜공연 2~3회'처럼 둘 중 하나가 선택되는 상황이 있는 경우, 2개의 마디를 곡선으로 이어 줌으로써 시각적으로 잘 보이도록 나타낼 수 있다.

2. 시간구조분석(과정분석)과 계획분석의 차이

'계획분석'은 행동계획을 한눈에 보게 해 주지만, 처음에 면담결과 분석을 위해 개발된 것이라(Werner & Schoepfle et al., 1979) 행동/사건의 순서 개념만 도입되고 시간 개념은 도입되지 않았다는 한계를 갖고 있었다. 이로 인해 각 행동/사건의 시간 배분이 중요한 서술적 관찰[3] 결과의 분석에는 적용하기 힘들었다. 따라서 필자는 '계획분석'을 변형시켜 행동/사건을 나타내는 화살표의 길이를 소요시간에 비례하게 함으로써 시간 개념을 도입한 '시간구조분석(과정분석)'방법을 개발하여, 1986년부터 수업관찰이 포함된 연구에 사용해 왔다(이용숙 외, 1986). 이후 Werner와 Schoepfle(1987)의 『체계적 현장연구(Systematic Fieldwork)』에서도 언어화한 행동계획(verbal action plan)을 도형화할 때 화살표의 길이를 시간에 비례하게 그리면 시간 요소도 포함할 수 있음을 언급했다(vol. 2, p.121). 이러한 시간구조분석은 사건, 행사, 회의, 놀이, 일상 등 각 과정/세부 과정의 사용 시간 분석이 중요한 연구에서 특히 유용하다.

시간구조분석으로 그린 '시간구조도형'은 '계획분석도형'과 같이 마디와 화살표를 사용하므로 겉보기에는 계획분석과 비슷해 보인다. 그러나 각 마디에는 이어지는 화살표의 활동이 시작되는 시간을 기록하며, 각 화살표의 길이를 실제 사용된 시간과 비례하게 그리는 것이다. 이는 각 활동의 소요시간을 시각적으로 쉽게 비교하기 위한 것이다. 시간구조도형을 그릴 때는 1cm가 몇 분인지 정해서 마디에 시간을 쓰고, 마디와 마디를 잇는 화살표의 가로 길이가 시간에 비례하도록 한다. 다만 화살표를 상위단계 활동

3) 서술적 관찰에서는 연구현장에서의 연구자의 참여는 최소화하는 대신 관찰 내용을 매우 상세하게 기록하고, 되도록 시간 사용도 기록한다.

과 하위단계 활동의 연결을 위해서 사선으로 그릴 때는 [그림 5-3]과 같이 '화살표의 길이'가 아닌 '상위 마디와 하위 마디 사이의 수평거리'가 시간에 비례하도록 한다.

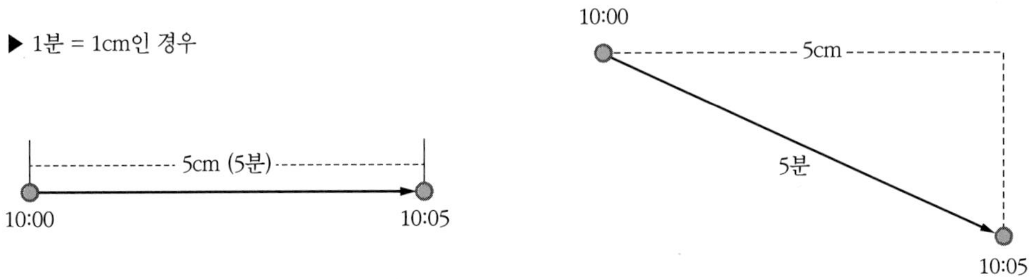

[그림 5-3] '시간구조도형'에서의 화살표의 길이와 사용된 시간과의 관계

예를 들어, '읽기 공부'의 시간구조도형은 [그림 5-4]와 같다. 상위 선은 국어 수업의 전체적 윤곽을 나타내고, 중위 선은 각 활동이 어떻게 이루어졌는가를 사용된 시간과 함께 나타낸다. 각 수업 활동의 하위 활동은 필요에 따라 하위 선으로 계속 상세화시켜 줄 수 있다. 따라서 수업 전체의 대략적 흐름과 세부 활동이 한꺼번에 나타나게 된다.

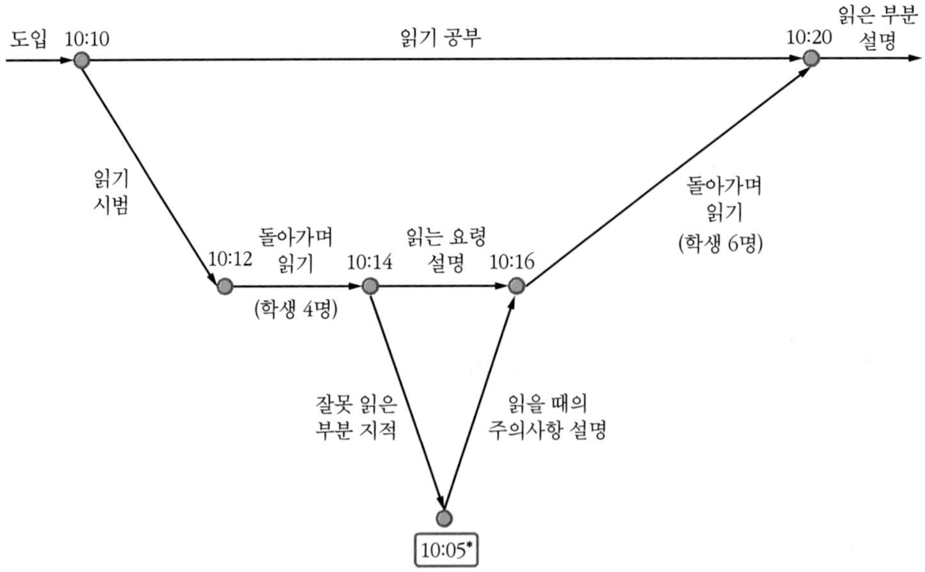

*연구자가 시간을 정확히 기록하지 못한 경우에는 추정 시간을 쓰고, 네모를 둘러 표시한다.

[그림 5-4] '읽기 공부'의 시간구조도형

10시 10분부터 20분까지의 '읽기 공부'를 화살표 1cm가 1분을 나타내도록 그린 [그림 5-4]에서 '읽기 공부'의 하위단계는 '읽기 시범(2분) → 돌아가며 읽기(2분) → 읽는 요령 설명(2분) → 돌아가며 읽기(4분)' 등 네 가지 활동으로 연결되어야 한다. 이때 각각 2분씩인 '돌아가며 읽기'와 '읽는 요령 설명' 활동의 화살표는 수평이므로, 화살표 길이도 각각 2cm씩으로 그린다. 그러나 '읽기 시범'은 같은 2분이라도 사선으로 화살표를 그려야 한다. 따라서 [그림 5-5]처럼 10시 12분 마디에서 위의 '읽기 공부'로 수직선을 그어 만나는 지점과 10시 10분 마디의 사이가 2cm가 되도록 한다. 마찬가지로, 두 번째의 '돌아가며 읽기'는 10시 16분을 나타낸 마디에서 '읽기 공부'로 수직선을 그어 만나는 지점과 10시 20분 마디의 사이가 4cm가 된다.

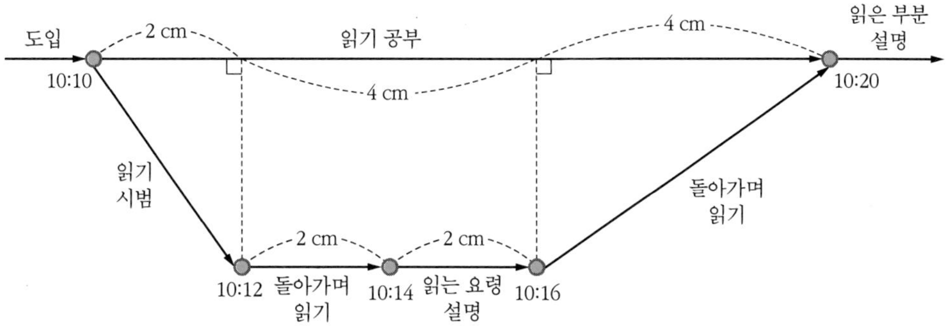

[그림 5-5] [그림 5-4]의 설명

한편, [그림 5-4]에서는 일부 활동의 아래에 행위자가 누구인지를 '(학생 4명)', '(학생 6명)'등으로 나타내고 있다. 행위자가 누구인지는 '어린이들의 놀이'처럼 행위자들 간 상호작용의 분석이 중요한 주제의 연구에서는 도형의 모든 화살표 밑에 포함할 필요가 있다. 그러나 우리나라의 일반적인 수업처럼 행위자는 대부분 교사이고 어쩌다가 교사가 지명한 학생이 주요 행위자가 되는 정도라면 굳이 포함하지 않아도 된다. 큰 의미도 없이 도형만 복잡해지기 때문이다. 대신에 앞의 [그림 5-4]처럼 필요한 곳에만 '(학생 4명)'과 같이 행위자가 누구인지도 표시해 주면 충분하다.

Ⅱ 시간구조도형을 그리는 방법[4)]

시간구조분석은 관찰한 수업/행사/활동의 흐름을 '마디'와 '길이가 사용 시간에 비례하는 화살표'를 이용한 '시간구조도형'으로 만드는 것이다. 이 절에서는 수업구조도형의 사례를 가지고 시간구조도형 그리는 방법을 설명하도록 한다.

1. 활동 개요(수업/워크숍의 개요 등)를 만들어서 시간구조도형 그리기

수업, 워크숍, 회의, 행사, 놀이 등을 관찰했다면 한 단위의 수업이나 행사 등이 어떤 활동과 하위활동들로 구성되었으며, 각 활동에는 얼마나 많은 시간이 사용되었는가를 일목요연하게 개요로 나타낼 수 있다. 서술적 관찰을 하는 것이 가장 좋지만, 녹음자료만 있어도 활동 개요를 만드는 것이 가능하다. 녹음자료를 들으면 활동의 구성과 세부 활동별 사용 시간을 알 수 있기 때문이다. 활동 개요는 다음의 질문에 답하는 방식으로 한 단계씩 만들어 나가면 된다.

시간구조분석(과정분석)을 위한 '활동 개요' 만들기의 단계

1. 관찰한 수업(또는 워크숍/행사/놀이 등)에서 이루어진 활동들을 크게 몇 개의 묶음으로 나눌 수 있는가?
2. 각 묶음의 활동을 몇 개의 세부적인 활동으로 나눌 수 있는가?
3. 이를 더 세분된 하위활동으로 나눌 여지는 없는가?
4. 각 활동을 목차 형식의 리스트로 나열하고, 각 리스트 뒤에 시작한 시간과 끝난 시간을 적어서 전체 진행과정의 개요를 만들 수 있는가?
5. 개요에서 하위단계에만 시간을 적고, 상위단계에는 시간 적는 것을 빠뜨린 곳은 없는가?

서술적 관찰 자료를 토대로 이와 같은 과정을 거쳐서 만든 손정식 교수의 "현실경제의 이해" 수업[5)]의 개요 사례를 살펴보도록 하자.

---

4) 이 절과 다음 절의 내용 중 일부는 필자(2007)의 "수업구조분석법과 실제학습시간분석법 재개발연구"(열린교육연구, 15(2), 21-49)와 필자(2011a)의 "대학 수업 개선을 위한 자기 수업 분석방법 개발연구"(열린교육연구, 19(1), 1-34)를 바탕으로 작성하였다.

5) 이 사례는 '우수수업상' 수상 교수인 한양대학교 손정식 교수의 교양과목 수업으로, 2011년에 관찰되었다.

◎ "현실경제의 이해" 수업의 활동 개요(총 수업시간: 9시 1분~10시 48분〈103분〉)

I. PPT 준비(9:01~9:05)
II. 도입(9:05~9:15)
  1. 노동에 대한 세 가지 정의(9:05~9:09)
  2. 예시를 통한 노동의 이야기(9:09~9:11)
  3. 학생들에게 일에 대한 조언(9:11~9:12)
  4. 교수와 축구에 관한 예시(9:12~9:15)
III. 강의 I: 매몰비용 · 생산비용 · 한계비용(9:15~9:42)
  1. 오늘 배울 것에 관한 전체적 설명(9:15~9:16)
  2. 매몰비용(9:16~9:23)
    ① 이론(9:16~9:17)
    ② 부동산과 주식을 통한 예시(9:17~9:23)
  3. 생산비용(9:23~9:28)
  4. 한계비용(9:28~9:42)
    ① 이론(9:28~9:32)
    ② 성적 예시(9:32~9:33)
    ③ 한계비용과 평균비용의 관계(9:33~9:34)
    ④ 한계비용의 적용(9:34~9:42)
IV. 다수의 개별 학생과의 오늘 배운 내용에 대한 문답을 통한 적용과 복습(9:42~10:03)
V. 현실사회 적용에 대한 문답과 설명(10:03~10:26)
  1. 지하철 광고문제 제시와 질의응답을 통한 설명(10:03~10:15)
  2. 공항철도 문제의 해결을 위하여 아사히야마 동물원에서 창의적 생각으로 문제를 해결하는 사례 제시(10:15~10:23)
  3. 경쟁력 확보를 위해서 공항철도 문제를 창의적으로 접근하는 사례 제시(10:23~10:25)
  4. 에버랜드 사파리 운전기사의 업무태도 사례 제시(10:25~10:26)
VI. 강의 II: 독점(10:26~10:43)
  1. 독점 이론에 관한 설명(10:26~10:27)
  2. 상품 범위 설정에 따른 독점 여부(10:27~10:33)
  3. 독점과 정부의 관계(10:33~10:37)
  4. 독점은 나쁜 것인가? 독점에 대한 시각 재정립(10:37~10:43)
VII. 출석 부르기로 수업 끝냄(10:43~10:48)

이처럼 사용 시간까지 포함하는 활동 개요가 있으면 수업구조도형을 쉽게 만들 수 있다. 또한, 학습기회가 아니었던 활동에 사용한 시간을 계산하여 전체 수업시간(수업이 시작한 시간부터 끝나는 시간까지)에서 빼는 방법으로 '학습기회시간'도 구할 수 있다. 시간구조도형은 다음의 단계를 따라서 그린다.

시간구조도형(수업구조도형) 그리기의 단계

1. **방안지(그래프지, 모눈종이) 또는 컴퓨터를 준비하고, 1cm를 몇 분으로 할 것이지 정한다.** 일반적으로는 방안지 1cm 안에 가는 선이 5개 들어 있어서 한 칸이 1분이 되게 그릴 수 있으므로, 1cm를 5분으로 정하는 것이 편리하다.
2. 방안지의 **굵은 가로 선 첫째 줄에 가장 상위단계의 활동만을 우선 화살표와 마디로 그린다**. 화살표에는 각 활동의 이름(또는 번호)을, 마디에는 시간을 쓴다. 이때 각 화살표의 길이는 위에서 정한 비율대로 사용 시간에 비례하게 한다. 상위단계만 먼저 그리는 것은 실수가 있는 경우에 다시 그리더라도 이로 인한 시간 낭비를 최소화하려는 것이다. 예를 들어, 다음과 같이 그린다.

3. 상위단계 한 개씩 그림을 완성해 나간다. 우선 바로 아래 단계의 활동은 첫 번째 굵은 가로 선보다 5cm 아래에 있는 두 번째 굵은 가로 선에 표시한다. 이 단계의 활동이 몇 개로 나누어졌는지에 따라서 활동의 수보다 하나 적은 수의 마디를 시간에 비례하는 위치에 표시한다(예를 들어, 10분이 사용된 활동이라면 앞의 마디에 비해서 2cm 오른쪽에 표시한다). 다음에는 마디와 마디를 잇는 화살표를 그려 준다. **이때 주의할 점은 하위단계의 활동 중 첫 번째 활동은 상위단계가 시작되는 마디로부터 화살표가 시작되어야 하며, 마지막 활동은 상위단계가 끝나는 마디로 화살표가 이어져야 한다는 것이다.**

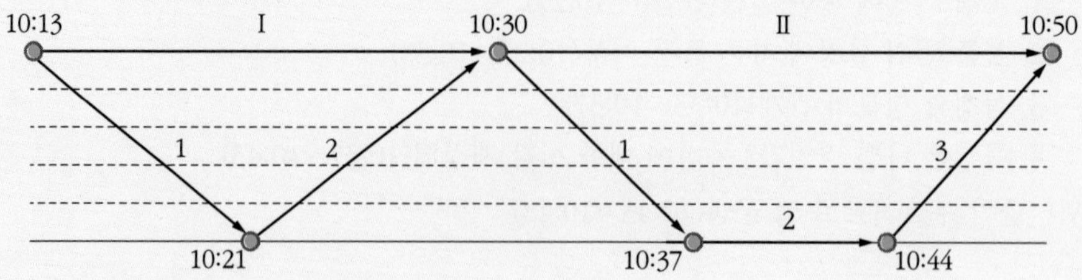

4. 첫 번째 하위단계의 마디와 화살표를 다 그린 후에는, 각 하위단계보다 더 아래의 하위 단계 역시 같은 방법으로, 5cm 아래의 세 번째의 굵은 가로 선에 마디와 화살표로 나타내 준다.

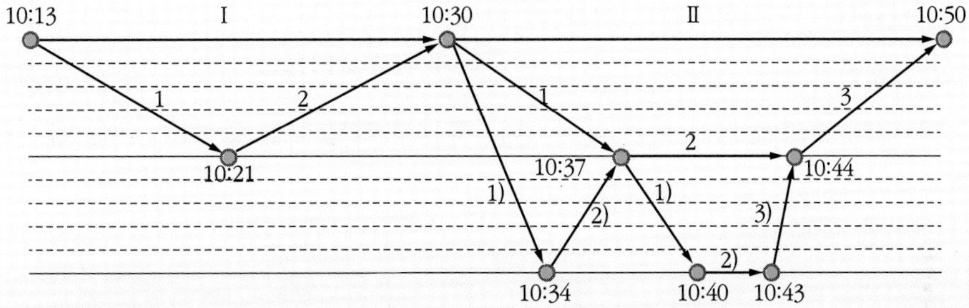

5. 그림이 완성되면 수업개요와 비교하여 빠진 곳이 없는지 점검한다. 모든 화살표에 활동의 이름이 적혀 있고 마디에는 모두 시간이 적혀 있는지 확인하여, 빠진 곳이 있으면 채워 넣는다.

[그림 5-6]은 앞에 제시한 "현실경제의 이해" 수업의 개요를 앞의 과정을 거쳐서 수업구조도형으로 나타낸 것이다. 지면이 제한되는 경우, 이처럼 수업 활동은 번호로 표시하고 수업개요와 함께 제시하면 된다.

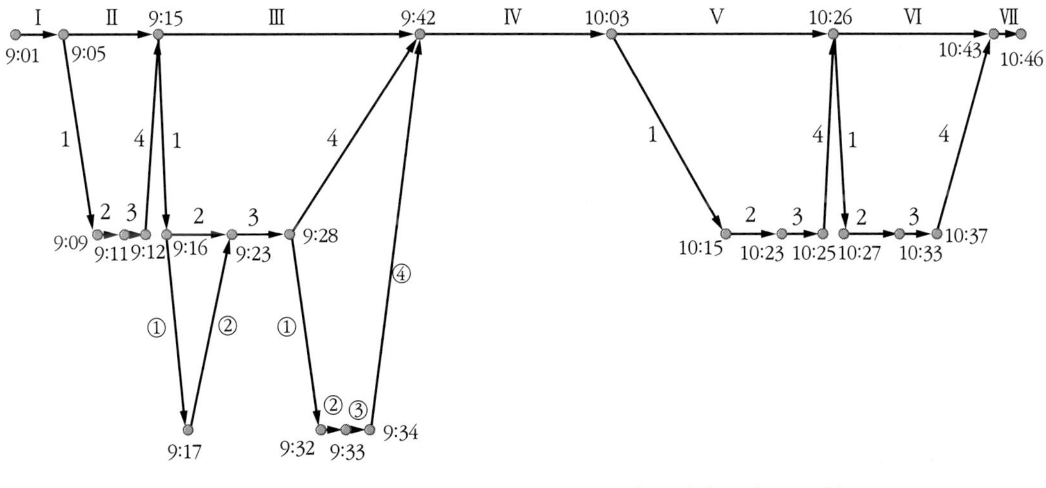

[그림 5-6] 손정식 교수의 "현실경제의 이해" 수업의 수업구조도형

이러한 시간구조도형 만드는 방법만 알면 누구든지 자신의 수업/행사/활동 등의 녹음 파일을 가지고 활동의 개요와 시간구조도형을 만들어, 성찰과 앞으로의 개선에 활용할 수 있다.

2. 수업구조도형 그리기의 장점

수업개요만 있어도 상당한 수준의 분석이 가능한데도 불구하고 수업구조도형을 그리는 것은 여러 가지 장점이 있기 때문이다. 우선 수업 분석을 할 때는 다음 네 가지 장점이 있다.

수업구조도형을 사용하는 수업 분석의 장점

① 수업구조도형을 그리기 위해서는 모든 활동을 무조건 화살표로 만들어 수평적으로 나열할 수는 없다. 수업 활동들을 큰 활동과 이에 포함되는 작은 활동으로 나누어 주어야 하므로, 연계된 수업 활동들을 어떻게 하나의 큰 단위로 묶을지 생각하게 된다.
② 상위단계와 하위단계를 나누면서도 화살표로 연결하여 그림을 그리는 과정에서 각 수업단계가 어떤 하위단계로 구성되었는지 분석하게 된다.
③ 화살표 길이의 차이로 인해서 각 활동의 시간 배분 차이가 더 강하게 느껴지므로, 수업에서 시간 배분이 갖는 의미에 대해 중점을 두고 분석하게 된다.
④ 활동의 전환이 있을 때마다 마디로 표시하고 시간을 기록하게 되므로 활동의 전환이 분명한가와 그 효율성에 관심을 더 가지게 된다.

또한, 수업컨설팅을 할 때도 수업구조도형 사용이 다음과 같이 더 유리한데, 이는 대부분 시각적 효과 때문이다.

수업구조도형을 사용하는 수업컨설팅의 장점

① 수업 전체의 구조를 보여 주는 그림을 가지고 대화를 나누기 때문에 교수/교사와 수업컨설팅 담당자 모두가 전체 수업 조직을 이해하면서 의사소통을 하게 된다.
② 그림으로 문제나 대안을 보여 줄 수 있으므로 의사소통이 쉽고 속도가 빠르다.

수업구조도형의 이러한 장점을 살려서 "현실경제의 이해" 수업의 특징을 살펴보자. 이 수업에서는 각 주제를 다룰 때 먼저 1단계인 강의 부분 자체를 '개관', '세부내용의 이론적 설명', '예시와 이론의 적용'의 세 부분으로 나누어서 충분한 학습이 이루어지도록 하고 있다. 다음에는 수강생 100여 명 중에서 30여 명을 지명하여 학습 내용에 대한 구두 테스트 성격의 질문을 함으로써 학생들이 긴장하여 공부하게 만든다. 이어서 이론의 적용 관련 질문을 하고, 학생의 답에 관한 부가적 설명으로 더 깊이 이해시킨다. 즉, **'이론+예시+문답형식의 복습+문답형식의 심화학습'** 과정으로 하나의 주제를 3~4회 반복하여, 학생들이 이해는 물론 어느 정도 암기까지 하도록 한다. 여러 수업방법을 나열식으로 사용하는 것이 아니라 잘 연계가 되도록 사용하는 것이다. 이처럼 매우 훌륭한 수업이지만 수업컨설팅 기회가 있다면, "수업의 다양성과 학생들의 적극적 참여를 가능한 한 늘리도록 일부 수업의 학생참여 중심 운영도 고려하면 좋겠다."라는 정도를 제시할 수 있을 것이다.

Ⅲ 계획분석과 시간구조분석의 적용

이 절에서는 계획분석과 시간구조분석(과정분석) 적용사례를 다섯 가지 소개한다. 세 가지는 필자가 수행한 교육연구와 컨설팅 사례이고, 나머지는 기업연구와 소비연구의 사례다.

1. 교육연구에 적용한 사례

교육연구에의 적용사례로는 초등학교 수업 국제비교 연구, 대학교 우수수업상 수상 교수 수업의 특징 연구, 미국의 대학 교수법 워크숍의 컨설팅에 적용한 사례를 소개한다.

1) 초등학교 수업 연구에서의 적용사례

[그림 5-7]은 수학 한 단원의 수업계획 심층면담내용(45분 분량)을 요약해, 수업계획도형을 그린 것이다. 수업계획도형의 성과로 다른 교사의 수업계획과의 비교가 체계적으로 이루어질 수 있었다. 이 수업계획은 당시(1988년) 수학(산수) 교과서 각 단원이 '준비학습/주요 내용(본시학습)/연습/복습'의 네 부분으로 이루어졌음을 반영하고 있다. 이후 같은 교사의 실제 수업을 관찰한 결과도 수업구조도형으로 만들어 이 수업계획과 비

교한 결과, 실제로 '개념학습'과 '발견학습'이 충실히 이루어짐을 알 수 있었다.[6] [그림 5-7]에 제시된 '본시학습'은 제재의 내용에 따라 여러 개의 개념 학습 및 발견학습으로 이루어지며 그 순서는 일정하지 않다.

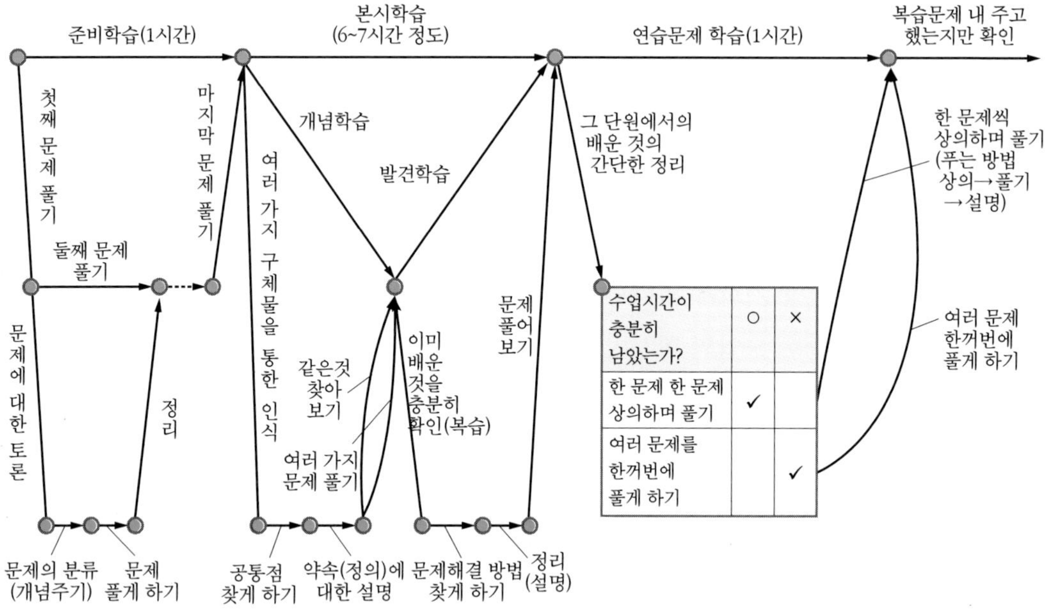

[그림 5-7] 한국 초등학교 5학년 교사의 수업계획도형 사례(수학 한 단원의 수업계획)

*출처: 이용숙, 정환규, 박금화(1988), p.94.

2) 대학 우수수업 연구에서의 적용사례

앞에서 수업구조도형 그리기의 사례로 제시한 한양대학교 손정식 교수의 "현실경제의 이해" 수업은 여러 대학에서 '우수수업상'을 받은 교수들의 수업구조를 비교한 필자(2011b)의 "우수수업상 수상 교수의 수업 유형과 특성에 대한 문화기술적 연구"에 소개된 수업 중 하나다. 또 한 명의 '우수수업상' 수상 교수 수업인 서울대학교 조용환 교수의 "교육인류학" 수업의 활동 개요는 다음과 같다.

6) 지면의 제한으로 여기에는 소개하지 못하지만, "교수-학습자료 활용실태 및 교수-학습방법에 관한 인류학적 국제비교 연구"(이용숙 외, 1986)에는 5개 외국인학교(미국·영국·프랑스·독일·일본)와 1개 우리나라 초등학교 3학년 전 과목 수업의 수업구조도형이 제시되어 있다. 또한, 제2장에서 소개한 교과서 내용조직방식 국제비교를 위한 분류체계도형도 제시되어 있다.

◎ "교육인류학" 수업의 활동 개요(10시 4분~12시 53분〈169분〉)

I. 수업 준비(10:04~10:14)

1. 과제('읽고서')를 개별적으로 돌려주면서 출석 체크(10:04~10:12)

2. 관찰자 소개시간(10:12~10:14)

II. 수업 전반부(10:14~11:49)

1. '마중물' 설명(질문을 유도하기 위한 약간의 개념 설명)(10:14~10:51)

2. 질의 토론(10:51~11:49)

① 학생 1의 질문과 교수의 답변(10:51~11:03)

② 학생 2의 질문과 교수의 답변(11:03~11:13)

③ 학생 3의 질문과 교수의 답변(11:13~11:25)

④ 학생 4의 질문과 교수의 답변(11:25~11:49)

III. 쉬는 시간(11:49~12:08)

1. 쉬는 시간(11:49~12:06)

2. 과제 돌려주면서 지각 체크(12:06~12:08)

IV. 수업 후반부(12:08~12:52)

1. 질의 토론(12:08~12:22)

① 학생 5의 질문과 교수의 답변(12:08~12:17)

② 학생 6의 질문과 교수의 답변(12:17~12:22)

2. 교수 강의(12:22~12:52)

V. 수업 마무리(12:52~12:53)

이 수업개요로 만든 수업구조도형은 [그림 5-8]과 같다. 이 도형에서는 조용환 교수의 수업시간 배분을 시각적으로 볼 수 있다. 이런 식으로 여러 개의 우수수업상 수상 교수 수업에 대한 수업구조도형을 만들어 봄으로써 '성공적인 대학 수업'의 유형화가 가능하였다. 이후 수업구조도형을 단순화시켜서 '수업모형화(개념모형화)' 하는 작업을 추가했으며, 많은 대학의 교수법 워크숍에서 우수수업상 수상 교수 수업의 특징을 효과적으로 전달할 수 있었다. 수업구조도형을 단순화한 수업모형인 [그림 5-9], [그림 5-10], [그림 5-11]에서 직선 화살표는 각 활동이 순서대로 이루어진다는 의미이며, 원형 화살표는 앞뒤의 활동들이 여러 차례 반복된다는 의미이다.

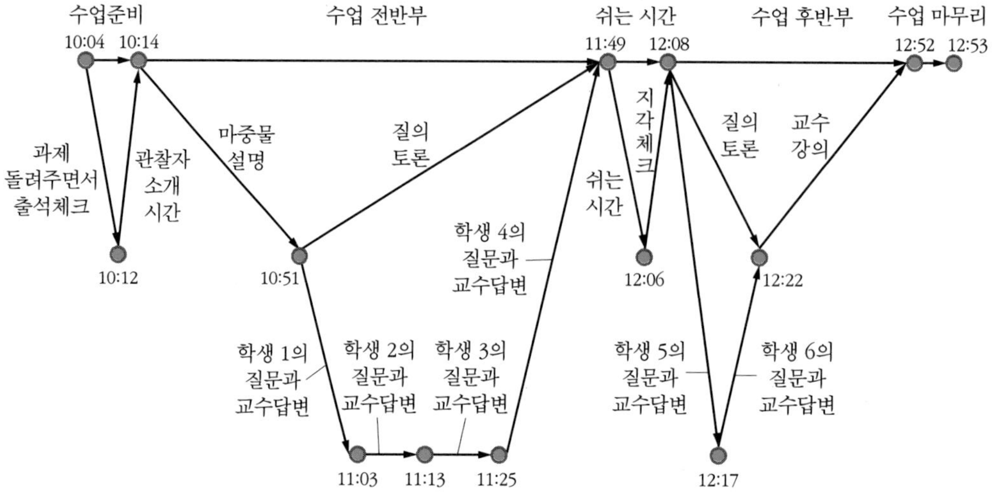

[그림 5-8] 조용환 교수의 "교육인류학" 수업의 수업구조도형

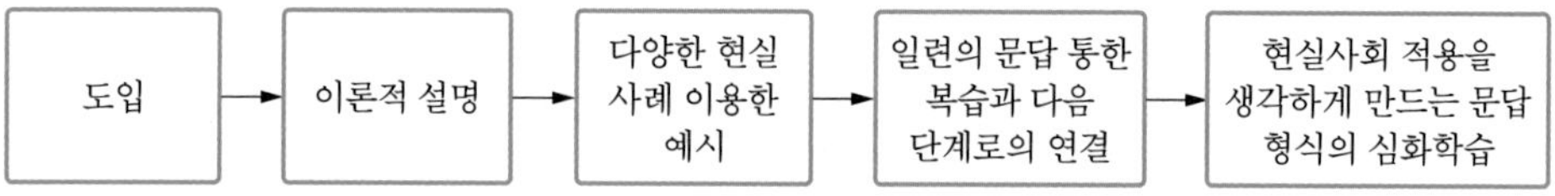

[그림 5-9] 한양대학교 손정식 교수의 "현실경제의 이해" 수업의 수업모형

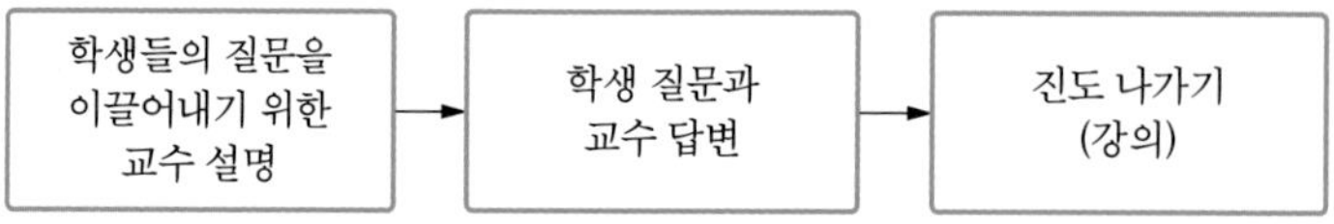

[그림 5-10] 서울대학교 조용환 교수의 "교육인류학" 수업의 수업모형

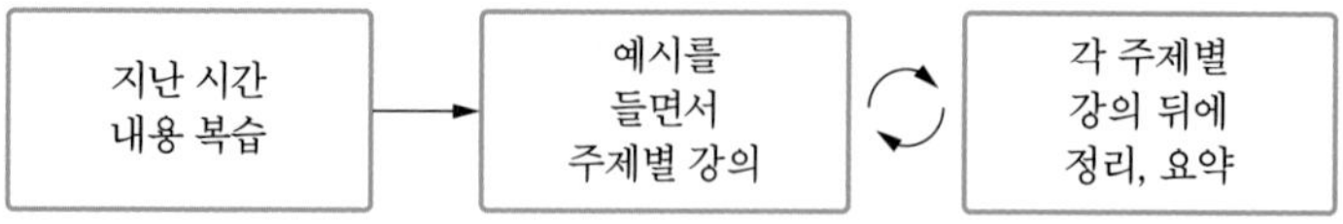

[그림 5-11] 세종대학교 엄수종 교수의 "분자생물학" 수업의 수업모형

관찰된 성공적 대학 수업 50개의 수업구조도형을 토대로 이와 같은 수업모형을 만들어 본 결과, 50개의 수업은 다음과 같은 열여섯 가지로 유형화되었다.[7)]

7) 관찰된 50개의 수업만으로 16개 유형을 찾은 것이며, 이외에도 많은 수업 유형이 사용되고 있다.

관찰된 성공적 대학 수업 50개의 수업 유형	
교수 중심 수업 (14개)	• 실제 생활 사례와 유머가 섞인 강의 중심 수업(8개) • 주제별 중간 정리를 하면서 진행하는 강의 중심 수업(2개) • 어려운 내용의 이야기식 설명을 통해 이해와 사고의 폭을 넓히는 수업(2개) • 문제해결 방법과 적용에 대한 강의 중심 수업(1개) • 다양한 강의 기법과 영상 자료를 활용하는 강의 중심 수업(1개)
학생참여가 포함된 교수 중심 수업 (15개)	• 예시와 유머를 섞은 강의에 교수 중심 문답도 약간 포함하는 수업(7개) • 사례 중심 강의 후 실험/실습/게임/이야기를 하는 수업(3개) • 다양한 수업방법으로 하나의 주제를 여러 측면에서 반복해서 다루는 수업(3개) • 시험 형태의 수업(1개) • 강의를 진행하면서 다양한 방식으로 학생의 참여를 유도하는 수업(1개)
교수-학생 상호작용 중심 수업 (21개)	• 강의 후 학생 질문에 교수가 답변해 주는 수업(4개) • 학생의 질문과 교수의 답변 이후 본강의에 들어가는 수업(4개) • 강의 후 학생 발표와 교수 피드백 및 부연 설명으로 이루어지는 수업(3개) • 학생 발표 후 교수의 피드백과 강의로 이루어지는 수업(8개) • 강의 후 소집단별 토론으로 이루어지는 수업(1개) • 학생 토론 중심 수업(1개)

3) 워크숍컨설팅을 위한 적용사례(〈안내된 실습〉을 위한 참고자료)

여기에서는 필자가 2005년 참여관찰을 한 미국 대학 워크숍 시간구조분석 결과를 제시한다. 이 워크숍은 뉴욕대학교 The Center for Teaching Excellence의 Ken Bain 센터장이 교수 30여 명을 대상으로 운영한 것이다.[8)] 워크숍의 주제가 '토론'이었던 만큼, 이 워크숍은 강의와 토론의 균형을 맞추되 토론에 더 많은 비중을 두었다.

(1) 참여관찰 내용의 현장에서의 기록

이 워크숍은 소집단별로 테이블에 둘러앉은 참여자들의 전공 및 관심사, 학생들을 가르치면서 느끼는 문제점, 워크숍과 세미나에 참여하게 된 동기 등에 대한 소개를 나누는 것으로 시작했다. 이 시간은 편안한 분위기 조성 목적도 있지만, 교수들이 다른 동료 교수들과 비슷한 문제를 공유하고 있다는 점과 그동안 느끼지 못했던 교수-학습의 다

8) 『미국 대학 최고의 교수들은 어떻게 가르치는가?』(2004)의 저자인 Ken Bain 센터장은 2006년에 뉴저지 주립대학으로 이동하였다. 풀부라이트 방문교수(visiting professor)였던 필자에게 훌륭한 워크숍 관찰 기회를 여러 차례 제공하고, 매번 사후 면담에 응해 주신 Ken Bain 교수께 감사드린다.

른 문제점을 인식하기 위한 것이다. 워크숍 진행과정에서는 진행자/강사와 참여자 사이의 상호작용과 참여자들 간의 상호작용이 반복적으로 강조되었다. 참여자들은 발표 내용에 대한 의견을 적극적으로 제시했고, 동료 교수의 의견을 들을 시간도 주어졌다. 참여한 교수들은 대개 다양한 현장 경험으로 문제점을 이미 인식하고 있었기 때문에 실제 사례를 통해 각자의 수업에서 즉각적으로 활용할 수 있는 유용한 정보와 전략이 논의되었다.

이러한 워크숍 진행과정에서 필자는 다른 참여자들과 함께 활동에 참여하면서, '완전한 참여자'로서의 참여관찰을 하였다. 녹음을 할 수 없었기 때문에 일반 참여자들이 할 수 있는 수준에서 필요한 기록을 하되, 다른 참여자들과는 달리 진행단계별 활동이 무엇인지와 사용 시간, 그리고 때때로 떠오르는 이 워크숍의 장단점 등에 대한 필자의 느낌을 간단하게라도 기록하였다. 특히 새로운 활동으로 바뀔 때마다 정확한 시간을 적도록 노력하였다.

(2) 워크숍에서 이루어진 활동의 개요 작성

워크숍이 끝난 후에는 앞의 기록을 다음과 같은 워크숍 개요 형식의 리스트로 바꾸었다.

Ken Bain 센터장의 '토론' 워크숍 개요

Ⅰ. 도입(12:06~12:12)
  1. 5개 소집단 내에서 각자 자기소개(12:06~12:10)
  2. 강사가 워크숍의 목적 소개(12:10~12:11)
  3. 강사의 핵심질문 "왜(수업에서) 토론을 하는가?"(12:11~12:12)

Ⅱ. 첫 번째 활동: 생각 나누기 협동학습(12:12~12:30)
  1. 각자 질문의 답 쓰기(12:12~12:15)
  2. 짝과 답 공유하기(12:15~12:18)
  3. 전체 토론(12:18~12:30)
    ① 자원해서 답 발표(12:18~12:21)
    ② 강사가 관련된 질문("일부 학생들이 토론은 시간 낭비라고 생각하면 어떻게 하는가?")을 던지고 토론 이끌기(12:21~12:27)
    ③ 두 번째의 관련 질문에 대한 토론 "토론에 참여하지 않는 학생이 있다면 어떻게 하는가?"(12:27~12:30)

Ⅲ. 지금까지의 활동에 대한 성찰(reflection)(12:30~12:42)
  1. "토론이 잘 이루어지도록 강사가 지금까지 한 일은 무엇인가?"라는 질문에 답하기

(12:30~12:35)

2. '생각 나누기' 협동학습 방법 설명(12:35~12:36)
3. 강사가 한 일에 대한 추가 발표('위협적이지 않은 시키기'도 언급됨)(12:36~12:37)
4. 강사가 위협적이지 않게 발표시키는 방법의 종류 설명(12:37~12:38)
5. 2명의 행정직원이 그동안 기록해 놓았던 '강사가 한 일' 발표 후 강사의 설명(12:38~12:42)

Ⅳ. 두 번째 활동(다중 소집단 브레인스토밍)(12:42~13:25)

1. 강사의 배경 제시(사람들이 효율적으로 배우는 다섯 가지 경우에 대한 유인물 읽기)와 '좋은 질문'의 중요성 강조(12:42~12:45)
2. 각 소집단이 브레인스토밍할 문제 선정(12:45~12:50)
3. 선정한 문제 발표 후, 강사의 제안이 있는 경우 문제 변경(12:50~12:53)
4. 강사가 브레인스토밍의 규칙 설명(12:53~12:53:30)
5. 소집단별 브레인스토밍 Ⅰ 실시(12:53:30~13:00)
6. 소집단별 브레인스토밍 Ⅱ 실시(13:00~13:06)
   ① 각 소집단은 첫 번째 문제 브레인스토밍 결과가 들어간 폴더 만들어서 시계 방향으로 옆의 소집단으로 넘김(13:00~13:01)
   ② 옆 소집단이 준 폴더의 표지에 적혀 있는 문제로 내용은 보지 않은 채 두 번째 브레인스토밍 실시(13:01~13:06)
7. 토론을 위한 준비(13:06~13:11)
   ① 각 소집단의 브레인스토밍 결과를 이미 받은 폴더에 넣은 후, 다시 시계 방향의 옆 소집단으로 넘김(13:06~13:07)
   ② 강사가 '다중 소집단 브레인스토밍'의 규칙 설명(13:07~13:11)
8. 각 소집단은 세 번째 문제(최종적으로 받은 폴더에 있는 문제)의 해결을 위하여, 폴더에 들어 있는 앞의 두 소집단 브레인스토밍 결과를 읽은 후 중점적 제언(13:11~13:25)

Ⅴ. 두 번째 활동에서 토론된 다섯 가지 문제에 대한 토론과 강의(13:25~13:55)

1. 첫 번째 문제에 대한 토론(13:25~13:40)
   ① 첫 번째 문제를 토론한 소집단의 발표와 강사의 질문(13:25~13:27)
   ② 강사의 강의(13:27~13:40)
2. 두 번째 문제에 대한 토론(13:40~13:45)
   ① 두 번째 문제를 토론한 소집단의 발표와 강사의 질문(13:40~13:45)
   ② 강사의 강의와 질의·응답(13:45~13:50)
3. 세 번째 문제에 대한 토론(13:50~13:51:30)
4. 네 번째 문제에 대한 토론(13:51:30~13:53)
5. 다섯 번째 문제에 대한 토론(13:53~13:55)

Ⅵ. 끝내기(Ending)(13:55~13:59)

1. 작년도 워크숍의 비디오에 대한 소개(13:55~13:57)
2. 워크숍에 대한 참여자 피드백 받기(간단한 설문조사)(13:57~13:59)

(3) 워크숍구조도형 그리기

우선 앞에 제시한 시간구조도형 그리기의 단계에 따라 워크숍의 상위단계(I단계~VI단계)만 그리면 [그림 5-12]와 같이 된다.

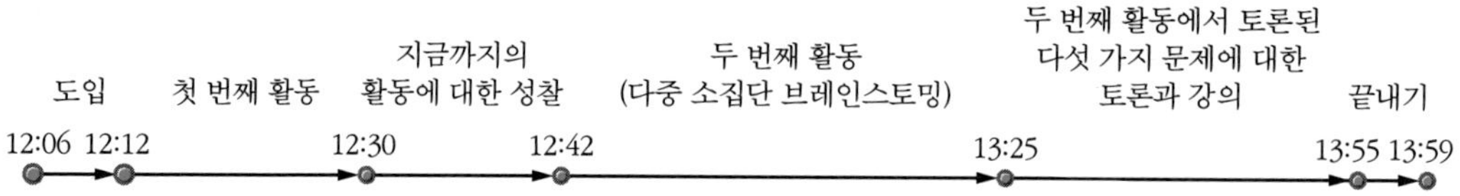

[그림 5-12] Ken Bain 센터장의 워크숍 상위단계 그리기

다음에는 상위단계 하나씩 하위단계를 붙여서 그린다. 예를 들어, V단계인 '두 번째 활동에서 토론된 다섯 가지 문제에 대한 토론과 강의'(13:25~13:55)와 VI단계 '끝내기'(13:55~13:59)의 밑에 하위단계를 붙여서 그리면 [그림 5-13]과 같이 된다.

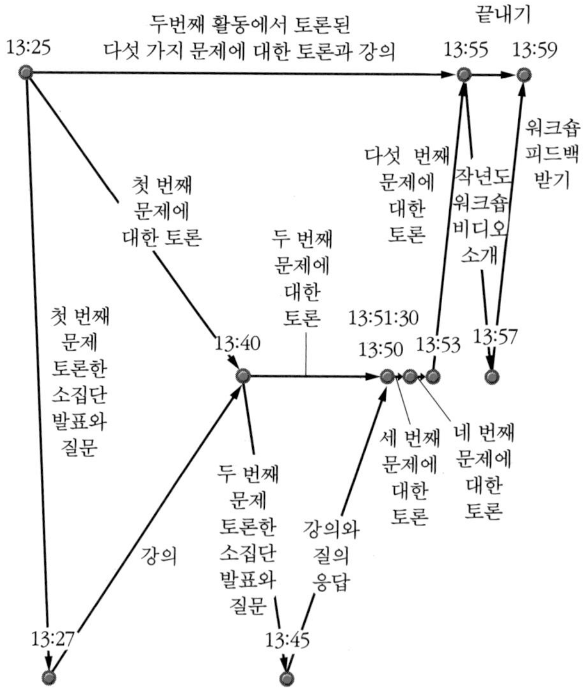

[그림 5-13] Ken Bain 센터장의 워크숍 상위단계 V단계와 VI단계의 하위단계 그리기

이 방법으로 앞의 개요 전체를 워크숍구조도형으로 그리면 [그림 5-14]와 같이 된다.

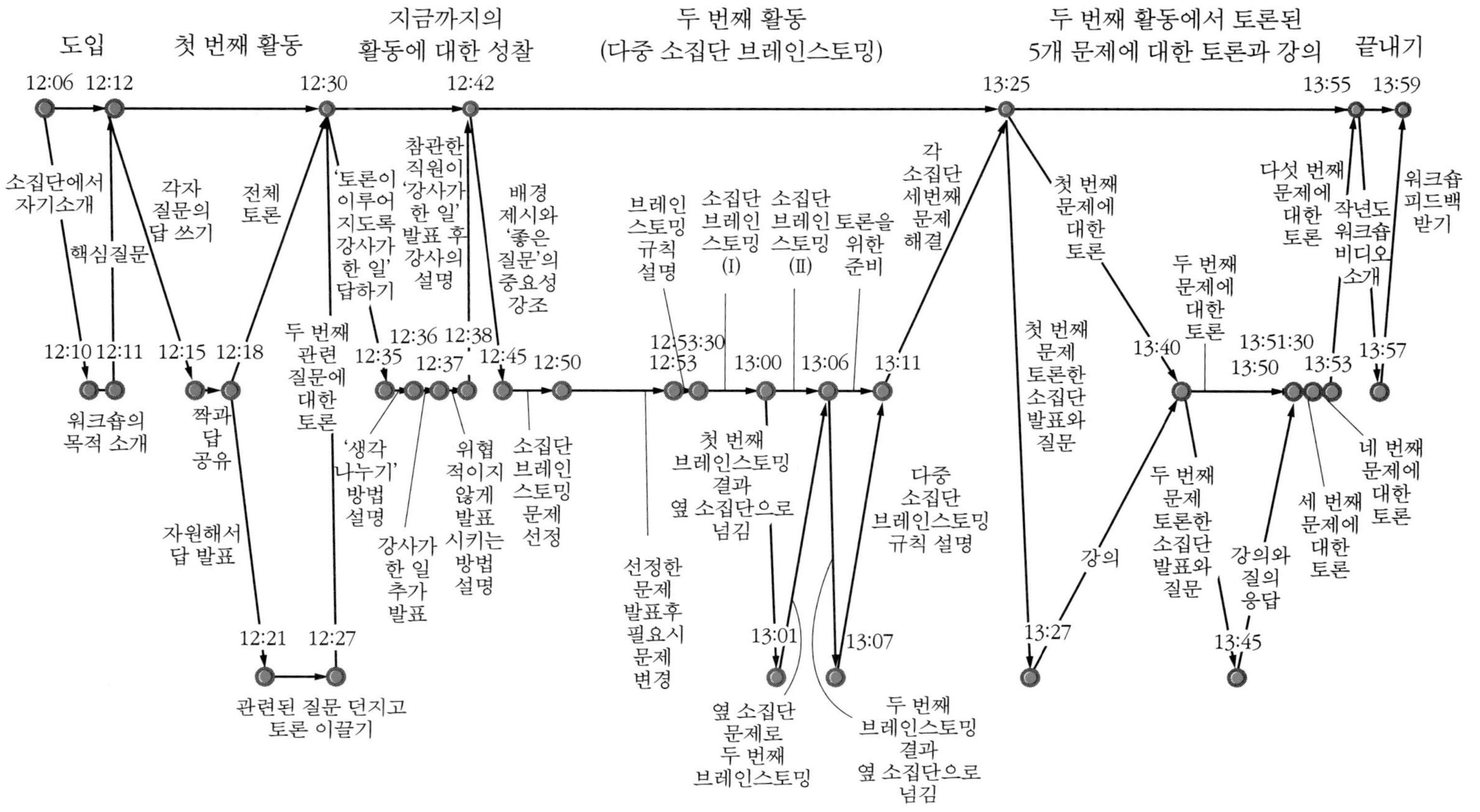

[그림 5-14] Ken Bain 센터장 워크숍의 전체 시간구조도형

*출처: 이용숙(2007), p.37.

(4) 워크숍구조도형으로부터 워크숍의 구조와 시간 배분의 문제점 찾기

워크숍구조도형으로부터 개선할 점을 쉽게 찾을 수 있었다. [그림 5-14]를 그리자 각 활동이 어떤 하위단계로 구성되었으며, 시간 배분이 어떻게 되었고, 활동의 전환이 어떻게 이루어졌는지 등을 쉽게 분석할 수 있었다. 이러한 분석 결과 워크숍의 구조는 전반적으로 훌륭하다고 생각되었으나, [그림 5-14]에 제시한 V단계와 VI단계에서 볼 수 있듯이 개선할 점도 발견되었다.

첫째, 마지막의 토론에서 5개 소집단 중 처음 2개 소집단의 제안에 대한 논의에만 의미 있는 시간을 보냈다. 즉, 다른 3개의 중요한 토론 주제에 대한 논의가 부족했다. 이로 인해 이를 토론한 세 소집단은 애써 논의한 제안이 충분히 다루어지지 않는 느낌을 받을 수 있다.

둘째, 시간 부족으로 마무리 토론을 하지 못한 채, 작년의 행사 비디오 안내만 하는 것으로 끝을 맺었다. 즉, 마지막이 '마무리(closing)'가 아니라 '끝내기(ending)'가 되어 버렸다.

(5) 문제의 원인과 개선 대안 제시 중심의 컨설팅

문제가 발견되면 문제의 원인을 찾아야 한다. 앞에서 제시한 문제의 경우 두 가지 모두 시간 배분의 문제임이 분명하므로 [그림 5-14]의 시간구조도형에서 가장 많은 시간이 사용된 활동이 무엇인지 찾아서 그 활동이 그럴만한 시간을 사용할 가치가 있는지와 시간 절약을 하면서도 비슷한 효과를 가져올 여지가 있는지 찾아보는 일부터 시작하면 된다. 즉, 43분을 사용한 IV단계 '두 번째 활동(다중 소집단 브레인스토밍)'에서 이 정도의 시간 사용을 한 것이 적절한가를 살펴보는 것이다. 시간 부족 문제가 뚜렷이 나타나지 않은 경우에도 '수업에서 가장 많은 시간이 사용된 활동이 과연 그 정도로 중요한 활동인가를 따져 볼 필요가 있다.[9] 이런 과정을 거쳐서 발견한 문제의 원인과 개선 대안은 다음과 같다.

---

9) 이는 수업/워크숍구조분석이 시간 사용의 분석에만 적용된다는 의미는 아니다. 시간 사용의 분석은 수업구조 분석의 활용 가능성 중 일부에 불과하며, 강의에서의 강의내용의 조직, 사용한 활동의 종류와 수업내용과의 연계성 등 다양한 영역에서의 분석이 가능하다. 다만 이 사례의 경우, 모든 면에서 훌륭한데 시간 배분에서만 문제가 나타났기 때문에 시간 배분 문제를 강조한 것이다.

① 가장 많은 시간이 할애되어 이후 활동의 시간 부족을 초래한 '두 번째 활동'에서는 '다중 소집단 브레인스토밍'의 과정으로 두 번의 소집단별 브레인스토밍을 하기 위해서 17분 30초를 사용했다. 이 대신 칠판을 이용한 전체 그룹 브레인스토밍을 했다면 3~4분이면 끝낼 수 있어서, 13분 이상의 시간을 절약할 수 있었을 것이다.
② 이렇게 절약한 시간은 전체 활동에 대한 종합적 토의나 강의를 하는 마무리 활동('Ending'이 아닌 'Closing')으로 돌릴 수 있다. 또한, 소집단별 토론 결과 발표시간을 늘리는 데에도 일부 사용할 수 있을 것이다.[10)]

이러한 분석 결과와 개선 대안을 가지고 워크숍 진행자 및 참가자들과 컨설팅 형태의 토론을 할 수 있었다. 워크숍구조도형을 함께 보면서 Ken Bain 센터장과 1명의 참여자(경영대학 교수학습개발센터의 senior consultant), 2명의 직원 그리고 이 행사에 참여하지 않은 수업컨설팅 전문가 1명과 각각 토론하였으며, 이들은 모두 문제점 지적 및 필자의 대안에 동의하였다.

(6) 워크숍 참여자로서의 인식과 워크숍구조분석 후의 인식의 차이

이 워크숍은 충실한 내용과 다양한 방법의 사용, 참가 교수들의 반응 등으로 보아 필자가 관찰한 이 학기의 모든 워크숍 중 가장 효과적이었던 것으로 판단되었다. 특히 도입 부분에서 진행자가 핵심적인 질문을 적절히 던지는 방법으로 활발한 토론이 초기부터 가능하게 하였다. 또한, '첫 번째 활동'이 끝난 후에는 "토론이 이루어지도록 강사가 지금까지 한 일은 무엇인가?"라는 질문을 던지고 이에 답하는 '성찰 활동'을 함으로써, 스스로 참여하고 있는 워크숍의 구조에 관심을 가지면서 분석하게 만들었다는 점이 매우 훌륭하게 생각되었다. 이처럼 장점이 많은 워크숍에 참여하고 있는 동안에는 마지막에 시간 부족으로 약간 쫓겼다는 점 이외에는 별문제가 없다고 생각했다. 그러나 참여관찰기록을 토대로 한 시간구조분석 결과, 앞의 개선할 점들이 발견되었다.

---

10) 이 워크숍구조도형을 보고 필자의 대안에 대한 설명을 들은 덕성여자대학교 교직과 성낙돈 교수는 이외에도 훌륭한 대안을 제시했다. "5개의 소집단이라고 해서 5개의 주제로 토론을 해야 한다고 생각할 것이 아니라, 처음부터 3개 정도의 주제만을 선정해서 어떤 주제는 2개의 소집단이 토론하도록 하면 더 좋았을 것"이라는 점을 강조했다. 이처럼 개선을 위한 토론이 컨설팅 현장에서만이 아니라 나중에라도 언제든지 이루어질 수 있으며, 따라서 교육용이나 토론용으로도 사용될 수 있다는 것이 시간구조도형의 장점 중 하나다.

이처럼 시간구조분석은 수업이나 워크숍 분석을 위해 특히 유용하게 사용될 수 있지만, 이외에도 사용 가능한 곳은 많다. 다음에서는 기업과 소비자 연구사례를 살펴보도록 한다.

2. 기업과 소비자 연구에서의 적용사례

1) 일본 광고회사의 광고 제작과정 연구에의 적용

계획분석과 시간구조분석(과정분석)은 기업이나 소비자 연구에도 의미 있게 적용할 수 있다. 예를 들어, 프로젝트의 계획 및 실제 진행과정, 이벤트의 진행 계획 및 실제 진행과정 등에 대한 계획분석과 시간구조분석 결과를 비교할 수 있다. 또는 실제 업무의 계획 단계에서 계획분석도형을 사용하여 더 체계적으로 계획을 세우는 실천적 연구를 하거나 주요 업무의 진행과정을 시간구조도형으로 제시하여 신입직원 훈련용 매뉴얼 또는 클라이언트 브리핑 자료로 사용할 수도 있다.

다음에서는 일본의 한 기업에서 장기간 참여관찰을 한 인류학자(Moeran, 1995)의 '광고 프로젝트 진행과정'에 대한 연구결과를 필자가 '과정분석'으로 정리한 사례를 제시한다. 이 연구에서는 각 단계에 실제로 사용된 시간은 제시하지 않았으므로, 사용 시간에 비례하도록 화살표의 길이를 조정할 수 없었다. 따라서 시간 개념이 들어가지 않은 '계획분석도형 형식의 과정분석도형'을 그렸다. 이처럼 참여관찰이나 서술적 관찰의 결과를 제시하더라도 시간 개념을 반영하느냐 여부에 따라서 두 형식의 도형 중 하나를 선택하면 된다. 또한, 면담결과를 도형화하더라도 시간 계획의 포함 여부에 따라서 도형의 형식을 선택할 수 있으며, 이미 지나간 활동에 대한 회고 중심의 면담 역시 사용 시간 포함 여부에 따라서 도형의 형식을 선택할 수 있다.

Moeran(1995)의 "Discipline and Practice: The Anthropology of Marketing and Marketing Anthropology"에서는 일본 광고회사에서의 장기간의 참여관찰을 통해 하나의 광고가 기획 단계부터 실제 제작되는 단계까지 어떤 과정을 거쳤는지 잘 보여 주고 있다. 우선 논문에 제시된 내용을 필자가 요약하여, '광고 개발 단계 개요'로 정리했다.

일본 광고회사의 '신기술 콘택트렌즈' 광고 개발 단계 개요

1. NFC(콘택트렌즈 회사)의 광고 의뢰
2. 광고회사 Account Team 구성(8명)
3. 마케팅팀의 소비자조사
   ① AT 중역과 고객 자문 거쳐서 설문지 개발
   ② 조사회사를 통한 조사
   ③ 조사결과로부터 결론 내리기
4. 광고의 전반적 톤과 매너 결정
   ① 조사결과에 따른 집중 토의를 통한 광고의 톤과 매너 잠정 결정
   ② 카피(광고문구)와 비주얼 아이디어 제시
   ③ 아이디어 실천과정에서 문제 발생 – '안정성' 문구와 콘택트렌즈를 착용하고 잠자는 영상사용의 제약 문제, 그리고 안과의사와 소비자인 젊은 여성을 동시에 만족시키는 문제
   ④ 마케팅팀과 고객 회사 개발팀 매니저 의견대립 해결
      1) 카피라이터가 두 가지 프레이즈(corneal physiology와 hard & soft) 제시
      2) 카피라이터가 'serious라는 개념' 추가
   ⑤ 메인 프레이즈(Hard Soft)와 백업(Serious) 확정
5. 메인 프레이즈의 비주얼 이미지화 방향 결정
   ① 젊은 여배우가 제품을 승인하는 형태의 광고 합의
   ② 회사 이미지와 비슷한 여성 모델의 선정
      1) 유명인 중 제외할 그룹 결정
      2) 모든 조건 갖춘 사람 찾기(Seiko Miho)
6. 광고제작
   ① NFC 이미지와 일치하는 Seiko의 이미지(하이클래스 셀레브리티) 강조
   ② 'Serious' 이미지에 적합한 특정 포즈와 흑백 사진 사용
   ③ 소프트하게 보이도록 하트 모양 렌즈컷 사용
   ④ 녹색 바탕 브로슈어 사용으로 타 회사와 차별된 친환경 이미지 강조

이와 같은 개요를 가지고 시간 개념만 빠진 과정분석도형(즉, 계획분석 도형과 유사한 형태)을 만들면 [그림 5-15]가 된다. 이처럼 참여관찰 결과가 하나의 과정분석도형으로 요약되면서 전체적인 단계와 세부단계를 한눈에 볼 수 있게 해 주고 있어서, 필자는 이 도형을 강의 자료로 사용했다.

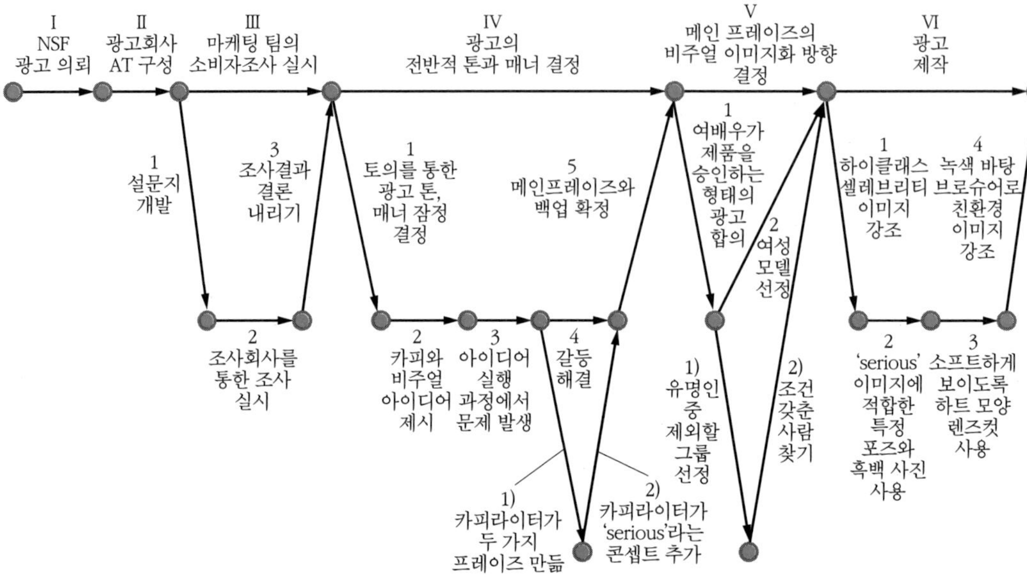

[그림 5-15] '일본 광고회사 광고 제작 단계'에 대한 과정분석도형(시간 기록 없음)

2) 신노년 세대의 화장 단계 분석에의 적용

이 사례는 백경진[11]이 『Journal of Consumer Behaviour』[12]에 게재한 베이비부머 세대 노년(신노년 세대) 여성들의 화장에 대한 인식과 화장 행동 연구의 일부이다(Baek, 2020). 이 연구에서는 화장인식에 관한 조사는 원인연쇄분석을 활용하고 화장 행동 조사는 시간구조분석을 활용해서 진행했는데, 여기에서는 화장 행동 분석 부분만 소개한다.

12명의 정보제공자 중 1명의 화장 과정과 단계별 소요 시간을 반영하는 시간구조도형은 [그림 5-16]과 같다. 이 도형은 화장 과정 7단계가 각기 2~3개의 하위단계로 어떻게 구성되며, 단계별 시간 소요는 어떻게 되는지 잘 보여 주고 있다. 다만 하위단계의 마디를 모두 같은 줄로 맞추어서 제시하면 더 보기 좋은 그림이 되었을 것이다.[13]

---

11) 정화예술대학교 백경진 교수는 "마케팅 에스노그라피 과정"에 두 차례 참여했다.

12) SSCI급 저널이다.

13) 이 사례에서는 2단계까지만 내려가기 때문에 줄을 맞추지 않아도 상관없지만, 3단계 이상으로 내려간다면 각 단계의 마디를 같은 줄에 그려야 혼란스럽지 않다.

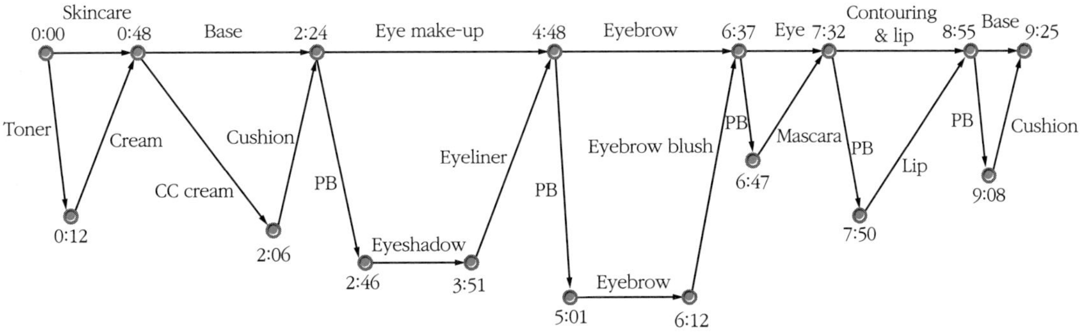

[그림 5-16] '신노년 세대 여성의 화장 과정' 시간구조도형

*출처: Baek(2020), p.5.

이 연구에서는 이렇게 1명씩 그린 시간구조도형을 비교하여 신노년 여성의 화장 행동에 대한 흥미 있는 발견을 했는데, 몇 가지만 소개하면 다음과 같다.

첫째, 대부분 눈썹화장, 베이스화장(색조 베이스), 입술화장은 필수적이라고 여기지만, 눈화장은 73%, 볼화장은 37%만 하고 있었다. 면담에서 "보통 화장을 안 한다"라고 말한 경우에도 베이스화장과 입술화장은 하고 있었는데, 이 두 가지는 "화장"이 아니라 "더 젊어 보이기 위한 필수적인 단계(step)"라고 본 것이다. 이는 화장은 '아름다워 보이기 위한 것이 아니라 젊어 보이기 위한 것'이라는 이들의 인식과 일맥상통한다.

둘째, 화장에 사용하는 시간은 평균 8분 9초이며, 1단계의 스킨케어(기초화장)를 제외한 색조 화장에 평균 6분 42초를 할애했다. 이는 20~30대의 화장 시간은 평균 17~32분이라는 몇몇 선행연구 결과와 비교할 때, 훨씬 짧은 것이다. 이들은 눈화장에 가장 긴 시간(2분 37초)을 보냈고, 베이스화장에 두 번째로 긴 2분 13초를 보냈다. 그러나 눈화장에 가장 긴 시간을 보내는 것은 가장 중요하다기보다 가장 어렵게 여겨서이며, 3명은 이 때문에 눈화장을 포기하기도 했다.

셋째, 이들은 색조 베이스화장 한 단계에 많은 것을 바르는 것만이 아니라 다른 부분의 화장 중간중간에 베이스화장을 추가하기도 하고, 화장이 끝난 후 다시 쿠션을 이용하여 베이스화장을 마무리하기도 할 정도로 가장 큰 노력을 하고 있었다. 이 정도로 신경을 쓰는 것은 색조 베이스가 땀에 지워져서 주름 사이에 뭉쳐 끼어 버리는 것을 걱정하기 때문이다. 베이스화장을 위해 가장 많이 사용하는 것은 쿠션 타입의 파운데이션이었다. 이는 '화장은 귀찮아도 필수적인 것'으로 여기는 신노년 세대가 선호하는 화장법은 "쉽고 간단한" 것임을 반영한다. 이들의 화장 시간이 20~30대의 절반도 안 되는 것도 이들이 쉽고 간단한 화장을 주로 하기 때문이라고 할 수 있다.

이 사례에서 사용한 것과 같은 방법은 최근 기업체나 조사회사에서 자주 사용하는 정성조사 방법인 가정방문조사(home visiting)에서 특히 유용하다. 기업체의 자체 조사나 조사회사에 의뢰한 조사는 특정한 제품(전자제품, 화장품, 청소제품 등)이 가정에서 실제로 어떻게 사용되는지를 면담과 관찰을 통해 조사하는 경우가 많다. 이때 관찰로 발견한 내용을 영상이나 글로만 기록하기보다는 이처럼 시간구조도형을 즉석에서 그린다면 훨씬 유용한 조사가 될 것이다. 시간구조도형을 소비자와 함께 보면서, 왜 이런 단계로 해당 제품을 사용하고, 시간 소비가 특히 길거나 짧은 단계가 있다면 그 이유는 무엇인지 등에 대해 질문을 하면 훨씬 깊이 있는 소비자 통찰을 얻을 수 있기 때문이다.

■ 안내된 실습 ■

이 실습은 독자의 상황에 따라 편하게 수집할 수 있는 자료를 선택해서 진행하도록 구성하였습니다. 교수/교사/강사라면, 스마트폰으로 자신의 수업을 녹음해서 수업개요를 만들면 됩니다. 학생이라면 수강 중인 강의 중 하나를 선택해서 앞에 소개한 Ken Bain 센터장 워크숍 참여관찰 방식의 기록을 했다가 수업개요를 만듭니다. 이외에 회의나 행사 등을 선택해도 되고, 동호회 활동, 자녀의 공부, 동생의 놀이 등을 주제로 할 수도 있습니다. 이 실습 역시 짝과 함께 서로 검토를 해 주면서 진행하는 것이 더 좋지만, 혼자서 할 수도 있습니다.

어떤 주제를 선택했건 실습은 다음의 단계대로 진행합니다.

[1단계] 활동 개요 만들기

선택한 주제에 대한 참여관찰이나 녹음자료를 가지고 활동 개요를 만듭니다. 이 개요는 최소 2단계의 상위단계와 하위단계로 구성되어야 하며, 각 단계의 뒤에 그 단계가 시작한 시간과 끝난 시간을 적어야 합니다.

[2단계] 시간구조도형 그리기

2-1. 이 활동 개요를 토대로 시간구조도형을 그리기 위해서, 미리 준비한 그래프지

(모눈종이/방안지)의 1cm를 몇 분으로 할 것인지 정합니다. 그래프지는 넓은 쪽을 가로로 놓고 사용하는 것이 편합니다. 총 소요시간이 길다면 1cm를 5분이나 10분으로 해야 할 것입니다. 총 소요시간이 짧다면 1cm를 1분이나 2분으로 하면 됩니다.

2-2. 그래프지의 굵은 가로 선 첫째 줄에 가장 상위단계의 활동들을 화살표와 마디로 그립니다. 화살표에는 각 활동의 이름을, 마디에는 시간을 씁니다. 이때 각 화살표의 길이는 앞에서 정한 대로 사용 시간에 비례하게 합니다.

2-3. 상위단계 1개씩 그림을 완성해 나갑니다. 두 번째 단계를 그릴 때는 하위 단계의 활동이 몇 개로 나누어졌는지에 따라서 5cm 아래의 굵은 가로 선(둘째 줄)에 그 개수보다 하나 적은 수의 마디를 시간에 맞게 표시한 후에, 마디와 마디를 잇는 화살표를 그립니다. 이때 하위단계의 활동 중 첫 번째 활동은 상위의 단계가 시작되는 마디로부터 화살표가 시작되어야 합니다. 또한, 하위단계 활동 중 마지막 활동은 상위단계가 끝나는 마디로 화살표가 이어져야 합니다. 세 번째 단계도 같은 방법으로 그립니다.

[3단계] 확인하기

그림이 완성되면, 활동 개요와 비교하여 빠진 곳이 없는지 확인합니다. 또한, 모든 화살표에 활동의 이름이 적혀 있으며 마디에는 모두 시간이 적혀 있는지 확인하여, 빠진 곳이 있으면 채워 넣습니다.

[4단계] 장점과 문제점, 개선 대안 찾기

활동의 구조 및 시간 배분에서 가능하다면 장점도 찾고, 문제점과 개선할 점도 찾아서 적어 봅니다.

[5단계] 짝과 공유하고, 필요한 수정하기

2인 팀으로 실습을 한다면, 서로 자신의 시간구조도형을 보여 주면서 활동의 구조와 시간 배분을 설명합니다. 이해가 되었다면 개선할 점에 대한 자신의 의견에 짝도 동의하는지 알아봅니다. 만약 짝이 동의하지 않는다면 이유를 듣고, 이에 따라서 '개선할 점'을 수정할 수 있습니다. 그 이유를 받아들일 수 없다면 반대로 짝을 설득해서 자신의 '개선할 점'을 유지할 수도 있습니다. 또는 두 의견을 절충해서 개선할 점을 다시 만들어 볼 수도 있습니다.

제 II 부

현장연구와 양적 연구, 실천적 연구를 위한 체계적 자료분석방법의 활용

제I부에서는 체계적 분석방법 각각을 적용사례와 함께 살펴보았다. 제II부에서는 이러한 분석방법들이 어떻게 실제 연구에서 연계될 수 있으며, 다양하게 활용될 수 있는지 살펴본다.

제6장에서는 현장연구의 연구계획 단계부터 보고서작성 단계까지 전체 과정에서 분류체계분석과 성분분석이 어떻게 활용될 수 있는지 살펴본다.

제7장에서는 인식과 행동의 비교에 분류체계+성분분석과 시간구조분석(과정분석)이 어떻게 활용될 수 있는지 살펴본다.

06 현장연구 전체 과정에서 활용 가능한 분류체계분석과 성분분석

07 인식과 행동의 비교에 활용 가능한 분류체계+성분분석과 시간구조분석

08 설문조사지 개발에 활용 가능한 분류체계+성분분석과 결정표분석

09 동기/이유에 대한 수십 명과의 면담결과 통합과 연구결과 종합논의에 활용 가능한 원인연쇄분석

10 실천적(실행) 연구에서의 체계적 분석방법의 활용

제8장에서는 분류체계+성분분석과 결정표분석을 연계시켜 현장연구에 활용하는 방법과 설문조사지 개발에 활용하는 방법을 살펴본다.

제9장에서는 원인연쇄분석을 활용하여 동기/이유에 대한 수십 명과의 면담결과를 하나의 통합적 원인연쇄도형으로 나타내는 방법과 원인연쇄도형을 결론의 연구결과 종합논의를 할 때 활용하는 방법을 살펴본다.

제10장에서는 연구자가 현장의 개선에도 직접 참여하는 실천적 연구에 체계적 분석을 활용하는 방법을 살펴본다.

06 현장연구 전체 과정에서 활용 가능한 분류체계분석과 성분분석[1)]

분류체계분석과 성분분석은 주로 면담을 통한 자료수집과 분석단계에만 활용되어 왔지만, 현장연구의 전체 단계에서 유용하게 활용할 수 있다. 이 장에서는 연구계획 단계에서부터 연구보고서 작성단계까지 현장연구의 전 과정에서 분류체계분석과 성분분석을 활용하는 방법을 구체적인 사례와 함께 소개한다.

Ⅰ 연구계획 단계에서의 분류체계분석의 활용

'연구계획 단계'란 반드시 연구의 초반부를 의미하는 것은 아니다. 자료수집과 분석이 나선형으로 이루어지는 현장연구의 특성상 심층면담을 위한 질문 리스트 개발, 서술형 설문조사지 개발 등의 연구계획은 연구 중반부에도 계속 이루어져야 한다. 초반부에는 분류체계분석을 연구문제 리스트를 만들 때 활용할 수 있다. 특히 연구문제의 개수가 많다면, 나열형 제시보다는 큰 연구문제 아래의 하위 연구문제들로 묶어서 목차 형식의 분류체계 형태로 만드는 것이 유용하다. 참여관찰과 면담을 위한 가이드라인 역할도 할 수 있기 때문이다.

이 절에서는 2015년도 "현장연구실습 1" 수업에서 수강생들이 공동연구 주제로 선정한 '반려동물의 의미' 연구의 사례를 가지고 연구계획 단계에서 분류체계분석이 어떻게 활용되었는지 제시했다.

---

1) 이 장의 내용은 상당 부분 필자(2016c)의 "현장연구 전체 과정에서의 분류체계분석과 성분분석 활용방법 교육을 위한 실행연구"(한국문화인류학, 49(1), pp.3-50)를 바탕으로 작성되었다.

분류체계분석을 활용한 연구문제 선정과정

① 수업 전에 수강생 중 17명이 온라인 수업카페에 필자의 공지사항에 대한 댓글 형태로 연구목적과 연구문제 2~4개씩을 제안했다.[2)]

② 수업시간에는 17명의 연구목적 중 가장 중요해 보이는 것에 대해 토의하고, 토의결과를 칠판에 적은 필기 내용은 수업 반장이 정리해서 수업카페에 올렸다.[3)] 토의결과 결정된 연구목적은 다음과 같다. "본 연구에서는 반려동물을 키우는 사람들은 반려동물에게 어떠한 의미를 부여하며, 반려동물과 관련하여 어떠한 '구별 짓기(행태)'가 나타나고 있는지 알아보고자 한다."

③ 17명의 연구문제 중 이 연구목적에 해당하는 것들만 필자가 추리고 중복되는 것을 조정한 후, 말을 다듬어서 연구문제 후보 리스트를 만들었다.[4)] 이 리스트를 각각 포스트잇에 1개씩 적고 비슷한 것끼리 분류하는 작업을 한 후에 각 묶음의 제목을 붙였다(분류체계분석).

④ 각 묶음에 더 들어갈 만한 항목이 있는지 검토하여, 필요하면 세부 연구문제를 추가했다. 이를 수강생들과 공유하면서 이외에 필요한 연구문제가 더 생각나면 추가하도록 했다.

이렇게 해서 완성된 분류체계(taxonomy) 형태의 연구문제 리스트는 다음과 같다(반괄호 아래로 하위항목이 더 제시되기도 했지만 생략함).

반려동물 키우기 연구의 연구문제 리스트

1. 가정에서 키우는 동물에게 사용되는 명칭은 무엇인가?
   1) 가정에서 키우는 동물이 '애완동물'에서 '반려동물'이라는 명칭으로 변해 온 과정과 이유는 무엇인가?

---

2) 공지사항을 올린 후 수강생 각자 댓글 형태로 제출해야 비교·공유하기 쉬워서 수업카페를 이용했다. 첫 7명에게는 댓글에 대한 답글로 피드백을 주었고, 수정해서 다시 올리기도 했다. 이후에 댓글을 올린 수강생들은 앞에 올린 댓글 내용과 피드백을 이미 읽었으므로 큰 수정이 필요한 내용을 제시하는 경우는 드물었다.

3) 커뮤니케이션이 원활하도록 매 학기 수강생 1명이 소정의 아르바이트비를 받고 수업 반장 역할을 맡았다.

4) 3단계 이후도 수업시간에 수강생들과 함께 하는 것이 바람직하나, 3개월 만에 연구를 끝내기에는 수업시간이 부족해서 수업 외의 시간에 필자가 정리하고, 과정과 결과 설명만 해 준 것이다.

2) 동물을 키우는 사람들은 다른 사람들에게 키우는 동물에 관해 이야기할 때(지칭) 어떠한 명칭을 사용하며(예: 가족, 반려동물, 애완동물, 우리 강아지, 우리 애, 우리 뽀삐 등), 이는 동물을 키우지 않는 사람들이 사용하는 명칭과는 어떻게 다른가?
3) 반려동물을 부를 때 어떤 호칭이 사용되는가(동물의 이름, 기타 호칭)?
4) 가족 구성원들은 반려동물에게 말할 때 자신이나 다른 가족원을 어떻게 호칭하는가?(예: 엄마가, 형이, 누나한테, 내가 등)

2. 반려동물을 키우는 사람들은 반려동물과 어떠한 상호작용을 하는가?
1) 반려동물을 키우는 사람들은 반려동물과 함께 얼마나 많은 시간을 무엇을 하며 보내는가?
2) 반려동물과 관련된 소비(물질 소비, 애견 · 고양이 카페 등의 이용, 병원 이용, 서비스 이용 등)는 얼마나 어떻게 이루어지는가?
3) 사람의 편의(키우는 사람/가족 또는 이웃의 편의) 측면 관련 소비에는 어떤 것이 있는가?(예: 중성화, 성대 중절 수술, 훈련센터 등)
4) 반려동물과의 상호작용 방식과 반려동물을 위한 소비 방식은 자녀 및 다른 가족 구성원 사이의 상호작용이나 그들을 위한 소비 방식과 어떤 점에서 비슷하거나 다른가?

3. 키우는 사람들에게 반려동물은 어떤 의미가 있는가?
1) 반려동물을 키우는 사람들은 반려동물의 의미가 무엇이라고 생각하며, 이는 반려동물을 키우지 않는 사람들이 생각하는 반려동물의 의미와 어떻게 다른가?
2) 반려동물을 키우는 사람들은 반려동물을 키우는 것이 자신에게 어떤 영향을 미쳤다고 생각하는가?
3) 다른 사람들에게(주변 사람들에게나 SNS 등을 통해서) 자신의 반려동물에 대해서 어떠한 이야기를 하는가?(자랑, 애정 표현, 걱정, 케어에 대한 정보 교환 등)
4) 반려동물을 키우는 사람들이 반려동물에게 부여하는 의미는 주인이 처한 처지/입장에 따라서 어떻게 다르게 나타나는가?

4. 반려동물과 관련된 구별 짓기 행태는 어떻게 나타나는가?
1) 반려동물을 키우는 사람들은 키우지 않는 사람들에 대해서 어떻게 생각하는가?
2) 반려동물을 키우는 사람들끼리의 구별 짓기는 어떻게 나타나는가?
3) 반려동물이 많이 모이는 장소(애견카페, 산책로, 공원 등)에서 키우는 사람들끼리와 사람-동물들 간에 어떤 상호작용이 일어나며, 다른 사람 또는 동물에 대한 어떠한 평가가 이야기되는가?
4) 자신의 반려동물에 대한 자랑을 어떻게 하는가?

5. 반려동물을 키우는 가정에서 반려동물을 둘러싼 가족들 사이의 관계는 어떻게 나타나는가?
1) 반려동물을 돌보는 책임은 누가 지는가?
2) 각 가족 구성원이 반려동물과 관계를 맺는 방식은 어떻게 다른가?

3) 반려동물은 각 가족 구성원들을 어떻게 다르게 대하는가(예: 가족 구성원들이 서로 다른 위계를 가진 것처럼 행동하기도 하는가)?
4) 반려동물로 인한 가족 간의 갈등이 있는가? (갈등이 있다면) 어떤 이유로 어떤 갈등이 나타나는가?

연구문제 리스트를 목차 형식으로 구체적으로 만들었기 때문에 참여관찰을 위한 '안내' 역할도 할 수 있었다. 또한, 면담을 위한 질문 리스트도 이 연구문제 리스트에서 발전시킬 수 있었으며, 다시 이를 토대로 설문조사 리스트로도 발전시켰다. 심층면담용 질문 리스트는 다음의 과정을 거쳐서 개발했다.

분류체계분석을 활용한 심층면담용 질문 리스트 개발과정

① 연구문제 리스트를 토대로 수행한 참여관찰 결과[5]를 수강생 각자가 수업카페에 올렸다.
② 조별 토론을 거쳐 도출한 주요발견 리스트를 각 조가 발표하고, 2명의 기록자가 브레인스토밍 형식으로 이 내용을 칠판에 기록했다.
③ 기록자는 칠판 기록 내용을 스마트폰으로 찍어 수업카페에 올렸으며, 발표 시 의견제시를 충분히 하지 못한 조는 수업이 끝난 후에 별도로 추가할 내용을 수업카페에 올렸다.
④ 각 조에게 연구문제 리스트 중 큰 문제 2개씩을 배당하고, 조원들은 앞의 자료들을 토대로 배당받은 연구문제 관련 심층면담을 위한 질문 리스트를 각자 만들어 왔다. 수업시간에는 이를 토대로 조별 토론을 하고, 완성된 각 조의 질문 리스트를 다음 날까지 수업카페에 올렸다.
⑤ 필자가 이 질문 리스트들을 모아서 기본적인 배경질문과 5개 연구문제별 질문 리스트로 분류하여(분류체계분석), 질문 리스트 초안을 만들었다.
⑥ 다음 수업시간에는 6개 조가 배경질문과 5개 연구문제 중 하나를 선택한 후, 토론을 거쳐서 해당 질문 내용을 정리하고, 추가 질문도 더 생각하여 완성한 주제별 질문 리스트를 다음 날까지 수업카페에 올렸다.

---

5) 제1차 과제인 '참여관찰일지'로서, 일기 형식의 간단한 '참여관찰일지'와 참여관찰 내용 전체를 상세하게 기록하는 '참여관찰기록지'의 중간 형태로 작성하면서, 해석을 최대한 많이 포함하도록 했다. 앞부분은 그동안 살면서 반려동물과 관련하여 경험한 것 중심으로 작성하고, 뒷부분은 이 과제를 위해 참여관찰을 별도로 한 결과를 토대로 작성하도록 했다. 뒷부분을 위해서는 각자 상황에 따라서 자기 집(반려동물을 키우고 있는 경우), 반려동물을 키우는 다른 사람의 집, 반려동물이 많이 모여 있고 사람이 함께 갈 수 있는 애견카페나 공원 등 반려동물과 사람 간의 상호작용 관찰이 가능한 곳 중에서 자유롭게 선택하여 참여관찰을 했다.

(7) 각 조의 질문 리스트를 필자가 다듬어, 최종 질문리스트를 수업카페에 올려놓았다. (심층면담에서 이 질문들을 모두 사용하는 것이 아니라, 각자 상황에 따라 어떤 주제에 집중하거나, 해당하지 않는 질문은 빼거나, 적절한 질문을 추가하도록 했다.)

이러한 과정을 거쳐서 개발된 심층면담 용 질문 리스트의 로마자와 아라비아 숫자까지만 분류체계 형태이며, '4-1', '5-1'과 같은 번호는 후속질문이다. 예를 들어, 다음과 같다.

반려동물 키우기의 심층면담을 위한 질문 리스트(일부)

III. 반려동물은 키우는 사람들에게 어떤 의미가 있는가?
1. 반려동물을 키우면서 경험한 흥미로운 일이나 중요한 사건들이 있다면 무엇인지요?
2. 반려동물에게 주로 허용되는 공간은 어디까지인가요?(또는 "어디까지 같이 사용하시는지요?)
3. 반려동물을 키우면서 장단점은 무엇입니까?
4. 반려동물을 키우고 나서 소비 이외에도 본인의 생활이 변한 점이 있나요?
   4-1. (변했다면) 어느 부분에서 어떻게 변했나요?(생활 변화, 심적 변화 등 모두 포함)
5. 자신에게 반려동물은 어떤 의미인지, '나에게 반려동물은 (　　)이다.'라는 문장의 괄호 안에 들어갈 수 있을 만한 단어를 모두 말씀해 주세요. (적어 달라고 해도 됨)
   5-1. (괄호 안에 들어갈 수 있다고 적은 단어 하나하나에 대해서 모두 질문) '○○○'라고 생각하시는 이유를 말씀해 주시겠어요?
6. 반려동물을 가족이라고 느끼신 적이 있으신가요?(앞에서 가족이라는 말이 나오지 않은 경우에만 이 질문을 하고, 이미 나왔다면 바로 6-1 질문을 할 것)
   6-1: (있다면) 맨 처음 가족이라고 느끼셨을 때는 언제인가요?
   6-2: 반려동물과 어떠한 상호작용을 할 때 특히 가족이라고 느껴지시나요?

이 질문 리스트와 심층면담결과를 토대로 다시 설문조사 문항이 개발되었으며, 이때도 이와 비슷한 과정을 거쳤다.

Ⅱ 자료수집과 분석단계에서의 분류체계분석과 성분분석의 활용

1. 분류체계+성분분석 방법을 활용한 자료수집과 분석

자료수집 단계에서는 분류체계분석과 성분분석을 함께 사용할 필요가 있다. 기본적인 방법은 제2장에서 소개한 간략화한 분류체계+성분분석 방법을 활용하여, 대체질문, 대조집합분류질문, 등급질문, 3원 대조질문+유도된 대조질문을 차례로 하면서, 답변에 따라 분석표를 만들어 나가는 것이다(시간이 없으면 등급질문까지만 할 수도 있다). 참여관찰 결과라면, 스스로 대체질문에 대한 답을 포스트잇에 적어서 앞의 과정을 따라 분석할 수도 있다. 〈표 6-1〉은 "현장연구실습 2 & 3" 수업의 '한국 E 스포츠 공간의 젠더화' 연구팀이 참여관찰 결과를 토대로 앞의 단계를 거쳐서 분류체계+성분분석을 한 사례다.

〈표 6-1〉 'E 스포츠 팬들이 경기장을 찾는('직관') 이유(동기)'에 대한 분류체계+성분분석 결과

분류체계분석 결과		중요한 순서 등급질문 결과			
1차 분류	2차 분류	여성 스스로에 대한 인식	남성이 인식하는 여성의 동기	남성 스스로에 대한 인식	여성이 인식하는 남성의 동기
경기 내적 요소	선수들의 경기 모습을 직접 보기 위해	2	3	1	4
	특정 팀을 응원하기 위해	1	2	3	2
	현장감과 생동감을 느끼기 위해	3	4	5	7
	기대되는 경기를 직접 보기 위해	5	6	4	1
경기 외적 요소	중계진을 직접 보기 위해	7	7	6	5
	(여성) 아나운서/버프걸을 직접 보기 위해	8	8	7	6
	팬 미팅에 참여하기 위해	4	1	8	8
	지인과 함께 시간을 보내기 위해	6	5	2	3

*출처: 박지은, 김민정(2015).

〈표 6-1〉에서 스스로와 이성이 생각하는 '직관'의 이유는 비슷한 점이 많지만, 의미 있는 차이도 나타났다. 가장 의미 있는 차이점은 여성 팬 스스로는 '팬 미팅 참여'가 8개 중 4번째로 중요한 동기라고 인식하는 반면, 남성들은 "여성들에게는 '팬 미팅 참여'(잘생긴 남자선수 팬 미팅을 의미)가 1위일 것"이라고 인식하고 있다는 점이다. 이에 비해 남

성에 대해서는 남녀 응답자 모두 "'팬 미팅 참여'는 가장 덜 중요한 동기일 것"이라고 인식했다.

연구팀은 이 결과를 토대로 여성 59명과 남성 44명 대상 설문조사를 했다. 〈표 6-1〉의 여덟 가지 요소의 중요도 순위를 '스스로'에 대해서와 '이성'에 대해서 각각 적도록 한 설문 문항의 답변을 비교했을 때 더욱 뚜렷한 차이가 나타났다. 우선 여성 스스로 '팬 미팅'이 1순위라고 응답한 경우는 6.8%에 불과한 것에 비해서, "여성에게는 '팬 미팅'이 1순위일 것"이라고 응답한 남성은 43.2%나 되었다. 또한, '기대되는 경기를 직접 보기 위해' 가 남성의 직관 이유 1순위일 것이라고 응답한 여성은 30.5%나 되는 데 비해서, 여성에게 1순위일 것이라고 응답한 남성은 전혀 없었다.[6] '기대되는 경기'란 강팀과 강팀과의 경기, 오랜 기간 라이벌인 팀끼리의 경기 등 '꿀잼 매치'라고 일컬어지는 경기를 말한다. '기대되는 경기'에 직관을 하러 간다는 것은 단순히 선수들을 좋아하는 '팬심'이 아닌 최근 게임 매치 동향에 따라 변경된 게임 요소와 선수들의 게임 플레이 능력, 그동안 있었던 경기들의 내용과 같은 게임에 대한 지식이 어느 정도 있을 때 가능한 것으로 여겨진다. 이런 점에서 연구팀은 위의 설문조사 결과가 "여성들에게는 이러한 지식이 없고 '얼빠'에 그치기 때문에 '기대되는 경기'를 보러 경기장을 찾지는 않는다고 생각하는 남성들의 편견이 그대로 드러나는 것"이라 해석하였다(박지은, 김민정, 2015, pp.20-23).

이처럼 분류체계분석과 성분분석을 자료수집 과정에 사용하면 중요한 발견을 할 수 있을 뿐 아니라, 설문조사 문항개발에도 유용하게 사용할 수 있다. 한편, 성분분석 없이 분류체계분석만을 활용하여 연구의 핵심이 될 정도의 유용한 분석을 할 수도 있다. 예를 들어, 제2장에 소개한 이수현, 이유재(2014)의 연구는 분류체계분석을 심층면담결과분석과 설문조사 문항개발 및 결과분석에 활용한 사례다. 이 연구에서는 '경험수집의 동기'에 대한 30여 명과의 면담결과와 1차 설문조사 서술형 질문의 답변으로부터 많이 반복되는 12개의 동기를 뽑아낸 후, 7개의 소주제로 분류하고 다시 비슷한 것끼리 대주제로 묶어 주었으며, 이를 2차 설문조사 문항으로 발전시켰다.

6) 이 설문조사에서 동성에 대해서는 '기대되는 경기를 직접 보기 위해'를 직관의 이유(동기) 1순위로 응답한 비율은 여성 4명(6.8%), 남성 4명(9.1%)으로 큰 차이가 나지 않았다.

Ⅲ 연구보고서 목차 만들기와 자료 코딩을 위한 분류체계분석과 성분분석의 활용

1. 현장연구보고서 잠정적 목차 만들기와 자료 코딩의 절차

자료수집이 어느 정도 이루어진 후에는 현장연구보고서의 잠정적 목차(연구결과에 대한 개요)를 만들기 시작하는 것이 효율적이다. 보고서 목차를 만드는 것을 언제 시작하는 것이 가장 알맞은가는 연구마다 다르겠지만, 연구의 중반부 정도부터 목차를 만들어 보는 것이 전체 연구일정을 단축하면서 효과적인 자료수집이 이루어지게 하는 방법이다. 연구 중간단계에서 잠정적으로 만든 목차는 그동안 수집한 자료의 코딩을 위한 주제 리스트로 활용할 수 있기 때문이다. 수집된 자료의 코딩을 해서 목차의 주제별로 모아 보면 현재 어떤 연구문제(주제)에 대한 자료가 충분히 수집되었으며, 연구문제에 답하려면 꼭 필요하지만 빠진 자료가 어떤 것인지 알 수 있다. 또한, 계획에는 없었지만 예상하지 못한 영역에 많은 자료가 수집되었음이 발견되었다면 새로운 연구문제를 추가할 수도 있다. [그림 6-1]은 이러한 잠정적 목차 만들기와 자료 코딩의 과정에서 분류체계분석과 성분분석이 유용하게 활용될 수 있음을 보여 준다.

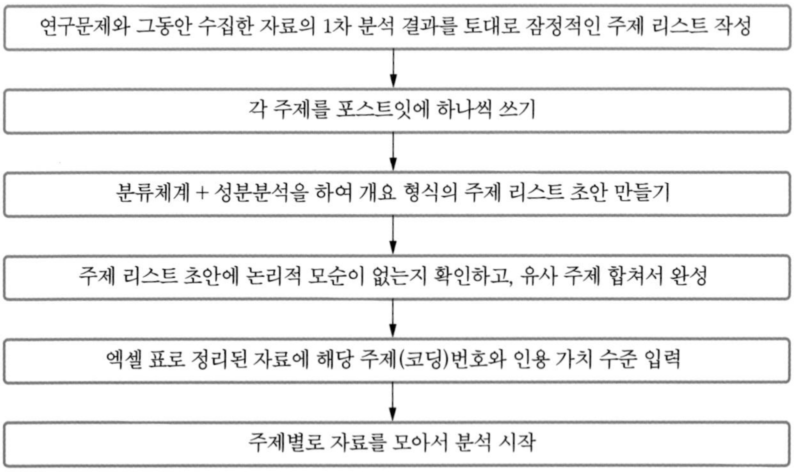

[그림 6-1] 현장연구보고서 잠정적 목차 만들기와 수집된 자료 코딩의 절차

[그림 6-1]의 절차를 더 구체적으로 보면 다음과 같다(제1장과 제2장을 참조하면 좋음).

① 워드 파일 사용 시에는 그동안의 현장연구기록에서 키워드를 찾아 밑줄을 그어 놓는다. 또는 더 효율적인 방법으로서, 모든 기록을 엑셀 표 한 칸에 한 문단씩 입력한 후 그 옆줄을 키워드 열로 만들어서, 키워드를 기록한다. 키워드를 모두 찾은 후에는 중복되지 않도록 비슷한 것들은 합쳐서 하나의 키워드로 만들고, 필요하다면 키워드를 더 세분하여 '**잠정적 소주제 리스트**'를 만든다. 이 작업은 분류체계+성분분석 과정의 제1단계인 대체질문을 대신하는 것이다.

② 다음은 '대조집합분류질문' 단계로서, 우선 '잠정적 소주제 리스트'에서 서로 관련 있는 것들을 묶고, 이 묶음의 이름을 '주제'의 이름으로 한다. 마찬가지로 '주제 리스트'에서 서로 관련 있는 것들을 묶고, 이 큰 묶음의 이름을 '대주제'의 이름으로 한다.

③ 〈표 6-2〉의 분류체계+성분분석표의 왼쪽에 이상의 분류체계분석 결과를 적어 넣는다. 대주제의 이름을 가장 왼쪽 열에 적고, 그 대주제에 포함되는 주제들의 이름을 두 번째 열에 적으며, 세 번째 열에는 '각 주제에 포함되는 소주제'의 이름을 적는다. 표에서 줄이 쳐 있지 않은 '주제' 열의 경우에는 '각 주제에 포함되는 소주제의 리스트'가 끝나는 곳에 맞추어서 줄을 긋도록 한다. 또한 '대주제' 열에도 '포함되는 주제의 리스트'가 끝나는 곳에 맞추어서 줄을 긋도록 한다.

〈표 6-2〉 현장연구보고서의 잠정적 목차 만들기를 위한 분류체계+성분분석표

분류단계 1 (대주제)	분류단계 2 (주제)	분류단계 3 (소주제)	내가 생각하는 중요한 순서	동료가 보기에 중요한 순서	주제 리스트에 포함할 것인가?

④ 〈표 6-2〉 오른쪽의 성분분석표 부분 첫째 열인 '내가 생각하는 중요한 순서'에는 소주제 리스트에서 자신에게 중요한 순서를 정하여 순서대로 1, 2, 3 ……의 숫자를 적

어 넣는다(즉, 등급질문). 이때 전체 소주제를 대상으로 할 수도 있지만, 소주제의 숫자가 너무 많다면 각 '대주제' 내에서 중요한 순서를 정할 수도 있다.

⑤ 〈표 6-2〉의 '동료가 보기에 중요한 순서' 열에는 동료(동료 연구자, 연구현장 구성원 등)에게 같은 방식으로 중요한 순서대로 번호를 적어 달라고 부탁하여[7] 제시한 번호를 적어넣는다. 가능하다면 이 표를 여러 개 만들어서, 여러 사람의 의견을 구한 후 하나의 표로 합치면 더욱 좋다.

⑥ 〈표 6-2〉의 '주제 리스트에 포함할 것인가?' 열에는 자신과 동료(들)의 순서를 비교해 보고, 주제 리스트에 포함할 내용은 ○, 포함하지 않을 것은 ×, 불확실한 것은 △로 표시한다. 이후 포함하는 것으로 결정한 소주제 중심으로 주제 리스트 초안을 만든다.

⑦ 주제 리스트 초안에서 논리적 모순이 없는지 확인하고, 유사 주제를 합쳐서 주제 리스트(잠정적 목차)를 완성한다.

⑧ 엑셀 파일에 이미 입력된 자료의 키워드 열 옆에 '주제'와 '주제 번호' 열을 만들어서, 주제와 해당 주제의 번호를 입력한다(자세한 내용은 제1장 참조).

2. 활용 사례

여기에는 잠정적 목차 만들기와 자료 코딩에 분류체계+성분분석을 활용한 사례 2개를 소개한다. 하나는 엑셀 파일을 사용한 사례이고, 또 하나는 워드 파일을 사용한 사례이다.

1) 엑셀 파일을 활용한 사례

앞에 제시한 기본적인 단계는 반드시 그대로 따라야 하는 것은 아니다. 연구 상황에 따라서 이 중 일부 단계는 생략하거나 변형시킬 수도 있다. 예를 들어, '연구계획 단계'에서의 분류체계분석 활용 사례로 제시한 '반려동물' 연구에서는 서술형 설문조사도 시행했으며, 수강생들과의 공동연구라는 특징이 있었기 때문에 다음과 같은 변형된 방법을 사용했다.

---

7) 이때 연구자 자신이 적은 '중요한 순서'는 동료에게 보여 주지 말아야 한다. 영향을 미칠 수 있기 때문이다.

(1) '반려동물' 연구를 위한 목차 만들기와 자료 코딩의 변형된 사례

① 수강생들과 함께 만든 설문조사지 초안을 토대로 잠정적 주제 리스트의 기초를 다음과 같이 만들었다.

반려동물 연구의 잠정적 주제 리스트 기초

I. 응답자 본인 배경
II. 키우는 동물 배경
III. 함께 보내는 시간과 활동
  1. 시간 소비
  2. 함께하는 일
  3. 외출
  4. SNS 활동
  5. 기타
IV. 키우는 장소와 공간 사용
  1. 거주하는 곳의 구조
  2. 가구 배치
  3. 출입이 제한되는 곳/허용되는 곳
  4. 동물만을 위한 공간
V. 지출
  1. 지출 품목과 비용
  2. 구매 장소
  3. 구매 시 선택기준
  4. 자신의 소비패턴에 주는 영향
VI. 키우는 것의 의미
  1. 호칭과 지칭
  2. 장점과 만족도
  3. 단점
  4. 개/고양이가 키우는 사람에게 주는 의미
  5. 가족으로서의 개/고양이
  6. 반려동물이라는 생각
  7. 안 키우는 사람에 대한 자랑과 차별화
  8. 키우는 사람에 대한 자랑과 차별화
  9. 마찰
  10. 부정적 시선과 대응
  11. 기타

VII. 가족과의 관계
  1. 시간 보내는 사람
  2. 돌보는 사람
  3. 가족 간의 동물에 대한 태도 차이
  4. 동물이 부여하는 서열
  5. 동물로 인한 갈등
  6. 비용분담
  7. 기타

② 각 조에서는 이를 토대로 엑셀 파일에 입력한 키워드를 보면서 더 필요한 항목을 추가하여 잠정적 주제 리스트 초안을 제출했다. 필자는 6개 조의 리스트를 통합하고 수정 · 보완해서, 기초 리스트보다 훨씬 확장된 잠정적 주제 리스트를 다음과 같이 만들었다. 이 과정에서 이미 여러 사람의 의견이 모여진 것이기 때문에 앞의 ⑤, ⑥단계는 생략했으며, ⑦단계는 필자가 만든 초안을 수강생들이 검토하는 것으로 대신하였다. 이 잠정적 주제 리스트를 '대주제'는 없이 '주제'와 '소주제' 리스트로만 만든 것도 앞의 절차와 달라진 점이다.

반려동물 연구의 잠정적 주제 리스트

1. 키우는 개/고양이의 배경
2. 개/고양이와 보내는 시간과 하는 일
  2(1) 함께 보내는 시간(평일, 주말)
  2(2) 혼자 있는 시간(평일)
  2(3) 함께하는 일
  2(4) 외출 빈도
  2(5) 외출할 때 가는 곳/불편한 일
  2(6) 함께 잠자기
3. 키우는 장소와 공간 사용
  3(1) 거주하는 곳의 유형
  3(2) 개/고양이를 위한 공간이나 가구 배치의 변경
  3(3) 개/고양이가 출입하지 못하는 곳과 이유
  3(4) 개/고양이만을 위한 공간
  3(5) 개/고양이 키우기에 불편한 점

4. 개/고양이 호칭과 지칭(인간화와 의인화 등)
5. 동물 키우는 것에 대한 의미부여(의미 변화 포함)
6. 개/고양이 키우기의 장점/단점과 만족도
  6(1) 키우는 것의 장점
  6(2) 키우는 것의 단점
  6(3) 만족도
7. 더 큰 애정을 갖게 된 결정적 사건/에피소드
8. 개/고양이 키우는 것이 자신에게 미친 영향
9. 개/고양이의 가족으로의 인정 여부와 이유, 가족이 되기 위한 조건/고려사항
10. '반려동물/애완동물'이라는 용어에 대한 인식과 의미부여
11. 개/고양이에게 느끼는 애정의 정도
12. 개/고양이를 위한 지출
  12(1) 지출 비용
  12(2) 지출 품목
  12(3) 구매 시 선택기준
  12(4) 키우는 동물을 위한 소비가 키우는 사람의 소비패턴에 주는 영향
  12(5) 다른 사람과의 지출 비교/동물을 위한 지출을 바라보는 주변인들의 태도
13. 키우는 개/고양이 자랑하기, 뽐내기
  13(1) 직접 자랑하기
  13(2) SNS를 통해 자랑하기
14. 개/고양이로 인한 다른 사람과의 관계
  14(1) 키우는 개/고양이로 인해 친해지기(자신의 사회성 키우기)
  14(2) 키우는 개/고양이로 인한 마찰/갈등
15. 개/고양이와 관련하여 다른 사람에 대해 갖는 인식과 차별화
  15(1) 개/고양이 키우는 사람에 대한 인식
  15(2) 키우지 않는 사람에 대한 인식 및 안 키우는 사람에 대한 차별화
  15(3) 다른 사람이 개/고양이 키우는 방식이 못마땅한 점 및 키우는 다른 사람에 대한 차별화
16. 개/고양이 키우지 않는 사람의 '개/고양이 키우는 사람에 대한 부정적 인식'에 대한 대응
17. 키우는 개/고양이와 관련된 가족들 사이의 관계
  17(1) 역할분담/돌보는 사람(훈육 포함)
  17(2) 개/고양이와 노는 사람
  17(3) 개/고양이를 예뻐하지 않는 가족과 이유(예뻐하면서도 예뻐한다는 티를 내지 않으려고 애쓰는 가족과 사례 포함)
  17(4) 개/고양이로 인한 가족 간의 갈등
  17(5) 개/고양이 키우는 비용의 분담
18. 개/고양이가 가족을 대할 때의 서열과 기준(서열과 애교부리기의 관계 포함)
19. 기타

③ 이 '잠정적 주제 리스트'를 가지고 앞의 ⑧단계를 거쳐서 주제 번호와 인용 가치를 입력한 엑셀 파일을 만들었다. 완성된 엑셀 파일의 일부는 〈표 6-3〉과 같다.

〈표 6-3〉 현장연구일지 종합 엑셀 파일에 키워드/주제/주제 번호/인용 가치를 입력한 사례 (2005)

장소	자료성격	내용	키워드	주제	주제 번호	인용 가치
학교 강의실	참여관찰	최근 반려동물에 관해 놀란 적이 있다. "광고론" 첫 수업이 있는 날, 수업 시작은 12시였다. 11시 42분, 강의실을 가는 도중에 같이 수업을 듣는 과 동기 언니에게서 카톡이 왔다(〈이미지 1〉 참고). 반려묘가 새끼를 낳는 것을 봐주다가 지쳐 잠들어 수업에 못 오게 되었다는 것이었다. 제대로 반려동물을 키워 본 적이 없는 나는 그 상황이 신기했다. '반려동물이 뭐기에 수업까지 빼게 하는 거지?'라는 생각이 들었다. 어떤 동물과도 그만큼의 정을 쌓아 본 적이 없어(쌓는 것이 무섭기도 하다) 사람과 동물 간의 관계에 대해 깊게 생각해 본 적이 없었는데, 이번 일을 계기로 반려동물에 인간이 부여하는 의미에 대해 궁금증을 갖게 됐다.	반려동물이 뭐기에 수업까지 빼게 하는지	개/고양이 키우는 사람에 대한 인식	15(1)	3
	참여관찰	또 생각나는 것은 SNS에 관한 얘기다. 1~2년 전쯤 한창 페이스북(이하 페북)을 할 때, 학교 선배가 자신의 반려견 이름으로 페북 계정을 만들었던 적이 있다. 선배는 강아지의 사진을 올리고 코멘트를 달았는데, '1인칭 강아지 시점'으로 글을 올렸다. 사람이 자신의 셀카를 올리고 글을 남기는 것과 같은 것이다. 강아지 사진은 귀여웠지만 '오글거리게 뭐 하는 거지?'라고 생각했었다. 그런데 반려동물을 키우는 다른 사람들은 댓글에 자신의 반려동물 사진과 함께 코멘트를 달았는데, 마치 인형극을 하는 것 같았다. 그 중간중간엔 서로의 반려동물의 미모를 뽐내는 모습을 보이기도 했다. 반려동물이라는 기준으로 나는 저들의 공동체 일원이 아니라서 공감하지 못했던 부분이었다.	반려동물 사진, SNS, 인간화	SNS 활동을 통한 자랑하기	13(2)	4
		〈중략〉				
'카페개네' 성신점	참여관찰	그 후로 남자 1명과 여자 2명이 한 마리, 또 자매가 한 마리의 강아지를 데리고 왔다. 자매들이 내 옆에 자리를 잡았는데, 그녀들은 자신의 반려견을 부를 때 이름과 '아가'라는 표현을 사용했다. 강아지가 멀리 가 있으면 "ㅇㅇ아"라고 부르고, 옆에 같이 있으면서 배를 긁어 주거나 머리를 쓰다듬어 줄 땐 "오구, 우리 '아가'"라는 표현을 썼다. 엄마들이 갓난아이 앞에서 혀 짧은소리와 함께 "우르르 까꿍"하며 귀여워 해주는 모습이 떠올랐다.	'아가'라는 호칭, 가족, 인간화	개/고양이 호칭과 지칭, 가족 구성원	4, 9	4

		최근 미국에서는 애완동물을 완전한 가족처럼 대하기도 하는데, 애완용품업체는 이를 일컬어 '애완동물의 인간화'라고 부른다고 한다. 반려동물을 키우는 사람이 자기 가족의 서열을 얘기할 때 반려동물을 포함 시키는 모습이나, 그들에게 '아가'와 같이 어린 '사람'에게 쓰는 호칭을 사용하는 것을 보면 우리나라도 비슷한 양상으로 가고 있다고 느낀다.				
'카페개네' 성신점	참여관찰	재밌는 것은 카페에 있던 다른 사람들(반려견을 동반하지 않은 사람들)은 강아지와 놀 때 이름으로만 불렀다는 것이다. 분명 그들도 강아지를 정말 예뻐하는 듯했다. 기본으로 제공하는 먹이 외에 추가로 돈을 지불해 강아지 간식(예: 강아지 육포)도 사서 나눠 주고, 뽀뽀 등의 애정 표현도 많이 했다. 하지만 '아기'와 같은 좀 더 친밀한 호칭은 사용하지 않았다. 아무래도 강아지들과 같이 살지 않는 것이 주요한 것 같다. 그들은 그 강아지들이 자신의 가족 구성원이라고 느껴지지 않기 때문에(카페에서 잠깐, 가끔 봐서) 호칭의 차이가 있는 것 같다.	카페에 있던 다른 사람들의 호칭	개/고양이 호칭과 지칭, 가족 구성원	4, 9	3
'카페개네' 성신점	참여관찰과해석	카페는 가장자리를 따라 테이블이 놓여 있고 가운데는 강아지들이 뛰어놀 수 있게 비어있는데, 자매는 반려견이 적응할 때까지 테이블에 앉아있었다. 그러던 중 갑자기 언니가 가운데로 나오더니 자신의 반려견을 불렀다. 그러고선 반려견에게 "앉아" "손"이라고 말하며 재주를 부리게 했다. 나와 친구, 그리고 주변 손님들은 "귀엽다" "똑똑하다"라고 감탄을 연발했다. 그 언니는 그런 우리를 한번 쓱 쳐다보더니 입가에 미소를 띄웠다. 그러고서 마지막으로 반려견의 뒤집기를 선보였다. 또 한 번 감탄사가 들리고 언니는 있는 힘껏 "우리 ○○ 잘했어!"라고 말하며 다시 테이블로 돌아왔다. 내가 관찰한 바에 의하면 그 언니는 분명 주변 사람들의 감탄을 의식한 것처럼 보였다. 그리고 그 감탄 전에 이미 그녀는 굳이 카페 가운데 나가 반려견의 훈련을 시켰다는 것부터가 사람들에게 자신의 반려견이 '얼마나 훌륭한지'를 보여 주고 싶은 심리가 반영된 것이라고 생각한다. 펜실베이니아 대학의 인류 동물학자 James Serpell은 애완동물은 우리와 함께 살지만 뚜렷한 역할은 없는 동물이라고 말했다. 하지만 자매와 그 반려견을 보면 반려견은 주인에게 자랑스러움을 느끼게 해 주는 역할을 톡톡히 한다고 보인다. 애견카페라는 것이 반려견이 없는 사람들도 입장할 수 있는 곳이고, '카페개네'는 그중 반려견 동반입장이 아닌 사람들이 많았기 때문에 그런 역할이 덜 행해진 모습이 저 정도일 수도 있다고 생각한다. 반려견과 그 주인들이 많이 모여 있는 곳이라면 더 많은 시간을 자신의 '반려견 훈련 뽐내기'에 사용하지는 않을까 하는 궁금증이 들었다.	훈련, 뽐내기	키우는 사람의 자랑	13(1)	3

*출처: 고연주의 작성 사례임.

④ 엑셀 파일의 주제 번호 입력 결과를 토대로 비슷한 것끼리 묶어서(분류체계분석) 다음과 같이 6개의 대주제를 추출했다.

반려동물 연구의 대주제 리스트

대주제 1: 키우는 사람에게 있어서 개/고양이의 의미는 무엇이며 어떤 영향을 받는가? (주제 5, 6, 7, 8, 9, 11, 14(1) 포함)

대주제 2: 개/고양이를 어떻게 부르나? (호칭과 지칭 이외에 애완동물/반려동물/가족 지칭 포함)(주제 4, 10 포함)

대주제 3: 개/고양이와 보내는 시간과 하는 일, 경비 그리고 공간(주제 2, 3, 12 포함)

대주제 4: 개/고양이 키우는 사람의 구별 짓기(안 키우는 사람/키우는 다른 사람 대상의 구별 짓기와 갈등 포함)(주제 13, 14(2), 15, 16 포함)

대주제 5: 개/고양이 키우기와 가족관계(가족 간의 역할분담과 갈등, 서열 등 포함)(주제 17, 18 포함)

대주제 6: 개와 고양이 키우기의 차이(처음에는 주제 19 '기타'였지만, 자주 나타났기 때문에 대주제로 승격함)

⑤ 이와 같이 대주제 추출을 귀납적으로 하였기 때문에 '19. 기타'에 포함된 내용 중에서 자주 등장한 '개와 고양이 키우기의 차이'를 추가적인 새로운 대주제로서 선정하게 되었다. 이 대주제는 연구문제 개발 당시에는 떠오르지 않았었다. 또한 '주제 14'의 경우에는 대주제 1과 대주제 4에 포함되는 내용이 모두 있었기 때문에 주제 14를 둘로 나누어서 소주제 14(1)은 대주제 1에 포함하고, 소주제 14(2)는 대주제 4에 포함하게 되었다. 이 과정이 끝난 후 6개 조는 6개 대주제를 하나씩 나누어 맡아서 연구보고서를 작성하였다.

2) 적용사례 2: 워드 파일을 활용한 사례

"현장연구실습" 수업의 개별연구에서는 워드 파일만 사용한 경우도 많아서, 각 팀에서 참여관찰과 심층면담을 토대로 작성한 현장연구일지로부터 키워드를 찾아 밑줄을 긋는 방법과 워드 파일의 여백에 주제와 인용 가치를 적는 방법을 사용했다. 이외에는 앞에 제시한 절차를 그대로 따랐다. 예를 들어, '남성의 화장에 대한 시선과 화장하는 남성들의 대응서사' 연구팀(고연주, 김나현, 천예민, 2015)에서 앞의 과정을 거쳐서 작성한 '잠정적 목차 만들기를 위한 분류체계+성분분석표' 사례는 〈표 6-4〉와 같다.

〈표 6-4〉 잠정적 목차 만들기를 위한 분류체계+성분분석표 사례(남성의 화장 연구)(2015)

분류단계 1 (대주제)	분류단계 2 (주제)	분류단계 3 (소주제 리스트)	내가 생각하는 중요한 순서	동료가 보기에 중요한 순서	주제 리스트에 포함할 것인가?
그들의 화장 이야기	화장을 한 계기		6	6	○
	화장의 가치	건강한 피부	7	7	△
		매력 어필	7	7	△
		이미지 향상	7	7	△
지배문화 속 끊임없이 호명되는 그들	지배 담론과 타자의 호명	성 고정관념과 흐릿한 성 정체성	3	4	○
		연령주의/지역주의에 의한 호명	5	5	○
		미디어 주도의 이름 붙이기	4	3	○
	정체성 타협으로서의 자아 호명	인정하기	1	2	○
		방어하기/숨기기	1	2	○
	내부의 타자화	화장의 정도에 따른 타자화	2	1	○
		추구하는 가치에 따른 타자화	2	1	○

*출처: 고연주, 김나현, 천예민(2015)의 목차 정하기 사례임.

〈표 6-4〉를 토대로 만든 잠정적 목차는 지도교수인 필자와의 상담과 수업시간의 발표 및 피드백을 거쳐서 총 다섯 차례 수정되었으며, 최종적인 목차는 다음과 같다.

'남성 화장 연구'의 목차(서론과 결론은 제외한 부분)

II. 트랜드 변화를 통해 알아본 남성 '꾸미기'의 흐름
  1. '화장'으로 확장된 남성 '꾸미기' 영역
  2. 기초에서 색조까지, 그리고 제모
III. '남성 화장'에 대한 유혹과 억압
  1. 남성에게 '화장'하도록 유혹하는 사회 분위기
    1) '자기관리도 경쟁력' 담론
    2) 꽃미남 열풍

2. '남성의 화장'을 억압하는 성 고정관념
   1) "여자 같아."
   2) "게이 같아."

IV. '남성 화장' 담론에 대한 그들의 대응양식과 서사
   1. "나 '화장' 안 해": 의도적으로 숨기기
   2. "나 정도는 '화장'하는 게 아니지": 스스로 '화장'이 아니라고 규정하기
   3. "웅, 나 '화장'했어": 순순히 인정하기
   4. "나 '화장'한 거야": 적극적으로 드러내기
   5. "저 '화장'은 좀 과해": 다른 '화장하는 남성'들과 차별화하기

지금까지 엑셀/워드 파일 사용에 따라서 실제 잠정적 주제 리스트 만들기와 코딩의 절차가 어떻게 달라졌는지만을 보여 주었다. 그러나 이외에도 자료의 성격에 따라서 여러 가지 변형이 가능하므로, 각 연구 상황에 따라서 연구자가 필요한 변형을 가하면 될 것이다.

IV 추가적인 연구주제를 찾기 위한 분류체계분석과 성분분석의 활용

분류체계분석과 성분분석을 수집된 자료의 재분석을 위해 적용하면 미처 발견하지 못했던 주요 연구주제를 찾을 수도 있다. 2015년의 "현장연구실습 2 & 3" 수업 후반부에는 수강생들이 분류체계분석과 성분분석을 새로운 연구주제 찾기에 활용하도록 했다. 우선 그동안 수집한 자료로부터 무엇이건 '(　　)의 종류'라는 리스트를 만들 수 있는지 찾아서 분류체계분석부터 시작해 보도록 했다. 이 과정에서 고민만 할 뿐 생각해 내지 못하는 수강생들에게는 필자가 이들의 현장연구일지에서 읽은 내용을 바탕으로, 나타날 것 같은데 언급되지 않은 주요 영역이 있는지 확인하는 질문을 했다. 한 예로, 악기 상가 연구팀에게는 "혹시 그 상가에 오는 고객의 유형을 이야기해 볼 수 있느냐"고 묻자 즉석에서 고객의 여섯 가지 유형을 생각해 냈다. "그러면 이 고객의 유형으로 분류체계분석을 하는 것이 가능한가?"라고 묻자, 그렇다고 했다. 다음에는 "상인들로서는 결국 이윤을 남겨야 할 텐데, 이윤을 남기기 위해서 이들이 사용하는 방법 또는 전략에는

어떤 것들이 있는가?"라고 질문하자 역시 다섯 가지를 즉석에서 나열할 수 있었다. 이들은 이를 토대로 분류체계+성분분석표 초안을 만들었으며, 이후 연구현장에서의 추가적인 참여관찰과 면담을 통해서 분석표를 보완했다. 이 중 '악기 상가 상인이 바라보는 고객의 유형'의 분석표는 〈표 6-5〉와 같다.

〈표 6-5〉 '악기 상가 상인이 바라보는 고객의 유형' 분류체계+성분분석표

분류 기준		중요도	구매 악기	상인의 선호도 순위	상인의 대우 순위	상인과 친분 정도
부모	전문 악기 구매자	상	기타	4	3	중
	방과 후 악기 구매자	상	기타, 우쿨렐레	7	2	하
악사	취미 연주자	상	기타, 우쿨렐레	8	7	상
	전문직업인	중	수리 위주	3	6	상
학원 강사		상	우쿨렐레, 기타	2	8	상
실버세대		하	색소폰, 하모니카	10	5	하
학생	동아리 학생	상	기타, 음향 악기	5	1	중
	개인 학생	하	기타, 수리	9	4	상
외부 악기 상인	지방악기점 상인	중	기타 도매	6	10	상
	인터넷쇼핑몰 상인	중	기타 도매	1	9	상
구경인	커플	하	없음	14	14	하
	부속시설 이용자	하	없음	11	13	하
외국인	관광객	하	없음(가끔 악세사리)	12	12	하
	이주노동자	하	악세사리	13	11	하

*출처: 금선이, 이지은(2015).

이처럼 새로운 주제에 대한 분류체계+성분분석을 했기 때문에 연구목차도 크게 바뀌게 되었다. 분류체계+성분분석 시도 전에 연구팀이 만들었던 잠정적 목차와 분류체계+성분분석 후에 만든 최종 목차를 비교하면 다음과 같다.

'N 악기 상가' 연구의 잠정적 목차	'N 악기 상가 상인들의 생존전략' 연구의 최종 목차
II. N 상가의 생태계 변화 1. 상가의 생태계 2. 상가의 노후화 1) 상가 일대의 근대화 2) 상가의 노후화에 따른 외부인의 시선 변화 3) 건물에 대한 자부심 3. 사회와 시장의 변화 1) 급격한 사회변화 2) 새로운 시장의 등장 3) 소비층의 변화 III. N 상가에 대한 그들의 서사 1. 내부인의 의미화 1) 상가에 들어온 지 오래된 상인과 그렇지 않은 상인 2) 나이가 든 상인과 그렇지 않은 상인 3) 창고형 매장을 운영하는 상인 2. 외부인의 의미화 1) 주변 상인에게 있어서 N 상가의 의미 2) 소비자에게 있어서 N 상가의 의미 IV. 상가의 부흥을 위한 노력 1. 주체별 부흥 노력 및 한계점 1) 상인의 홍보활동 2) 번영회의 홍보활동 3) 마케팅 업체의 홍보활동 2. 한계의 요인 1) 자부심 2) 소통의 부재 3) 불명확한 타겟	II. 'N 상가'의 탄생과 변화 1. N 상가의 설립과 위기 1) 상가 일대의 변천사 2) 상가의 노후화에 따른 외부인의 시선 변화 3) 장소로서의 N 상가에 대한 자부심 2. N 상가의 역할 변화 1) 급격한 사회변화: 전문 연주인의 감소와 인터넷 시장의 등장 2) 새로운 시장의 등장 3) 일반인 소비층의 급증 III. 상가의 부흥을 위한 노력 1. 주체별 부흥 노력 및 한계점 1) 번영회의 홍보활동 2) 마케팅 업체의 홍보활동 2. 한계의 요인 1) 소통의 부재 2) 불명확한 타겟 IV. 'N 상가' 상인들의 생존전략 1. 손님 모으기 전략 1) 손님 구별 짓기 2) 단골 만들기와 유지하기 2. 상인들 간의 협력 전략 1) '성원권' 획득을 위한 노력 2) 품앗이 전략 3. 판매 다변화 전략 1) 판매 악기 다변화 2) 악기 판매 이외의 수입 다변화

분류체계+성분분석 후에는 연구주제 자체가 'N 악기 상가 상인들의 생존전략'으로 바뀌었으며, 이에 따라 보고서의 최종 목차 역시 크게 변한 것이다. 우선 잠정적 목차에서는 없었던 생존전략에 관한 주제들이 점점 많아지고 중요해지자 대주제로 만들어서

결론 직전의 마지막 장인 IV장에 추가했다. 반면, 잠정적 목차의 III장이었던 'N 상가에 대한 그들의 서사'의 중요성은 줄어들었으므로 그 내용을 축소해서 일부 내용만 II장의 소주제로 넣었다.

이처럼 연구 후반부에 그동안 수집된 자료의 재분석을 하기 위해서 분류체계분석과 성분분석을 적용함으로써 연구의 커다란 개선이 이루어질 수 있다.

V 보고서 작성단계에서의 분류체계분석과 성분분석의 활용

분류체계분석과 성분분석은 최종보고서를 작성하는 단계에서도 유용하게 사용할 수 있다. 가능한 곳에서는 복잡한 연구결과를 분류체계+성분분석표나 분류체계표(도형)의 형태로 제시하면 일종의 연구요약 효과가 있다. 또한, 집단별 비교도 쉬워지므로 독자들이 연구결과를 훨씬 쉽게 이해하게 된다는 장점이 있다. 예를 들어, '인디밴드 팬덤' 연구의 연구보고서에는 〈표 6-6〉이 '인디밴드 팬덤의 특징'을 다루는 장의 도입부에 제시되어 있어서 그 뒤에 제시된 인디밴드 팬덤의 공연 관람 모습의 특징에 대한 설명을 더 쉽게 이해할 수 있다.

〈표 6-6〉 '팬덤의 공연 관람 모습 유형' 분류체계분석 + '팬덤의 유형' 분류체계분석 통합표

(○: 있음, △: 약함, ×: 없음)

분류체계분석 결과			팬덤 유형			
			언더그라운드 음악 팬덤		아이돌 팬덤	일반 뮤지션 팬덤
			인디밴드 팬덤	힙합 팬덤		
공연 관람 모습의 유형	떼창	일반 떼창	○	○	○	○
		무대 밀착형 떼창	○	×	△	×
	과격한 놀이문화('슬램', '스캥킹' 등)		○	×	×	×
	팬들의 무대난입 허용		○	×	×	×
	뛰거나 환호		○	○	○	○
	촬영(사진 혹은 영상)		○	○	○	○

*출처: 손녕란(2015).

〈표 6-6〉은 앞에 제시한 분류체계+성분분석표와 겉모습은 비슷하게 생겼지만, 실제로는 2개의 분류체계분석 결과를 통합한 표다. 즉, 표의 위쪽과 왼쪽에 2개의 분류체계분석 결과를 각각 제시한 후에 각 '팬덤 유형'에서 해당 '공연 관람 모습 유형'이 얼마나 강하게 나타나는지에 대한 참여관찰 결과를 기호로 표시한 것이다. 분류체계분석이나 분류체계+성분분석을 활용하면 이처럼 집단별 차이를 잘 보여 주는 비교표 형식으로 연구요약을 할 수 있으며, 이는 각 장의 도입만이 아니라 마무리하는 부분에도 유용하게 사용할 수 있다.

07 인식과 행동의 비교에 활용 가능한 분류 체계+성분분석과 시간구조분석

I 인식과 행동의 차이

기업이나 조사회사의 정성조사에서 가장 큰 비중을 차지하고 있는 것은 심층면담과 초점집단면담(Focus Group Interview: FGI)이다(이용숙, 유창조, 김영찬, 2012). 이에 비해 면담만이 아니라 관찰이나 참여관찰도 해야 하는 가정방문조사(home visiting), 동반쇼핑/동행구매(accompanied shopping), 섀도잉(shadowing/shadow tracking) 등의 방법은 비중이 점차 늘어나고는 있지만, 아직 제한적으로만 사용되고 있다.

그렇다면 면담에 의한 인식 조사결과는 참여관찰/관찰에 의한 행동 조사결과와 어떤 차이가 있을까? 면담방법은 아무리 심층적으로 이루어진다고 해도 눈으로 보아야 알 수 있는 부분까지 보여 주지는 못하므로 제한적이라는 것은 대부분 알고 있다. 그러나 '이 제한적인 정보가 과연 정확한 정보인가?'에 대해서는 별생각 없이 면담 조사를 하는 경우가 많다. 기업체와 조사회사에서 조사 시간 및 경비의 절감 등 편의성을 위해서 참여관찰/관찰은 포기하고 면담만 사용하는 것은 '소비자의 말을 통해서 이들의 행동에 대한 정보를 어느 정도는 정확하게 얻을 수 있을 것'이라고 기대하기 때문이다. 그러나 과연 소비자가 자신의 행동에 관해 이야기하는 것은 실제 행동과 일치하는 것일까?

실제 행동의 관찰과 자신의 행동에 대한 회고적인 면담을 비교해 보면, 같은 상황에 대해 행동과는 다른 이야기를 하는 경우가 자주 있다. 예를 들어, 저녁을 안 먹었는데도 관찰 직후 면담에서 먹지 않은 것을 인식하지 못하거나, 관찰한 것보다 공부는 긴 시간, 검색이나 게임은 짧은 시간 동안 했다고 인식하는 것이다. 여러 조사결과, 사람들은 휴식이나 스스로 생각하기에 비생산적이고 쾌락적인 활동은 실제보다 적게 했다고 인식하고, 생산적인 활동은 실제보다 많이 했다고 인식하는 경향이 있음을 발견했다(이용숙, 이웅철, 2013). 이는 자신의 일상을 의식적으로 왜곡한다기보다는 긍정적인 방향으로 생각하는 경향을 보여 주는 것이다.

예를 들어, 에스노그라피 연구방법 워크숍 참가 교사 중 1명은 "아이가 매일 저녁 몇 시간씩 공부를 하는데도 성적이 오르지 않는 이유를 알고 싶다"는 학부모의 부탁으로 담당 학생의 '집에서의 학습시간' 분석에 셰도잉을 적용했다. 매일 저녁 3시간씩 공부한다는 학생의 인식대로 '공부시간' 3시간 동안의 행동을 관찰한 결과 실제 공부시간은 30분뿐임을 발견했다. 숙제를 물어보려고 통화한 친구와 다른 이야기도 한참 하고, 전화를 두 번 받았으며, 어머니가 간식을 두 차례 가져오고, 냉장고에 몇 차례 다녀오는 등 학습이 끊기는 일이 자주 일어났고, 그때마다 꽤 긴 시간을 보냈기 때문이었다. 그러나 학부모와 학생 모두 실제 공부시간이 30분뿐이라는 사실에 매우 놀랐다. 저녁식사 후 3시간이 큰 테두리의 "공부시간"이므로, 중간중간 다른 일에 보낸 시간은 실제보다 적게 인식했기 때문이다.

면담 시 정보제공자가 좋은 인상을 주기 위해 약간의 거짓말을 하거나 의도적으로 과장/축소하는 경우라면 이런 가능성에 충분히 대비하고 심층적인 면담을 통해 다양한 방식의 질문을 함으로써 어느 정도는 극복할 수 있을 것이다(Mariampolski, 2006). 그러나 인식과 행동의 차이를 본인도 모른다면 아무리 심층적인 면담을 해도 행동에 대한 정확한 정보를 얻기는 어렵다. 〈표 7-1〉은 사전 면담을 통해 발견한 친구의 '휴대폰 구매 시 고려 조건'에 관한 인식과 동행구매를 통해 참여관찰한 매장에서의 실제 행동의 비교표다. 파란 글씨 부분은 사전 면담 시의 인식과는 크게 달랐던 행동만 표시한 것인데, 10개 항목 중 '광택은 선호한다.'라는 0.5개 항목을 제외한 9.5개 항목이 면담내용과 차이가 있었다. 사후 면담에서 "아까는 카메라와 MP3를 중시한다고 했는데, 매장에 가서는 전혀 안 보더라." 등 차이점에 관해 묻자, 친구는 "그러게~ 내가 이렇게 생각하는 줄은 나도 몰랐어!"라고 답했다. 이런 사례는 소비자가 면담이나 설문조사에서 실제 행동과는 상당히 차이가 있는 답변을 본인도 믿으면서 할 수 있음을 보여 준다.

1934년에 이루어진 La Piere의 연구(Holy & Stuchlik, 1983, pp.50-51에서 재인용)는 '관념'과 '행위'의 차이를 명확히 보여 주는 연구사례로, 중국인에 대한 미국인의 인종편견을 알기 위해서 다음의 두 가지 조사를 했다. 첫째, 미국 서부에 있는 276명의 호텔, 모텔, 식당 관리자 대상 설문조사 결과 81.9%가 중국인(중국계 미국인 포함)은 손님으로 받지 않는다고 답했다. 둘째, 완벽한 영어를 하는 세련된 옷차림의 대학 졸업자 부부(중국인에 대한 당시의 고정관념과는 다른 모습)가 같은 숙박 및 요식업소 251개를 방문하게 한 결과, 그들은 단 한 곳에서만 거절당했다.

〈표 7-1〉 '여대생의 휴대폰 구매 시 고려 조건'에 대한 사전 면담결과와 동반쇼핑 참여관찰 결과 비교 (2006)

고려사항	사전 면담내용 (분류체계 + 성분분석 결과)	참여관찰 내용 (동반쇼핑 결과)
기능	카메라 중시	고려하지 않음
	DMB는 추가조건임	중시함
	MP3 중시	고려하지 않음
	음질-화음 중시	고려하지 않음
디자인	사이즈 작은 것 피함	고려하지 않음
	광택이나 메탈 재질 선호	광택은 선호, 메탈은 선호하지 않음
	360도 회전되는 카메라 선호	추가적인 고려사항일 뿐임
	색상 고려하지 않음	여러 색이 혼합된 것 피함
편리기능	자동 슬라이드 선호	고려하지 않음
	문자배열 중시	고려하지 않음

*출처: 정소미(2006), 덕성여자대학교 문화인류학과 "현장연구실습" 수업 과제임.

이런 상반된 결과는 '일반화된 관념'과 '특정한 상황에서의 실제 행동' 사이에 현격한 차이가 있음을 보여 준다. 과거에는 관념과 행위의 차이가 밝혀진 경우에도 그 전제는 '그런 차이가 있어서는 안 된다'는 것이었으며, 괴리의 문제로만 설명되는 경향이 있었다. 앞의 사례라면 설문조사로 수집된 관념에 대한 자료는 '잘못된' 또는 '틀린' 자료로 취급되고, 실제 행위관찰 결과만이 제대로 된 자료로서 받아들여졌을 수도 있다. 그러나 관념과 행위는 모두 실존적인 중요성이 있으므로, 두 가지 자료를 서로 연결지으면서도 구분하여 분석할 필요가 있다(Holy & Stuchlik, 1983).

행위자들은 특정 질문에 대해 '실제로 그들이 하는 일'보다는 '그래야 한다'는 당위의 차원 혹은 가상의 실재(imagined reality)를 적절한 응답이라고 생각하기도 한다. 예를 들어, 전화 조사에서는 화장실에 다녀온 뒤 손을 씻느냐는 질문에 '그렇다'라는 응답이 95%에 달했지만, 미국미생물학회의 5개 도시 붐비는 화장실 관찰 결과 여성 67%, 남성 58%만 손을 씻었다는 『뉴욕타임즈』의 보도도 있었다. 이처럼 응답과 실제 행동에 큰 차이가 있다는 것은 응답자의 답변에만 의존하는 조사결과의 타당성이 낮을 수 있음을 증명한다(Dewan, 2000; Mariampolski, 2006, p.33에서 재인용).

인류학자들은 연구 대상 사회 구성원들이 자신의 행동을 묘사하는 말(what they say they do)과 이들이 실제로 하는 행동(what they actually do) 간에 상당한 괴리가 있다는 사실을 종종 발견해 왔다. 그러나 연구 대상 사회 구성원들은 그러한 괴리를 의식하지 않는 경우가 많으며, 연구자가 이를 지적하더라도 대수롭지 않게 여기거나 쉽게 정당화하기도 한다. 물론 이들이 외부인에 불과한 연구자에게 의식적으로 특정한 사실들에 관해 언급을 회피하거나 왜곡하여 전달할 때도 있겠지만, 자신이 말하는 바를 믿고 있어서 '자신의 행동에 대한 말'이 '실제 행동'과 다른 경우도 많다. 이는 정보제공자의 말은 자신의 마음속에 있는 '행동의 모델' 내지는 '문화적 이상'을 표현하기 때문인 경우도 있고, 때로는 연구자의 질문이 '문화적으로 모범적인 답변(culturally correct answer)'을 하기 쉬운 질문이기 때문이기도 하다. 이러한 상황은 마치 '거짓말 탐지기의 시험도 무사히 통과하는 거짓말'과 유사한 것이다(이용숙 외, 2012, pp.31-34).

우리 모두 어느 정도까지는 '말하는 것'과 '행동하는 것' 사이에 커다란 차이가 있다. 인간이 처해 있는 사회현실의 복잡성, 거기서 발생하는 수많은 애매함과 모호성으로 인해 사람들이 '자신은 어떻게 행동한다고 생각하거나 말하는 것'과 '실제 상황에 직면해서 하는 행동' 사이에는 상당한 괴리가 발생할 가능성이 크기 때문이다. 사람들의 말과 행동 사이의 괴리 그리고 그러한 괴리를 무시 또는 당연시하거나 간단히 정당화하는 것을 연구자가 깨달았을 때야말로 이해의 중요한 실마리를 잡은 것일 수도 있다. 따라서 에스노그라피 연구자들은 같은 개인과 시기를 달리하며 나눈 여러 차례의 대화를 통해 의식과 실제 행위와의 정합성을 확인하려 노력한다. 또한, 이에 대해 주변의 다른 사람들이 이야기한 내용과 대조해 보거나 실제 상황 속에서 그가 보여 준 행위의 내용과 대조해 보기도 한다. 즉, 의식적 차원과 실제 행위적 차원을 통합적으로 파악할 수 있도록 노력하는 것이다.

이 책에서 소개한 분석방법들을 활용한다면 의식적/행위적 차원의 비교와 통합적 이해는 훨씬 체계적으로 이루어질 수 있다. 예를 들어, '앞으로 할 행위에 대한 분류체계+성분분석 활용 면담'과 '실제 행위에 대한 참여관찰' 결과를 비교할 수 있다. 또한, '앞으로 할 행위에 대한 면담내용의 계획분석'이나 '이미 이루어진 행위의 회고에 대한 면담내용의 시간구조분석' 결과와 '실제 행위 관찰 내용의 시간구조분석' 결과를 비교할 수도 있다. 다음에는 이 두 가지 사례를 제시했다.

Ⅱ 분류체계+성분분석 병행 면담결과와 동반쇼핑 참여관찰 결과의 비교[1)]

이 절에서는 2010~2011년의 "소비와 마케팅의 인류학"과 "신제품마케팅 에스노그라피" 수업 수강생들이 조사자가 되어 주변 사람들의 주얼리/침대/정수기 구매 관련 인식과 행동의 비교를 한 사례(이용숙, 이응철, 2013)를 제시하면서[2)] 자신의 행동에 대한 인식과 실제 행동을 비교하는 연구방법을 설명한다.

1. 연구방법

마케팅 조사에서 2000년대에 유행하기 시작한 '동반쇼핑'은 조사자가 소비자의 쇼핑 과정에 일행처럼 동행하면서 구매 의도와 구매과정에 대해 참여관찰과 면담을 하는 방법이다. 이 연구방법을 '분류체계+성분분석'과 연계한다면, 소비자의 인식과 행동의 비교가 효과적으로 이루어질 수 있다. 조사자가 2개 이상의 매장에서 동반쇼핑 참여관찰을 하되, 쇼핑 전에 사전 면담을 하면서 대체질문과 대조집합분류질문, 등급질문을 사용한 분석을 하는 것이다.[3)] 동반쇼핑을 위해 방문한 매장에서는 면담은 하지 않고, 소비자의 행동 및 매장 직원과의 상호작용, 매장의 구조와 환경이 구매에 미치는 영향 등에 중점을 두는 참여관찰을 한다.[4)] 대신 첫 번째와 두 번째 매장을 방문하는 사이와 두 번째 매장 방문 후 면담을 하여, 동반쇼핑 중 궁금했던 사항들을 질문한다.

이 연구에서는 사전 면담의 대체질문으로 "내가 침대/정수기/주얼리를 구매할 때 고려하는 것은 (　　)이다."라는 문장의 괄호에 들어갈 수 있는 단어들을 포스트잇 한 장에 하나씩 적어 달라고 부탁했다. 이후 모든 포스트잇을 비슷한 것끼리 나누도록 하여 분류체계분석을 했다. 등급질문으로는 포스트잇(구매 시 고려사항들)을 중요한 순서대로 늘어놓아 달라고 부탁하여, 분석표에 그 순서의 번호를 적는 방법을 사용했다.

---

1) 이 절은 필자와 이응철 교수의 공동연구(2013)인 "소비자의 행동에 대한 인식과 실제 행동은 어떻게 다른가 - 심층면담과 동반쇼핑 참여관찰 결과 비교 연구"(마케팅연구, 28(February), pp.181-210)를 토대로 작성되었다. 이 논문은 2014년 한국 갤럽 우수논문상을 받았으며, 새로운 연구방법의 개발과 적절한 활용이 주요 수상 이유였다.

2) 이 조사는 산학협력으로 기업체 등의 의뢰를 받아서 이루어진 것이다.

3) '3원 대조질문 + 유도된 대조질문'도 함께 사용할 수 있지만, 등급질문만 사용해도 비교분석이 가능하다.

4) 동반쇼핑 중 짧게라도 기록이 가능한 순간이 있을 때를 활용하여 스스로에게 스마트폰 메시지를 보내는 방식으로 자연스러운 기록도 가능하다.

동반쇼핑 참여관찰 후에는 이 결과를 토대로 매장에서 실제로 중요하게 고려한 순위 또는 등급(3~4등급)을 사전 면담에서의 등급질문 결과 옆에 나란히 제시하여 비교했다. 예를 들어, '정수기 구매 시에 고려하는 사항'에 대한 20대 여성 소비자 F와의 사전 면담 결과와 매장에서의 행동 참여관찰 결과를 함께 제시한 〈표 7-2〉에서는 사전 면담내용의 분류체계+성분분석 결과를 제시했으며, 오른쪽 마지막 열에는 사전 면담에서 언급된 고려사항들이 매장에서 실제로 중시된 정도를 우선순위별 숫자로 나타냈다.

〈표 7-2〉 '20대 여성 F에게 정수기 구매 시의 고려사항이 중요한 정도'에 대한 사전 면담결과와 참여관찰 결과 비교 사례(2010)[5]

정수기 구매 시 고려사항 (분류체계분석) \ 대조의 차원 (성분분석)			사전 정보습득 가능한가?	가격에 영향을 주는가?	현장에서 변화 가능한가?	사전 면담 시 고려한 순서	매장에서 실제 고려한 순서
브랜드 속성	신뢰도	품질검사 신뢰도	○	○	○	2	8
		브랜드 친숙도	○	○	○	1	10
		소비자 선호도	△	◎	◎	8	9
	가격	정수기 가격	◎	◎	△	6	1
		유지관리 비용	○	◎	×	4	2
	유지관리 용이성	필터구매 용이	○	×	△	5	3
		자가진단 여부	○	○	×	4	4
		셀프 유지 여부	△	△	×	9	5
제품 속성	물의 맛		×	△	×	3	7
	기능	물의 기능	◎	◎	×	7	6
		온수	◎	○	×	11	13
		냉각	◎	○	×	10	11
		얼음	◎	○	×	12	12

*출처: "신제품 마케팅 에스노그라피" 수업 수강생 송유영이 작성함.

〈표 7-2〉는 다음과 같이 읽을 수 있다. "소비자 F는 사전 면담 시 '신뢰도'(브랜드 친숙도와 품질검사 신뢰도)와 '물의 맛'을 최우선으로 고려한다고 했으나, 매장에서는 고려대상의 범주에 두었을 뿐 가장 중요하게 고려하지는 않았다. 대신 면담에서 차상위 요소

5) 성분분석 결과 중 앞의 세 가지는 '3원 대조질문+유도된 대조질문' 결과다.

로 고려되었던 '정수기 가격', '유지관리 비용', '유지관리의 용이성(필터구매 용이, 자가진단 여부, 셀프 유지 여부)'이 매장에서 가장 중요하게 고려되었다."

한편, 동반쇼핑 참여관찰에서는 연구목적에 따라서 필요한 경우, 매장에서의 동선과 시간 사용을 〈표 7-3〉과 [그림 7-1]의 사례처럼 연계해서 기록하기도 한다.

〈표 7-3〉 20대 남성 소비자 K의 팬시점 매장에서의 행동과 사용 시간

순서	소요시간	지점	행동
1	1분	가	매장 안에서 팔찌 진열대를 찾음
2	2분	가	진열대를 구경하다 갈색 팔찌를 착용해 봄
3	1분 30초	가	착용한 팔찌를 내려 두고 다시 팔찌 진열대를 살펴봄
4	2분 30초	가	다시 팔찌 진열대로 돌아가 팔찌 하나를 착용해 봄
5	2분	가	연구자에게 팔찌를 추천함
6	1분	가	조금 전 착용해 본 팔찌의 작은 사이즈를 찾아 다시 착용해 봄
7	2분	가	반지와 목걸이 진열대를 살펴봄
8	1분	가	거울을 보며 고려함
9	1분	나	계산함
총 14분 사용			

* 출처: "소비와 마케팅의 인류학" 수업 수강생 이연정이 작성함.

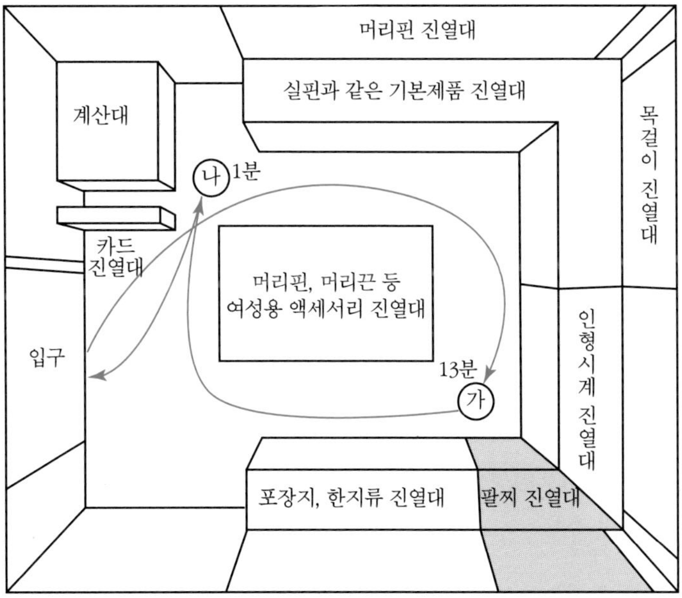

[그림 7-1] 20대 남성 소비자 K의 팬시점 매장에서의 동선과 시간 사용

2. 통합적 분석 결과

여기에서는 이 연구를 위해 개발해서 사용한 '인식과 행동의 비교 방법'을 주얼리 조사의 사례를 통해서 구체적으로 살펴본 후, 침대와 정수기의 조사결과와 비교한다.

1) 주얼리 소비자들의 구매 시 고려사항에 대한 인식과 구매 행동

주얼리 구매 조사에서는 사전 면담의 '대체질문' 결과 16명의 소비자가 구매 시 고려한다고 언급한 사항은 40여 개나 되었지만, 거의 모두 언급한 것은 '디자인'과 '가격'(각각 15명이 언급)의 2개뿐이었다. 절반 이상이 언급한 것은 이외에 '브랜드'(9명), '매치도'(8), '소재'(8명)의 3개뿐이었다. 이어서 진행한 각 고려사항이 중요한 순서 등급질문 결과, 절반 이상이 3순위 이내로 언급한 것은 '디자인'(11명)과 '가격'(10명)뿐으로, '매치도', '소재', '브랜드'는 1~3명만이 3순위 내에 든다고 하였다. '디자인'의 경우 3위 안에 드는 정도는 '가격'과 큰 차이가 없지만, 1순위로 언급한 소비자는 '가격'의 3명보다 2배나 되는 6명이었다. 이러한 결과를 보면 소비자들이 주얼리 구매 시 가장 중시한다고 인식하는 고려사항은 '디자인'이라고 할 수 있다. 16명과의 사전 면담과 동반쇼핑 참여관찰 결과 비교를 종합해 보면, 실제 매장에서의 쇼핑 시에 디자인의 중요성은 더욱 커지는 경향이 있었다. 동반쇼핑 시에 고려사항의 우선순위까지 관찰하는 것이 가능했던 소비자 8명의 1위와 2위가 어떻게 달라졌는지를 〈표 7-4〉에 제시하였다.

〈표 7-4〉 사전 면담과 동반쇼핑 참여관찰 시 중시하는 고려사항의 변화

조사 대상 소비자	고려사항 1위			고려사항 2위		
	사전 면담	→	동반쇼핑 시	사전 면담	→	동반쇼핑 시
A(24세 남성)	가격		소재	디자인		가격
B(33세 남성)	사용할 대상		가격 (소지금액)	품목		가격 대비 높은 질
C(28세 남성)	브랜드		브랜드	인지도		인지도
D(52세 여성)	소재 (보석의 유무)		소재 (보석의 유무)	매장 디스플레이		품질
E(30세 여성)	매치도 (나와 어울리나?)		**디자인**	디자인		내 마음에 드는가?
F(40세 여성)	〈금은 제품〉 가격		**디자인**	〈금은 제품〉 디자인		매치도(나와 어울리나?)
	〈기타 제품〉 알레르기 여부			〈기타 제품〉 디자인		

G(24세 여성)	옷과 어울림		디자인	디자인		크기
H(23세 여성)	디자인		디자인	가격		〈구매 의사가 없던 매장〉 친구 의견 〈구매 의사가 있던 매장〉 구경 중 충동구매

〈표 7-4〉에서 8명 중 1, 2순위가 모두 변하지 않은 경우는 'C' 1명뿐이었다. 나머지는 1, 2순위 중 하나 또는 모두 변했는데, 디자인이 하위 순위에서 1순위로 올라간 경우가 3명(E, F, G)이나 되었다. 이들은 모두 여성으로, 사전 면담에서는 2순위였던 디자인이 매장에서는 1순위로 바뀌었다. 이외에 H의 경우 사전 면담과 동반쇼핑에서 모두 디자인이 1순위였다. 즉, 5명 중 실제 매장에서 디자인을 '가장 중시하지 않은' 것으로 나타난 여성은 보석이 있는가와 품질을 가장 중시한 D(52세) 1명뿐이었다. 이처럼 매장에서 디자인의 중요도가 더욱 커지는 것은 "예쁜 디자인을 막상 보면 구매의욕이 더 생긴다"라는 점과 함께 "매장 선택 시에 이미 가격이나 브랜드는 어느 정도 알고 가는 것이라서 일단 매장에 들어간 후에는 디자인의 중요성이 더 커진다."라는 점을 반영한다. 〈표 7-5〉는 사전 면담에서 우선순위가 상위 1, 2, 3위였던 항목과 하위 1, 2, 3위였던 항목들이 실제 매장에서는 어떻게 달라지는지 분석한 결과다.

〈표 7-5〉 주얼리 소비자들의 사전 면담과 동반쇼핑에서의 우선순위 변화*

사전 면담 시의 우선순위	동반쇼핑 시의 우선순위 분포						
	1위	2위	3위	중간 순위	하위 3위	하위 2위	하위 1위
1위	2	1	1	1	2	0	0
2위	3	1	3	0	0	0	0
3위	0	3	0	3	0	0	0
하위 3위	1	0	1	3	1	0	1
하위 2위	0	1	1	0	0	3	2
하위 1위	1	0	0	2	1	0	3

*매장 관찰 결과를 토대로 고려사항에 대한 우선순위를 숫자로 나타낼 수 있었던 사례만 사용하여, 사전 면담에서 우선순위가 상위 1, 2, 3위였던 항목과 하위 1, 2, 3위였던 항목들이 매장에서는 어떻게 달라지는지 분석한 결과임.

〈표 7-5〉에서 우선순위가 사전 면담 시 상위권이었던 항목은 매장에서도 상위권에 있고, 하위권이었던 항목은 매장에서도 하위권에 있는 경우가 더 많았다. 그러나 반대인 경우도 많아서, 면담에서 우선순위 1위였던 항목이 매장에서는 하위 3순위로 나타난 경우가 2건 있고, 면담에서 하위 1~3위였던 항목이 매장에서는 상위 1~3위로 나타난 경우가 5건 있었다. 〈표 7-6〉은 이 7건의 사례가 어떤 것들인지를 더 구체적으로 제시한 것이다.

〈표 7-6〉 사전 면담과 주얼리 매장에서 우선순위의 상 · 하위권이 바뀐 사례

소비자	고려사항	사전 면담에서의 순위	매장에서의 순위
F	알레르기 여부	1위	6위(하위 3위)
G	옷과 어울림	1위	10위(하위 3위)
B	가격 대비 높은 질	9위	2위
B	가격(소지 금액)	10위	1위
A	소재	6위	1위
F	독특함	6위	3위
G	화려함	11위	3위

'알레르기 여부'와 '옷과 어울림'을 각각 1위로 언급했던 여성 소비자 F와 G는 매장에서는 '디자인'을 1위로 고려했으며, 2위로는 각각 '매치도(나와 어울리는가)'와 '크기'를 고려했다. 이에 더해 디자인'과 관련 있는 요소들인 '독특함'과 '화려함'이 하위 순위였다가 각각 3위를 차지하면서, 사전에는 중요할 것이라고 인식했던 것들이 큰 관심을 받지 못하게 되었다. 이러한 결과는 여성 소비자들이 실제 매장에서 디자인을 더 고려하는 것으로 나타난 〈표 7-4〉와 일치한다. 이에 비해 남성 소비자인 A와 B는 '가격 대비 높은 질', '가격(소지 금액)', '소재' 등 실용적이거나 현실적인 항목들을 매장에서 가장 중시했다. A의 경우 이로 인해 디자인의 중요도가 2위에서 3위로 떨어졌다. 전반적으로 여성들은 매장에서 디자인을 사전인식보다 더 중시하고, 남성들은 디자인보다 실용적인 요소들을 더 중시하는 경향이 나타난 것이다.

면담에서 '중요하게 생각하는 순서'와 '실제 구매 시에 고려할 것 같은 순서'를 구분할 정도로 자신의 구매패턴에 대해 분석적으로 접근하는 소비자도 있었다. 그러나 이들에

게도 매장에서 중요하게 고려한 순서는 실제 구매 시에 고려할 것 같다던 순서와 다르게 나타났다. 〈표 7-7〉은 23세 여성 소비자 H의 등급질문 답변 내용과 2개 매장에서 실제로 중요하게 고려한 순서를 비교한 것이다. 미니 골드 매장인 매장 A는 가격이 비싸서, H가 구매보다는 둘러보기 위해서 방문한 곳이다. 매장 B는 H가 이미 몇 차례 방문해 직원과 안면이 있는 곳으로, 실제 구매를 계획하고 방문한 곳이다. 매장 B에서 사려고 한 것은 한쪽을 잃어버려서 한쪽만 필요한 귀걸이였으나, 실제로 산 것은 직원이 권한 다른 한 쌍의 귀걸이였다. 두 매장에서의 고려사항이 달랐기 때문에 〈표 7-7〉에는 두 매장에서의 고려순서를 별도로 제시했다.

〈표 7-7〉 23세 여성 소비자 H의 사전 면담 등급질문 결과와 동반쇼핑 결과 비교

주얼리 구매 고려사항 \ 등급질문		중요하게 생각하는 순서	구매 시에 고려할 것 같은 순서	매장 A에서 고려한 순서(아이쇼핑 위한 곳)	매장 B에서 고려한 순서(실제 구매를 계획한 곳)
이성적인 판단과 관련된 것	필요성	3	7	△	△
	실용성	4	3	고려 ×	고려 ×
	지속성(유행)	5	6	고려 ×	고려 ×
	가격	2	2	2	4
	친구 의견	6	4	3	3
감성적인 판단과 관련된 것	디자인	1	1	1	1
	충동구매	7	5	4	2

*출처: "신제품마케팅 에스노그라피" 수업 수강생 서주현이 작성함.

〈표 7-7〉에서 '중요하게 생각하는 순서'는 이 요소들을 고려하면 합리적인 선택이라고 인식하는 순서를 의미한다. 이에 비해 '구매 시에 고려할 것 같은 순서'는 매장에서 '직접 선택할 때 고려한다고 생각하는 순서'다. 둘 다 '디자인'과 '가격'을 가장 중요하다고 여기지만, 이성적인 판단과 감성적인 판단 요소들의 우위가 다르게 나타났다. 즉, H 스스로가 '실제 구매 시 감성적인 영향을 받는 편'이라고 인식하고 있었는데, 가장 중요한 구매요인은 '구매자의 개성을 나타낼 수 있는 독특한 디자인'이었다. H가 매장 B에

서 한쪽 귀걸이만 사려다가 대신 계획에 없던 한 쌍을 충동적으로 산 과정에서 고려한 순서를 보면, 감성적 측면은 더욱 강하게 작용했다. '이성적인 판단과 관련된 것' 중에서는 '가격'만이 실제로도 고려대상이 되었는데, 구매를 계획하지 않은 매장 A보다는 구매를 계획한 매장 B에서 '가격'의 순위는 내려갔다. 매장 A에서는 비싼 가격 때문에 디자인이 마음에 들어도 구매가 합리화되지 않았지만, 매장 B에서는 가격이 전반적으로 싸서 가격을 크게 걱정할 필요가 없었으며, 직원과의 대화를 통해 디자인에 대한 고려가 커졌기 때문이다. 두 곳 모두 '지속성'은 고려하지 않았는데, 주얼리의 유행이 어떤지 불분명하다고 보기 때문이다. 특히 피어싱 귀걸이는 모양이 비슷비슷해서 유행인지 아닌지 분별하기 어렵게 느껴졌다고 했다.

한편, 매장에 가기 전에 생각한 고려사항들은 구매에 있어서 '충분조건' 으로만 작용하고, 실제 매장에서 '필수조건'이 되는 것은 따로 있다는 해석도 가능하다. 예를 들어, 소비자 K(21세 남성)를 관찰한 조사자(이연정)는 '구매를 생각할 수 있는 최소한의 상한선'과 '구매를 결정짓는 마지막 결정타'가 나누어짐을 발견했다.

주얼리의 경우 디자인이 중요할 수밖에 없으며 대개 여러 개를 소유한다는 점에서, 구매 이전에는 구매 시 고려사항에 대한 생각을 깊게 하지 않는다고 볼 수도 있다. 따라서 보통 1개만 소유하며, 일단 구매하면 몇 년은 사용하고 가격도 비싼 침대와 정수기에서도 사전인식과 실제 구매 행동의 차이가 크게 나타나는지 살펴보았다.

2) 침대 소비자들의 구매 시 고려사항에 대한 인식과 구매 행동

침대 구매 시 고려사항에 대한 대체질문에서 21명의 소비자 중 절반 이상이 언급한 것은 '브랜드'(16명), '가격'(14명), '디자인'(14명), '매트리스'(12명)의 4개였다. 등급질문 결과, 3분의 1 이상이 중요한 정도를 3위 내로 언급한 고려사항은 없었고, 항목별로 1~5명만이 3위 내에 드는 것으로 응답했다. 이 네 가지 고려사항 중 가장 중시하는 것은 '매트리스'로 보인다. 4명이 매트리스를 1위라고 하여, 다른 항목들은 1명씩만 1위라고 한 것과 차이가 있었다. 〈표 7-8〉에는 동반쇼핑 시 고려사항 순위까지 관찰하는 것이 가능했던 소비자 7명의 1위와 2위가 어떻게 달라졌는지 제시했다.

〈표 7-8〉 침대 사전 면담과 동반쇼핑 참여관찰 시 중시하는 고려사항의 변화

조사 대상 소비자	1위			2위		
	사전 면담	→	동반쇼핑 시	사전 면담	→	동반쇼핑 시
가(50세 여성)	기능		제품 외적 가치 (남편의 동의)	가격		기능 (온도조절)
나(40대 여성, 60대 여성)*	매트리스 품질 (매트리스 안전성)		선호 브랜드	선호 브랜드		디자인
다(50대 여성)	매트리스 품질 (편안한 매트리스)		선호 브랜드	선호 브랜드		사이즈
라(20대 여성)	디자인		디자인	크기		재질
마(20대 남성)	가격(50만 원 정도)		포켓 스프링	매트리스 쿠션		광고
바(20대 여성, 20대 남성)**	매트리스 품질 (매트리스 안정성)		유명 브랜드 여부	유명 브랜드 여부		디자인
사(20대 여성)	매트리스 성능, 브랜드 인지도		매트리스 성능	가격		매트리스 사용감

* 조사자의 40대 어머니와 60대 외할머니임.

** 20대 예비 신혼부부임.

〈표 7-8〉에서는 사전 면담에서 '매트리스의 품질 또는 성능'을 1위로 고려한다고 했던 소비자 '나', '다', '바', '사' 중에서 소비자 '사'만 동반쇼핑에서도 매트리스 성능에 가장 큰 관심을 보였고, 나머지 소비자들은 '선호 브랜드' 또는 '유명 브랜드 여부'로 1위가 바뀌었음에 주목할 필요가 있다. 이는 '매트리스의 품질'은 실제 매장에서는 쉽게 판단할 수 없다는 사실과 '유명 브랜드의 매트리스 품질은 이미 보장되었다'라는 소비자들의 인식이 매장 직원의 설명을 통해서 강화됨을 반영한다. 이미 수십 년간 세 개 브랜드가 뚜렷하게 시장을 점유하고 이 중 두 브랜드가 고급 브랜드로 인식되고 있던 국내 상황에서, 고품질 매트리스라는 이들 브랜드의 광고 이미지를 많은 소비자가 이미 가지고 있었다. 이로 인해 매장 직원이 자신의 브랜드의 매트리스 품질은 보장할 수 있다는 점을 한두 번만 언급해도 소비자들은 '매트리스의 품질'을 '유명 브랜드 이름'으로 치환하는 경향이 있었다. 한편으로는 매트리스의 품질이 중요하기 때문에 유명 브랜드를 찾는다고 할 수 있다. 따라서 대다수 소비자는 일단 매장에 가면 상당히 빨리 매트리스의 품질/성능 이외의 요소에 대해서 살펴보기 시작했다.

매트리스와 관련된 요소들 이외에 소비자들은 매장에서 무엇을 중요하게 살펴보는

것일까? 이에 대한 답은 여성 소비자 나, 다, 라의 행동관찰 결과로부터 찾아볼 수 있었다. 소비자 '나'와 '다'의 경우 사전 면담에서는 4위와 7위를 차지했던 '디자인'이 매장에서의 행동관찰 결과로는 1위로 상승했으며, 소비자 '라'의 경우에는 사전 면담 시부터 1위로 언급했던 '디자인'이 매장에서 그대로 중시되었다. 즉, 〈표 7-7〉의 소비자 7명 중 3명이 매장에서는 '디자인'을 2순위 이내로 중시하게 되었다. 앞서 논의한 대로 매장에서는 침대의 기능적인 측면은 판단하기 어려우므로, 이보다는 눈에 잘 보이는 디자인 측면을 더 중요하게 고려하게 된다고 할 수 있다. 디자인이 매장에서 더 중요해지는 또 하나의 요인은 직원들이 소비자에게 우선 '어떤 디자인을 선호하는지' 물으면서 일반적으로 선호된다는 디자인을 소개하는 경우가 많았다는 점이다.

이처럼 '디자인'은 매장에서 더 중시되는 고려사항인 것과 달리, 사전 면담에서는 '디자인'보다 훨씬 중시되는 경향이 있던 '가격'은 매장에서 훨씬 덜 고려되는 경향이 있었다. 예를 들어, 사전 면담 시 소비자 '가', '마', '사'는 '가격'이 1위나 2위라고 했으나, 매장에서는 각각 10개 중 6위('가'), 8개 중 7위('사'), 21개 중 5위와 6위('마')로 순위가 내려갔다. 가격에 관한 관심이 매장에서 줄어드는 이유는 우선 고급 브랜드로 인식되는 회사 매장의 진열 상품 가격은 어차피 비싼 경우가 많았고, 이에 더해 "매트리스가 좋으면 가격이 비싸진다"라는 직원의 설명을 듣다 보면 '가격'을 최우선으로 고려하려던 소비자의 마음이 약해지기 때문으로 보인다. 또한, 일부 소비자는 이미 브랜드별 순위에 따른 가격의 차이를 인식하고 있으므로, 일단 매장에 가면 가격은 별로 볼 필요가 없어진다. 즉, 매트리스의 품질이 보장되는 것으로 인식되는 유명 브랜드 침대를 구매하기 위해서 '가격'이라는 고려요소는 쉽게 포기하는 경향이 나타났다.

한편, 소비자들의 고려사항이 매장에서 더 늘어나기도 한다. 예를 들어, 〈표 7-9〉는 사전 면담에서 일곱 가지 기준만 언급했던 20대 남성 소비자 '마'가 고려하는 사항이 두 군데의 매장을 다니면서 21개의 기준으로 변화해 가는 과정을 보여 주고 있다.

〈표 7-9〉 20대 남성 소비자 '마'의 구매 시 고려사항이 매장 방문 시마다 변해 가는 과정

사전 면담 인식요소	중요도	첫 번째 매장에서의 고려사항	두 번째 매장 방문 시 추가, 세분화한 고려요소	두 번째 매장 방문 시 고려한 중요도
가격 (50만 원 정도)	1	중요도 1	전시 금액	5
			할인 가능성	6

쿠션(폭신함)	2		매트리스	폭신함	15
				포켓 스프링	1
				겉면 재질	17
				통풍 정도	18
				향균/위생	21
				내구성(사용 기간)	16
사이즈	3	중요도 2	(정해진 규격으로 인해 '매트리스의 폭'으로 축소)		14
디자인	4	색상 고려	(프레임 디자인으로 구체화)		–
브랜드	–	고려 시작	제품 친숙도	브랜드	3
				광고	2
				귀에 익은 정도	4
				카탈로그	19
				제품설명(구두)	10
프레임	–	취향 발견	디자인		11
			색상		9
			높이		13
			바닥 청소 용이성		8
			방과의 조화		12
재질	–		–		–
		수명	('매트리스'의 수명으로 제한)		–
			직원 호감도		7
			매장 전시		20

* 출처: "신제품마케팅 에스노그라피" 수업 수강생 이은혜의 보고서에 제시된 3개의 표와 참여관찰 내용에서 재구성함.

사전 면담 시에는 '가격'을 가장 중시했고, '브랜드'는 언급하지 않았으며, 매트리스와 관련해서는 '쿠션(폭신함)'만 언급했던 소비자 '마'는 첫 번째 매장 방문 시에 직원의 설명이나 관찰을 통해서 '브랜드'와 '수명'을 고려하게 되었다. 또한, '프레임'에 대해서는 자신이 좋아하는 취향이 있음을 발견했지만, '재질'에 대해서는 관심을 기울이지 않았다. 디자인에 대해서는 색상만을 주로 고려했다. 두 번째 S사의 매장에서는 이미 인식했던 고려요소들을 더 세분한 고려요소들로 나누어서 상세히 살펴보게 되었다. 쿠션과 재질 정도만 보았던 매트리스는 여섯 가지 요소로 세분되었고, 프레임도 다섯 가지 요소로 세분되었다. 또한, '포켓 스프링'이 가장 중요한 고려사항이 되었고, 처음에 중시했던 요소들은 모두 순위가 내려갔다. 2위였던 '쿠션(푹신함)'은 15위로 내려갔고, 3위였던 '사이즈'는 현실적으로는 '폭'만을 선택할 수 있음을 알자 중요도가 14위로 내려갔다. 4위였던 '디자인'의 경우에는 '프레임'을 새로 중시하게 되면서 '프레임의 디자인'에 대한 고려로 전환되어 버렸고, 순위가 11위로 내려갔다. 다만 1위였던 '가격'의 순위만은 내려가기는 했지만, 아직 상위권인 5위(전시금액), 6위(할인 가능성)를 유지했다.

연구 대상 소비자 중 가장 가격에 민감했고 실제로 동원 가능한 자금도 매우 제한적이었던 소비자 '마'의 고려사항들이 이처럼 두 번째 매장에서 커다란 변화를 보인 것은 매장 직원의 영향이 컸다. 첫 번째 매장과 달리 제품에 대해서 상당히 박식하면서 친절하기도 한 이 직원은 처음부터 탄탄한 브랜드의 이미지에 기초한 제품 설명에 주력하고, 이 브랜드 제품의 특징인 포켓 스프링의 실물을 직접 보여 주면서 체험도 하게 했다. 이로 인해서 처음에는 가격이 비싸면 절대 고려하지 않겠다던 의지도 꺾여, 포켓 스프링이 포함된 매트리스라면 처음 예산보다 20만 원이나 차이가 나는 고가라도 망설이는 모습을 보였다. 이에 직원이 가격을 깎아 주자 예산보다 17만 원 비싼 제품을 구매했다. 전문성 있는 매장 직원의 적극적인 태도와 체험 기회 제공으로 인해서, 10위인 '제품 설명'과 별도로 '직원 호감도'가 7위의 주요 고려사항으로 떠오르게 되었다.

침대의 경우 주얼리보다 극적인 변화가 덜 나타나는 것은 침대가 상당한 고가이며 장기간 사용한다는 점과 관련 있어 보인다. 즉, 침대 소비자들이 우선시하는 고려사항들은 매트리스 품질이나 사용감, 프레임의 튼튼함 등 기능적인 요인들인 경우가 많은데, 이들은 매장에서 순위가 조금씩 내려갈 수는 있어도 가장 뒤로 돌리기는 어려운 핵심 요인이다. 다만 사전 면담에서 하위 순위였던 '디자인'(심플한 디자인 포함)이 상위 순위로 올라간 경우가 두 사례 있었는데, 여성 소비자들의 디자인에 대한 고려가 매장에서 더 중요해지는 경향은 침대에서도 나타난다고 할 수 있다. 또한, '합리적 가격'이 상위 3위에서 하위 1위로 내려가는 사례 역시 가격의 중요성이 매장에서 떨어지는 경향을 보여 준다. 이런 변화는 있어도 전반적으로는 매장에서의 변화가 비교적 적은 편인 침대에 비해서, 정수기의 경우에는 훨씬 큰 변화들이 매장에서 나타났다.

3) 정수기 소비자들의 구매 시 고려사항에 대한 인식과 구매 행동

사전 면담의 대체질문에서 15명의 소비자가 정수기 구매 시 고려한다고 언급한 사항들은 30여 개나 되었지만, 이 중 12명 이상이 언급한 것은 '부가기능(13명)'과 '디자인'

(13명), 정수기능(12명)의 3개뿐이었다. 절반 이상이 언급한 고려사항들은 이외에 필터(10명), 가격(10명), 브랜드(9명)의 3개뿐이었다. 그러나 많은 소비자가 언급한다고 반드시 가장 중요한 고려사항은 아니다. '정수기능', '가격', '부가기능', '브랜드'에만 절반 이상의 소비자가 중요한 정도를 3위 내로 언급했고, '디자인'과 '필터'는 이보다 훨씬 적은 4명과 2명이 3위 내로 언급했다. 이 중 '정수기능'은 가장 중시되는 고려사항으로서, 7명이 1위라고 답했다.

사전 면담에서 우선순위가 상위 1, 2, 3위였던 항목과 하위 1, 2, 3위였던 항목들이 실제 매장에서는 어떻게 나타났는지를 보여 주는 〈표 7-10〉을 보면, 우선순위의 극적인 변화가 있었던 경우가 3개 제품 중 가장 많았다. 우선순위 1위였던 항목이 매장에서는 하위 1~3위로 나타나는 경우가 5건 있고, 2위였던 항목이 하위 3위로 나타나는 경우가 2건 있으며, 3위였던 항목이 하위 2~3위로 나타난 경우가 2건 있었다. 또한, 사전 면담에서 하위 1위였던 항목이 매장에서 상위 3위로 나타나는 경우가 1건, 하위 2위였던 항목이 상위 1~2위로 나타나는 경우가 4건, 하위 3위였던 항목이 상위 2~3위로 나타나는 경우가 4건 있었다. 즉, 상 · 하위권이 뒤바뀐 경우가 19건이나 되어, 그대로 있는 경우(30건)의 절반이 넘을 정도로 많은 변화가 있는 것이다.

〈표 7-10〉 정수기 소비자들의 사전 면담과 동반쇼핑에서의 우선순위 변화

사전 면담 시의 우선순위	동반쇼핑 시의 우선순위 분포						
	1위	2위	3위	중간 순위	하위 3위	하위 2위	하위 1위
1위	3	1	1	2	2	2	1
2위	–	–	5	4	2	–	–
3위	2	1	1	6	1	1	–
하위 3위	–	1	3	5	1	2	2
하위 2위	3	1	–	3	1	2	1
하위 1위	–	–	1쌍*	3	1	1	5

*예비 신혼부부 한 쌍과 동반쇼핑을 한 사례임.

상위권에서 하위권으로 내려간 고려사항은 '가격' 두 사례와 '부가기능' 두 사례 외에는 모두 '정수기능'에 대한 것으로, 5개 사례나 된다. 정수기능이 하위권에서 상위권으로 올라간 경우는 하나도 없었다. 하위권에서 상위권으로 올라간 고려사항에는 '부가기

능' 3개 사례와 '정수형태', '가격(유지관리비의 중요성)', '브랜드 인지도', '사후관리', '매장에서의 디스플레이', '상담원의 전문성' 각 1개 사례 등 매장에서 관찰하거나 직원의 설명을 들으면서 그 중요성을 새롭게 인식하게 되는 것들이 많았다. 동반쇼핑 시 고려사항의 우선순위까지 관찰하는 것이 가능했던 소비자 14명의 1위와 2위 고려사항의 매장에서의 변화 비교 결과에서도 비슷한 경향을 볼 수 있다. 이들이 매장에서 정수기능보다 더 중요하게 고려하게 된 것으로는 '부가기능'과 '디자인'이 가장 많아서, 각각 4명의 사례에서 1~4위였다.

소비자들이 정수기를 사러 갈 때는 기본적인 '정수기능' 중심으로 선택하려고 생각하지만, 정수기의 기능적 측면을 막연히만 알고 있는 상황에서 매장에 가 봐도 정수기 내부의 정수기능이 실제로 어떤지는 잘 보이지 않는다. 평소에 들어보지 못한 전문용어들을 사용하는 직원의 간단한 제품 설명을 듣고 제품을 살펴봐도 구체적인 이해가 잘 안 되자, 4명의 소비자는 '정수기능' 대신 눈에도 잘 보이고 쉽게 이해되는 '부가기능'으로 관심을 돌리게 되었다. 냉수 · 온수 기능, 얼음 기능, 온도조절 기능, 살균기능 등 '부가기능'은 '있다/없다'로 쉽게 구분이 되는 경우가 많아, 그 장점이 쉽게 이해되고 부각 될 수 있었다.

한편, 매장에서 '정수기능'보다 '디자인'을 더 중요하게 고려하게 된 소비자도 4명 있었는데, 이는 '디자인'이 '정수기능'을 대치하게 된 것이라기보다는 전체적으로 매장에서 정수기 디자인에 관한 관심이 크게 높아졌다는 사실과 관련 있다. 사전 면담에서는 14명의 소비자 중 '디자인'을 1, 2위로 고려한다는 경우가 전혀 없었으나, 매장에서는 1위로 중시한 소비자가 1명(소비자 2), 2위로 중시한 소비자가 5명이나 되었다. 여기에 정수기의 '색'을 1위로 중시한 사례도 포함하면 절반인 7명이 매장에서 디자인을 1, 2위로 고려하여, '정수기능'과는 반대의 현상이 나타났다.

공개된 공간인 거실에 놓고 사용하는 정수기는 침실에 놓고 사용하는 침대에 비해서 디자인의 중요성이 더 커질 수밖에 없다. 게다가 정수기는 여러 브랜드가 한 매장에서 각축하고 있거나 바로 옆에 다른 브랜드의 매장이 있는 경우가 많아서, 디자인을 비교하기 쉬운 경향도 있었다. 소비자들이 따지는 정수기 디자인은 특정 색상이나 모양보다는 전체적인 이미지나 주변 가구와의 조화인 경우가 많았다. 면담과 동반쇼핑 시에도 '세련된' 이미지보다는 '깔끔'하고 '깨끗한' 이미지를 가진 디자인을 선호하는 것으로 나타났다. 밝은 색상을 선호한다고 했던 소비자들도 매장에서는 더 깔끔한 인상을 주는 짙은 색의 정수기에도 비슷한 선호도를 보였다.

그러나 눈으로 보기 어려운 기능적 측면에 관한 관심이 매장에서 뚜렷하게 '브랜드 이름'으로 치환되는 경향을 보였던 침대의 경우와는 달리, 정수기에서는 이런 경우가 두 사례뿐이었다. 이는 정수기 시장의 대기업 진입이 비교적 최근에 이루어져 기존에 널리 선호되던 브랜드들과 각축하고 있고, 따라서 어느 브랜드 제품의 정수기능이 확실하게 다른 브랜드보다 우수하다는 이미지를 소비자들이 가지고 있지 않다는 점과 관련 있어 보인다. 실제로 매장 방문 이후 "정수기능은 어느 브랜드나 다 비슷비슷한 것 같다"라고 이야기하는 소비자들도 있었다.

정수기 구매와 침대 구매의 또 하나의 차이점은 '가격'에 대한 관심이 매장에서 일관되게 약해지는 것이 아니라, 관심이 줄어드는 사례와 늘어나는 사례가 비슷하게 나타났다는 점이다. 가격에 관한 관심이 떨어진 것은 디자인 등 다른 고려사항들의 중요성이 매장에서 더 커진 결과였으며, 가격에 관한 관심이 높아진 것은 사전에는 생각하지 않았던 유지관리 비용의 중요성에 대한 환기를 직원의 설명이나 매장에 비치된 안내문 등을 통해서 받게 되었기 때문인 경우가 많았다.

4) 각 사례연구 결과의 비교와 시사점

이처럼 세 가지 제품 모두에서 소비자 자신의 행동에 대한 사전 인식과 실제 행동이 크게 다른 경우가 많았다. 가장 뚜렷한 차이는 어느 제품이건 매장에서는 소비자들이 사전에 인식한 것보다 '디자인'에 대한 고려를 훨씬 많이 하는 경향이 있다는 점인데, 특히 여성 소비자들에게 이런 경향이 상당히 뚜렷하게 나타났다(남성 소비자들에게는 이런 경향이 뚜렷하지 않음). 한편, 매장에서는 '가격'에 대한 고려가 사전 면담 시보다 줄어드는 경향이 있었다. 다만 정수기의 경우는 매장에서 유지관리 비용의 중요성을 알게 되어 비용 측면을 더 중시하게 되는 소비자도 일부 있었다.

또 하나 발견한 것은 사전 면담에서 기능적 측면의 중요성을 높게 인식했던 침대와 정수기의 경우에도 매장에서는 기능에 대해서 알아보는 데 적은 시간만 보내는 경향이 있었다는 점이다. 이는 매장에서 기능적 측면을 판단하기 어려웠기 때문인데, 이에 따라 기능에 대한 고려를 '브랜드 이름'으로 대치하거나(침대의 경우) 부가적인 기능에 대한 고려로 바꾸거나(정수기의 경우), "모든 브랜드가 기능은 비슷할 것"이라며 아예 고려를 포기하기도 했다.

이러한 연구결과의 가장 중요한 시사점은 소비자에 대한 통찰을 위해서는 소비자의 인식과 실제 행동을 모두 다 조사하고, 차이가 있는 경우 그 의미는 무엇인지까지 성찰할 필요가 있다는 것이다. 만약 이 3개 제품에 대해 매장에서 소비자들의 행동만을 본 후 가장 중시하는 것이 무엇인지를 판단한다면, '디자인'이 압도적으로 중요하고 '부가적 기능'도 중요한 것으로 여겨질 가능성이 크다. 이들이 매장에서 가장 많은 시간을 이런 요소들을 살펴보는 데 보내는 경향이 있었기 때문이다. 반면, 설문지나 면담을 통해서만 조사를 한다면 소비자들이 가장 중시하는 것은 그들의 응답대로 '가격', '디자인', '기능', '브랜드' 중 두세 가지인 것으로 판단될 가능성이 크다. 따라서 어느 한 가지의 자료만 사용하는 경우 소비자의 니즈(needs)에 대한 이해는 제대로 이루어지지 않을 것이다. 두 가지 자료는 함께 사용되어야 하며, 또한 그 연결점에 대한 분석도 필요하다.

모든 연구에서 두 가지 조사가 다 가능하지는 않을 것이다. 하지만 한 가지 조사만 하더라도 그 한계를 최대한 극복하려는 노력은 해야 한다. 특히 면담 중심으로 연구를 해야 한다면, 소비자들은 제품 구매 관련 질문에 대해 구체적인 상황을 염두에 두고 답변하지는 않는 경향이 있음을 이해하면서 연구설계를 해야 한다. 이를 최대한 극복하기 위해서는 면담 직전에 소비자들이 조사 대상 제품에 대해서 구체적으로 생각하게 만드는 것이 중요하다. 예를 들어, 소비자들이 혼자서라도 매장을 다녀온 직후 면담을 하면서 이 매장에서의 경험에 대한 질문을 포함할 수 있다. 또는 면담을 위한 대기 장소에 조사 대상 제품을 포함한 다양한 제품을 배치하고 5~10분쯤 기다리는 동안 자유롭게 둘러보거나 만져 보거나 사용해 볼 기회를 가진 후 면담을 할 수도 있다. 두 가지 모두 어렵다면, 몇몇 매장의 영상을 잠시 본 후 면담을 할 수도 있다. 다만 그 효과는 앞의 두 가지 방법보다 작을 것이다. 이외에 제3장에서 소개한 결정표분석을 앞의 방법들과 함께 적용한다면 관찰 결과에 좀 더 가까운 자료를 얻을 수 있을 것이다.

Ⅲ 셰도잉으로 관찰한 시간 사용과 스스로 회고한 시간 사용의 비교

이 절에서는 셰도잉 방법으로 관찰한 정보제공자의 시간 사용 방식과 관찰 직후 정보제공자가 회고(기억)하여 기록한 자신의 시간 사용 방식 비교를 위해서 시간구조분석(과정분석)을 하는 방법을 소개한다.

1. 셰도잉의 방법과 현장연구에서의 적용사례

기업체의 사용이 늘어나고 있는 정성조사 방법인 '셰도잉'은 조사하고자 하는 제품이나 서비스 사용자의 일상에 그림자처럼 밀착하여 따라다니면서, 사용 맥락에서의 사용자의 행동, 표정, 대화 내용, 사회적 관계 등을 관찰하여 생생한 정보를 얻는 방법이다. 이를 통해 소비자의 제품/서비스에 대한 불편이나 요구사항, 이용 패턴 등을 이해하고 신제품 아이디어 등을 얻을 수 있다. 보통 1명은 비디오를 들고 다른 연구자는 관찰기록만 하면서, 소비자를 따라 학교, 집, 쇼핑몰, 길거리 등을 약간의 거리를 두고 5~6시간 따라다닌다. 이때 유의미한 행동이나 중점적으로 관찰하고자 하는 특정 행동을 기록하고, 시간과 행위의 횟수 등도 기록하여 분석한다. 하지만 제한적인 연구 여건에서는 비디오는 포기하고, 연구자 1명이 음성 녹음과 기록을 하면서 따라다니기도 한다.

'동반쇼핑' 방법과 달리 '셰도잉'에서는 연구자가 '관찰'만 하고, '참여'는 하지 않는 것이 일반적이다. 다만 연구 대상이 지인이라면 방법을 약간 변형해서, 정보제공자가 가는 대로 따라다니되 수업시간이나 식사시간에는 함께 참여하는 등 참여관찰 방식이 섞인 조사를 하기도 한다. 이런 상황에서 모르는 사람처럼 따라다니는 방식은 어색해서 오히려 평소와 다른 행동을 보일 가능성이 크기 때문이다. 셰도잉 직후에는 관찰 중 눈에 뜨였던 행동이나 행동 의도에 대한 면담을 간단히라도 하는 것이 도움이 된다(이용숙, 2012b, pp.224-225). 이때 정보제공자가 자신의 시간 사용을 기억한 대로 적도록 하고, 이를 셰도잉 결과와 비교하여 차이가 큰 부분에 대해 질문한다면, 관찰된 시간 사용의 의미를 더 잘 이해할 수 있다.

셰도잉 기법을 현장연구에 적용하여 시간 사용의 분석을 한 사례로는 필자(2012b)의 "스마트폰 사용이 대학생의 수업 중 비학습활동에 미치는 영향: Shadowing 방식의 관찰 결과를 중심으로"를 들 수 있다. 이 연구에서는 처음부터 '수업 중 비학습활동'에 중점을 둔 것은 아니고, 스마트폰 도입 초기에 대학생들이 일상생활에서 스마트폰을 어떻게 사용하는지 알아보고자 했다. 이를 위해 대학생 조사자들이 스마트폰을 사용하는 친구들을 1명당 5~6시간 정도씩 셰도잉하는 과정에서 수업을 수강하면, 친구의 옆자리에 앉아 셰도잉을 계속했다. 그 결과로 4개 대학의 16개 인문사회 계열 수업에서 학생들이 스마트폰을 어떻게 사용하는지 관찰하게 되었다. 그 결과, 가장 놀라웠던 발견은 스마트폰 사용자들이 다른 학생들보다 훨씬 많은 시간을 비학습활동에 사용하며, 이는 대부분 스마트폰을 사용해서 이루어졌다는 점이었다. 이를 주제로 논문을 쓰게 된 것은 '발견적 연구 설계(emergent research design)'[6)]의 사례라고 할 수 있다.

분석 결과, 16개 수업 중 수업시간의 30% 이상을 스마트폰 사용(카카오톡, 인터넷 검색, 게임 등)에 보낸 경우가 절반 이상이었으며, 77.3%나 사용한 학생도 있었다. 비학습활동 중 스마트폰 사용이 차지하는 비율은 90%에 달했다. 이는 스마트폰 사용 이전인 2007~2008년에 관찰[7)]한 20개 대학 76개 수업에서의 휴대폰 사용 비율 20.5%에 비해서 4배 이상으로 늘어난 것이다.

2. 셰도잉으로 관찰한 시간 사용과 회고한 시간 사용의 비교 사례

2012년에는 한 대기업과 덕성여자대학교 에스노그라피연구소의 공동 작업[8)]으로, 자연스러운 상황에서의 일상생활을 5~6시간씩 셰도잉하는 프로젝트를 하게 되었다. 이 프로젝트에서는 셰도잉 직후 정보제공자가 그 시간 동안 자신이 한 일과 사용 시간, 사용한 물건, 브랜드 등을 기억한 대로 연구팀에서 제공한 표에 기록하도록 했다. 이후 관찰 결과와 이 기록을 비교하면서 면담을 하고, 관찰 결과를 토대로 시간구조도형을 만들었다. 이를 통해 사람들의 행동에 대한 인식이 실제 행동과 얼마나 다른지 비교할 수 있었다. 정보제공자들은 자신이 바로 전에 한 행동임에도 불구하고 정확하게 기억하는 경우는 드물었다. 대다수는 소요시간을 20% 이상 실제와 다르게 기억했고, 한 일을 통째로 기억하지 못하는 경우도 많았다.

[그림 7-2]에는 자신의 오빠인 20대 남성 A의 일상을 6시간 동안 셰도잉한 결과를 시간구조도형으로 제시했다. 이를 통해 A가 'TV 보기'(1시간 15분)와 '운동하기'(1시간 18분)에 가장 많은 시간을 보냈고, '공부하기'에는 1시간 5분을 사용했음을 알 수 있다(중간의 '딴짓'을 제외하면 1시간 2분).

---

6) '발견적 연구 설계'는 에스노그라피에서 많이 활용된다. 연구문제를 미리 확정하지 않고, 연구를 진행해 가면서 연구 패러다임 및 방법론, 연구의 의미, 일관성 등에 대한 지속적인 성찰로 패러다임의 변화가 일어나고, 처음에 가지고 있던 연구 의제를 뛰어넘는 연구문제를 발견해 나가는 연구설계 방식이다(Merz, 2002).

7) 필자의 다른 연구를 위해 관찰한 것이다. 이 연구를 위해서는 수업관찰 자료를 재분석하여, 비학습활동의 유형과 횟수를 찾았다.

8) 이 프로젝트는 덕성여자대학교 문화인류학과 이응철 교수가 주관하였고, 필자는 자문만 하였다.

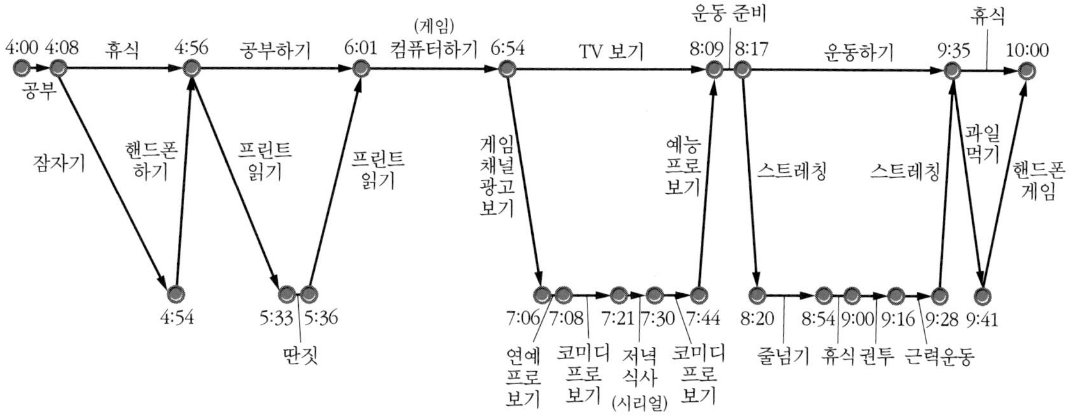

[그림 7-2] 20대 남성 A의 일상 섀도잉 결과를 토대로 한 시간구조도형

섀도잉 직후에는 A가 졸려 했으므로, '자신의 행위와 사용 시간 기록표'는 다음 날 아침 일어나자마자 작성했다. 〈표 7-11〉과 이를 시간구조도형으로 만든 [그림 7-3]을 [그림 7-2]와 비교하면, 중요한 차이가 보인다. 1시간 이상 TV 시청을 했는데도 TV 시청을 전혀 하지 않은 것으로 기록한 것이다. 대신 운동에 섀도잉 결과보다 37분 많은 1시간 55분을 사용한 것으로 기록했고, 대분류상의 공부시간도 섀도잉 결과보다 1시간 30분 많은 2시간 35분으로 기록했다. 이 때문에 [그림 7-3]의 윗줄만 보면 마치 A가 공부와 운동만 주로 하고 지낸 것처럼 보인다. TV 시청 사실 자체를 기억하지 못한 것은 텔레비전의 한 프로그램을 열심히 시청한 것이 아니라 게임, 광고, 연예 프로그램, 코미디 등을 조금씩 돌려가면서 시청했기 때문이다. 중간에 시리얼을 먹는 등 다른 일을 하기도 했다. 크게 의미가 없이 한 일에 대한 기억은 정확하지 않은 것이다.

〈표 7-11〉 20대 남성 A에 의한 자신의 행위와 사용 시간 기록표

시작 시간	한 일(대분류)	시작 시간	한 일(소분류)	사용한 물건	브랜드
4:00	공부	4:00	공부		
		4:34	카톡	핸드폰	삼성(갤럭시S2)
		5:11	웹서핑	핸드폰	삼성
		6:30	공부		
6:35	컴퓨터하기	6:35	컴퓨터 게임	컴퓨터	삼성

7:00	운동	7:00	노래 틀기	음악 플레이어	오디오
		7:01	운동복 갈아입기	운동복, 운동화	나이키, 뉴발란스
		7:05	줄넘기	줄넘기	김수열 줄넘기
		7:45	권투(중간에 핸드폰 배터리 교환)	핸드폰, 배터리	삼성
		8:15	근력운동	바벨	
		8:32	카톡	핸드폰	삼성
		8:50	스트레칭		
8:55	휴식	8:55	과일 먹기		
		9:00	핸드폰하기(카톡, 게임)	핸드폰	삼성
9:10	컴퓨터하기	9:10	웹서핑	컴퓨터	삼성
9:30	샤워	9:30	양치질하기		
		9:35	세수	폼클렌징	클린앤클리어
		9:40	샤워		
		10:00	로션 바르기	로션	클린앤클리어

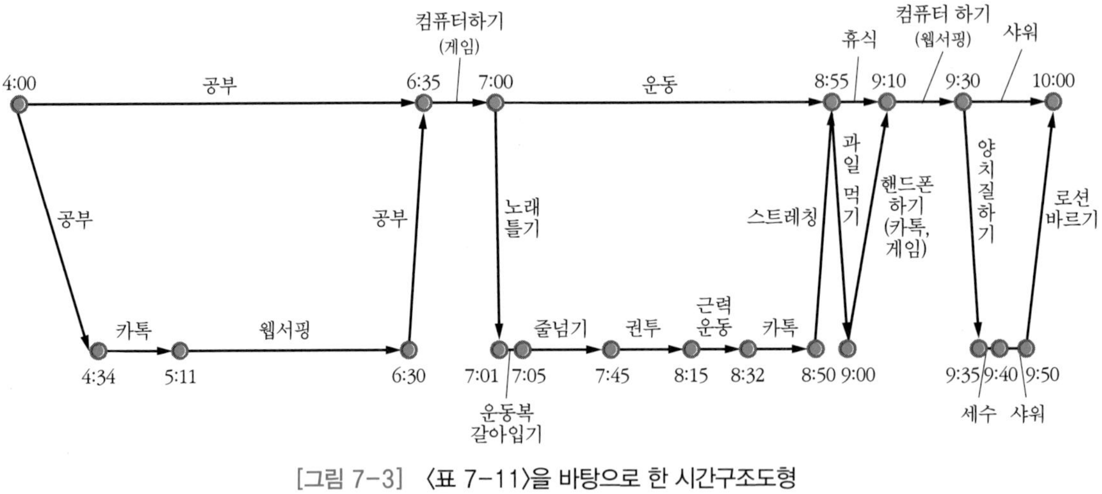

[그림 7-3] 〈표 7-11〉을 바탕으로 한 시간구조도형

〈표 7-11〉과 [그림 7-3]에서 또 하나 흥미 있는 점은 A가 '공부시간'을 분류한 방식이다. '공부' 대분류(총 2시간 35분) 아래에 있는 '한 일'들을 보면, 실제로 공부한 것으로 인식한 시간은 앞(34분)과 뒤(5분) 합쳐서 39분뿐이다. 카톡과 웹서핑에 이보다 3배나 많은 1시간 56분이나 보낸 것으로 인식하면서도, 처음과 마지막이 공부시간이라는 점에

서 이 모두를 '공부시간' 대분류로 묶은 것이다. 필자라면 4시 34분부터 7시까지를 '핸드폰과 컴퓨터로 놀기'로 대분류하고, 그 하위단계에 5분간의 '공부시간'을 포함했을 것이다.

이처럼 사람들은 자신의 행동을 회고적으로 기억하여 기록할 때 자기보호나 위안의 경향(생산적인 활동시간은 실제보다 긴 것으로 기억)을 보이거나, 잘 기억나지 않는 상황에 대해서는 시간을 적당히 분배하는 경향이 있는 것으로 나타났다. 어떤 활동을 기억하지 못해 자신의 일과를 적는 표에 시간적 공백이 생기더라도 처음에 떠올리지 못한 일은 끝까지 떠올리지 못하고 다른 활동의 시간을 늘리거나 앞당겨 무마하는 경향이 있었다.

이런 결과는 소비자들이 자신이 한 일이나 할 일에 대해서 답을 하는 방식의 조사만 하는 것으로는 부정확한 자료를 얻게 되기 쉬우며, 이를 토대로 신제품 개발을 한다면 실패할 수 있다는 것을 보여 준다. 학부모들이 학습시간에 대한 자녀의 인식에만 근거해서 학습계획을 세울 때 실패하기 쉬운 것도 같은 맥락이다. 사람들의 인식에 대한 자료와 실제 행위에 대한 자료는 연구나 프로젝트에 둘 다 필요하며, 이때 계획분석과 시간구조분석이 유용하게 활용될 수 있다. 인식과 실제 비교에서는 두 가지 도형 모두 시간 개념이 들어간 시간구조도형을 활용할 수 있다. 인식에 대해서는 자신이 최근에 한 일에 대한 회상을 바탕으로 한 [그림 7-3]과 같은 도형을 사용하고, 실제 행동에 대해서는 관찰한 시간 사용을 바탕으로 한 [그림 7-2]와 같은 도형을 사용하여 비교하는 것이다. 또한, 시간 사용 계획과 실제의 시간 사용의 비교에서도 계획분석도형 대신에 앞과 같은 형식으로 시간과 비례하게 화살표 길이를 조정하는 시간구조도형을 사용할 수 있다.

인식과 실제의 비교에서 시간이라는 요소가 중요한 이유 중 하나는 개선을 위한 대안은 시간 요인도 염두에 둘 때 나오는 경우가 많기 때문이다. 예를 들어, 필자가 수십 번 관찰한 초·중등학교 연구수업 직후의 수업 협의회에서는 항상 첫 순서가 연구수업 교사가 자신의 수업을 평가하는 것이었는데, 이들이 첫 번째로 하는 말은 90% 이상 똑같았다. "나중에 수업시간이 부족해져서 미리 배부한 수업계획안(학습지도안)에 포함된 활동 중 뒷부분을 아예 못했거나 제대로 하지 못했다."라는 것이다. 연구수업에서는 대부분 다양한 수업 활동을 보여 주려 하고 학습지도안(수업계획)의 각 활동에 미리 시간 배분도 하지만 이처럼 실제 상황에서는 계획대로 진행하기 어려운 것이다. 따라서 마지막 활동을 시간이 남는 경우에만 진행하는 '선택 활동'으로 제시하는 것으로 수업계획을 바꾸기만 하면, 뒷부분을 쫓기듯이 진행할 필요가 없었을 것이다. 이는 대학 수업에서도 마찬가지다. 한편, 이런 문제는 기업의 각종 행사에서도 나타날 수 있으며, 거꾸로 시간이 남아서 문제가 될 수도 있다. 이런 경우의 개선 대안도 행사의 중간이나 마지막에 시간이 남는 경우 추가할 수 있는 활동을 미리 계획하는 것이 될 것이다.

08 설문조사지 개발에 활용 가능한 분류체계 +성분분석과 결정표분석

분류체계분석과 성분분석은 주로 개별 면담내용의 분석에 사용되어 왔지만, 일반화를 위해서는 양적 분석도 이루어질 필요가 있다. 이에 필자는 수십 명과의 집단면담을 통해서 동시에 만든 개별적인 분류체계+성분분석표를 통합[1]하여 하나의 종합분석표를 만드는 방법과 함께 이 분석 결과를 토대로 설문지 조사표를 만드는 방법을 개발하였다. 먼저 이 내용을 소개하고, 이어서 분류체계+성분분석을 결정표분석과 연계한 다음에 수십 명 대상의 결정표분석 결과를 활용하여 설문조사로 발전시키는 방법을 소개한다.

I 분류체계+성분분석을 활용한 설문지 조사표 개발[2]

이 절에서는 '여행'이라는 연구주제를 가지고 4회의 워크숍[3]을 거쳐서 집단면담용 분류체계+성분분석 질문지와 설문지 조사표의 개발을 한 과정을 제시한다.

1. 분류체계+성분분석을 활용하여 설문조사 문항을 만드는 단계

집단면담용 분류체계+성분분석 질문지와 설문지 조사표를 만드는 과정은 다음과 같다.

---

1) 수십 명 대상의 분류체계+성분분석표를 반드시 집단면담을 통해서 수집해야 하는 것은 아니다. 각각 개별 면담을 하되, 같은 분류체계+성분분석 질문지를 사용해서 자료를 수집할 수도 있다. 다만 집단면담을 하면 자료수집 시간을 크게 절약할 수 있다.

2) 이 절의 내용 중 일부는 필자(2015)의 "분류체계/성분분석과 설문조사 연계 교육프로그램 개발 실행연구"(열린교육연구, 23(1), pp.157-186)를 바탕으로 작성되었다.

3) 필자가 운영한 비전공자를 위한 에스노그라피 연구방법 워크숍과 학부생 워크숍, 다른 분야의 학회에서 강사로 초대받은 워크숍 등 네 차례의 워크숍에서 집단면담 형식으로 분류체계+성분분석 실습을 하는 기회가 있었다. 이때 여행이라는 주제로 실습하였다.

① 워크숍에서 심층면담 방법 및 분류체계+성분분석방법과 실제 적용사례 소개함.
② 수십 명이 함께 응답할 수 있도록 만든 집단면담 방식의 질문지로 자료수집을 함.
③ 자료수집 중간단계에서 참가자들의 분류체계분석 실습결과를 확인하고 잘못된 부분을 수정하도록 함.
④ 성분분석까지 함께 진행한 후에 확인 및 질의응답을 진행함.
⑤ 다른 집단에서 같은 질문지에 응답한 결과에 대한 통합적 분석 결과를 소개하고, 본인의 응답 결과와 비교함.
⑥ 분류체계+성분분석 질문지 응답 결과를 반영하여 설문지 조사표 초안을 개발함.
⑦ 예비조사를 거쳐서 완성함.

이와 같은 방식으로 설문조사 문항을 개발하기 위해서는 우선 집단면담용 질문지를 만들어 워크숍 참가자들에게 배부하는 한편, PPT 강의 자료를 만들어 참가자들에게 분석방법을 설명할 필요가 있다. 실습단계에서는 질문지를 한 페이지씩 보여 주면서 답변 요령을 설명한 후 각자 질문지에 답하도록 한다. 워크숍 참가자들의 전공이나 직업이 다양한 경우에는 조사 주제를 다수의 참가자가 관심 있는 일상의 내용으로 할 필요가 있다. 하지만 동질적인 집단이라면 조사 주제를 공통 관심사로 정하는 것이 더 효과적일 것이다.

2. 분류체계+성분분석을 활용한 집단면담용 질문지 구성(여행 연구의 사례)

다음에 제시한 집단면담용 질문지 첫 페이지에는 참가자 배경과 가장 최근에 다녀온 해외여행 경험 두 가지(개별자유여행과 패키지여행)에 대한 기본사항을 진행자의 안내에 따라 각자 기록하도록 했다.[4] 이 중 여행경험에 대한 기록은 두 가지 유형의 여행경험이 다 있으면 모두 적고, 한 가지 여행만 경험한 경우에는 그 유형의 여행에 대해서만 적도록 했다. 또한, 답변 시간이 부족한 경우에도 한 가지 유형의 여행에 대해서만 적게 했다.

---

4) 해외여행 경험이 없는 경우 국내 여행에 대해 응답하게 했다. 3회의 워크숍에서는 1명을 제외하고 모두 해외여행에 대해 응답했으며, 학부 학생 대상 워크숍에서만 상당수가 국내 여행에 대해 응답했다.

1) 집단면담용 질문지 첫째 페이지: 배경질문과 대체질문

분류체계+성분분석 집단면담 질문지('여행 가서 한 일'의 유형)

1 배경과 '여행 가서 한 일' 대체질문

1. 참가자 배경(성별, 연령대, 직업, 결혼 여부, 생활 수준 등 연구에 필요한 대로 제시함)
2. 최근의 해외여행에 대한 기록(가 본 적이 없는 경우에는 국내 여행에 대해서 기록)

(1-1) 개별자유여행 가 본 횟수(기억이 안 나면 대강의 횟수로 기록): ________회

(1-2) 가장 최근에 갔던 개별자유여행에 대해서 응답합니다.

① 지역(모든 나라 기록): ________________________________

② 같이 간 사람의 유형과 인원: ____________________등 총 ______명

③ 여행 일수: ______일

④ 전반적인 만족도(가장 높으면 5로, 가장 낮으면 1로 표시): ______

⑤ 사용한 비용의 수준(비슷한 여행과 비교했을 때 고가/중가/저가): ______

(2-1) 패키지 해외여행 가 본 횟수(기억이 안 나면 대강의 횟수로 기록): ______회

(2-2) 가장 최근에 갔던 패키지여행에 대해서 응답합니다.

① 지역(모든 나라 기록): ________________________________

② 총인원과 내 일행의 수: 전체 인원 ______명 중에서 나의 일행 ______명

③ 여행 일수: ______일

④ 전반적인 만족도(가장 높으면 5로, 가장 낮으면 1로 표시): ______

⑤ 사용한 비용의 수준(비슷한 여행과 비교했을 때 고가/중가/저가): ______

3. "가장 최근의 여행을 갔을 때 내가 한 일에는 (   )가 있다."라는 문장의 괄호 안에 들어갈 수 있는 내용을 아래에 모두 적은 후에, 작은 포스트잇 한 장에 하나씩 옮겨 적습니다. (*여행 유형별로 다른 색을 사용하고, 포스트잇의 위쪽에 1개씩만 적어 주세요).

1) 개별자유여행: ____

____

2) 패키지여행: ____

____

이 질문지는 초안보다 다음의 세 가지를 개선한 것이다.

첫째, 패키지여행 2-2-②는 원래 '같이 간 사람의 유형과 인원'을 적게 되어 있었으나, 같이 간 사람이 자신과 함께 간 사람인지 또는 패키지여행에 참여한 사람 전체인지 혼동된다는 2차 워크숍 참가자들의 의견을 반영하여 '총인원과 내 일행의 수'를 적는 것으로 바꾸었다.

둘째, 사용한 비용 수준을 묻는 ⑤는 여행비용에 따라서 만족도나 여행 가서 한 일, 선택의 여지 등이 달라질 수 있다는 참가자의 의견에 따라 추가한 것이다.

셋째, 3번 질문에는 먼저 대체질문의 괄호 안에 들어갈 수 있는 개념(단어)들을 모두 프린트에 제시한 빈 줄에 적은 후에 포스트잇에 하나하나 옮겨 적도록 한다는 순서를 분명히 제시했다. 1차 워크숍에서는 이를 분명히 하지 않아서 떠오른 순서를 알 수 없게 되었을 뿐 아니라 포스트잇에만 적고 프린트에는 옮겨 적지 않은 경우도 발생했다. 따라서 2차 워크숍부터는 프린트에도 순서를 적어 놓고, 실습 안내를 하면서 "프린트에 먼저 적는 것은 어느 것부터 떠올렸는가가 중요할 수 있기 때문"이라고 이유를 설명하여 협조와 공감을 얻을 수 있었다.

실습자료 첫째 페이지를 끝낸 후에 분류체계분석에 대한 설명과 사례 제시를 했으며, 이어서 다음과 같은 실습자료의 둘째 페이지를 가지고 분류체계분석을 했다.

2) 집단면담용 질문지 둘째 페이지: 분류체계분석을 위한 대조집합분류질문

2 분류체계분석

4. 포스트잇에 적어 놓은 **'개별자유여행/패키지여행 가서 한 일'들을 기준을 하나 정해서 분류**합니다.
   1) 포스트잇에 하나씩 적은 내용 전체를 **비슷한 것끼리 몇 개의 묶음으로 묶어** 주세요. 두 묶음, 세 묶음, 네 묶음 등 몇 묶음이든 상관없습니다**(대조집합분류질문)**.
   2) 비슷한 것끼리 묶은 다음 **각 묶음의 이름(제목)을 정하고**, 별도의 백지에 묶음별 제목을 적은 후에 그 아래 들어가는 '한 일의 종류' 포스트잇을 붙여 주세요(예: 관광 – 박물관 가기, 오래된 성당 가기, 시장에 가기, 경치 좋은 곳 가기 등).
   3) 각 묶음 안에 들어간 포스트잇 이외에 혹시 **더 들어갈 만한 '한 일'**이 기억나면, **새 포스트잇에 적어서 추가**합니다.
   4) 포스트잇에 처음 쓴 내용 중에서 세부항목으로 더 나눌 수 있는 항목의 경우, **세부항목을 같은 포스트잇의 아래쪽에 적어** 주세요(예: 경치 좋은 곳 가기 – 시내가 잘 보이는 언덕에 가기, 아름다운 해변에 가기, 전원 풍경이 잘 보이는 산에 가기).
   5) 이상에서 비슷한 것끼리 묶어 주고, 세부항목으로 더 나누어 본 것을 tree **구조도 형태의 분류체계분석도형**으로 그려 봅니다(아래의 지면이나 뒷면 사용).

2차 워크숍까지는 이 중 4-4) 단계에서 세부항목을 같은 포스트잇에 적도록 하지 않고, 별도의 포스트잇에 적도록 하였다. 그러나 참가자들의 실습과정을 도우면서 참여관찰을 한 결과 포스트잇이 너무 많아져서 작은 책상에 포스트잇을 다 늘어놓기 힘들며, 이로 인해 혼동이 일어나기도 함을 발견하였다. 따라서 처음에 생각난 단어는 포스트잇의 위쪽에 적도록 하고 이후에 세부항목은 같은 포스트잇의 아래쪽에 적도록 바꾼 것이다.

둘째 페이지를 끝낸 후에는 성분분석에 관한 설명을 했다. 이어서 다음과 같은 질문지의 셋째 페이지를 가지고 분류체계+성분분석표의 빈칸을 채우도록 했다.

3) 집단면담용 질문지 셋째 페이지: 분류체계+성분분석을 위한 질문과 결과표

5. 1) 포스트잇에 처음 적은 항목 또는 의미 있는 하위항목을 아래의 '분류체계+성분분석표'의 '분류단계 3'에 적습니다.
   2) 각 묶음의 제목을 분류단계 2에 적고, 구분하는 줄을 그어 줍니다.
   3) 같은 방식으로 큰 묶음의 제목을 분류단계 1에 적고, 구분하는 줄을 그어 줍니다.
   4) 다음에는 성분분석 결과를 적습니다.
      ① 최근 여행에서 많은 시간을 보낸 순서대로 번호를 적습니다(등급질문).
      ② 내게 의미가 있었던 순서대로 번호를 적습니다(등급질문).
      ③ 3원 대조질문 결과 발견한 기준(대조의 차원)인 '내게 선택의 여지가 주어진 정도'를 그 밑의 각 칸에 기호(○, △, ×)로 적습니다(3원 대조질문과 유도된 대조질문).
      ④ 표의 제일 윗줄 빈칸에는 각자 3원 대조질문을 통해서 발견한 새로운 기준을 적은 후에, 해당하는 내용을 그 밑의 칸에 적습니다(3원 대조질문과 유도된 대조질문).

〈'가장 최근의 개별자유여행에서 한 일'의 분류체계+성분분석표〉

분류단계 1	분류단계 2	분류단계 3	많은 시간 보낸 순서	내게 의미 있었던 순서	내게 선택의 여지가 주어진 정도(○,△,×)	(각자 3원 대조질문 결과 기록)

〈'가장 최근의 패키지여행에서 한 일'의 분류체계+성분분석표〉

분류단계 1	분류단계 2	분류단계 3	많은 시간 보낸 순서	내게 의미 있었던 순서	내게 선택의 여지가 주어진 정도(○,△,×)	(각자 3원 대조질문 결과 기록)

셋째 페이지에는 우선 앞에서 tree 구조도 형태로 그려놓은 분류체계분석 결과를 이 표의 왼쪽에 다시 제시하도록 했다. 다음에는 표의 오른쪽에 제시해 놓은 '많은 시간을 보낸 순서'와 '내게 의미 있었던 순서' 열에 등급질문에 대한 답을 번호로 적게 했다. 다음 칸에서는 '내게 선택의 여지가 주어진 정도'에 대한 답을 ○, △, ×의 기호로 적도록 했다. 마지막에 제시한 빈칸은 실습을 먼저 끝낸 참가자를 위해서 '3원 대조질문과 유도된 대조질문'을 각자 해 볼 수 있는 선택 활동으로서 제시한 것이다. 2시간 반으로 운영

하는 워크숍에서는 선택 활동을 할 수 있는 참가자가 드물었으나, 3시간으로 운영하는 워크숍에서는 선택 활동까지 해 보는 참가자들이 소수나마 있었다.

셋째 페이지의 경우 워크숍을 진행하면서 크게 수정한 것은 없었다. 다만 5-4)-③에서 원래는 '선택이 가능한 정도'라고 하였으나 누구의 선택인지 혼동하는 참가자들이 있는 것을 발견하고 '내게 선택의 여지가 주어진 정도'라고 말을 수정했다.

3. 실습을 원활하게 하기 위한 분류체계+성분분석표 작성사례의 개발

그림 형태의 분류체계분석 결과를 표에 옮겨 적는 것을 어렵게 생각하는 참가자들이 워크숍마다 몇 명씩 있었다. 따라서 'A가 여행 가서 한 일'의 분류체계도형을 만드는 사례와 이 사례의 세부항목을 분류체계+성분분석표의 '분류단계 3' 칸에 옮겨 적고 비슷한 항목들을 묶어서 분류단계 2와 분류단계 1에 제시한 사례를 연수 자료에 추가했다. 다음과 같이 두 페이지의 PPT로 만든 것이다([그림 8-1]과 〈표 8-1〉 참조). 이 사례는 반드시 두 번째 페이지의 분류체계도형 만들기 활동까지 끝낸 후에 제시해야 한다. 미리 제시하면 답변에 영향을 미칠 수 있기 때문이다.

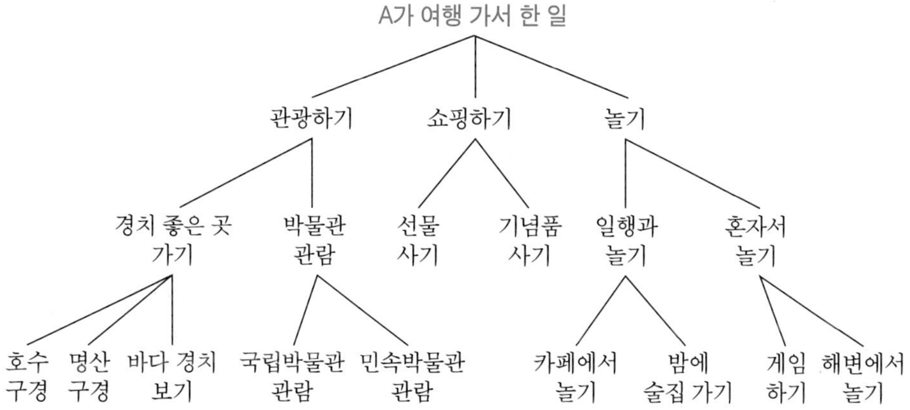

[그림 8-1] 'A가 여행 가서 한 일' 분류체계분석사례

〈표 8-1〉 'A가 여행 가서 한 일'([그림 8-1])을 분류체계+성분분석표에 옮겨 적은 사례

분류단계 1	분류단계 2	분류단계 3	많은 시간 보낸 순서	내게 의미 있었던 순서	선택의 여지 (○, △, ×)	(각자 3원 대조질문 결과 기록)
관광하기	경치 좋은 곳 가기	호수 구경	1	8	×	
		명산 구경	9	3	×	
		바다 경치 보기	2	6	○	
	박물관 관람	국립박물관 관람	3	1	×	
		민속박물관 관람	6	2	×	
쇼핑	선물 사기		5	10	○	
	기념품 사기		4	4	△	
놀기	일행과 놀기	카페에서 놀기	7	9	○	
		밤에 술집 가기	10	7	○	
	혼자 놀기	게임 하기	8	11	○	
		해변에서 놀기	11	5	○	

4. 집단면담에서의 질문지 응답 내용 분석방법과 분석 결과의 워크숍에서의 활용

질문지 응답 내용의 분석은 4단계로 이루어지도록 개발하였다. 다음에서는 분석방법을 실제 분석사례와 함께 제시한다.

1) 분석방법과 분석사례

(1) 1단계

응답 내용에 대한 통합적 분석을 위해서는 우선 참가자마다 다르게 분류한 '여행 가서 한 일'을 통일성 있게 분류하는 작업부터 시작해야 한다. 참가자들의 분류방식을 참고하여 가장 보편적이라고 생각되는 방식을 선정하고, 응답 자료들을 이 분류방식에 맞추어서 재분류하는 것이다.

(2) 2단계

'가장 많은 시간을 보낸 순서'와 '가장 의미 있었던 순서'의 평균을 '보편적' 분류방식에 맞추어서 계산해야 하는데, 참가자마다 여행 가서 한 일을 적은 개수가 다르다는 점을 반영해야 한다. 따라서 참가자가 여행 중에 한 일의 총수에 따라서 순위의 평균을 계산

하는 방법을 개발했다. 이에 대해서는 분류된 활동 중 하나인 '놀기'의 예를 들어서 설명한다.

등급질문에 대한 수십 명의 응답 내용을 통합적으로 분석하는 방법

1) '놀기'가 B가 한 일 총 11개 중에서 시간을 많이 보낸 순서 2위라면 2/11가 된다. C에게는 '놀기'가 총 9개의 한 일 중 3위라면 3/9이 된다. 이처럼 표에 적어 놓은 '여행 가서 한 일'의 총 개수를 분모로 하고 '놀기'라는 활동의 순위를 분자로 하여, 시간을 많이 보낸 순서와 의미 있었던 순서를 소수점 첫째 자리까지 계산한다. 계산 결과 작은 수일수록 순위가 높은 것이고, 큰 수일수록 순위가 낮은 것이다. 예를 들어, 0.2가 0.5보다 평균 순위가 높다.
2) '놀기'에 해당하는 '한 일'이 2개 이상이면, 이를 합산하여 평균을 낸다. 예를 들어, D가 여행 가서 한 일 여덟 가지 중에서 '해변에서 놀기'가 의미 있는 순서 3위이고, '친구와 술 마시면서 놀기'가 5위라면, D의 '놀기'의 의미 있는 순위는 '(3/8 + 5/8)/2'이므로 0.5가 된다.
3) 이런 식으로 '놀기'라는 한 일을 제시한 모든 참가자의 순위를 합산한 후(2/11 + 3/9 + 5/8 ……), 이를 '놀기'를 언급한 사람 총수로 나눈 것이 '놀기'에 대한 '시간을 많이 보낸 순서' 또는 '의미 있는 순서'의 평균이 된다.

이런 방식으로 계산을 해서 완성한 결과표의 사례로서, 3차 워크숍에서 이 실습에 참여한 14명[5]의 응답 자료분석 결과를 〈표 8-2〉에 제시했다. 〈표 8-2〉는 참가자들이 대체질문에서 언급한 최근의 개별자유여행과 패키지여행에서 한 일에 대해 '많은 시간 보낸 순서'와 '의미 있었던 순서'의 순위를 비교할 수 있도록, 하나의 표로 함께 제시한 것이다.

5) 참가자 대다수가 기업체 직원이었으나 교수나 대학원생도 있었다.

〈표 8-2〉 워크숍 참가자들이 여행 가서 한 일의 '많은 시간 보낸 순서/의미 있었던 순서' 비교

분류	개별자유여행				패키지여행			
	한 일 언급 수	많은 시간 보낸 순서 평균	의미 있었던 순서 평균	응답 내용	한 일 언급 수	많은 시간 보낸 순서 평균	의미 있었던 순서 평균	응답 내용
관광하기	27 (27.0%)	0.41	0.40	사찰 관광, 경치 좋은 곳 관광, 시장 구경, 미술관, 에펠탑 올라가기, 박물관 관람, 사막 투어, 전시, 야경, 명승지 관광, 온천욕, 야시장, 전망대, 야경, 동굴 관광, 오래된 도시 구경, 재래시장 구경, 불꽃 축제 구경, 명소 방문	8 (19.0%)	0.33	0.59	박물관, 기념관, 닭싸움 구경, 불쇼 구경, 원숭이 섬투어, 시장투어, 바닷가구경, 박람회관람
먹기	17 (17.0%)	0.63	0.63	바베큐, 조식먹기, 맛집 방문, 동네 맛집 투어, 한국식당, 디저트 가게, 맥도날드, 레스토랑, 에그타르트, 알려진 맛집, 우연발견맛집, 딤섬 맛집, 망고빙수	5 (11.9%)	0.69	0.72	식사하기, 간식, 현지음식 먹기, 한국식당, 맛집 투어
놀기	14 (14.0%)	0.46	0.45	해수욕, 계곡 가기, 실내 수영장, 실외활동, 카지노, 클럽 가기, 밤새이야기, 채집, 카페, 밤에 맥주 한잔	0	–	–	
레저활동	10 (10.0%)	0.53	0.54	등산, 하이킹, 족구, 자전거, 수영, 등산, 피트니스 센터운동, 수영, 패러글라이딩	4 (9.5%)	0.50	0.13	스노클링, 수영, 등산
쇼핑	9 (9.0%)	0.73	0.62	쇼핑, 기념품, 아이들것 쇼핑, 가족선물, 장보기	7 (16.7%)	0.59	0.26	시장, 면세점, 기념품 구매, 백화점, 마트에서 쇼핑
이동하며 관광	9 (9.0%)	0.46	0.52	오픈트럭타기, 유람선타기, 크루즈, 수상택시, 택시투어, 버스투어, 트램투어, 걷기, 트래킹	2 (4.8%)	1.00	0.38	초경량비행기 타기, 경비행기 타기
이동하기	1 (1.0%)	1.00	1.00	지하철타기	5 (11.9%)	0.45	0.86	버스타고 가기, 저가항공
휴식	6 (6.0%)	0.65	0.82	TV, 잠자기, 일광욕, 낮잠, 카페에서 쉬기, 휴식	3 (7.1%)	0.44	0.56	자유시간, 휴식, 호텔숙박
마사지	2 (2.0%)	0.90	0.75	마사지, 타이마사지	3 (7.1%)	1.00	0.33	마사지

사진 찍기	1 (1.0%)	0.77	0.31	사진 찍기	1 (2.4%)	0.25	0.25	사진 찍기
사람 만남	1 (1.0%)	0.09	0.36	현지인 집 가기	2 (4.8%)	0.67	0.50	새로운 사람/동료 만남
기타	3(3.0%)	0.97	0.87	샤워, 양치, 엽서 쓰기	2(4.8%)	0.63	0.88	일행 기다리기, 독서하기
계	100 (100%)	–	–		42 (100%)	–	–	

〈표 8-2〉에서 '여행 가서 한 일'의 언급 수를 보면, 두 가지 유형의 여행 모두 '관광하기'로 묶을 수 있는 활동이 가장 많았지만, 2위부터는 상당한 차이가 있었다. 개별자유여행에서는 먹기, 놀기, 레저 활동, 이동하며 관광, 쇼핑, 휴식 등의 순서로 나타났고, 패키지여행에서는 쇼핑, 이동하기, 먹기, 레저 활동, 휴식, 마사지의 순서로 나타났다. '많은 시간을 보낸 순서'와 '의미 있었던 순서'의 평균이 일치하는 정도를 보면, 개별자유여행에서 가장 많이 언급된 활동들은 '많이 한 순서'와 '의미 있었던 순서'가 거의 일치하는 경향을 보였다. 하지만 패키지여행에서는 '먹기' 이외에는 상당한 차이가 나타났다. 가장 많이 언급된 '관광'의 경우, 많이 한 순서의 평균(0.33)은 개별자유여행(0.41)에 비해서 높지만, 의미 있었던 순서의 평균은 0.59로 개별자유여행(0.40)보다 낮았다. 세 번째로 많이 언급된 '이동하기(관광을 포함하지 않은 단순 이동)'도 '의미 있었던 순서'의 평균이 0.86으로, '많이 한 순서'의 평균(0.45)보다 훨씬 낮았다. 두 번째로 많이 언급된 쇼핑은 거꾸로 많이 한 순서의 평균(0.59)보다 의미 있었던 순서의 평균(0.26)이 훨씬 높았다.

(3) 3단계

〈표 8-2〉에 나타난 차이는 개별자유여행에서는 일정을 스스로 계획하기 때문에 의미 있다고 생각하는 활동에 원하는 만큼 시간을 보내는 것이 어느 정도 가능하나 패키지여행에서는 선택의 여지가 별로 주어지지 않는다는 것과 관련 있다. 이처럼 '선택의 여지'가 중요한 '대조의 차원'이라는 것이 사전 면담에서의 '3원 대조질문'에서 드러났기 때문에 집단면담용 실습자료에서 '여행 가서 한 일' 각각에 대한 선택의 여지를 상(○) · 중(△) · 하(×)로 표시하도록 한 것이다. 따라서 3단계에서는 활동별 '선택의 여지' 수준을 상 · 중 · 하별로 합산하여, 〈표 8-3〉과 같이 산출해야 한다.

〈표 8-3〉 워크숍 참가자들이 여행 가서 한 일의 '선택의 여지가 주어진 정도' 비교

분류	개별자유여행					패키지여행				
	많은 시간 보낸 순서 평균	의미 있었던 순서 평균	선택의 여지			많은 시간 보낸 순서 평균	의미 있었던 순서 평균	선택의 여지		
			○	△	×			○	△	×
관광	0.41	0.40	23	1	–	0.33	0.59	–	–	3
먹기	0.63	0.63	12	1	1	0.69	0.72	–	1	2
놀기	0.46	0.45	12	1	–	–	–	–	–	–
레저 활동	0.53	0.54	6	2	–	0.50	0.13	–	1	–
쇼핑	0.73	0.62	5	3	–	0.59	0.26	4	1	
이동하며 관광	0.46	0.52	7	1	–	1.00	0.38	1	–	–
이동하기	1.00	1.00	–	–	1	0.45	0.86	–	1	4
휴식	0.65	0.82	4	–	2	0.44	0.56	2	–	–
마사지	0.90	0.75	2	–	–	1.00	0.33	1	–	–
사진 찍기	0.77	0.31	1	–	–	0.25	0.25	1	–	–
사람 만남	0.09	0.36	–	1	–	0.67	0.50	–	2	–
기타	0.97	0.87	–	–	2	0.63	0.88	1	–	1
계	–	–	72	10	6	–	–	10	6	10

〈표 8-3〉을 보면, 실제로 대부분의 활동에 있어서 패키지여행보다 개별자유여행에서 선택의 여지가 훨씬 많이 주어졌다. 특히 관광하기, 먹기, 놀기, 레저 활동 등 언급 수가 많은 활동에서 이러한 격차가 컸으며, 쇼핑의 경우에만 별로 차이가 없었다. 전체적으로 볼 때 개별자유여행에서 선택의 여지를 언급한 총 88개의 활동 중 72개 활동(81.8%)에 대해서 선택의 여지가 많았다고 응답했고, 6개 활동(6.8%)에 대해서만 선택의 여지가 전혀 없었다고 응답했다. 이에 비해, 패키지여행에서는 선택의 여지를 언급한 26개 활동 중 선택의 여지가 많았다고 응답한 활동과 전혀 없었다고 응답한 활동은 각각 10개(38.5%)였다.[6)]

6) 등급질문에 대해서는 응답을 하였지만, 3원 대조질문+유도된 대조질문인 '선택의 여지가 주어진 정도'에 대해서는 응답하지 않은 참가자도 있었다.

(4) 4단계

이처럼 개별자유여행에서는 패키지여행보다 개인에게 선택의 여지가 훨씬 많이 주어지며, 이로 인해 자신에게 의미 있는 활동을 더 많이 할 수 있다는 점은 여행 만족도에 반영될 가능성이 크다. 따라서 지금까지의 분석 결과를 만족도와 비교해야 하는데, 이를 위해서 실습자료 첫째 페이지에 유형별 여행에 대한 '전반적인 만족도'를 5점 척도로 응답하게 한 것이다. 여행 유형별 만족도 평균 계산에 의하면 개별자유여행의 평균 만족도는 4.27, 패키지여행의 평균 만족도는 3.75로, 개별자유여행의 만족도가 훨씬 높았다. 이러한 상황은 다른 워크숍에서도 비슷했는데, 우선 모든 워크숍에서 개별자유여행에 주어진 선택의 여지가 훨씬 더 많았다. 또한, 개별자유여행 평균 만족도 대비 패키지여행 평균 만족도는 1차 워크숍에서 4.28 : 3.81, 2차 워크숍에서 3.91 : 3.10, 4차 워크숍에서 4.26 : 3.16으로, 일관되게 개별자유여행의 만족도가 훨씬 높았다.

2) 실습결과의 워크숍에서의 활용

1차 워크숍에서는 실습결과를 어떻게 통합적으로 분석할 수 있는지에 대한 사례를 참가자들에게 보여 줄 기회가 없었다. 그러나 2차 워크숍에서는 실습 후에 1차 워크숍에서 얻은 자료의 분석 결과를 보여 줌으로써 여러 명과의 집단면담 자료가 어떻게 통합적으로 분석 · 비교될 수 있는지 설명할 수 있었다. 또한, 네 차례의 만남으로 구성된 3차 워크숍에서는 중간 시간의 실습결과를 마지막 시간에 제시하였다. 자신들의 실습결과가 어떻게 통합적인 분석표로 만들어졌는지 직접 보게 되자, 이들은 분류체계분석과 성분분석의 활용 가능성에 훨씬 큰 관심을 보였다.

이처럼 소개한 실습자료는 단순히 실습용이 아니라, 그 결과를 분석하여 실습이 더 효과적으로 이루어지도록 구성한 것이다. 그래야 참가자들이 학습한 분석방법을 실제로 자신의 연구나 프로젝트에서 활용할 가능성이 커질 수 있기 때문이다.

5. 집단면담에서의 실습결과를 토대로 설문지 조사표를 개발하는 단계

1~3차 워크숍에서 수집한 자료를 토대로 설문지 조사표 초안을 개발했으며, 4차 워크숍에서 예비 설문조사를 통해 조사표를 개선했다.

1) 설문지 조사표 초안의 개발과정

워크숍 참가자 각각의 분류체계분석 결과와 앞에 제시한 통합적 분석 결과를 토대로 다음과 같이 설문지 조사표 초안을 만들었다.

첫째, 배경질문과 여행에 대한 기본적인 사항을 질문하는 첫 번째 페이지는 집단면담용 질문지와 거의 같게 하되, '연령', '결혼 여부' 등은 제시한 범위 중 선택하는 문항으로 수정했다.

둘째, 세 번째 페이지의 성분분석에서 사용한 기준들인 '많이 한 순서', '내게 의미 있었던 순서', '나에게 주어진 선택의 여지'는 설문조사에서도 그대로 사용했다. 다만, 여행 가서 하는 일이 너무 다양하므로, 이를 2단계로 나누어서 질문하기로 했다. 1단계에서는 '관광'을 한꺼번에 묶어서 여러 가지 한 일 중 하나로서 질문하고, 2단계에서는 관광 활동만 세분하여 질문한 것이다.

셋째, 두 번째 페이지는 설문지에서는 생략하였다. 대신 분류체계분석의 결과를 '여행 가서 한 일'의 리스트 만들기에 사용했다. 지나치게 세분된 활동들을 제시하면 리스트가 답변하기 어려울 정도로 길어지는 문제가 있어서, 세부항목보다는 중분류(분류단계 2)나 대분류(분류단계 1)의 항목 중심으로 리스트를 구성했다.

이러한 과정을 거쳐서 표 형식 설문지 문항 두 가지를 만들었다. 이 중 1단계 조사표인 〈표 8-4〉는 개별자유여행용이며, 패키지여행용도 똑같은 표다.

〈표 8-4〉 '개별자유여행 가서 한 일의 유형별 응답 표' 형식 설문조사 문항의 초안

개별자유여행 가서 한 일의 종류		많은 시간 보낸 순서	내게 의미 있었던 순서	내게 주어진 선택의 여지(○,△,×)	비고(하고 싶은 말 쓰기)
관광(관광명소, 박물관 관람 등)					
먹기	맛집/유명한 현지음식 먹기				
	일반 식사				
레저 활동(스포츠, 캠핑 등)					
쇼핑	자유 쇼핑(백화점, 시장 등)				
	기념품점 방문				
놀기(해수욕, 놀이기구, 클럽, 술집, 카페 가기, 친구와 놀기 등)					
쉬기(일광욕, 잠자기, TV 시청, 차 마시면서 쉬기, 휴식 등)					

이동	버스, 기차, 배, 승용차 등으로 이동하면서 관광				
	단순 이동하기				
현지에서 만난 사람과 대화					
사진 찍기					
마사지받기					
검색하기/여행 계획 짜기					
기타( )					

〈표 8-4〉의 위에는 응답 지침으로서 다음과 같은 설명을 제시했다.

"아래에는 '여행 가서 한 일의 유형'에 대한 60여 명과의 면담내용을 토대로 답변 내용을 분류하여, 15개의 항목('기타' 포함)으로 정리한 표를 제시하였습니다. 귀하가 가장 최근에 여행 가서 한 일에 대해서 각각 '많은 시간을 보낸 순서'와 '내게 의미 있었던 순서'대로 번호를 적어 주시고, 선택이 가능했던 정도도 ○, △, ×로 표시해 주십시오(자신은 한 적이 없는 활동이라면 '-'로 표시). 비고에는 혹시 하고 싶은 말씀이 있으면 적어 주십시오."

〈표 8-4〉에 응답한 후에 이어서 답하게 구성한 〈표 8-5〉는 '관광하기'의 세부항목들만 모아 놓은 것으로, 〈표 8-4〉와 형식은 거의 같다. 〈표 8-5〉는 개별자유여행용이며, 패키지여행용도 똑같은 표다.

〈표 8-5〉 '개별자유여행 가서 한 관광의 유형'별 응답 표 형식 설문조사 문항의 초안

개별자유여행 가서 한 관광의 종류	많은 시간 보낸 순서	내게 의미 있었던 순서	내게 주어진 선택의 여지(○, △, ×)	비고
성당, 교회, 절, 성, 궁전 방문				
유적지 방문				
박물관, 미술관 방문				
유명한 현대 건물 방문				
전망대에 올라감				
시내 구경				
자연경관 좋기로 유명한 곳 방문				

공원 등 방문				
뮤지컬, 오페라, 발레, 연주회 관람				
마술 쇼 등 쇼 관람				
전통음악, 무용 등 전통공연 관람				
축제, 불꽃놀이 등 구경				
사막 투어, 오지 투어 등				
현지인 집 방문				
부족 마을/민속촌 방문				
재래시장, 야시장 등 시장 구경				
코끼리 타기, 낙타 타기 등 체험 관광				
공장 등 생산현장 방문				
기타( )				

〈표 8-5〉의 위에는 응답 지침으로서 다음과 같은 설명을 제시했다.

"다음의 표는 60여 명과의 면담내용을 토대로 '관광하기'를 세분하여 열아홉 가지로 유형화('기타' 포함)한 것입니다. 귀하가 가장 최근에 여행 가서 한 '관광활동'에 대해서 각각 '많은 시간을 보낸 순서'와 '내게 의미 있었던 순서'대로 번호를 적어 주시고, 선택이 가능했던 정도도 ○, △, ×로 표시해 주십시오(자신은 한 적이 없는 활동이라면 '-'로 표시). 비고에는 혹시 하고 싶은 말씀이 있으면 적어 주십시오."

2) 설문지 조사표의 개선과정

제4차 워크숍에서 앞의 설문지 초안을 가지고 예비 설문조사를 진행하면서 참여관찰을 한 결과 대부분이 두 표의 빈칸을 채울 수 있기는 했지만, 너무 어렵다는 의견을 제시한 참가자들도 있었다. 〈표 8-4〉의 항목이 너무 많고 2단계로 제시된 것이 복잡해서 답하기 어렵다는 것이었다. 이를 반영하여서, 최종 설문지에서는 이 문항의 표를 〈표 8-6〉과 같이 12개 항목으로 축소하였다.

〈표 8-6〉 '개별자유여행 가서 한 일의 유형'별 응답 표 형식 설문조사 문항 수정 결과

개별자유여행 가서 한 일의 종류	많은 시간 보낸 순서	내게 의미 있는 순서	내게 주어진 선택의 여지(○,△,×)	비고
① 관광(관광명소, 박물관 관람, 이동하며 관광 등)				
② 먹기(맛집, 현지음식, 전통음식, 유명식당, 한국 음식점, 특별한 간식 등)				
③ 레저 활동(스포츠, 캠핑, 스노클링 등)				
④ 쇼핑(백화점, 시장, 기념품점 등)				
⑤ 놀기(해수욕, 놀이기구, 클럽, 술집, 카페 가기, 친구와 놀기 등)				
⑥ 쉬기(일광욕, 잠자기, TV 시청, 차 마시면서 쉬기, 휴식 등)				
⑦ 이동(단순히 이동을 위해 시간보내기)				
⑧ 현지에서 만난 사람과 대화, 사귀기				
⑨ 사진 찍기				
⑩ 여행 계획 짜기/검색하기				
⑪ 마사지받기				
⑫ 기타( )				

〈표 8-6〉은 응답자들이 복잡하게 느끼지 않도록 〈표 8-5〉에서 2단계로 되어 있던 항목들을 모두 한 항목씩으로 만든 것이다. '먹기'에서는 '일반 식사'는 빼고, 맛집, 현지음식, 전통음식, 유명 식당, 특별한 간식 등 여행지에서 맛보는 음식과 여행지에서 한국 식당에 가는 것만 포함하기로 하였다. '쇼핑'은 모든 쇼핑을 합쳐서 하나의 항목으로 제시하기로 했다. 패키지여행에서 기념품점 쇼핑이 개별자유여행보다 더 많다는 것은 집단면담 자료를 통해서도 충분히 알 수 있었기 때문이다. '이동'에서는 단순 이동만 남기고, '이동하면서 관광'은 '관광'의 일종이라는 점에서 '관광'으로 보내기로 하였다. 이외에 각 항목에 대한 이해가 쉽도록 표현을 다듬거나 사례를 더 넣었으며, 전체가 12개 항목임을 분명히 하기 위하여 각 항목에 작은 번호를 삽입했다.

〈표 8-5〉에 제시한 두 번째 조사표(관광의 유형)는 예비조사 결과 큰 문제는 나타나지 않았다. 그러나 항목이 너무 많아서 응답이 오래 걸렸으므로, 수정본에서는 예비 설문조사에서 응답 수가 적었던 '공장 등 생산현장 방문'은 생략했다. 또한, 전체가 18개 항

목임을 분명히 하기 위해 각 항목에 작은 번호를 삽입했다. 이외에 '(이동하면서 관광 포함)'이라는 말을 '시내 관광' 뒤에 넣었으며, '공원 방문'에 '식물원, 수족관, 천문대 등'을 추가했다.

이렇게 완성된 설문 문항을 활용해서 실제로 320명 대상의 설문조사를 했다(이용숙, 2019). 이 설문조사에서는 응답자가 답변하기 좀 더 쉽도록 '많은 시간을 보낸 일'은 5개까지, '의미 있었던 일'은 3개까지만 우선순위를 적도록 했다.

3. 분류체계분석/성분분석 결과를 토대로 개발한 설문조사용 조사표의 장점

지금까지 소개한 '개별자유여행과 패키지여행의 비교'를 주제로 한 설문조사용 조사표에 제시된 '여행 가서 한 일'의 리스트는 일반적인 문항개발 방식으로는 모두 찾기 어려웠을 것이다. 대체질문을 통해 여행 가서 한 일의 종류를 더는 생각나지 않을 때까지 적은 후, 이를 세분화하도록 하는 분류체계분석방법을 사용했기 때문에 좀 더 다양한 항목들이 제시된 것이다. 예를 들어, 〈표 8-6〉의 '현지에서 만난 사람과 대화, 사귀기', '사진 찍기', '여행 계획 짜기/검색하기' 같은 항목들을 처음부터 생각해 내지는 않지만, 분류체계분석을 통해 결국 이런 항목들을 떠올린 경우가 상당히 많았다. 이 세 가지 항목들을 언급한 비율은 워크숍에 따라서 큰 차이가 있었는데, 이는 참가자의 직업이나 연령대, 결혼 여부와 상관있어 보인다.

37~46세의 기혼 기업체 직원(연구원 포함)의 비중이 높았던 3차 워크숍에서는 '여행 계획 짜기/검색하기'를 언급한 참가자가 전혀 없었으며, 사진 찍기는 최대 2.4%(패키지여행), '현지에서 만난 사람과 대화, 사귀기'는 최대 4.8%(패키지여행)가 언급했다. 이에 비해서 참가자가 거의 다 교수, 강사, 대학원생, 교사, 학예사로서 29세에서 46세까지 골고루 분포되어 있고 미혼의 비율이 높았던 1차 워크숍의 경우, 이 세 가지를 언급한 참가자가 훨씬 많았다. '현지에서 만난 사람과 대화, 사귀기'는 5.8%, '사진 찍기'는 8.9%, '여행 계획 짜기/검색하기'는 11.1%나 언급했고, 이는 모두 개별자유여행의 경우였다(패키지여행의 경우에는 각각 3.7%, 6.2%, 1.3%). 또한, 대학생 중심인 2차 워크숍에서도 이 세 가지의 비중이 높아서 각각 4.8%, 6.4%, 8.0%를 차지했다(모두 개별자유여행의 경우). 이처럼 응답자의 배경에 따라 차이가 큰 활동들은 관련 항목들을 설문조사 문항

에 포함하여 본격적인 배경별 차이를 발견하는 것이 중요한 의미가 있을 것이다.

앞의 조사표는 또한 여행 유형별로 '많이 한 순서'와 '내게 의미 있었던 순서'를 비교할 수 있게 구성되어 있고, 이를 다시 '내게 주어진 선택의 여지'와 연계하여 해석할 수 있게 구성되었다는 장점이 있다. 이러한 문항의 개발이 가능했던 것은 프로그램 초안 개발을 위한 심층면담을 분류체계분석과 성분분석에 중점을 두어서 시행하면서 참여관찰도 했기 때문이다. 참가자들은 '여행 가서 한 일'을 적은 포스트잇을 자신이 생각한 기준대로 늘어놓을 때(등급질문), '많은 시간을 보낸 순서'와 '의미 있었던 순서'의 사용이 가장 많았다. 이 두 가지의 순위가 서로 다른 경향이 있었기 때문에 조사표에서 이 두 항목을 나란히 제시하고 순위를 번호로 적도록 제시한 것이다. 또한, 주어진 3개의 포스트잇을 좀 더 비슷한 것 2개와 나머지 1개로 나누는 '3원 대조질문'에서 '자신에게 선택의 여지가 주어졌는지'가 기준이 되는 경우가 많았기 때문에 '자신에게 선택의 여지가 주어진 정도'를 3개의 등급(○, △, ×)으로 표시하도록 하는 문항을 만든 것이다.

Ⅱ 결정표분석을 활용한 설문지 조사표 개발7)

결정표를 활용해서 설문조사를 하는 것은 다음의 6단계로 이루어질 수 있다.

① (분류체계분석/성분분석을 하여) 결정표에 들어갈 조건 찾기
② 이 조건들로 결정표를 만들어서 (집단면담 방식으로) 참여자들이 답하도록 하기
③ 모든 정보제공자의 축약한 결정표로부터 조건별 축약횟수 합산하기
④ 실제 구매/선택과정에 대한 참여관찰/면담결과를 토대로 결정표의 조건들을 수정하기
⑤ 설문조사지 문항(조사표 형식)을 만들어서 예비조사하기
⑥ 개선된 문항으로 설문조사를 하고 결과 분석하기

이 6단계를 모두 거치는 것이 이상적이지만, 상황이 어려우면 4단계는 생략할 수도 있다. 또한, 1단계는 집단면담 형식의 분류체계분석/성분분석을 하여 조건을 찾는 것

7) 이 절의 내용은 필자(2016a)의 "결정표를 활용한 집단면담과 설문조사 방법 개발 실행연구"(비교문화연구, 22(1), pp.345-393)를 바탕으로 작성되었다.

이 효율적이지만, 참여관찰이나 면담결과로부터 조건을 찾을 수도 있다. 2단계 역시 집단면담 형식으로 진행하는 것이 효율적이지만, 여러 차례의 개별 면담으로 대치할 수도 있다. 여기에서는 이러한 과정을 세 부분으로 나누어서 살펴보도록 한다.

1. 분류체계+성분분석을 결정표분석과 연계하기

분류체계+성분분석에서는 '등급질문'을 활용하여 사람들이 무엇인가를 선택하거나 결정하는 데 있어서 중요하게 고려한다고 인식하는 조건들의 순위를 발견할 수 있다. 그러나 앞서 제7장의 '사전 면담과 동행구매 참여관찰 결과 비교' 사례에서 살펴보았듯이 이 순위가 실제 구매과정에서 그대로 나타나지 않는 경우가 많다. 사람들의 행동을 직접 관찰할 수 있다면 실제 결정과정에서의 행동을 가장 잘 알 수 있겠지만, 관찰이 항상 가능한 것은 아니다. 면담만 할 수 있을 때 사람들이 어떻게 여러 선택 대안 중 하나를 선택하는지 체계적으로 알아보는 데 유용한 결정표분석을 활용하면, 실제 행동에서의 선택에 좀 더 가까운 순위를 찾을 수 있다. 모든 경우의 수를 살펴보면서 가장 중시하는 조건은 무엇인지를 찾게 하기 때문이다.

결정표를 만들 때는 정보제공자가 무엇인가 선택/결정할 때 고려하는 조건들과 행동대안들을 찾는 작업부터 시작하는데, 이때 '대체질문'에 이어지는 '등급질문' 결과 최상위로 나타난 조건들을 고려 조건으로 이용하는 것이 효율적이다. 최상위 조건 3~4개를 가지고 결정표분석을 해서 정보제공자가 각 경우(조건이 3개면 여덟 가지, 조건이 4개면 열여섯 가지)에 어떤 행동 대안을 선택하는지 알아보는 것이다. 결정표에서 같은 행동 대안이 여러 번 체크가 된다면, 일부 불필요하거나 덜 중요한 조건을 축약시킨 '축약한 결정표'를 만들 수 있다. 중요한 고려사항(조건)일수록 축약이 잘 안 되기 때문에 결정표를 가능한 데까지 축약시켜 보는 것은 어느 조건이 더 중요하고 덜 중요한지에 대해서 알아볼 수 있는 좋은 방법이 된다(자세한 내용은 제3장 참조).

2. 다수의 결정표 통합분석 결과를 토대로 집단면담용 질문지 만들기

여기에서는 소비자들이 '편의점/마트에서 디저트를 구매할 때의 결정' 사례를 가지고 집단면담용 질문지를 개발한 과정을 제시한다. 이 문항은 실행학습(action learning) 방식으로 운영하는 "신제품마케팅 에스노그라피" 수업에서 수강생들과 함께 개발했다.

1) 분류체계+성분분석을 하여 결정표에 들어갈 조건 찾기

우선 "내가 디저트를 선택할 때 고려하는 것에는 (　　　)이(가) 있다."라는 문장을 만들어서, 수강생들이 괄호 안에 들어갈 수 있는 고려사항들을 모두 적도록 한 후에 각 고려사항을 세분할 수 있으면 세분하도록 했다. 다음에는 이 고려사항들을 비슷한 것끼리 몇 개의 묶음으로 묶어 주도록 하는 방법으로(대조집합분류질문) '디저트 구매 시 고려사항'의 분류체계표를 만들게 했다. 분류체계표의 오른쪽에는 성분분석을 위한 칸을 만들고, '편의점/마트에서 구매할 때의 중요한 순서'와 '백화점/디저트 전문점에서 구매할 때 중요한 순서'를 정하여 표에 번호를 적도록 하였다. 〈표 8-7〉은 여대생 E의 분류체계+성분분석표 사례다.

〈표 8-7〉 여대생 E의 '디저트 구매 시 고려사항'의 유형 분류체계+성분분석표

분류체계분석 결과			성분분석(등급질문) 결과	
1단계 분류	2단계 분류	3단계 분류	편의점/마트에서 구매할 때 중요한 순서	백화점/디저트 전문점에서 구매할 때 중요한 순서
디저트 관련 사항	눈으로 확인이 가능한 사항	크기	8	8
		비주얼	6	5
		가격	4	2
	눈으로 확인이 불가능한 사항	맛	3	3
		인지도	7	1
구매자 관련 사항	나의 상황	구매 시간	2	6
		배고픔 정도	1	9
		전에 먹어 본 경험의 유무	5	7
	나 이외의 상황	동행인의 입맛	9	4

이와 같은 방식으로 13명의 분류체계+성분분석 결과를 통합적으로 분석하여 다음의 발견을 했다.

① 수강생마다 고려사항의 리스트는 달랐지만, 거의 빠지지 않고 등장하는 것은 '맛'과 '가격'이었으며, 순위도 높은 편이었다.

② 사전에는 예상하지 못했던 것으로서, 13명 중 10명이나 '나의 상황' 특히 '배고픔 정도'를 포함시켰다. 편의점에서의 구매의 경우에는 이에 1순위를 부여하는 경우가 6명이나 되었다.
③ '편리함(위치, 거리, 사기 편함 등)'과 '디저트/포장의 아름다움(비주얼)'도 앞의 세 가지만은 못 하지만 상당히 많이 포함되었다.
④ 편의점/마트에서 구매할 때와 백화점/디저트 전문점에서 구매할 때의 중요한 순서는 매우 다르게 나타났다. 예를 들어, 〈표 8-7〉에서 보듯이, 여대생 E의 경우 편의점에서는 1위의 중요도를 갖는 '배고픔 정도'가 백화점/디저트 전문점에서는 9위로 가장 덜 중요한 고려사항이었으며, 백화점/디저트 전문점에서 구매 시에 가장 중요한 '인지도'는 편의점에서는 하위 순위인 7위였다. 이는 다른 수강생들의 결정표에도 비슷하게 나타났다.

이로부터 결정표분석을 할 때 편의점/마트용 결정표와 백화점/디저트 전문점용 결정표를 따로 만들 필요가 있다는 시사점을 얻었다. 또한, 모든 경우에 높은 순위로 포함되는 '맛이 있는가?'와 '양과 질 대비 가격이 적절한가?'라는 고려 조건은 두 가지의 결정표에 모두 포함하기로 하는 한편, 제3의 고려 조건으로는 편의점/마트용 결정표에는 '배가 고픈가?'를 포함하고, 백화점/디저트 전문점용 결정표에는 '인지도가 있는가?'를 포함하기로 했다.

이렇게 해서 3개의 조건이 결정되었으므로 결정표에는 1개의 조건만 더 포함할 수 있게 되었다. 비교적 순위가 높은 조건으로는 '구매가 편리한가?'와 '디저트/포장이 아름다운가?'의 2개가 남았으므로 이 중 하나를 선택해야만 했다. 수강생들의 의견 수렴 결과 '편의점'이라는 이름에는 이미 '편리하다'라는 의미가 들어있으므로 '디저트의 포장이 아름다운가?'를 포함하기로 했다. 디저트 전문점의 경우에는 디저트 자체의 새로운 스타일의 모양이나 아름다움이 중시된다는 점에서 '디저트 포장의 아름다움' 대신 '디저트 모양의 아름다움'을 포함하기로 했다.

2) 결정표를 만들어서 집단면담 형식으로 정보제공자들이 답하도록 하기

다음 단계에서는 분류체계+성분분석 결과 선정한 네 가지 조건을 가지고 행동 대안이 비어 있는 결정표를 만들었다. 행동 대안 칸에는 각각 '경우 1'에서 '경우 16'까지 어떤 행동을 할지 생각나는 대로 하나씩 적어 넣도록 하였다. 또한, '해당하는 행동' 칸에 체크를 한 후 축약한 결정표도 만들도록 하였다. 〈표 8-8〉은 여대생 F의 편의점에서의 디저트 구매 시 결정표와 축약한 결정표의 사례다. 조건이 4개인 이 결정표에서 '경우 1+3', '경우 2+4', '경우 11+12'와 같이 조건 3개가 똑같으면 같은 행동 대안을 선택할 때, 2개씩 통합할 수 있다. 남은 1개의 조건이 '○'이든 '×'이든 상관없기 때문이며, 이는 남은 1개의 조건이 '축약'되어 버린다는 의미라서 '–'로 표시했다. 한편 '경우 5~8'과 '경우 13~16'은 조건 2가 '×'이기만 하면 다른 3개 조건은 '○'이건 '×'이건 상관없이 '사지 않는다.'라는 행동 대안을 선택한다. 이런 경우 총 8개 항목(경우)이 한꺼번에 통합될 수 있다. 이는 남은 3개의 조건이 '축약'되어 버린다는 의미라서 '–'로 표시했다.

〈표 8-8〉 여대생 F의 '편의점에서의 디저트 구매' 결정표와 축약한 결정표

항목	조건의 조합	경우 1	경우 2	경우 3	경우 4	경우 5	경우 6	경우 7	경우 8	경우 9	경우 10	경우 11	경우 12	경우 13	경우 14	경우 15	경우 16	경우 1+3	경우 2+4	경우 5~8, 13~16	경우 11+12	경우 9	경우 10
조건	1. 맛이 있는가?	○	○	○	○	○	○	○	○	×	×	×	×	×	×	×	×	○	○	–	×	×	×
	2. 질과 양 대비 가격이 적절한가?	○	○	○	○	×	×	×	×	○	○	○	○	×	×	×	×	○	○	×	○	○	○
	3. 디저트 포장이 아름다운가?	○	○	×	×	○	○	×	×	○	○	×	×	○	○	×	×	–	–	–	×	○	○
	4. 나의 상태 (배가 고픈가?)	○	×	○	×	○	×	○	×	○	×	○	×	○	×	○	×	○	×	–	–	○	×
행동 대안	1. 사 먹는다.	✓		✓								✓	✓					✓			✓		
	2. 사놓는다.		✓		✓														✓				
	3. 고려한다.									✓												✓	
	4. 사지 않는다.					✓	✓	✓	✓		✓			✓	✓	✓	✓			✓			✓

이 표의 '축약한 결정표' 부분으로부터 여대생 F가 '가격'을 한 번도 축약시키지 않을 만큼 가장 중시하고 있으며, 다음으로는 한 번만 축약된 '맛'을 중시함을 알 수 있다. '나의 상태'와 '포장의 아름다움' 중에서는 두 번만 축약된 '나의 상태'를 더 중시한다.

3) 모든 참여자의 축약한 결정표로부터 조건별 축약횟수 합산하기('불필요한 조건 축약' 결과로 조건들의 중요성 비교하기)

다음 단계에서는 13명의 '축약된 결정표'에서 고려 조건별 축약횟수를 합산하여 조건들의 중요한 순서를 알아보았다. 편의점과 백화점/디저트 전문점에서의 '디저트 구매 고려사항' 결정표 각각 13개씩을 종합한 결과를 〈표 8-9〉에 제시했다. 이 표에는 '축약횟수'와 '축약을 안 시킨 수강생의 수'가 있는데, 축약을 시킨 횟수가 '적을수록', 그리고 축약을 안 시킨 수강생의 수가 '많을수록' 중요한 조건이다. '축약을 안 시킨 수강생 수'는 가중치가 없이 각 조건을 전혀 축약시키지 않은 수강생이 몇 명인지만 알아보는 것이고, '축약횟수 계'는 한 조건을 얼마나 여러 차례 축약시키는가도 반영하므로 일종의 가중치를 두는 방법이다.

〈표 8-9〉 '여대생들의 편의점/디저트 전문점 디저트 구매 시 고려사항' 결정표분석 종합 결과

편의점에서의 디저트 구매 시 고려사항			디저트 전문점/백화점에서의 구매 시 고려사항		
조건(고려사항)	축약횟수 계	축약 안 시킨 수강생의 수	조건(고려사항)	축약횟수 계	축약 안 시킨 수강생의 수
1. 맛이 있는가?	10회(14.3%)	4명(30.8%)	1. 맛이 있는가?	5회(7.5%)	6명(46.2%)
2. 질과 양 대비 가격	16회(22.9%)	4명(30.8%)	2. 질과 양 대비 가격	15회(22.4%)	2명(15.4%)
3. 포장이 아름다운가?	31회(44.3%)	0명(0.0%)	3. 디저트 모양이 아름다운가?	31회(46.3%)	1명(7.7%)
4. 나의 상태 (배가 고픈가?)	13회(18.6%)	5명(38.5%)	4. 인지도가 있는가?	16회(23.9%)	5명(38.5%)
총계	70회(100%)	13명(100%)	총계	67회(100%)	13명(100%)

〈표 8-9〉를 보면, 편의점에서의 디저트 구매의 경우 축약이 가장 적게 된 조건, 즉 제일 중요한 조건은 '맛이 있는가?'이고(10회 축약), 두 번째는 '나의 상태(배가 고픈가?)'(13회 축약), 세 번째는 '가격'(16회 축약)으로 나타났다. 가장 축약횟수가 많은 '디저트의 포장이 아름다운가?'(31회 축약)가 가장 덜 중요한 조건이었으며, 다른 조건들에 비해 중요성이 현저하게 낮았다. 한편, '축약을 안 시킨 참여자의 수'를 보면 '나의 상태'가 5회로 맛이나 가격의 4명보다 많아서, 여대생들에게는 '나의 상태'가 '맛' 못지않게 중요한 조

건임을 알 수 있다. 가장 중요성이 떨어지는 조건은 '포장이 아름다운가'인데, 축약을 한 번도 하지 않은 수강생은 전혀 없었다.

한편, '조건 3'은 '디저트의 모양'으로 바꾸고 '조건 4'는 '인지도'로 바꾸어서 조사한 '디저트 전문점/백화점에서의 디저트 구매'의 경우, 편의점보다 '맛'의 중요성이 커졌다. 디저트 전문점/백화점에서의 디저트 구매 시에는 전체 축약횟수 67회 중 '맛'의 축약횟수(5회)의 비율이 7.5%밖에 안 될 정도로 낮고, 축약을 한 번도 안 시킨 비율은 46.2%나 되어서, 압도적 1위의 중요한 조건이었다. 그 뒤로 '인지도'와 '가격'이 따르는데, 축약횟수만 보면 1회 차이로 비슷하지만, 축약을 전혀 시키지 않은 수강생이 '인지도' 쪽이 더 많다는 점에서(5명 : 2명) 인지도가 약간 더 중요하게 고려된다고 볼 수 있다. 한편, '디저트 전문점/백화점'에서는 '디저트의 모양'이 매우 중시될 것이라는 예상과는 달리 31회(46.3%)나 축약되었고, 단 1명만이(7.7%) 전혀 축약하지 않았다. 이는 경제력이 약한 여대생들은 '가격'을 중시하고 또한 맛에 있어서 실패하는 일을 막아 주는 '인지도'도 매우 중시하므로, 하나를 희생한다면 '디저트의 아름다움'이라고 해석할 수 있다.

3. 집단면담에서의 결정표분석 결과를 토대로 설문조사용 결정표 문항 개발하기

앞에서 개발과정을 살펴본 집단면담용 결정표 문항은 이후 다음과 같은 단계를 거쳐서 설문조사용 조사표로 발전하였으며, 산학협력 연구비를 지원한 기업체와 협동하여 진행한 설문조사에 실제로 포함되었다.

1) 디저트 구매과정 참여관찰/면담결과를 토대로 결정표의 조건들을 설문조사용으로 수정하기

편의점이나 마트에서 디저트를 구매하면서 참여관찰과 면담을 한 결과인 수강생 보고서를 반영하여, 설문조사용 결정표의 조건 4개 중 3개는 다음과 같이 수정하게 되었다.

첫째, '디저트의 포장'과 관련해서는 미적인 측면도 중요하지만 포장이 뜯기 편한가도 중시됨을 발견했다. 따라서 이 두 가지가 다 포함되도록 조건 3을 '디저트의 포장이 마음에 드는가?'로 바꾸었다. 이는 '포장의 아름다움'만으로는 다른 조건들보다 중요도가 낮아서 결정표분석까지 해보는 의미가 적다는 문제도 극복하는 효과가 있다고 생각한 것이다.

둘째, 디저트의 맛과 관련해서 아직 사 먹어 보지 않은 디저트를 구매할 때는 맛있는지를 미리 알지 못하지만, 다른 곳에서 맛있다고 들었기 때문에 구매하는 경우가 많음을 발견했다. 따라서 조건 1은 "디저트가 맛이 있거나 맛있다고 알려졌는가?"로 바꾸었다.

셋째, '나의 상태'와 관련해서는 '배고픈가?'만이 아니라 '당이 당기는가?'도 구매 결정에 중요한 요인임을 발견했다. 이에 조건 4는 '내가 배고프거나 당이 당기는가?'로 바꾸었다.

2) 설문지 결정표 문항을 만들어 예비조사를 거쳐 수정하기

이 조건들과 3개 항목으로 단순화한 '행동 대안'으로 예비조사용 설문지 결정표 문항을 〈표 8-10〉과 같이 만들었다. '편의점', '마트', '백화점 또는 디저트 전문점' 등 3개 유통채널 각각에 대해 답할 수 있도록 표의 가로/세로를 반대로 하고, 행동선택 체크 대신에 오른쪽에 '사 먹음(1)', '더 생각해 보고 결정함(2)', '사 먹지 않음(3)' 중 하나의 번호를 적게 구성한 것이다.

〈표 8-10〉 1차 예비조사에서 사용한 결정표 형태의 설문 문항

	〈조건 1〉 맛이 있거나 맛있다고 알려졌는가?	〈조건 2〉 질과 양 대비 가격이 적절한가?	〈조건 3〉 디저트의 포장이 마음에 드는가?	〈조건 4〉 배가 고프거나 당이 당기는가?	(1) 편의점에서 구매할 때 행동선택 (1, 2, 3)	(2) 마트에서 구매할 때 행동선택 (1, 2, 3)	(3) 백화점/디저트 전문점에서 구매할 때 행동선택 (1, 2, 3)
(1) 경우 1	○	○	○	○			
(2) 경우 2	○	○	○	×			
(3) 경우 3	○	○	×	○			
(4) 경우 4	○	○	×	×			
(5) 경우 5	○	×	○	○			
(6) 경우 6	○	×	○	×			
(7) 경우 7	○	×	×	○			
(8) 경우 8	○	×	×	×			
(9) 경우 9	×	○	○	○			
(10)경우 10	×	○	○	×			
(11)경우 11	×	○	×	○			
(12)경우 12	×	○	×	×			
(13)경우 13	×	×	○	○			
(14)경우 14	×	×	○	×			
(15)경우 15	×	×	×	○			
(16)경우 16	×	×	×	×			

그러나 1차 예비조사 참가자 4명에게 응답하면서 어려웠던 점이나 문항이 이상한 점도 기록해 달라고 부탁한 결과 이와 같은 답변 형식을 어렵게 생각함을 발견했다. 따라서 3개 유통채널별로 답을 얻는 것은 포기하기로 했다. 대신 마트와 편의점을 합쳐서 한 가지로만 조사하는 것으로 바꾸고, 다시 원래의 결정표 형식을 사용하기로 했다. 또한, 응답자들이 답변 요령을 혼동하는 일이 없도록 '사 먹지 않음'이라는 행동 대안을 선택할 것이 분명한 '경우 16'에는 미리 체크 표시를 해 놓았다.

다음에는 9명 대상으로 이루어진 2차 예비조사용 설문지에 포함된 수정된 문항을 제시했다. 이 문항에 대해서는 1명이 "약간 복잡하게 느껴지기는 했지만, 응답은 할 수 있었다"라는 점을 언급한 것 외에는 아무런 문제 제기가 없었다.

다음 표에는 **마트나 편의점에서 해당 디저트를 사 먹을지 여부를 결정할 때 흔히 고려하는 조건** 네 가지와 각 조건이 '○'(그렇다) 또는 '×'(아니다)인 열여섯 가지 조합이 제시되어 있습니다. 귀하라면 **각 경우에 '① 사 먹음, ② 더 생각해 보고 결정함, ③ 사 먹지 않음'의 세 가지 행동 대안 중 어느 것을 선택할지** 골라서 해당하는 칸에 **체크해** 주십시오. 예를 들어, 모든 조건이 '×'인 '경우 16'의 행동 대안은 **'사 먹지 않음'이므로 '행동 대안 3'에 체크를 하는 것입니다.** (마트나 편의점에서 디저트를 사 먹은 경험이 없어도 만약 그곳에서 사 먹는다면 어떻게 행동할지 생각해서 체크해 주시면 됩니다.)

〈표 8-11〉 마트나 편의점에서의 디저트 구매 결정에 대한 결정표(2치 예비조사용)

항목 \ 조건의 조합		경우 1	경우 2	경우 3	경우 4	경우 5	경우 6	경우 7	경우 8	경우 9	경우 10	경우 11	경우 12	경우 13	경우 14	경우 15	경우 16
조건	1. 맛이 있거나 맛있다고 알려졌는가?	○	○	○	○	○	○	○	○	×	×	×	×	×	×	×	×
	2. 질과 양 대비 가격이 적절한가?	○	○	○	○	×	×	×	×	○	○	○	○	×	×	×	×
	3. 포장이 맘에 드는가?	○	○	×	×	○	○	×	×	○	○	×	×	○	○	×	×
	4. 내가 배고프거나 당이 당기는가?	○	×	○	×	○	×	○	×	○	×	○	×	○	×	○	×
행동대안	1. 사 먹음																
	2. 더 생각해 보고 결정함																
	3. 사 먹지 않음																✓

이어서 연구방법 워크숍 참가자 대상으로 3차 예비조사를 했다. 이 문항이 포함된 간단한 조사지를 오자마자 나누어 주고, 가능하면 설명을 듣기 전에 미리 답을 해 보도록 했다. 이후 토론을 통해 문항에서 개선할 것이 있는지 알아본 결과, 답을 해 본 16명 모두 답변하기 어려운 것은 없었다고 했다. 다만 "'포장이 맘에 드는가?'가 '포장이 뜯기 편한가?'의 문제까지 포함한다고는 생각되지 않는다."라는 응답자가 있었다. 또한 "디저트의 모양도 중요할 수 있는데 포장에 대해서만 물어보는 것이 이상하게 느껴진다."라는 의견도 있었다.

이에 조건 3('포장이 맘에 드는가?')을 수정할 것인지 결정하기 위하여, 응답자 16명의 '축약한 결정표'를 만들어서 각 조건이 얼마나 축약되는지 합산해 보았다. 그 결과는 '조건 1(9회) → 조건 2(24회) → 조건 4(25회) → 조건 3(32회)'의 순서로 나타났다. 즉, '포장이 맘에 드는가?'는 가장 덜 중요한 조건이었으며, 집단면담 시 사용했던 '디저트의 포장이 아름다운가?'에 비해 다른 조건들과의 차이가 조금밖에 줄지 않았다. 따라서 본 설문조사를 위한 문항에서는 조건 3을 '디저트나 디저트의 포장이 아름다운가?'로 바꾸기로 했다.[8)]

3) 본설문조사 후 결과 분석하기

본설문조사에서는 표의 형식에도 변화가 생겼다. 320명 대상의 온라인 설문조사 운영을 의뢰한 조사회사의 담당자가 온라인 설문조사에 익숙한 응답자들이 답변하기 쉽도록 문항의 형식을 〈표 8-12〉와 같이 바꿀 것을 제안했기 때문이다. 4차 예비조사(직장인 4명 대상) 결과, 가로와 세로를 바꾸고 오른쪽의 1, 2, 3 중 하나를 체크하도록 한 설문지에도 별 어려움 없이 답할 수 있음을 발견했으므로 본조사는 〈표 8-12〉로 진행했다.

8) '포장이 뜯기 편한가?'도 중요한 조건이지만, 이 모두를 하나의 조건에 다 넣을 수 없어서 '포장이 뜯기 편한가?'는 포기하고 '디저트와 디저트 포장의 아름다움'만 조사하기로 한 것이다.

〈표 8-12〉 실제 온라인 설문조사에서 사용한 결정표 형태의 설문 문항

	〈조건 1〉 맛이 있거나 맛있다고 알려졌는가?	〈조건 2〉 질과 양 대비 가격이 적절한가?	〈조건 3〉 디저트나 포장이 아름다운가?	〈조건 4〉 배고프거나 당이 당기는가?	F1. 편의점 또는 대형 할인마트/슈퍼마켓 구매 시 행동 대안		
					구매함	더 생각해 보고 결정함	구매하지 않음
(1) 경우 1	○	○	○	○	1	2	3
(2) 경우 2	○	○	○	×	1	2	3
(3) 경우 3	○	○	×	○	1	2	3
(4) 경우 4	○	○	×	×	1	2	3
(5) 경우 5	○	×	○	○	1	2	3
(6) 경우 6	○	×	○	×	1	2	3
(7) 경우 7	○	×	×	○	1	2	3
(8) 경우 8	○	×	×	×	1	2	3
(9) 경우 9	×	○	○	○	1	2	3
(10) 경우 10	×	○	○	×	1	2	3
(11) 경우 11	×	○	×	○	1	2	3
(12) 경우 12	×	○	×	×	1	2	3
(13) 경우 13	×	×	○	○	1	2	3
(14) 경우 14	×	×	○	×	1	2	3
(15) 경우 15	×	×	×	○	1	2	3
(16) 경우 16	×	×	×	×	1	2	3

이와 같은 연구 진행 결과로부터 결정표 활용 설문지는 〈표 8-11〉과 〈표 8-12〉 중 어느 것을 사용해도 좋다는 결론을 내렸다. 상황에 따라 알맞은 것을 선택하면 될 것이다. 다만 〈표 8-12〉를 사용하면 분석단계를 하나 더 거쳐야 한다는 점은 염두에 둘 필요가 있다. 응답 내용을 다시 〈표 8-11〉 형식의 결정표에 입력해야 '축약한 결정표'를 만들기 쉽기 때문이다.

4) 설문조사 결과의 분석: 집단별 축약횟수 합산과 비교

설문조사 결과분석을 위해 320명의 응답 결과를 각각 한 장의 결정표+축약표(〈표 8-11〉 형식)에 입력하여 축약하였다. 축약 결과를 집단별로 합산한 결과를 보면 (〈표

8-13〉) 대학생과 직장인/주부 사이에 흥미로운 차이가 나타나고 있다. 대학생은 남녀 모두 직장인/전업주부보다 '디저트나 디저트 포장이 아름다운가?'를 훨씬 덜 중시했다. 여대생과 남대생 모두 42%가 넘는 가장 많은 축약이 이 항목에서 나타난 것에 비해서, 여성 직장인과 전업주부는 각각 13.3%와 11.5%로, 이 항목이 가장 적게 축약되는(가장 중시하는) 조건이었다. 남성 직장인은 이보다는 많았지만 21.0%의 축약만이 이 항목에서 나타나, 남대생(42.2%)에 비하면 절반밖에 되지 않았다. 반면, '나의 상태가 배고프거나 당이 당기는가?'라는 조건은 거꾸로 대학생들이 다른 집단보다 훨씬 중시했다. 여대생은 26.1%의 축약만이 이 항목에서 나타난 것에 비해서 여성 직장인은 45.6%, 전업주부는 54.6%나 되는 약 2배 정도의 축약이 나타났다. 남대생의 축약도 29.6%로, 남성 직장인의 46.2%보다 훨씬 적었다.

〈표 8-13〉 결정표 조건별 축약횟수 합산결과 집단 간 비교

조건	여성			남성	
	대학생	직장인	전업주부	대학생	직장인
1. 맛있거나 맛있다고 알려져 있는가?	17회(8.2%)	66회(17.5%)	27회(14.1%)	16회(11.9%)	47회(13.9%)
2. 질과 양 대비 가격이 적절한가?	41회(19.8%)	89회(23.6%)	38회(19.8%)	22회(16.3%)	64회(18.9%)
3. 디저트나 디저트의 포장이 아름다운가?	95회(45.9%)	50회(13.3%)	22회(11.5%)	57회(42.2%)	71회(21.0%)
4. 나의 상태가 배고프거나 당이 당기는가?	54회(26.1%)	172회(45.6%)	105회(54.6%)	40회(29.6%)	156회(46.2%)
계	207회(100%)	377회(100%)	192회(100%)	135회(100%)	338회(100%)

대학생들이 다른 집단과 달리 '나의 상태'도 매우 중시하는 이유로는 아무 때나 식사를 할 수 있는 전업주부나 그렇지는 않지만 충분한 점심시간은 보장되는 직장인에 비해 정해진 점심시간이 따로 없는 대학생들에게 디저트는 '배를 채운다'는 의미가 있을 수 있다는 점이 논의되었다. 이외에도 여러 가지 원인을 찾아야겠지만, 앞의 결과는 대학생들을 위한 디저트 판매 전략과 직장인/전업주부를 위한 디저트 판매 전략이 달라야 함을 보여 준다.

3. 집단 내의 경향성 분석과 집단 간의 경향성 비교에 사용될 수 있는 결정표분석

앞에서는 결정표를 활용하여 수십 명의 연구 참여자를 대상으로 집단면담을 한 후 결정표를 축약하여 통합적으로 분석하는 방법과 이 분석 결과를 토대로 설문조사 문항을 만드는 방법을 소개했다. 이는 그동안 개별적인 심층면담 분석용으로 주로 사용되던 결정표를 활용한 통합적 분석(질적+양적 분석)이 가능하게 되었다는 의미다. 특히 주로 흐름도를 만드는 데 사용하던 '축약한 결정표(축약표)'를 여러 명의 조건별 축약횟수의 합산을 하는 데 활용하는 경우, 고려하는 조건들의 중요성 순위를 알아볼 수 있다. 다른 방법으로 분석했을 때에는 모두 비슷하게 중요해 보이던 조건들도 이 방법을 적용했을 때는 중요도에 상당한 차이가 있음이 발견되는 경우가 많았다. 다시 말해서, 결정표는 집단 내의 경향성 분석이나 집단 간의 경향성 비교에 모두 사용될 수 있다.

특히 '복잡한 선택과정의 이해'가 필요한 경우 결정표를 활용하면 연구결과는 크게 달라질 수 있으며, 그렇지 않더라도 결정표 활용을 통해서 부분적으로라도 유용한 자료를 얻을 수 있다. 우리의 삶에는 구매과정에서의 선택만이 아니라 수업/학습 방법의 선택, 조직 운영/경영 방식의 선택, 투자를 위한 선택, 진로 선택, 결혼/육아와 관련된 선택, 여행지나 식당의 선택 등 복잡한 선택과정을 거치는 결정을 해야 하는 상황이 많이 있다. 또한, 기술의 발전으로 사람들의 삶에 있어서 선택이 필요한 일이 계속 늘어나고 있다. 따라서 결정표를 활용한 분석은 다양한 학문 분야에서 더욱 중요한 역할을 할 수 있을 것이다.

다만 여기에서 살펴본 분석방법은 축약횟수별 가중치까지 염두에 두면서 일반 설문조사로는 알기 어려운 흥미 있는 결과를 얻을 수 있다는 장점이 있는 대신, 각 응답자의 조건 축약횟수를 일일이 계산해야 하므로 분석시간이 상당히 걸린다는 어려운 점이 있다. 따라서 분석시간을 줄이고자 한다면, 가중치를 주는 것은 포기하는 대신 보다 쉽게 분석표를 얻는 방법을 사용할 수도 있다. 결정표 활용 설문조사 결과를 결정표 행동대안 칸에 단순히 합산하여 제시함으로써, 각 조건의 중요성을 간단히 비교하는 것이다(자세한 내용은 제3장 참조).

09 동기/이유에 대한 수십 명과의 면담결과 통합과 연구결과 종합논의에 활용 가능한 원인연쇄분석

원인연쇄분석에서 같은 주제에 대한 여러 명과의 면담내용을 통합적인 '원인연쇄도형'으로 제시하는 방법에는 두 가지가 있다. 첫째, 수십 명의 인식이 표면적 원인단계에서는 다양해 보이지만 '심층 원인' 단계에서 1~2개의 중요한 원인으로 모일 때는 하나의 통합적 도형으로 제시하는 것이 가능하다. 세부적 차이에 대한 비교가 중요하지 않기 때문이다. 둘째, 여러 명과의 면담결과가 하나의 심층 원인으로 모이지 않을 때는 대신에 다양한 1차 원인(직접적 원인)을 제시한 경우가 각각 몇 명인지 제시해서 어떤 원인이 더 중시되는지를 비교할 수 있다. 이 장에서는 이 두 가지 방법을 실제 연구사례 중심으로 소개한다. 이와 함께 논문의 결론부분에서 원인연쇄도형을 활용하여 연구결과를 종합적으로 논의하는 사례도 소개한다.

Ⅰ 한두 개의 중요한 심층 원인만 있을 때의 통합적 원인연쇄도형

수십 명과의 면담내용을 통합하여 제시하는 원인연쇄분석에서는 특정 현상의 직접적 원인의 숫자가 많아지는 경향이 있다. 1명이 2~3개씩만 이야기했어도 이를 합치면 10개가 넘는 원인이 도출될 수 있기 때문이다. 그러나 각자가 이야기한 직접적 원인에 대해서 계속 그 원인을 찾아가다 보면 모두 같은 '심층 원인(근본 원인)'으로 수렴되기도 한다. 이러한 발견을 한다는 것은 그만큼 핵심적인 심층 원인이 존재한다는 것을 의미한다. 이 절에서는 많은 수의 직접적 원인에서 출발하여 다시 그 원인과 원인의 원인을 질문해 나가면서 최종적으로는 단 한 개의 중요한 심층 원인을 발견한 사례를 두 가지 살펴본다.

1. 미국 교사들의 '동아시아계 미국 학생의 학업성취'에 대한 인식 분석

'미국의 동아시아계 학생들은 왜 학업성취 수준이 높은가?'를 주제로 한 필자의 박사학위 논문(Lee, 1984; 1987)에서는 참여관찰과 교사/학생/학부모면담을 했는데, 이 중 교사는 16명이었다. 교사들과는 개별 면담을 하면서, 우선 담당 학생 중 모든 동아시아계 학생과 앵글로계 백인(서유럽이나 북유럽 출신) 학생 각각의 성취수준은 5단계 중 어느 정도인지 질문했다. 동아시아계는 대부분 4~5단계에 해당하고, 앵글로계는 2~4단계로 폭넓게 분포되었다는 답을 얻었으므로, "그렇다면 동아시아계 학생들의 학업성취는 상당히 높은 편이라고 할 수 있겠네요?"라고 확인 질문을 하자 모두 긍정했다.

여기에서 출발해, "동아시아계 학생들의 성취수준이 높은 이유는 무엇일까요?"라고 질문하자, 교사들은 직접적 원인을 각각 2~4개씩 총 열한 가지 제시했다([그림 9-1] 참조). 다음 단계로는 각 교사가 언급한 직접적 원인 하나하나에 대해서 다시 그 원인을 질문했다. 예를 들어, "동아시아계 학생들은 자기 수양이 잘 되어 있기 때문이지요."라고 답했다면, 후속질문으로 "동아시아계 학생들이 자기 수양이 잘 되어 있는 이유는 무엇일까요?"라고 질문한 것이다. 이렇게 직접적 원인 각각에 대해 다시 원인을 질문한 결과 놀랍도록 일치하는 답을 얻었다. "동아시아계 학생들의 가족은~"이나 "그들의 부모는~"으로 시작하여, "교육에 높은 가치를 두고 있다." "엄격한 규율을 따른다." "높은 기준을 갖고 있다." "적절한 관심이 있다." 중 하나로 문장을 끝낸 것이다. 따라서 이를 통합해 "가족 요인들"이라고 묶어 제시했다.

여기에서 질문을 끝낼 수도 있었겠지만, 더 심층적인 원인이 있는지 확인하고 싶었기 때문에 "동아시아계 학생들의 가족이 교육에 높은 가치를 두는 이유는 무엇일까요?"와 같은 식으로 각 교사의 응답 내용에서 출발하는 후속질문을 했다. 그러자 모든 교사는 또다시 놀랍도록 일치하는 답변을 했다. "그들의 문화는 교육에서 보상을 찾기 때문이지요" 또는 "그들은 존경에 바탕을 둔 문화권 출신이기 때문이지요." 중 하나로 답한 것이다. 따라서 이를 합쳐서 "문화(문화요인)"라는 제목으로 묶었다.

[그림 9-1]에 제시한 원인연쇄도형은 16명의 교사 모두가 동아시아계 학생들의 높은 학업성취의 중간 원인으로는 이들의 '가족 요인' 하나만을 들고, 심층 원인 역시 동아시아계 가족들이 공유하는 '문화 요인' 하나로 돌린다는 것을 한눈에 보여 준다. 이러한 인

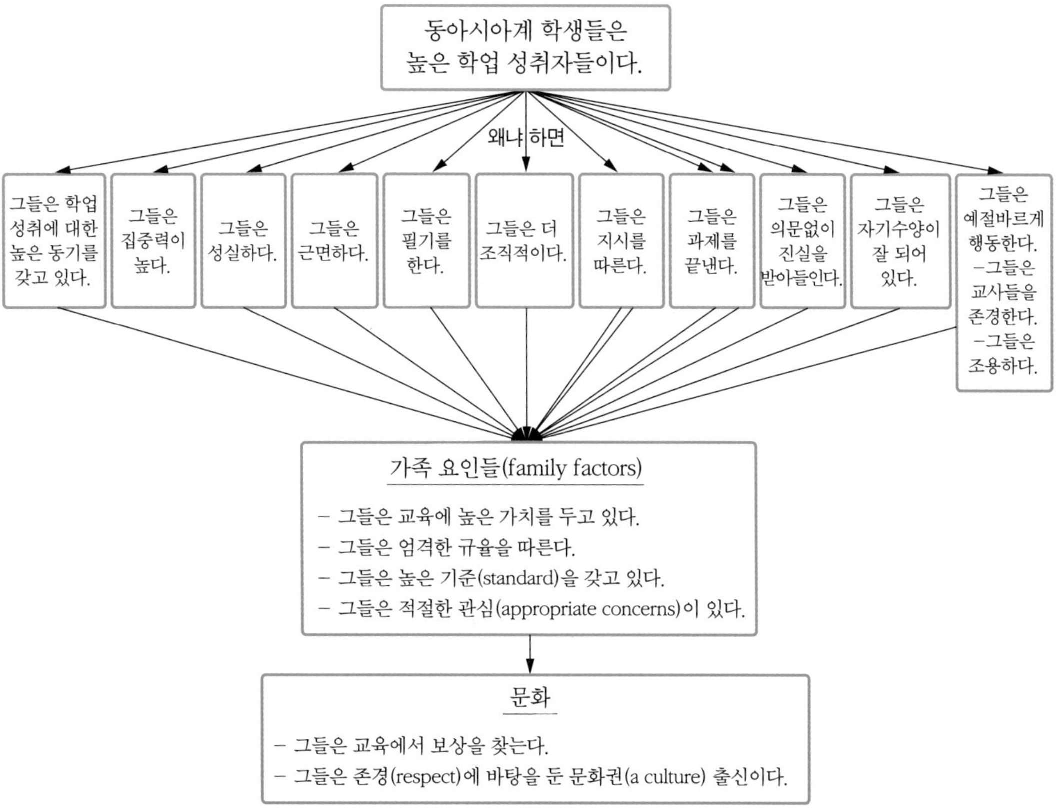

[그림 9-1] **'동아시아계 학생들의 학업성취가 높은 이유'에 대한 미국 교사들의 인식 원인연쇄도형**

*출처: Lee (1987), p.149.

식에 어떤 의미가 있는지는 사회구조적 분석 결과와 연계하여 논의되었다. 미국 센서스자료분석, 문헌분석, 학부모면담 등을 통해서 찾은 '높은 학업성취'의 또 다른 주요 원인은 '미국에 존재하는 동아시아계에 대한 차별을 극복하는 가장 좋은 수단이 공부'라는 점이었다. 그런데도 교사들이 '사회구조적 요인'은 전혀 인식하지 않고 있었던 것은 미국의 매스컴에서 당시 인구의 2%에 불과했던 아시아계의 경제적 · 교육적 성취를 여러 차례 강조한 것과 관련이 있음을 발견했다. 즉, 상층의 유럽계와 하층의 소수민족들 사이의 중간집단 소수민족(middleman minority)으로서의 '모델 소수민족' 신화를 만들어서 인구가 훨씬 많은 아프리카계나 히스패닉의 낮은 성취를 '자기 책임'으로 돌리는 데에 이용하고 있다는 점이 논의되었다.

2. '셀프기프트 소비 행동의 동기에 대한 인식' 분석

이수현, 이유재(2013)의[1] "나를 위한 선물: 셀프기프트(Self-Gift) 소비행동에 대한 정성적 연구"에서는 셀프기프트 행동이 어떤 요인들과의 상호작용으로 이루어지는지 알기 위해 원인연쇄분석을 사용했다. 20~50대 남녀 55명과 1~3차 진행한 심층면담과 5명 대상 동반쇼핑 참여관찰 결과를 통합적 원인연쇄도형으로 나타낸 [그림 9-2]를 보면, 셀프기프트의 동기들(직접적 원인)은 중간단계의 원인을 거쳐서 "나는 소중하다."라는 심층 원인으로 수렴되고 있다.

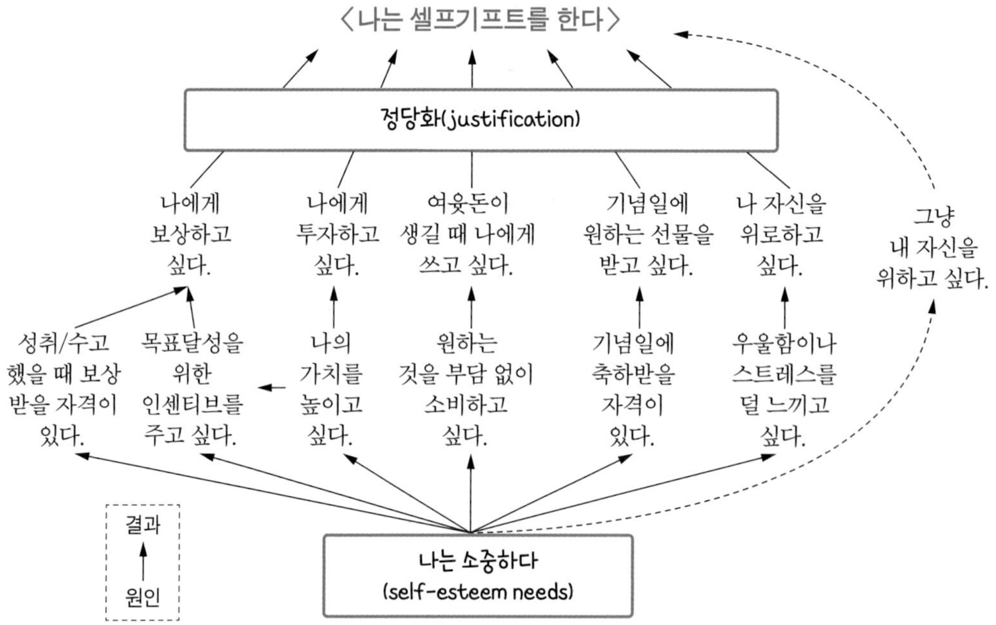

[그림 9-2] 셀프기프트의 동기 및 원인연쇄분석

*출처: 이수현, 이유재(2013), p.137.

[그림 9-2]는 Werner와 Schoepfle(1987)과 필자의 선행연구(2012a)에서 소개한 원인연쇄도형을 개선한 것으로, 직접적 원인 중 묶을 수 있는 것들에 대해서는 묶음의 제목의 테두리를 네모로 둘러서 화살표 중간에 제시하는 방법을 사용했다. 다섯 가지의 동

1) 이수현 교수는 박사과정 시절 필자가 운영한 "마케팅 에스노그라피 과정"에 2회 참여한 이후, 분류체계+성분분석이나 원인연쇄분석을 사용한 논문들을 게재했다. 원인연쇄도형의 표현 방식을 개선해 주신 이유재 교수와 이수현 교수께 감사드린다.

기(직접적 원인)들이 '정당화'라는 이름으로 묶인 것이다. [그림 9-2]를 토대로 연구자들은 '셀프기프트를 하는 동기(이유)'에 대해 다음과 같은 해석을 제시했다(이수현, 이유재, 2013, pp.15-17).

> 셀프기프트는 인간의 '내적인 존경 욕구' 중 하나인 '자기존중 욕구(self-esteem needs)'의 한 표현이라고 볼 수 있다. '스스로를 소중히 하고 싶다'는 자기존중의 욕구가 보상, 투자, 여윳돈, 기념일, 위로 등 선물을 받을 자격이 있다고 생각되는 상황에서 스스로에게 선물을 주는 행동을 하는 데 영향을 미친다고 볼 수 있다. 여기에서 스스로에게 잘해 주는 방법으로서 단순히 소비를 하는 것이 아니라 '셀프기프트'를 한다는 것은, 자신의 소비행동을 정당화하고 싶기 때문이다. 즉, 소비자는 부정적 감정을 해소하기 위한 자기합리화의 수단으로 자신의 소비를 셀프기프트로 포장하여 정당화한다.
>
> 소비자에게 '나는 소중하다'는 인식이 있다고 해도 스스로가 납득하지 못하면 원하는 소비를 마음 편하게 할 수 없다. 즉, 죄책감이 없어야 마음 편하게 소비를 할 수 있는 것이다. 그런데 셀프기프트 품목들은 주로 '평소의 나라면 사지 않았을 사치품'이나 '없어도 되지만 갖고 싶은 것들'이라는 점에서 쾌락적 속성을 갖고 있을 뿐만 아니라 일반적인 소비에 비해 상대적으로 고가인 경우가 많아서, 죄책감을 유발하기 쉬운 특징이 있다.
>
> 이는 소비자들이 '스스로를 소중히' 하고 싶어 하는 동시에 '합리적인 소비자'도 되고 싶은 욕구도 있다는 점과 연결된다. 나는 소중하니까 나에게 잘해 주고 싶고, 나를 위해 내가 원하는 것을 소비하는 것은 즐겁고 행복한 일이지만, 그렇다고 해서 죄책감을 느껴 가면서 스스로를 위해 돈을 쓰는 '비합리적 소비자'가 되고 싶지는 않은 것이다. 따라서 평소 하고 싶던 소비를 '셀프기프트'라는 명목으로 의미부여를 하게 되면 내 소비가 정당화되면서 죄책감을 줄일 수 있고, 자신이 합리적 소비자라는 자존심도 유지한 채 심적 부담 없이 소비할 수 있게 되는 것이다.

한편, [그림 9-2]는 셀프기프트를 하는 데 있어서 앞에서 언급한 '정당화 과정'이 필요치 않은 경우가 있음을 보여 준다. 가장 오른쪽의 점선 화살표가 이에 해당한다. "그냥 내 자신을 위해 옷을 선물했다." "그냥 달콤한 게 먹고 싶어서 케이크를 스스로에게 선물했다"와 같은 말에서 볼 수 있듯이, "나는 소중하니까 그냥 스스로에게 잘해주고 싶어서 스스로가 소비하고 싶은 것을 선물한다."라는 소비자들도 있는 것이다. 또한, 현재 상당한 수입이 있고 쾌락적 소비에 허용적인 가치관을 소유한 소비자의 경우 금전적으로 별 제약 없는 소비를 할 수 있으므로, "내가 원하는 걸 그냥 사면 되지 굳이 '선물'이라고 할 필요가 없다."라는 입장을 갖기도 했다.

[그림 9-2]에는 나타나지 않은 중요한 발견 중 하나는 "그냥 내 자신을 위하고 싶다."가 셀프기프트의 동기라는 소비자는 55명 중 10%도 안 되고, 90% 이상은 앞서 논의한 바와 같은 "정당화"의 동기가 있을 때만 셀프기프트를 하고 있었다는 점이다. 그러나 [그림 9-2]는 이러한 수치까지는 보여 주지 않았고, 본문에만 제시되어 있다. 예를 들어, "나에게 보상하고 싶다."가 셀프기프트의 동기로서 가장 많이(56.3%) 언급되었다는 사실을 앞서 제시한 도형으로는 알 수 없다. 만약 [그림 9-2]에서 직접적 원인(동기) 각각에 대해 이를 언급한 소비자들의 숫자나 비율까지 제시했다면, 이 그림만으로도 셀프기프트 확산 현상을 더 잘 이해할 수 있었을 것이다. 이처럼 '언급 수'까지 반영하는 원인연쇄도형의 사례는 다음 절에 제시한다.

II 하나의 심층 원인으로 모이지 않을 때의 통합적 원인연쇄도형

여러 명과의 면담결과가 하나의 심층 원인으로 모이지 않을 때도 주요 면담내용을 통합적인 원인연쇄도형으로 정리할 수 있다. '직접적 원인 각각을 언급한 사람의 수'를 각 항목 위나 아래에 제시함으로써 어떤 원인이 더 중시되는지 비교할 수 있기 때문이다. 이러한 사례로는 주미영(2013)이 25명과의 심층면담 결과를 통합한 '30대 여성 소비자들이 온라인 쇼핑을 즐기는 이유' 원인연쇄도형을 소개한다.[2] 주미영의 박사학위 논문에 포함된 [그림 9-3]은 세 가지 측면에서 '통합적 원인연쇄도형'을 더 보기 편하게 만든 것이다.[3]

첫째, 중간 원인의 단계나 심층 원인의 단계에 여러 화살표가 모이는 핵심 원인은 동그라미로 테두리를 둘러서 눈에 잘 뜨이도록 표시해 주었다. [그림 9-3]에서 테두리를 동그라미로 둘러준 3개의 핵심 원인 중 "다양한 상품이 있다."에는 6개, "상품 간 비교가 쉽다."와 "신상품을 빨리 접할 수 있다."에는 각각 4개씩의 화살표가 연결되어 있다.

둘째, 각 요인을 언급한 소비자의 수를 도형에 제시하였다. "30대 여성 소비자들이 온

2) 이 도형은 이 박사학위 논문을 토대로 한, 주미영, 김영인(2014)의 "온라인 쇼핑을 활용하는 30대 여성의 패션상품 구매 및 착장의 특성"(『복식』, 64(8), 1-19)에도 포함되었다.

3) 주미영 교수는 박사학위 논문(연세대학교 생활디자인학과)을 쓰는 시점에 "마케팅 에스노그라피 과정"(10주 프로그램)에 참여했다. 통합적 원인연쇄도형을 개선해 주신 유한대학교 패션디자인학과 주미영 교수께 감사드린다.

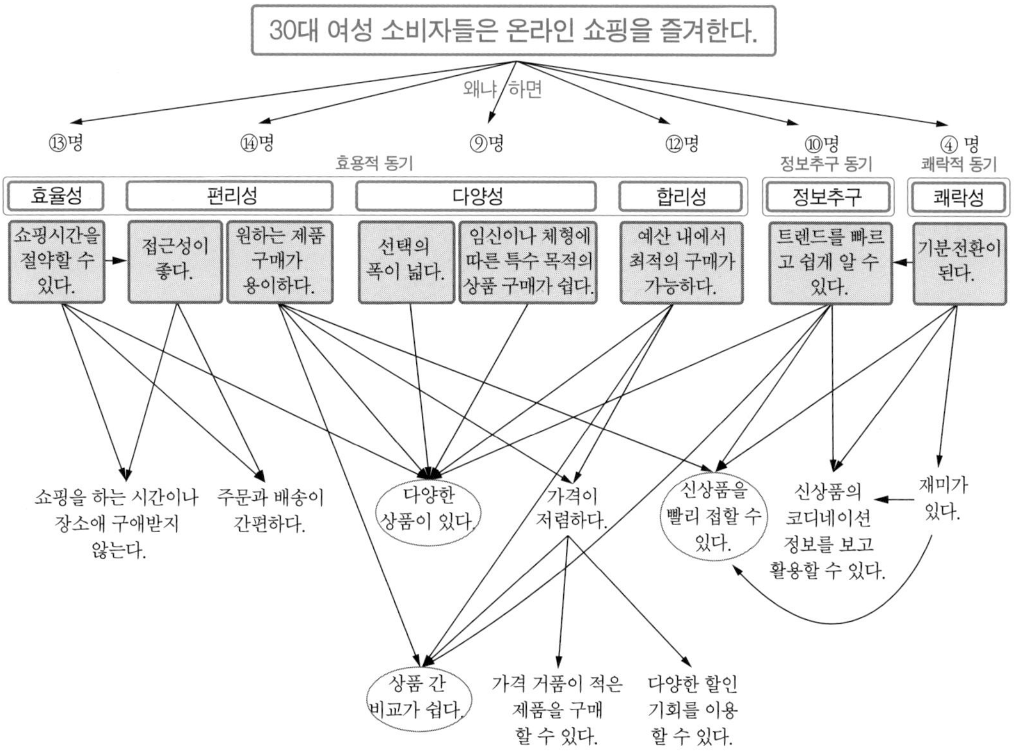

[그림 9-3] 30대 여성 소비자가 온라인 쇼핑을 즐기는 이유 원인연쇄도형

*출처: 주미영(2013), p.140.

라인 쇼핑을 즐겨 한다."의 직접적 원인 여덟 가지를 6개의 요인으로 묶으면서, 각 요인을 언급한 소비자의 수도 제시한 것이다. 우선 "접근성이 좋다."와 "원하는 제품 구매가 용이하다."는 '편리성'으로 묶고, "선택의 폭이 넓다."와 "임신이나 체형에 따른 특수 목적의 상품 구매가 쉽다."는 '다양성'으로 묶을 수 있었으므로, 직접적 원인의 위에 이 명칭을 제시했다. 또한, 묶이지 않은 직접적 원인에도 독자가 이해하기 편하도록 '효율성', '합리성', '정보추구', '쾌락성'과 같이 간략화한 명칭을 '편리성/다양성'과 같은 차원에 제시하였다. 그리고 '간략화한 명칭'의 위에 각 요인을 언급한 소비자의 수(13명, 14명 등)를 제시했다. 따라서 여섯 가지의 요인 중 어떤 것들이 더 많은 소비자가 언급한 것인지를 한눈에 볼 수 있다.

셋째, 6개 요인 중 효율성, 편리성, 다양성, 합리성은 다시 '효용적 동기'라는 이름으로 묶은 후 파란색 글씨와 테두리로 표시하였으며, 묶이지 않는 '정보추구'와 '쾌락성'은 각각 '정보추구 동기'와 '쾌락적 동기'라는 이름으로 '효용적 동기'와 같은 차원에 파란색 글씨로 제시하였다.[4] 즉 원인연쇄도형 안에 분류체계분석 결과까지 포함한 셈이다.

[그림 9-3]에 제시된 온라인 쇼핑의 동기들은 〈표 9-1〉과 같이 분류체계분석표로도 나타낼 수 있다. 이런 표로는 각 동기로부터 이어지는 심층 원인이나 인과관계까지는 나타내기 어려우므로 원인연쇄도형을 제시하는 것이다. 다만 원인연쇄도형이 지나치게 복잡하다면 〈표 9-1〉과 [그림 9-3]을 함께 제시하여 독자의 이해를 도울 수 있다.

〈표 9-1〉 '30대 여성 소비자들이 온라인 쇼핑을 하는 동기(직접적 원인)'의 분류체계분석표

대분류된 동기	중분류된 동기	소분류된 동기	언급한 소비자의 수
효용적 동기	효율성	쇼핑시간 절약	13
	편리성	접근성이 좋음	14
		원하는 제품 구매가 용이	
	다양성	선택의 폭이 넓음	9
		임신이나 체형에 따른 특수 목적 상품 구매가 쉬움	
	합리성	예산 내에서 최적의 구매가 가능	12
정보추구 동기	정보추구	트랜드를 빠르고 쉽게 알 수 있음	10
쾌락적 동기	쾌락성	기분전환이 됨	4

원인연쇄분석과 분류체계분석의 연계는 순서가 거꾸로 될 수도 있다. 먼저 분류체계분석을 하여 어떤 행동의 동기가 의미 있게 유형화된 경우에는 유형화된 동기들로부터 출발해서 원인연쇄분석을 해 나가는 것이다. 이처럼 원인연쇄분석이 분류체계분석과 연계될 수 있다는 것은 인지인류학 분석방법이 문화인류학만이 아니라 다양한 학문 분야에서 적용될 수 있다는 것을 의미한다. 예를 들어, 동기 분석에 두 가지 분석법을 함께 적용하는 경우, 더 많은 동기가 찾아질 수 있을 뿐 아니라 각 동기(직접적 원인)와 관련하여 좀 더 심층적인 원인을 찾게 될 가능성도 커진다. 또한, 각 동기(직접적 원인)의 중간 원인과 심층 원인을 찾아 서로 연계시키므로 동기들 간의 관계까지도 분석할 수 있다는 장점이 있다. 행동의 동기 분석은 여러 학문 분야에서 상당히 중요하게 다루고 있다는 점에서, 앞의 사례들과 같은 분류체계분석+원인연쇄분석방법의 활용 가능성은 매우 크다고 하겠다.

4) 논문에서는 붉은색의 테두리와 글씨를 사용했지만, 여기에서는 파란색으로 제시하였다.

Ⅲ 연구결과의 종합논의에 활용하는 통합적 원인연쇄도형

원인연쇄도형은 결론 부분에서 연구의 주요 발견내용을 종합적으로 정리, 요약하면서 필요한 논의를 하는 수단으로도 유용하게 사용할 수 있다. 이는 두 가지 방식으로 이루어질 수 있다. 하나는 연구결과에 어떤 의미가 있는지, 즉 어떠한 학문적 기여가 이루어졌는지를 몇 가지로 나누어서 논의하면서 그중 한두 가지 논의에 원인연쇄도형을 활용하는 것이다. 이때 가능한 곳에서는 이러한 원인연쇄도형을 다른 기여점에 대한 논의와도 연계할 수 있다. 이런 경우의 원인연쇄도형은 현장연구 결과 중심이므로 비교적 복잡하지 않게 그릴 수 있다. 또 하나는 현장연구결과 발견한 여러 현상에 사회문제까지 연결하는 원인연쇄도형을 만들어서 논의를 전개하는 것이다. 이런 경우의 원인연쇄도형은 비교적 복잡해지는 경향이 있다. 이 절에서는 각각의 방식의 사례를 1개씩 살펴본다.

1. 여행자들이 패키지여행보다 개별자유여행을 더 선호하는 경향에 대한 논의

필자(2019)의 "개별자유여행과 패키지여행에서의 여행경험 비교연구"에서는 패키지여행보다 개별자유여행에 대한 만족도와 선호가 훨씬 높음을 발견했다. 이 연구의 20대~50대 대상 설문조사에 의하면, 응답자 68.1%가 개별자유여행을 선호한 것에 비해 패키지여행을 선호한다는 응답자는 16.6%에 불과했다. 연령대별 차이가 컸지만, 패키지여행의 선호율이 가장 높은 50대에서도 패키지여행을 선호한다는 응답자(30%)보다 개별자유여행을 선호한다는 응답자(50%)가 더 많았다. 이 연구에서는 참여관찰과 심층면담, 설문조사 결과를 토대로 패키지여행에 대한 만족도가 낮은 이유를 기존에 알려진 것들보다 더 다양하게 제시하는 한편, 기존의 연구에서 별로 다루지 않았던 '여행자들이 개별자유여행을 더 선호하는 이유'도 다양하게 제시했다는 점에서 첫 번째 학문적 기여가 이루어진 것으로 논의하였다.[5]

---

5) 이 연구의 결론에서는 이러한 기여 이외에도 여행자들이 생각하는 '이상적인 여행'이 무엇인지 살펴보고, 이런 인식이 개별자유여행의 이미지와 비슷함을 발견했다는 점, 개별자유여행의 한계를 살펴보았다는 점, 개별자유여행과 패키지여행의 장점을 모두 살리는 '혼합형 여행'이 급증하고 있으며, 특히 '현지 일일 투어'를 개별자유여행 일정에 혼합하는 방식의 만족도가 상당히 높음을 발견했다는 점으로, 총 네 가지의 기여가 이루어진 것으로 논의되었다.

패키지여행을 선호하지 않는 이유로는, 첫째, 소비자들이 선호하는 여행방식을 반영하지 못하는 패키지여행 일정, 둘째, '많이 하는 활동'과 '의미 있는 활동'의 차이가 큰 패키지여행, 셋째, 낮은 패키지여행 단가를 상쇄하기 위한 '강제적 선택 관광/쇼핑/팁'으로 인한 불만, 넷째, 지나친 비용 절감 시도로 인한 패키지 관광 프로그램의 질적 저하, 다섯째, 패키지여행에서의 숙소에 대한 불만 등의 다섯 가지 항목으로 나누어서 본문에서 제시하였다. 개별자유여행을 더 선호하는 이유로는 본문의 내용을 토대로 면담결과를 통합해서 만든 [그림 9-5]의 원인연쇄도형을 결론 부분에 제시하였다.

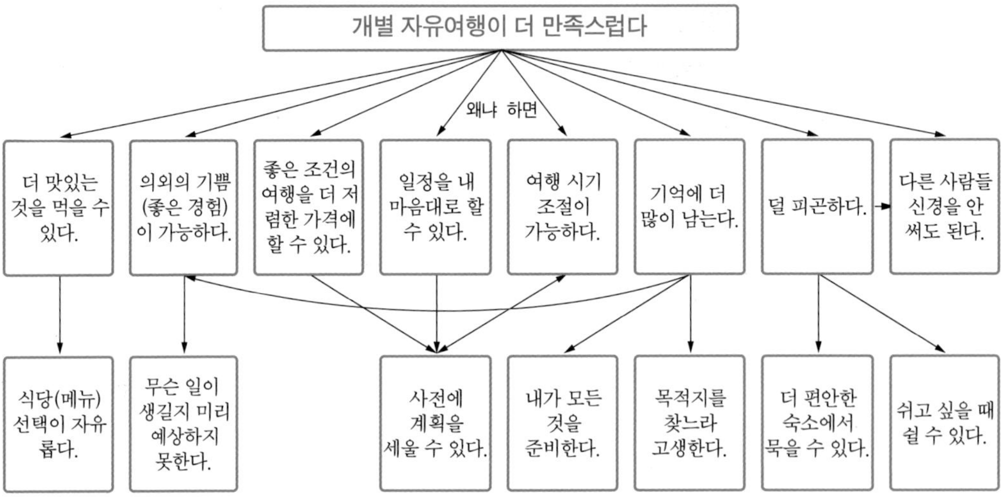

[그림 9-4] 여행자들이 개별자유여행을 더 선호하는 이유 원인연쇄도형

*출처: 이용숙(2019), p.380에 제시된 그림을 개선한 것임.

[그림 9-5]는 본문 내용을 읽었다면 쉽게 이해할 수 있고 이 도형을 처음 본 경우에도 이해가 어렵지 않은 비교적 명확한 도형이다. 따라서 이 연구에서는 도형에 대한 설명을 길게 하는 것은 생략하는 대신에 다른 기여 사항들의 내용과 연결하였다. 예를 들어, 이 연구의 두 번째 기여는 여행자들이 생각하는 '이상적인 여행'이 무엇인지 살펴보고, 이런 이상적인 여행에 대한 인식이 개별자유여행의 이미지와 비슷함을 발견한 것임이 논의되었다. 이때 이러한 논의의 바로 앞에 [그림 9-5]가 제시되어 있어서 독자들이 이상적인 여행에 대한 여행자들의 인식과 개별자유여행의 장점을 쉽게 비교할 수 있도록 구성하였다. 즉, 절반 이상의 여행자들이 '가장 이상적인 여행'이라고 생각하는 것은

'여유/한가로움/휴식/힐링/느긋하게 즐김/편안함/시간 구애 안 받음/휴양' 등과 같은 '**쫓기지 않는 여행**'(39.6%)과 '**자유로움이 있는 여행**'(13.0%)인데, [그림 9-5]를 보면 이 두 가지 요소가 여기저기 드러나 있다. 이렇게 두 가지 논의를 연계하면서 개별자유여행에 대한 선호가 패키지여행보다 훨씬 높을 수밖에 없음을 보여 준 것이다.

한편 이 연구의 네 번째 기여는 '혼합형 여행'이 급증하고 있으며, 특히 '현지 일일 투어'를 개별자유여행 일정에 혼합하는 방식의 만족도가 상당히 높음을 발견한 것이다. 이는 [그림 9-5]에 제시된 개별자유여행의 장점을 살리면서도 '세부일정을 짜는 수고를 덜고 가이드의 (훌륭한) 설명을 듣는 것이 가능하기 때문'임이 논의되었다. 이런 '혼합형 여행'의 중요성은 이 연구의 초기에는 인식하지 못하다가 이 주제도 포함할 필요가 있음을 귀납적인 현장연구방식(발견적 연구 설계)을 통해서 연구 후반부에 발견한 것이다. 따라서 이 주제를 충분히 다루지 못했기 때문에 후속연구로서 다룰 필요가 있음이 논의되었으며, 실제로 이용숙, 이수정, 채현정(2019)의 "해외여행에서의 현지일일투어: 오디세이 에스노그라피 기반 통합적 연구"가 후속연구로서 이루어졌다.

2. 디저트 카페가 급증한 이유의 종합적 분석 결과 제시

이용숙(2017b)의 "'놀기'가 된 디저트 먹기: 디저트 카페에서의 소비와 놀이"는 현장연구결과 발견한 여러 현상에 사회문제까지 연결하는 원인연쇄도형을 만들어서 결론의 논의를 전개하는 사례다. 최근 우리나라에서 디저트 카페의 소비가 급증한 현상에 초점을 맞추어 20~30대 소비자들의 인식과 행동을 살펴보고 사회구조적인 문제와 연계하여 해석하려고 시도한 이 연구에서는 참여관찰, 면담, 설문조사, 빅데이터 분석 등 다양한 연구방법을 사용하여, 디저트에 대한 소비자들의 인식과 소비패턴에는 성별/연령대별 차이가 있지만, 디저트를 매우 긍정적으로 인식하고 일상적으로 디저트를 소비하고 있다는 점에서는 차이가 별로 없음을 발견하였다. 불과 몇 년 전까지만 해도 사치로 여겨지던 디저트 소비가 어느새 '일상적인 소비'로 자리 잡은 것이다. 또한, 많은 20~30대 여성 및 이들과 데이트 하는 남성, 그리고 일부 40대 이상 여성에게는 디저트 카페 또한 주 1회 이상 방문하는 일상적인 소비 공간이 된 것을 발견하였다. 설문조사 결과 디저트 카페의 범주에 '디저트 카페의 역할도 하게 된 커피전문점'까지 포함할 때에는 20대 여성 50% 이상이 주 1회 이상 방문하는 것으로 나타났다. 디저트 전문점으로만 한정한다면, 20대 여성 13~14%가 주 1회 이상 방문하며, 50% 이상이 월 1회 이상 방문하는 것으로 나타났다.

이 연구의 결론에서는 이처럼 디저트 카페에 대한 관심과 소비가 급증한 이유를 [그림 9-6]을 토대로 종합적으로 논의하였다. 이처럼 여러 가지 항목을 연결했기 때문에 상당히 복잡해진 [그림 9-6]은 다음과 같은 논의를 요약한 것이다.

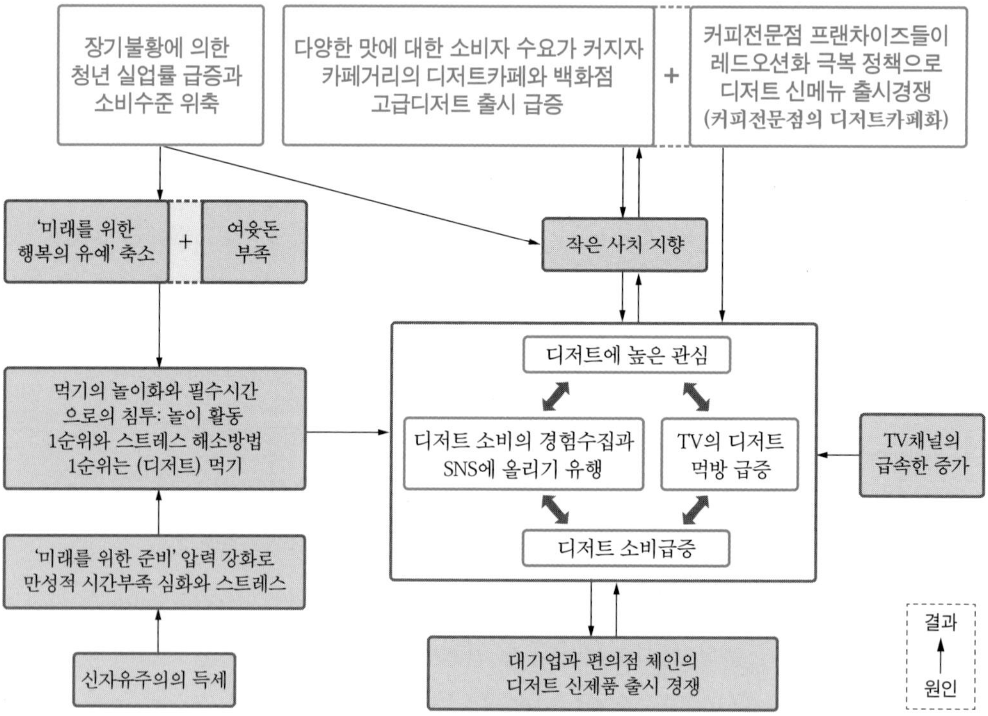

[그림 9-5] 2010년대에 디저트 카페에 대한 관심/소비가 급증한 이유 종합적 분석 결과

*출처: 이용숙(2017b), p.214에 제시된 그림을 개선하고, 더 보기 좋게 수정한 것임

디저트 카페가 단시간에 일상화된 것은 장기 불황에 의한 '작은 사치'의 유행이나 "포미(FORME)"족 증가에 의한 점도 있지만, '맛집 탐방'이 청년들에게 가장 흔한 놀이 방식이 된 것과 더 밀접한 관계가 있다. 신자유주의의 득세로 '미래를 위해 행복을 유예하라'는 자기 계발 압박이 강해지는 한편, 장기적인 불황 속에서 청년 실업률이 급증하자 취업경쟁은 심화될 수밖에 없다. 이런 상황으로 인해서 일부 청년들이 "이런 노력이 과연 소용이 있는가?"라는 불안감으로 '미래를 위한 행복의 유예'를 오히려 축소하기도 하는 현상도 생겼다. 그러나 "행복의 유예를 더는 하지 않는다."라고 주장하면서도 '행복유예'의 오랜 습관 때문에 긴 시간을 들인 놀이에는 죄책감을 느끼는 청년들에게 '맛집 탐방'

은 '안전한 놀이'가 된다. 이에 더해, '행복의 유예'를 포기하지 않은 청년들, 즉 '미래를 위한 준비' 압박 강화로 만성적 시간 부족과 스트레스에 시달리는 청년들에게도 '죄책감이 덜 드는 놀 거리'는 환영받는 존재일 수밖에 없다. 이들도 가끔은 '행복의 유예'를 멈추고 쉬기도 해야 하는데, 이전보다 시간적 · 금전적 여유는 없어진 이들에게도 '맛집 탐방'은 '시간적으로나 금전적으로 적은 비용을 가지고 스트레스를 해소하고 마음의 여유를 갖게 한다'는 점에서 합리화를 하기 쉬운 것이다. 또한, 스트레스 속에서 사는 청년들의 스트레스 해소방법 1순위도 '먹기'이며, 특히 '달달한 음식 먹기'가 가장 선호된다. 이는 최근 갑자기 늘어난 TV 방송 채널에서 경쟁적으로 디저트 먹방과 디저트 카페 방문 프로그램을 내놓고 있고, 디저트 카페는 물론 대기업과 편의점 체인에서도 앞다투어 디저트 신메뉴를 수시로 내놓게 되어서 청년들의 구매 욕구를 자극하게 된 것과도 관련 있다.

2000년대 이후 청년층의 '여가시간'은 계속 줄어들고, '필수시간'은 계속 늘어나고 있는데(통계청보도자료 2016), 이는 청년들의 '먹는 시간'이 늘어났음을 반영하는 것이며, 이는 먹으면서 노는 청년들이 크게 늘었기 때문이다. 예를 들어, 이 연구에서의 설문조사 결과 응답자 87%가 맛집 탐방을 '놀이'로서 인식하고 있었다. 특히 일종의 맛집으로서 '달달한 음식'을 먹을 수 있는 디저트 카페에서의 '먹기 놀이'는 타임푸어(time poor)[6] 청년들이 큰 죄책감 없이 행복함을 단시간에 느낄 수 있는, 쉬운 접근이 가능한 '놀 거리'인 것이다. 이는 '먹기'라는 놀이시간이 '식사'라는 필수시간으로 침투되었음을 의미하며, 이러한 결과는 무엇이 '놀이'인가에 대한 인식 자체가 변했음을 의미한다. 과거에는 여행이나 공연 관람 등, '비일상적인 놀이'만을 '놀이'의 범주에 넣는 경향이 있었으나, 이제는 맛집 방문, 쇼핑, 화장, 쉬기, 스마트폰 사용 등 일상적인 활동들도 '놀이'의 영역으로 받아들이게 된 것이다. 특히 먹기는 '어차피 해야 하는 일'이기에 놀이로 전환했을 때 돈과 시간의 절약이 가능하다. 따라서 '맛집 탐방'은 돈과 시간 여유가 부족한 사람들에게 적합한 놀이가 된다.

다만 남성은 '먹기 놀이' 장소로서 디저트 카페보다는 음식점과 술집을 선호하는 경향이 있다.[7] 디저트 카페를 '먹기 놀이'의 장소로서 선호하는 남성도 일부 있지만, 남성

---

6) 다들 바쁜 삶을 사는 맥락 속에서 시간에 쫓기는 '시간 빈곤자'를 일컫는 신조어이다.

7) 남성들은 '먹기 놀이'를 주로 식당이나 술집에서 하고 있다는 점에서, 앞으로 '남성들의 먹기 놀이'에 중점을 둔 연구도 이루어질 필요가 있음을 제언하였다.

의 디저트 카페 방문에 대한 편견 때문에 남자끼리는 가기 어렵다. 다만 남성도 데이트 장소로서는 디저트 카페를 많이 활용하며, 이 과정에서 디저트와 디저트 카페를 즐기게 되기도 한다. 남성이 데이트 장소로서는 디저트 카페를 많이 이용하는 것은 여성이 '먹기 놀이'의 장소로서 디저트 카페를 선호하는 경우가 많기 때문이다. 여성의 디저트 카페 선호는 다양한 디저트를 맛볼 수 있고 대화 분위기가 좋으며, 독특하고 예쁜 인테리어와 디저트의 사진을 찍어서 SNS에 올릴 수 있기 때문이다. 즉, 디저트 카페에서는 '맛있는 디저트 먹기'와 '예쁜 사진 찍기', '친구와 대화하기'라는 세 가지 일차적 놀이를 병행할 수 있으며, 예쁜 사진을 SNS에 올려 공유하기라는 이차적 놀이까지 할 수 있다. 이 네 가지는 모두 남성보다 여성이 더 좋아하는 경향이 있는 것들이다. 이에 더해 편안한 분위기에서 식당보다 더 오래 머물 수 있는 곳이라는 점에서도 디저트 카페가 더 효율적이다. 또한, 독특한 인테리어의 새로운 디저트 카페가 계속 생기며 같은 곳이라도 비주얼이 좋은 새로운 메뉴를 자주 출시하기 때문에 디저트 카페는 '경험수집'의 장소로서도 훌륭하다.

이 장에서 살펴보았듯이 원인쇄도형은 수십 명과의 면담결과 종합에는 물론 여러 가지가 연계되어 상당히 복잡하게 설명할 수밖에 없는 사회현상 등의 연구결과를 종합적으로 제시할 때 유용하게 사용할 수 있다. 또한, 실천적 연구를 다루는 다음 장에 제시된 사례에서 보듯이, 기업/조직의 관행 개선이나 새로운 프로그램 개발 등을 연구자가 직접 해나가는 실천적 연구에서도 유용하게 사용할 수 있다.

10 실천적(실행) 연구에서의 체계적 분석방법의 활용[1)]

이 장에서는 실천인류학을 포함한 실천적 연구/실행연구(action research)의 개념과 3개의 연구목적 유형별 연구설계 모형, 그리고 교육과 기업 상황에서의 연구사례를 제시했다.

I 실천적(실행) 연구의 개념

'실천인류학'은 인류학자가 자신의 전문성을 활용하여 연구 대상 커뮤니티의 이익에 도움 되는 활동까지 커뮤니티와 힘을 합쳐서 해 나가는 것을 의미한다. 'Fox 프로젝트', 'Vicos 프로젝트' 등의 대규모 실천인류학 프로젝트가 1940년대부터 이미 활발하게 이루어졌다(Chambers, 2000)[2)]. 이후 인류학 지식의 실용적 응용을 위해서는 기존 연구방법의 틀에 얽매이지 말고 새로운 연구방법을 개발해 사용해야 한다는 논의(Schensul, 1985)가 나오면서 실천인류학적 연구에서는 더 체계적인 분석을 위해 인지인류학의 적용을 시도하기도 하였다. 또한, 다른 사회과학 분야 전공자와 긴밀한 관계를 맺게 되면

---

1) I절과 II절의 내용 중 일부는 상당부분 이용숙 외(2005)의 『교육현장의 개선과 함께하는 실행연구방법』을 토대로 하고 있다. 또한, III절의 내용 중 일부는 이용숙(2016b)의 "'마케팅 에스노그라피 연구방법' 사회교육 프로그램 개발을 위한 실행연구"(열린교육연구, 24(1), pp.303-332)를 토대로 하고 있다.

2) 'Fox 프로젝트'는 실천인류학의 개념을 정립하고 "도우면서 배운다."라는 연구 스타일을 발전시킨 시카고대학교의 Sol Tax가 주관한 대형 프로젝트로, 1948년부터 1962년까지 미국 아이오와주 Fox 인디안 부족의 현실적 어려움 해결을 위해 노력하였다(Chambers, 2000; Encyclopaedia Britannica). 코넬대학교의 Vicos 프로젝트에서는 1951년 페루의 Vicos라는 아시엔다(Hacienda)를 임대하여, 무상으로 인디언들의 노동력을 착취하던 아시엔다 제도를 폐지하고 종자 개량, 창고 건축, 학교와 클리닉 설립 등 다양한 방법으로 주민들이 자립능력을 갖추도록 도운 후에 1962년 농민들에게 팔았다(Holmberg, 1959; 1965; Encyclopaedia.com). 이러한 기념비적인 장기 프로젝트들 이후 기술적, 경제적 발전이나 보건의 개선, 교육과 아동 양육 등의 현실적인 문제들을 해결하기 위한 실천인류학 연구가 다양하게 이루어졌다.

서 이들의 연구방법도 적용하게 되었다(Chambers, 2000). 예를 들어, 1980~1990년대에는 기업과 산업인류학이 독자적인 영역으로 발전하고 Sherry, Arnold 등의 인류학자가 Belk, Wallendorf 등의 마케팅학자와 함께 연구하기도 하면서, 신제품과 마케팅 전략 개발에 인류학적 접근을 적용하는 연구들이 활발히 이루어지기 시작했다. 1990년대 이후에는 '액션 리서치(action research)'[3)]의 가치와 중요성이 사회과학 전반에 걸쳐서 포괄적으로 확산되었다(Kemmis & McTaggart, 2000; Noffke, 1989; Reason & Bradbury, 2001).

이러한 실천인류학 연구를 포함한 실천적 연구는 연구자인 행위 당사자가 주체가 되어 자신의 개인적 · 사회적 삶을 탐구하여 계속 개선하려 하는 '과정-지향적 탐구 패러다임'이다. Reason과 Bradbury는 다음과 같은 정의를 제시했다(Reason & Bradbury, 2001, p.1).

> 실천적 연구(action research)는 우리가 역사의 현시점에서 발현하고 있다고 믿는 참여적 세계관에 기반해, 인간에게 가치 있는 목적을 추구하는 데 필요한 실천적 지식(practical knowledge)을 획득해 가는 참여적이고 민주적인 과정이다.

자유롭고 융통성 있지만 엄격한 탐구과정을 거치는 실천적 연구에서 가장 대표적인 연구 모형으로 여기는 Kemmis와 McTaggart(1988)의 '계획, 행위, 관찰, 그리고 반성의 연속적 과정' 모형을 바탕으로, 조재식(2002, p.211)이 '자기평가'와 '발표/공유'라는 요소를 추가하여 수정한 실천적 연구 모형은 [그림 10-1]과 같다.

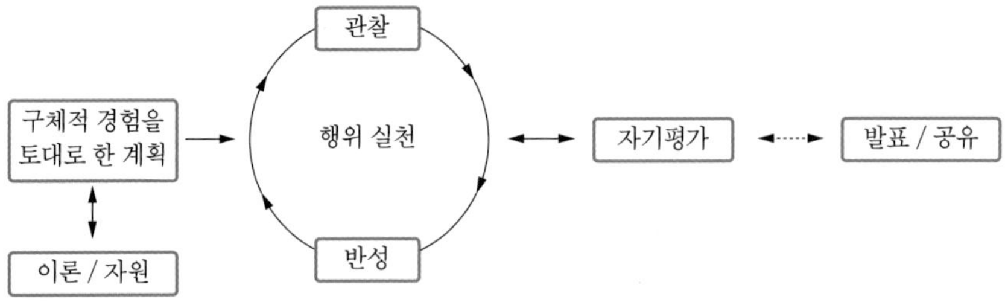

[그림 10-1] Kemmis와 McTaggart의 모형을 조재식이 수정한 실천적 연구 모형

*출처: 조재식(2002), p.36.

이 모형은 이용숙 외(2005)의 연구에서 실천적 연구사례 50여 편을 연구목적별로 분

3) 여기에서는 다양한 사회과학 분야에서 사용되고 있는 액션 리서치를 '실천적 연구' 또는 '실행연구'로 번역해서 사용한다.

류한 결과로 제시한 세 가지 실천적 연구목적 유형, 즉 현장에서 문제의 원인과 함께 개선 대안 찾기, 현장에서 이미 발견한(나타난) 문제의 즉각적 해결하기, 프로그램 개발과 개발된 프로그램의 일반화를 각각 적용하는 데 근간이 된다.

Ⅱ 실천적 연구의 연구설계

실천적 연구의 연구설계는 세 가지 유형의 연구목적에 따라서 조금씩 달라질 필요가 있다. 이 절에서는 각각의 목적에 알맞은 연구설계에 대해서 살펴본다.

1. 현장에서 문제의 원인과 개선 대안을 찾고자 할 때 적합한 연구설계

이 유형의 연구에 효과적인 연구 스타일은 세 가지 연구유형 중 인류학적 연구와 가장 유사하다. 장기간의 참여관찰을 시행하는 인류학 연구의 가장 큰 장점 중 하나가 그곳에 사는 사람들조차 문제로 인식하고 있지 않던 것이 사실은 문제라는 것을 드러내주면서, 그 문제의 근본 원인이 무엇인지를 함께 밝혀주는 것이기 때문이다. 문제의 원인을 현장에서 찾고자 할 때는 원인연쇄분석방법을 사용하면서 지속적인 자료수집과 분석을 하는 것이 특히 유용하다. 이런 상황에서 적합한 연구설계는 [그림 10-2]와 같다.

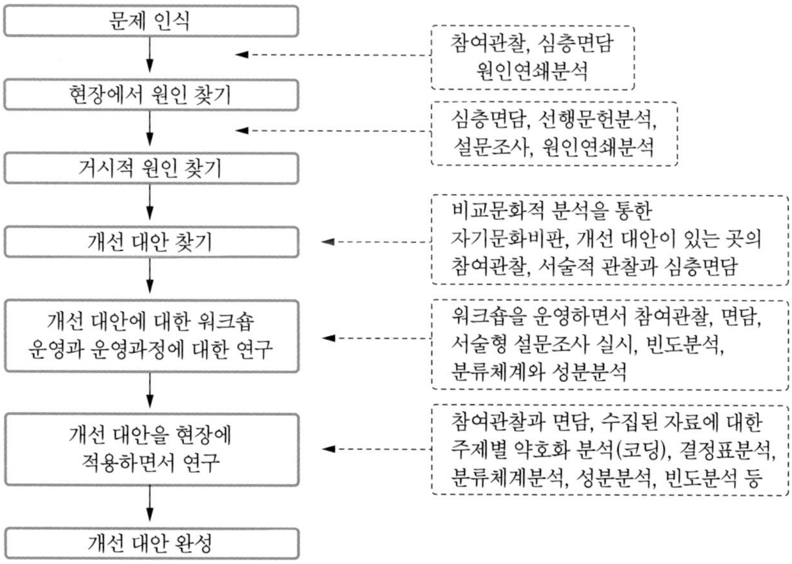

[그림 10-2] 현장에서 문제의 원인과 개선 대안을 찾고자 할 때 적합한 실천적 연구설계

[그림 10-2]에서 보듯이, 문제의 근본 원인이 밝혀진 후에는 개선 대안을 찾아야 하는데, 흔히 개선 대안을 문제가 발생한 곳에서만 찾으려고 하지만 문제 발생 현장에 항상 해답이 있는 것은 아니다. 때로는 시야를 넓혀서 다른 곳을 봄으로써 전혀 새로운 개선의 가능성을 찾을 수도 있다. 예를 들어, 자신이 담당하는 학급에 문제가 있다는 것과 그 문제의 원인까지 어느 정도 파악했음에도 불구하고 뚜렷한 개선 대안이 떠오르지 않을 때, 다른 학급이나 다른 학교 또는 다른 나라의 학교에 대한 비교문화적인(cross-cultural) 에스노그라피 접근을 해 보는 것이다. 이를 통해 '탈친숙화(defamiliarization)' 과정을 경험함으로써 이미 당연한 것으로 받아들여지고 있던 자기 학급의 어떤 현상에 대해서 새로운 정의를 내리게 될 수도 있고, 지금까지 한 번도 떠오르지 않던 새로운 의문을 가지게 될 수도 있다(예: 서구 초등학교는 오전에 30분간 한 번만 쉬는데, 왜 우리는 10분씩 세 번을 쉬는 것일까?). 또한, 자기 학급에서 적용해 볼 만한 새로운 대안을 발견하게 될 수도 있다.

이러한 자기문화비판(Marcus & Fisher, 1986)은 '통제된 비교(controlled comparison)'를 시도할 때 더욱 효율적으로 이루어질 수 있다. 아무 학급이 아니라 비교하려는 영역을 제외한 다른 영역의 조건들이 비슷한 학급을 선정해 비교함으로써 보고자 하는 것을 뚜렷이 볼 수 있다. 예를 들어, 자신의 학급은 경제적으로 어려운 학생들 40명으로 구성되어 있는데, 풍요로운 지역의 25명 학급과 비교한다고 가정해 보자. 우선 그 학급에서 발견한 수업의 대안이 자신의 학급에서도 적용 가능한지 알기 어려울 것이다. 또한, 탈친숙화 현상을 경험한다고 해도, "이 학급처럼 모든 학생이 동등하게 참여하는 것도 가능할 수 있나?"와 같은 새로운 의문이 떠오르기보다는 "학생 수가 적고 풍요로우면 이렇게 다를 수가 있는 것이 부럽다. 하지만 우리는 여건이 다르니까 어쩔 수 없지."와 같은 변명이 떠오를 수 있다.

현장에서 대안 찾기를 목표로 할 때 사용할 수 있는 또 하나의 방법은 자신이 찾고 싶은 대안을 가진 것으로 보이는 사람 또는 현장을 찾아서, 심층면담이나 서술적 관찰을 통해서 그 대안이 구체적으로 어떤 것인지를 찾아내는 것이다. "그런 사람들이 있다면 그 대안을 설명해달라고 하면 간단할 텐데, 무엇 때문에 힘들게 심층면담과 서술적 관찰을 해야 하는가?"라는 의문을 가질 수도 있다. 그러나 대안을 실행하고 있으면서도 자신이 무엇을 어떻게 하고 있는지를 체계적 · 구체적으로 설명하지 못하는 경우가 많다. 이들은 오랫동안 실천해서 이미 몸에 밴 습관들을 말로 설명하기 어려워하는 경향이 있고, 자신은 너무나 잘 아는 상황이라서 지나치게 간단히 설명하는 경향도 있다. 상세한 설명을 부탁해도, 관심 있는 부분(예: 최근에 도입했거나 계속 개발 중인 연구방법)에 대해서는 구체적으로 설명하고, 관심이 적은 부분(예: 너무 기초적이거나 오랫동안 사용해 와서 자신에게는 새롭지 않은 부분)은 간단히 지나가는 경향이 있다. 그러나 많은 경우 설명을 부탁한 사람에게는 바로 이 기초적인 부분에 대한 상세한 설명이 훨씬 더 도움이 된다.

따라서 새로운 대안을 가진 사람들의 실행 장면에 대해 서술적 관찰을 수행하면서 이들의 말과 행동을 자세히 기록하고, 이로부터 이들이 제공할 수 있는 대안에 대한 상세한 설명을 찾아가는 것이 훨씬 더 효율적이다. 또한, 특별히 중요해 보이는 행동이나 모호해 보이는 행동 등에 대해서는, 그렇게 행동하는 이유나 그런 행동의 의미를 묻는 등의 면담이 병행될 필요가 있다. 만약 관찰이 어려우면, 그만큼 면담의 강도를 높여야 한다. 즉, 단 한 번의 면담이 아닌 수차례의 면담, 짧은 시간이 아닌 긴 시간의 면담, 단편적인 질문이 아닌 연계된 후속 질문을 충분히 사용하는 심층면담이 필요하다. 다음에서는 개선 경험이 있는 교사들과의 심층면담을 통해 개선 대안을 개발한 사례로, 김지영(2002)의 덕성여자대학교 교육대학원 석사 논문(2002)을 소개한다.

'성공현장에서 대안 찾기'를 목적으로 하는 심층면담 중심 실천적 연구사례(김지영, 2002)

원래 사회과 교과서를 재구성해서 수업 프로그램을 개발하는 것이 연구목적이었으나, 김지영은 재구성 방법을 구체적으로 안내해 주는 자료들이 거의 없음을 발견하였다. 교과서 재구성 방법에 대해 가장 도움을 줄 수 있는 사람은 이미 상당한 재구성 경험이 있는 선배 교사들임을 알게 되자, 연구목적 자체를 이들과의 심층면담을 통해 '사회과 교과서 재구성의 방법과 절차를 구체적으로 안내해 주는 자료를 만드는 것'으로 바꾸었다. 면담 결과, 선배 교사들도 상당한 시행착오를 겪어 가면서 현재 사용 중인 교과서 재구성 방법을 스스로 개발했음을 발견했다. 그러나 이들에게 교과서 재구성 방법의 설명을 부탁하면, 최선을 다하는 모습이기는 했으나 충분히 상세한 설명을 해 주지 못했다. 따라서 개발 절차에 따라서 세분된 기본 질문과 답변 내용에 따른 후속질문을 해 나가는 방법으로, 수차례의 심층면담을 거쳐서야 이들의 재구성 방법을 어느 정도 이해할 수 있었다. 이들의 재구성 방법은 각기 개발한 것임에도 불구하고 상당한 공통점이 있었기 때문에, 김지영은 이들과의 면담내용을 종합하여 정리하고 자신의 교과서 재구성 시도 참여관찰 결과까지 추가하여, 사회과 교과서 재구성 절차를 비교적 구체적으로 구성할 수 있었다. 이 절차에 따라 교과서 재구성을 다시 해 본 결과, 이전에 나름대로 해 보던 것에 비해 훨씬 쉽고 효율적임을 경험하였다. 또한, 신임교사들에게 이 절차를 보여 주자, 이대로 따라 하면 재구성을 시도해 볼 수 있겠다는 반응을 얻었다.

2. 시급한 문제해결을 위한 연구설계

신속히 해결할 필요가 있는 심각한 문제의 해결을 목적으로 하는 연구라면, 연구설계는 달라질 필요가 있다. 예를 들어, 심하게 왕따를 당하는 학생이 있어서 곧 학교를 그만둘 수도 있다면, 통제된 비교연구를 하는 등의 연구설계를 할 여유가 없다. 이 학생이 자퇴하거나 큰 상처를 입을 수도 있고, 그렇지 않더라도 학년이 바뀌어 도와줄 수 없게 될 수도 있기 때문이다. 이런 상황에서는 문제해결 과정 자체가 다시 연구의 자료가 되는 연구설계를 시도하는 것이 적합하다. 즉, [그림 10-3]과 같은 연구설계를 따르는 것이다.

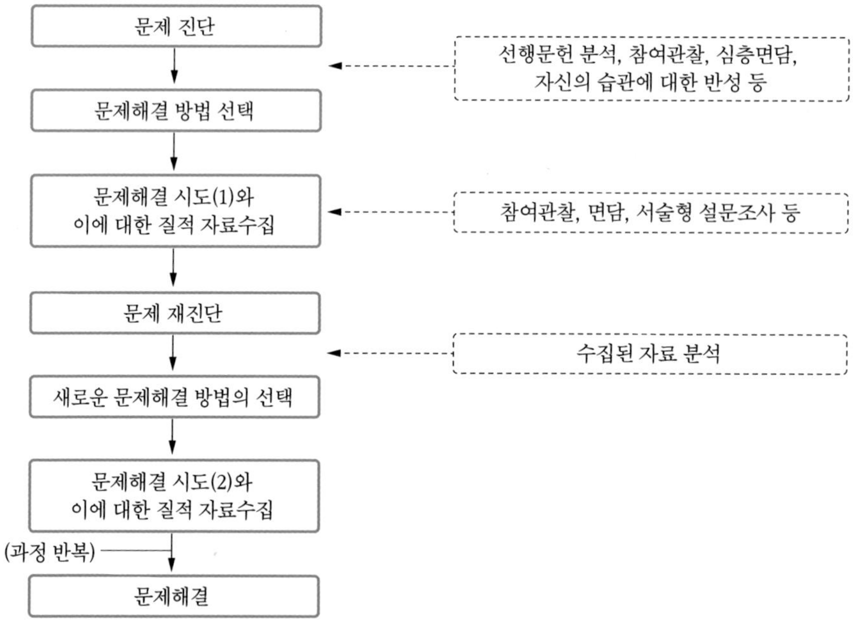

[그림 10-3] '문제해결' 중심의 실천적 연구를 할 때 적합한 연구설계

'문제해결' 중심의 실천적 연구를 위해서는 [그림 10-3]에 제시된 일련의 과정이 빠른 속도로 이루어져야 한다. 물론 문제에 대한 이해가 잘못될 수도 있을 정도로 서둘러

야 한다는 것은 아니다. 어느 정도 문제 진단이 이루어지면, 가능한 대안 중 당장 시도해 보기에 적합하다고 판단되는 것들을 찾아서 문제해결을 시도해 본다. 문제해결 시도가 적합한지 판단하기 위해서 연구자는 참여관찰일지를 계속 쓰는 한편, 관련된 사람들과 면담을 하고, 필요하면 간단한 설문조사도 할 수 있다. 이때 문제해결 시도가 효과가 있는지, 어떤 예상하지 못한 결과를 가져왔는지, 예상한 대로의 효과가 있다고 해도 보완할 점은 없는지 등에 대해서 집중적으로 분석한다. 이러한 자료분석을 통해서 문제를 재진단하고, 문제가 완전히 해결되거나 주어진 시간이 더는 없을 때까지 새로운 문제해결 방법을 선택해서 다시 문제해결을 시도하는 과정을 계속한다. 다음에서는 학원에서의 왕따 문제 해결을 시도한 박유미(2002)의 실행연구사례를 소개한다.

시급한 문제해결을 목적으로 하는 실천적 연구의 사례(박유미, 2002)

덕성여자대학교 문화인류학과 "현장연구실습" 최종보고서 겸 졸업논문인 박유미(2002)의 "학원에서의 왕따 문제해결을 위한 실행연구"에서는 실천적 연구를 통해 연구자가 강사로 일하는 학원의 모든 담당 학급(초등학교 4, 5, 6학년)에 1명씩 존재하던 왕따 문제를 해결했다. 우선 참여관찰과 학생 면담 및 동료 강사 면담을 통해 문제를 진단한 후, 왕따를 당하는 학생에 대한 개별적인 배려에 더 신경을 쓰는 동시에 협동학습 방법을 시도하기로 했다. 모둠별 협동학습 방법의 하나인 스피드 퀴즈[4] 방법을 먼저 시도하였으나, 이 방법으로는 학습의 효율성 효과는 있는 반면 왕따 문제 해결 효과는 별로 없는 것으로 나타났다. 따라서 다음에는 다른 학생들과 경쟁하는 대신 각각 그동안의 평균 성적보다 얼마나 더 높은 성적을 받았는가에 따라서 소속 팀에 대한 기여도가 달라지는 'STAD 협동학습' 방법을 시도했다. 이 방법으로는 예상보다 큰 효과가 나타났다. 왕따를 가장 심하게 당하던 4학년 아동이 2개월 만에 여러 가지 면에서 긍정적으로 변했다. 공부를 더 열심히 하고 잘하게 되었으며, 웃음이 많아졌다. 또한, 자신감이 생겨 왕따를 시키던 학생에게 맞서게 되고, 심지어는 다른 학생들과 함께 그 학생을 놀리는 일까지 생겼다. 이는 다음과 같은 과정으로 이루어진 것이다.

4) '스피드 퀴즈'는 영훈초등학교 심옥령(1999) 교사가 개발한 것으로, 덕성여자대학교 교육대학원 논문인 "'역사책 만들기'를 통한 6학년 사회과 지도의 효율화를 위한 실행연구: 사회시간을 기다리는 아이들"의 부록에 상세히 제시되어 있다.

첫째, 왕따를 당하는 학생은 대개 교육에 대한 가정의 관심과 성적이 낮은 학생들이었는데, STAD 협동학습은 현재가 아니라 과거의 성적 평균과 비교한 성취수준 향상 정도에 의해 점수를 부여하기 때문에, 이들도 높은 점수를 받을 기회가 생겼다. 둘째, 모둠 전체의 향상도 점수를 합쳐서 평균을 낸 것이 모둠 점수가 되고 가장 높은 점수를 받는 모둠은 상을 받았기 때문에, 같은 모둠원이 낮은 성적을 받게 되면 웃음거리로 여기는 대신 안타깝게 여기게 되었다. 셋째, 학생들이 협동적인 행동을 잘하면 '칭찬 표', 다른 학생을 놀리거나 무조건 비난하는 행동을 하면 '벌점 표'를 주었으며 이 역시 합산되어 모둠 점수에 반영되었기 때문에, 한두 번 '벌점 표'를 받고 나서는 말과 행동을 주의하게 되었다. 넷째, 왕따를 가장 심하게 시키던 학생과 왕따를 당하던 학생을 같은 모둠에 배치하자 두 학생의 관계가 개선되었다. 더구나 이 방법을 시행한 초기에 왕따를 시키던 학생이 이틀간 결석하게 되자, 시험을 잘 보기 위해서는 왕따를 당하던 학생에게 도움을 받을 수밖에 없도록 만들었다. 다섯째, 왕따를 당하던 학생이 좋은 점수를 받아서 소속 모둠의 성공에 도움을 주자 용기를 얻어, 교사에게 다음 날 공부할 내용을 미리 받아서 누나와 함께 공부하고 오는 등의 적극성을 보이게 되었다. 이에 시험 성적이 많이 올랐으며, 다른 학생들도 이 학생을 새로운 눈으로 보게 되었다.

3. 현장개선 프로그램의 개발과 일반화가 가능한 연구설계

실천적 연구에서는 현장적용 가능성이 큰 개선 대안을 일단 개발했어도, 실제 적용과정에서 예상하지 못했던 문제가 나타날 수 있음을 고려할 필요가 있다. 따라서 연구설계 자체에 대안의 개발과정만이 아니라, 대안 적용 후 문제점을 발견하여 대안을 개선하는 과정도 포함할 필요가 있다. 시간 여유가 있다면, 이런 과정을 여러 번 반복할수록 좋다.

한편, 수정된 프로그램을 수업에 적용하고자 하는 경우, 여러 해에 걸친 연구가 아니라면 학생들이 한번 학습한 내용을 가지고 다시 수업을 받을 수는 없다는 점을 고려할 필요가 있다. 따라서 1차 프로그램으로부터의 시사점을 반영하되, 새로운 수업내용으로 2차 프로그램을 구성하는 것이 더 현실적인 대안이 되는 경우가 많다. 예를 들어, [그림 10-4]와 같은 연구설계를 하는 것이다(교육연구설계의 사례이며, 다른 분야의 연구설계에도 적용할 수 있음).

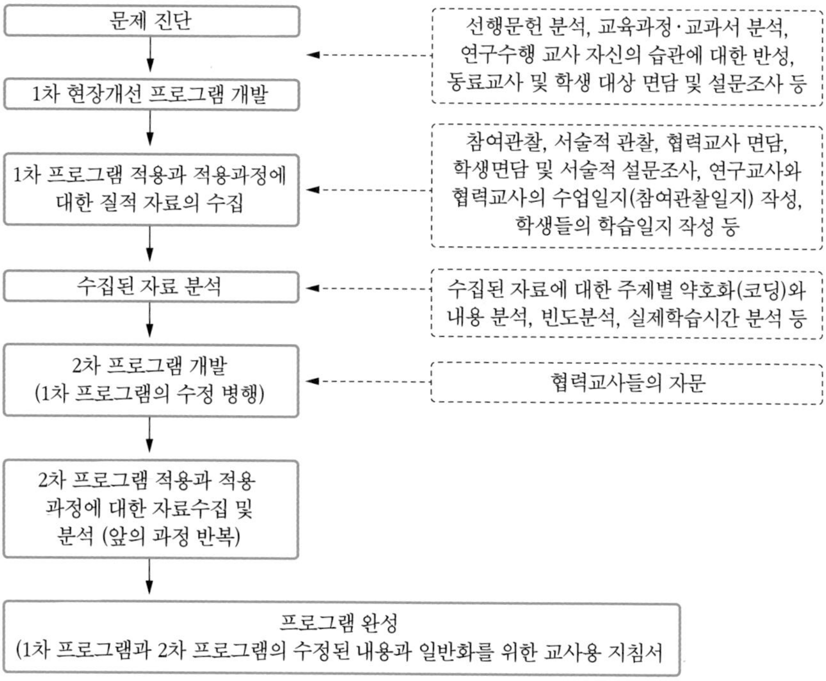

[그림 10-4] 현장개선 프로그램 개발 중심의 실천적 연구를 위한 연구설계

이런 연구 사례로는 이수현(2019)의 대학 PBL 수업 개발과 개선 사례를 소개한다.

현장개선 프로그램 개발을 목표로 하는 실천적 연구사례 (이수현, 2019)

이수현(2019)의 "경영학 수업에서의 문제기반학습(PBL) 적용 실행연구: 마케팅 교과목을 중심으로"에서는 마케팅 PBL 수업 프로그램을 개발하고, 3개 과목에서 4년간 진행한 실천적 연구를 통해서 개선 · 완성하는 과정을 제시했다. 최종 완성 프로그램은 강의평가 결과가 단과대학 1위일 정도로 학생 만족도가 높았는데, 이는 수업과정에 대한 지속적인 참여관찰과 수강생 면담을 토대로 다음과 같은 다섯 가지 측면에서 단계별로 개선했기 때문에 가능했다.

첫째, 깊이 있고 여유 있는 학습이 가능하도록 한 학기에 다루는 PBL 문제(모듈)의 수를 줄이고, 각 모듈을 다루는 데 할애하는 기간을 늘렸다(연계되지 않은 3개 모듈에 3~4주씩 할애 → 서로 연계된 2개 모듈에 4~5주씩 할애). 둘째, PBL 문제(과제) 제시 방식을 전체 수강생의 협동학습이 더 가능하도록 개선했다(모든 팀에게 같은 PBL 문제를 제시하는 모듈과 다양한 문제를 제시하는 모듈의 혼합 → 큰 틀은 같은 문제로 하되 팀별로 다른 기업의 문제를 해결하게 하는 등, 선택 가능한 하위문제들을 제시함). 셋째, 강의 비중을 축소하는 대신 수업 운영방식을 개선했다(강의 비중은 60%에서 40%로 줄였으며, 부족한 강의시간의 보충을 위해서 '버려지는 시간', '출석체크시간' 등을 최대한 절약하여 '아이디에이션 방법' 강의 추가). 넷째, 팀 회의와 피드백 기회/시간을 확대했다(수업 중에 최소한의 팀 회의시간과 피드백 시간 제공+온라인 피드백 제공 → 여기에 수업 후의 팀별 피드백 시간 운영 추가 → '효율적인 팀 회의방법' 강의 추가 → 수업 중 팀 회의시간 증가와 피드백 경로의 다양화 추가). 다섯째, 전문가 특강 방식을 수강생들의 질문이 반영되는 방식으로 개선했다(일반적인 특강 방식 → 특강 주제 관련 수강생들의 질문리스트를 사전에 특강 강사에게 보내는 customized 특강 → 여기에 특강 내용 자체에 학생들이 궁금해 했던 것들을 처음부터 포함하도록 사전 요청하기 추가).

지금까지 살펴보았듯이, 실천적 연구는 특정한 연구모형을 있는 그대로 따르는 것이 아니다. 연구목적과 필요에 따라서 융통성 있게 변화를 주는 연구설계가 필요하다. 따라서 여기에서 소개한 연구설계 이외에도 다양한 연구설계가 존재할 수 있다.

Ⅲ 실천적 연구와 실행학습을 연계시키는 프로그램 개발 사례

교육현장연구라면 '실행학습(action learning)'과 연계된 실천적 연구(action research)로 수업이나 교육프로그램 개선에 커다란 시너지 효과를 얻을 수 있다. 기업 연구에서도 워크숍 등을 활용해서 실천적 연구와 실행학습을 연계시키는 것이 가능하다. 이 절에서는 '실행학습'에 대해서 간단히 살펴본 후 실행학습과 실천적 연구를 연계시킨 교육 프로그램 개발 사례를 제시한다.

1. 실행학습이란

'실행학습/액션러닝(action learning)'은 기업에서 시작된 것으로, 일반적으로 실제 상황에서 팀이 협동하여 문제를 해결하거나 해결방안을 도출하는 과정에서 학습이나 훈련이 이루어지는 것을 의미한다(Cameron, 1999; McKeachie, 2002). 실행학습은 영국의

Revans가 1954년 시작했으며, 1970년대 중반 이후 GE사가 도입하여 큰 성과를 거둔 후에 크게 주목받기 시작했고, 최근에는 학교수업에도 다양하게 적용되고 있다. 실행학습에 대한 여러 연수 자료 내용을 종합해 보면 대부분 다음과 같은 점들을 강조하고 있다.

실행학습의 특징으로 일반적으로 강조되는 점
① 학습자들의 적극적인 문제의식과 자발적인 참여가 이루어진다. ② 팀원들의 협동으로 현실적인 문제를 해결하는 것에 중점을 둔다. ③ 교사/외부 전문가의 도움을 받되 이들은 촉진자(facilitator)의 역할을 한다(가공된 지식의 최소화). ④ 학습자들이 문제(과제)의 해결을 위해서 필요한 질문과 아이디어 구상을 하고, 해결방안의 탐색 및 적용을 주체적으로 해 나가면서 성찰을 하는 가운데 학습이 이루어진다.

그러나 필자가 20여 년간 여러 과목의 대학 수업이나 워크숍에서 실행학습을 적용하면서 참여관찰을 한 바에 따르면, 이러한 강조점들은 다음과 같이 변형될 필요가 있다.

필자가 20여 년의 실행학습 적용 결과 발견한 점
① 처음부터 팀 학습으로 시작하는 것보다 팀 활동을 전제로 개별적인 학습 활동을 먼저 하고, 개별학습 결과를 활용하면서 팀 학습을 하는 것이 더 효과적이다. ② 강의를 무조건 축소하기보다 학습자들이 문제의식이 명확히 생겨서 필요성을 느꼈을 때 문제(과제)의 해결에 필요한 강의를 충실하게 해 주는 것이 더 효과적이다. ③ 조사방법/분석방법 강의 직후에는 수업 중 실습 기회를 제공하고 교사/교수의 피드백을 함께 제공하며, 잘못된 부분을 수정해서 교사/교수의 확인을 받은 후 실제 문제해결에 적용하도록 하면 완전학습이 가능하다.

이러한 '실행학습 프로그램 개발(개선)' 중심의 실천적 연구를 위해서는 먼저 문제 진단을 한 후 실행학습이 적용될 때 최선의 결과를 가져오는 프로그램 초안 개발 또는 개선이 이루어져야 한다. 개발(개선)된 프로그램 초안은 충분한 검토를 거쳐서 가능한 데까지 개선한 후, 실제 현장에 1차 적용을 하면서 적용과정에 대한 참여관찰/면담/설문

조사를 하여 프로그램을 개선하고 2차 적용을 할 필요가 있다. 다음 단계에서는 연구 상황에 따라서 다음 세 가지 중에서 한 가지를 선택한다.

- 시간 여유가 없다면, 지금까지 발견한 문제점만 더 개선하여 프로그램을 완성한다.
- 시간 여유가 있다면, 3차 적용을 같은 방식으로 실시한 후 문제점을 개선하여 프로그램을 완성한다.
- 시간 여유와 협력 가능한 현장이 있다면, 연구자 자신의 현장이 아닌 다른 현장(예: 동료 교사/교수의 수업)에서 이 프로그램을 적용해 본 후 관찰과 면담 등을 통해 발견한 문제점을 개선하여 프로그램을 완성한다.

2. 실행학습과 연계된 프로그램 개발과 일반화를 목표로 하는 실천적 연구의 사례

여기에서는 실천적 연구와 실행학습 연계 교육프로그램 개발 사례로서, '마케팅 에스노그라피 과정'의 개발 절차 및 7년간의 운영과정 개선 노력을 단계별로 소개한다. 이는 실천적 연구에서 요구되는 연구 진행방식과 가능한 성과에 대한 이해를 돕고자 한 것이다.[5] 또한, 이 책을 교재로 강의안을 만드는 경우 뒤에 제시한 '최종 교육프로그램'을 참고할 수 있다. 이 과정의 주 교육내용(2/3)이 이 책의 분석방법들이기 때문이다.

(1) 프로그램 개발의 배경과 목적

다양한 전공의 기업체 직원, 대학원생, 교수 등이 함께 참여할 수 있는 실행학습 방식의 '마케팅 에스노그라피 연구방법' 사회교육(평생교육) 프로그램을 개발하고자 한 이 연구에서는 수강생의 배경과 학습내용에 대한 이해수준이 다양한 것을 전제로 하였다. 대부분의 사회교육 프로그램 수강생의 인적 구성은 다양하므로 이를 고려하여 성공적인 프로그램을 개발해야 프로그램의 일반화가 가능하기 때문이다. 실행학습을 강조한 것

---

5) 이외에도 필자는 실천적 연구를 통해 "신제품마케팅 에스노그라피" 신규 교과목을 개발하여, 2010년 2학기부터 덕성여자대학교 문화인류학과 전공 수업으로서 운영한 바 있다. 인류학자와 경영학자(마케팅 전공)들의 간 학문적 협동연구라는 특징을 갖는 이 연구의 과정은 이용숙, 유창조, 김영찬(2013)의 "대학 신규교과목 개발을 위한 실행연구: '신제품마케팅 에스노그라피'"(교육인류학 연구, 16(1), 65-100)에 제시되어 있다. 또한, 필자(2014)의 "예비교수와 신임교수를 위한 〈대학 교수법 코스〉 개발 실행연구"(열린교육연구, 22(1), 479-521) 등 여러 편의 실행연구 논문을 참고할 수 있을 것이다.

은 수강생들이 작은 규모의 연구에라도 참여하면서 연구단계에 따라 연구수행에 필요한 강의도 듣고, 연구수행과정에 대한 지속적인 안내와 피드백을 받는 것이 연구방법을 가장 잘 습득하는 방법이라고 확신했기 때문이다.

(2) 연구설계

이러한 배경과 목적을 갖는 연구의 설계는 [그림 10-5]와 같다. 이는 첫 설계와는 달라진 것이다. 처음에는 본조사 1단계까지만 계획하였으나, 충분히 만족스러운 수준의 프로그램이 개발되지 않았으므로 연구기간을 연장했다. 따라서 본조사 1단계 1년, 본조사 2단계 3년 등 본조사 기간만 4년이 소요되었고, 여기에 예비 프로그램 운영 기간까지 합치면 7년간 운영된 후에 연구결과가 학술지에 게재되었다(이용숙, 2016).

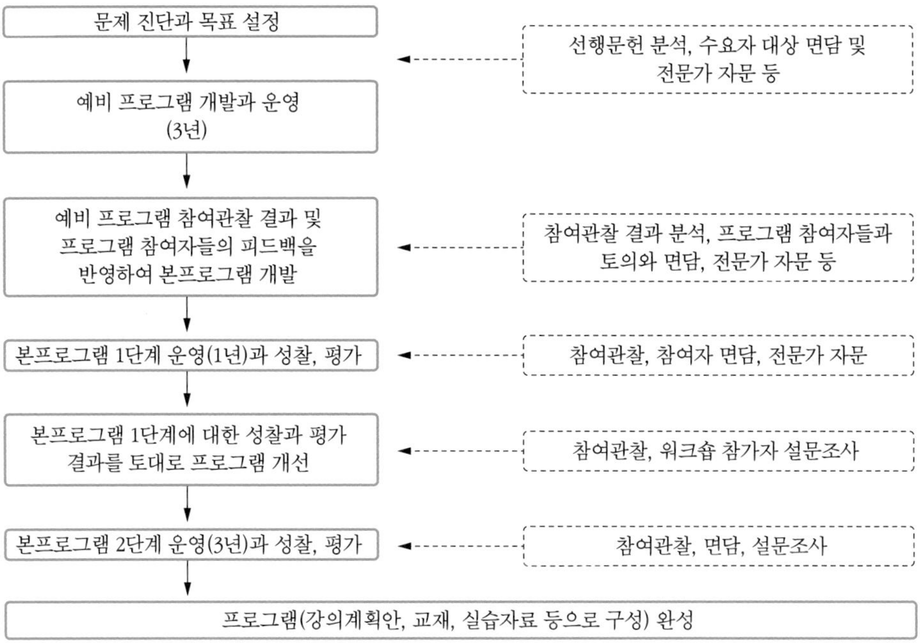

[그림 10-5] '마케팅 에스노그라피 연구방법' 사회교육 프로그램 개발을 위한 실천적 연구설계

*출처: 이용숙(2016b), p.309.

연구과정에서 이루어진 자료수집 및 분석방법은 〈표 10-1〉에 제시하였다.

〈표 10-1〉 자료수집 및 분석방법

문헌분석	• 마케팅 에스노그라피 관련 논문 및 연구사례 문헌분석을 함. • 이 프로그램의 코스를 개발할 때 필요한 코스디자인 관련 선행연구 분석 및 연구방법을 가르칠 때 교재로 활용될 수 있는 논문들의 요약과 분석을 함.
프로그램 개발	• '사전 면담 - 동반쇼핑 참여관찰 1 - 중간 면담 1 - 동반쇼핑 참여관찰 2 - 중간면담 2 - 동반쇼핑 참여관찰 3 - 후속 면담'으로 이루어지는 수강생들의 1차 자료수집과 '분류체계분석, 성분분석, 원인연쇄분석, 결정표분석, 내용분석' 등으로 이루어지는 프로그램 전반부의 연구 1단계 기본 설계를 하고, 이 연구방법을 강의와 실습, 실제 연구과정 참여 및 피드백을 통해서 습득할 수 있도록 과정을 개발함. • '1학기 과정'의 개요는 다음과 같이 구성: 연구사례 발표와 자료수집방법 특강 – 실습 – 개별 연구보고서 제출과 상호 피드백 – 개별 연구보고서 주제별 종합 – 자료분석방법 특강 – 실습 – 개별 분석과 통합 – 중간보고서 개별 작성과 상호 피드백 – 수정된 개별 중간보고서 통합과 발표용 보고서작성 – 워크숍에서 발표와 피드백 – 공개 워크숍 참가자 대상 자료수집 및 분석 실습 지도와 팀별 발표 – 2학기 과정 개발을 위한 토의
프로그램 운영 과정 참여관찰과 서술적 관찰	• 필자가 과정을 직접 운영하면서 전 과정에 대한 참여관찰 수행: 연구자는 과정 운영 전반에 대한 참여관찰일지를 작성하고, 일부 수강생은 학습자로서의 참여 경험에 대한 참여관찰 일지를 작성하도록 함. • 이 중 중요하다고 판단한 일부 시간에는 연구보조원이 전체 내용을 보고 들은 대로 상세히 기록하는 서술적 관찰기록지를 작성하도록 함.
심층면담	• 연구 자문을 겸하는 프로그램 공동운영자(문화인류학과와 경영학과 교수)[6] 및 수강생들과 수업 운영의 장점 및 개선할 점에 대해서 수시로 면담을 함.
서술형 설문조사	• 과정 마지막에 서술형 설문조사 형식의 평가를 하여, 참여자 피드백을 얻음.
조사결과 분석	• 내용분석, 주요사건분석, 분류체계분석, 성분분석, 원인연쇄분석을 시행함.

(3) 예비 프로그램 운영 결과

예비 프로그램은 2차에 걸쳐서 운영되었다. 2010년과 2011년 1학기에 이루어진 1차 예비 프로그램(학기당 10회, 오후 7~9시)은 다음과 같은 내용으로 구성되었다.

① 연구방법 강의와 실습
② 주요 선행연구 발제와 토론 방식의 독회

6) 공동운영자로 참여해 주신 덕성여자대학교 문화인류학과 이응철 교수와 동국대학교 경영대학 유창조 교수께 감사드린다.

③ 관련 워크숍이나 세미나 참여
④ 20명 이내의 참가자들이 개인/팀으로 실시하는 작은 연구 프로젝트 실천과정 발표와 피드백

강의만이 아니라 실습과 피드백을 강조하는 이 프로그램 운영과정에서의 참여관찰과 참가자들의 학기 말 피드백을 통해서 프로그램의 장점과 개선할 점을 다음과 같이 파악할 수 있었다.

예비조사 단계 1차 프로그램의 장점

① 전반적으로 긍정적으로 평가함.
② 다양한 배경의 사람들이 마케팅 에스노그라피 연구방법 학습에 관심이 있음을 확인함.
③ 참가자들은 대부분 분석방법에 대한 이해를 어느 정도 할 수 있는 것으로 보임.
④ 강의와 실습 후 각자 실제 조사에 적용해 보고, 다시 만나서 피드백을 받고 분석방법을 다시 실습해 보는 것이 가장 이상적임을 발견함.

예비조사 단계 1차 프로그램에서 개선할 점

① 2시간으로는 충분한 실습을 하기 어려웠으며, 실습과정에서 개인차가 컸음.
② 실제로 연구를 끝까지 수행한 것은 두 팀뿐으로, 중도 탈락한 연구팀들은 공동 운영진이 제공하는 피드백만으로는 연구수행을 어렵게 생각함.
③ 관련 워크숍이나 세미나에 실제로 참가한 참여자는 극소수였음.
④ '마케팅 에스노그라피 세미나'라는 프로그램의 이름으로 인하여, 이 프로그램이 일회성의 세미나인 것으로 오해되는 경우가 많았음.

이러한 성찰 결과를 반영하여 2011년 2학기와 2012년 1학기에 이루어진 2차 예비 프로그램은 운영방식을 다음과 같이 변경하였다.

예비조사 단계 2차 프로그램에서 변경한 점

① 명칭은 '마케팅 에스노그라피 과정'으로 바꾸었으며, 학기당 7회, 오후 7시 30분부터

10시까지 운영함.
② 개별연구를 이 프로그램의 일환으로 새로 실시하는 것은 포기하는 대신, 프로그램을 통해서 학습한 연구방법을 각자 수행하고 있는 연구나 프로젝트에 적용하도록 하고, 자신의 연구 진행과정을 발표하여 피드백을 받도록 함.
③ 관련 워크숍이나 세미나 참여는 권장만 하기로 함.

2차 프로그램 운영과정 참여관찰과 참가자들의 학기 말 피드백을 통해서 1차 예비 프로그램에서 나타난 문제는 어느 정도 해결되었으나, 또 다른 문제가 나타난 것을 발견했다.

예비조사 단계 2차 프로그램에서 나타난 새로운 문제

① 참여자들의 프로그램에 대한 만족도나 참여의 적극성이 학습한 연구방법을 개인연구에 적용하여 발표한 수강생의 경우와 그렇지 않은 경우가 크게 달랐음: 적용하지 않은 수강생의 경우, 프로그램 참여 방식이 강의와 약간의 실습, 일부 선정된 학생들의 발표 및 피드백으로 이루어지는 일반 대학 수업을 수강하는 것과 크게 다르지 않다는 문제가 발생함.
② 끝나는 시간이 오후 10시였기 때문에 2시간 30분보다 더 많은 실습이나 토론시간이 필요한 경우에도 예정된 시간을 초과하기 어려운 문제가 발생함.

4) 본프로그램 1단계(2013년) 운영 결과(에스노그라피연구소 단독운영)

이러한 예비조사 결과에 따라서 본프로그램은 지나친 부담은 주지 않으면서 적극적으로 참여할 수 있도록, 다음과 같이 개발하기로 하였다.

① 공동연구 프로젝트 선정: 모든 참가자가 연구계획부터 논문작성 단계까지 함께 진행하면서 단계별로 필요한 강의와 실습을 하고, 상호 피드백을 주고받으면서 활동을 통해서 배우는 '실행학습(action learning)' 방식의 프로그램을 운영함.
② 학기 단위로 7주씩 두 학기가 연계된 프로그램으로 운영함.

③ 공동연구 프로젝트 주제는 참가자들이 가장 흥미 있는 것을 함께 정하도록 함.
④ 연구 초기 단계에서 사용할 연구방법은 비교적 쉽게 습득 가능하면서도 짧은 시간에 연구결과를 얻을 수 있는 '심층면담 – 동반쇼핑 참여관찰 – 심층면담' 방식의 자료조사와 분류체계+성분분석 및 원인연쇄분석 중심의 자료분석방법을 적용하고, 그다음 단계 연구방법은 연구 진행과정에 따라서 참여자들과 상의하여 결정하기로 함.
⑤ 참가자들이 자료분석 결과를 1학기 말의 공개 워크숍에서 중간보고 형식으로 발표하여 피드백을 받으며, 공개 워크숍 참가자들이 이와 비슷한 방식의 조사를 간단하게 해 보도록 하면서 조별 지도자로서 활동해 보는 경험을 하게 하기로 함.
⑥ 전 과정을 적극적으로 참여하는 경우 논문 게재 시 공동 저자의 자격을 주는 인센티브를 부여하기로 함.
⑦ 모임 시간은 오후 7시부터 9시 40분까지로 하되, 7시부터 7시 15분은 김밥 등 간단한 식사와 워밍업 시간으로 운영하여 직장 일로 늦게 오는 참가자들을 배려하고, 필요한 경우 마지막에 20분 정도 토론시간을 추가할 수 있도록 융통성을 갖기로 함.

이 프로그램 운영과정에서 수행한 참여관찰과 참가자들의 학기 말 피드백을 통해서 프로그램의 성과와 개선할 점을 〈표 10-2〉와 같이 파악할 수 있었다.

〈표 10-2〉 본조사 단계 1차 프로그램 1학기 과정의 성과와 개선할 점

내용	성과	문제점
1) 강의와 실습	1) 만족도가 높았음. 2) 실습을 수업시간 중에 대부분 끝냈으며, 그렇지 못한 경우에도 과정 카페(온라인 카페 사용)에 올리도록 한 후에 다음 시간 전까지 피드백을 제공하여 필요하면 수정함.	없음
2) 실습 이후의 개별과제	1) '운동화 구매'로 공동주제를 선정해 제출된 개별과제 보고서는 대부분 상당히 훌륭했음. 2) "과제를 하지 않았다면 연구방법을 습득하지 못했을 것 같다"는 피드백 제시함.	시간이 부족해서 과제를 하지 못하거나 과제의 앞부분만 한 참여자도 일부(주로 기업체 직원) 있음. 직장 일로 과제를 할 시간이 없는 참가자에게 억지로 과제를 제출하도록 할 방법은 없었음.

3) 공동연구 과제	없음	개별과제 종합과 중간보고서 초안 작성 과제 제출을 미루다가 결국 내지 못한 참가자들과 제출은 하였으나 마감보다 2~3주 늦게 제출한 참가자가 많아서, 개별과제 종합을 시작할 수 없었음. 할 수 없이 참가자 2명의 개별보고서 발표로 대치함.
4) 진행 중인 개인연구 사례의 발표	필자와 박사과정 수강생 2명이 이 프로그램에서 학습한 연구방법을 적용한 개인연구를 중간발표하였고, 각 연구자는 피드백을 최대한 반영하여 수정하였음. 두 연구는 발표 후 몇 달 내로 등재학술지에 게재했고, 나머지 한 연구는 학회 발표 시에 우수논문으로 선정됨.	없음

이와 같은 성찰을 바탕으로 연계된 2학기 프로그램의 내용을 구성하였으나, 1학기 참가자 중 직장 사정으로 2학기에는 참가할 수 없게 된 참가자가 절반 이상이라서 처음부터 계획을 수정할 수밖에 없었다. 이는 많은 기업이 연말인 10월부터는 매우 바빠지기 때문에 발생한 것으로, 이를 통해 기업체 직원들이 참여하는 사회교육 프로그램은 1학기와 2학기 연속 운영해서는 안 된다는 것을 발견했다. 2학기 프로그램 운영 결과 1학기 프로그램과 마찬가지로 특강과 실습 및 진행 중인 개인연구사례발표는 큰 문제가 없는 것으로 나타났다. 그러나 2학기 참여자는 대부분 학계에 있는 사람들(대학원생, 교수, 박사후과정, 연구원 등)이었는데도 불구하고 너무 바빠서 공동연구의 진행은 어렵다는 것이 학기 중간에 이미 드러났다. 2학기 프로그램의 성과와 발견한 문제점, 그리고 조치사항을 〈표 10-3〉에 제시하였다.

〈표 10-3〉 본조사 단계 1차 프로그램 2학기 과정의 성과와 문제점 및 조치사항

내용	성과	문제점	조치
1) 강의와 실습	만족도가 높음.	1학기 진행 내용의 복습 강의는 짧은 시간만 할 수 있어서, 2학기의 새로운 참가자들은 어려워함.	보충 설명을 따로 더 많이 해주기로 함.

2) 연구방법 교재 발제와 토론	1) 순조롭게 진행됨. 2) 꼭 필요한 내용이라는 점도 공유됨.	없음	
3) '결정표분석' 개별 과제와 공동연구를 위한 과제	1) 마지막까지 남은 수강생은 과제를 대부분 끝낼 수 있었음. 2) 여러 소비자의 생각을 종합해서 이 중 더 중요하게 여겨지는 고려사항이 무엇인지를 알게 되었다는 소득이 있었으며, 따라서 참가자들은 앞으로 자신의 연구에 결정표분석을 사용해 보겠다는 생각을 하게 되었음.	결정표분석의 실습이 예상보다 오래 걸렸고, 개별과제 제출도 많이 늦어졌음.	1) 개별과제 결과를 활용한 공동연구는 모든 과제를 제출한 참가자 중 희망자만 4명 선정하여 틈틈이 진행하기로 함. 2) 대신 일상에서 일주일 동안 운동화 착용에 대해 참여관찰을 한 결과를 현장연구일지로 제출하는 과제를 새로 냈으나, 과정의 후반부에 추가된 이 과제는 제출하지 않은 참가자가 더 많았음.
4) 진행 중인 개인연구 사례의 발표	박사과정 수강생 3명이 이 프로그램에서 학습한 연구방법을 적용한 개인연구를 중간 발표했으며, 이 중 두 연구는 이후 박사학위 논문으로 발전되어 심사위원들로부터 좋은 피드백을 받았음. 두 연구는 학술지에 게재됨.	없음	

이와 같은 성찰 결과, 프로그램 운영방식에 다음과 같은 몇 가지 변화가 필요하다는 결론을 내렸다.

① 직장인은 여러 사정으로 10월 이후 바쁘며, 두 번째 학기에는 참여할 수 없는 경우가 많으므로, 프로그램은 매년 1학기에만 한 학기 프로그램으로 운영하기로 함.

② 실행학습(액션 러닝) 방식은 바람직하지만 학술지 게재 수준의 공동연구를 하는 것은 매우 어려우며, 기업체 참가자들의 관심을 유지하기 어렵다는 것을 발견함. 따라서 프로그램 내에서는 간단한 프로젝트를 가지고 실행학습을 하도록 하고, 학회지용 논문

작성은 참가자 중 희망자가 충분히 있는 경우 별도로 해야 한다는 결론을 내림.

③ 그동안은 분류체계분석과 성분분석을 먼저 한 후 이어서 원인연쇄분석을 하고 결정표분석은 따로 하도록 구성해 왔으나, 분류체계분석과 성분분석에 이어서 결정표분석을 하는 것이 더 효과적임을 발견함. 따라서 연구방법 학습 순서를 다음과 같이 바꾸기로 함: 분류체계분석과 성분분석 → 결정표분석과 흐름도 → 원인연쇄분석

④ 모든 수강생은 바쁘다는 점을 감안하여, 지나친 과제를 부여하지 않도록 해야 함을 발견함. 특히 바쁜 기업체 근무자들이 중간부터 안 나오는 일을 방지하기 위해서도 과제를 축소하기로 함.

5) 본프로그램 2단계 1차 연도(2014년) 운영 결과('기술인문융합창작소'와 공동운영)

2단계 운영계획을 세우던 중 정부 기관인 '한국산업기술진흥원 기술인문융합창작소'에서 이 과정에 관심을 보이고 프로그램을 함께 운영하자는 제안을 하였다. 합의가 이루어짐에 따라 대학로의 기술인문융합창작소 세미나실에서 공동의 과정을 10주 프로그램으로 운영하게 되었다. 이로 인해 중소기업 참가자가 늘어났다는 장점도 있었다. 이 프로그램 운영과 성찰 결과, 여전히 개선의 여지는 있지만 1단계에 비해서는 성공적이라고 할 수 있음을 발견하였다. 우선 프로그램이 원활하게 진행되었으며, 과제를 위한 시간이 더 많이 주어짐에 따라 과제 제출자의 비율과 조별 연구의 완성도도 높아졌다. 또한, 자신의 업무나 논문에 이 프로그램에서 습득한 연구방법을 적용하는 참가자가 다수였다. 실습을 위한 연구과제를 논문으로 발전시키는 사례도 있었다.

참가자 만족도도 높은 편이었다. 전체적인 만족도는 4.2/5로서, '미흡했다'라는 참가자는 전혀 없었으며, '보통'이라는 응답 1명 이외에는 모두 '매우 만족' 또는 '만족'이라고 응답했다. '자신의 업무 활용에 있어서 도움이 되는 정도'에 대한 만족도와 '주변 사람들에게 이 코스를 추천할 의향'도 4.3으로 나타났다.

6) 본프로그램 2단계 2차 연도(2015년) 운영 결과('기술인문융합창작소' 후원으로 진행)

2단계 1차 연도 과정의 운영은 시간 부족 이외에 큰 문제는 없었으나, 참가자들의 부담을 더 줄이기 위해서 2차 연도에는 다음과 같이 네 가지를 변경하기로 하였다.

① 조별 연구주제를 정해 연구과제를 하는 것에 부담을 느끼는 기업체 참가자가 많았으므로 다 함께 진행하는 공동 연구주제를 한 가지 정해서 운영진이 충분한 가이드를 주면서 연구경험을 해 보는 것으로 바꾸기로 함.
② 동반쇼핑 참여관찰은 과제로 실시하는 대신에 수업시간 중 일부를 활용하여 부근에서 간단히 실시하는 '수업 중 실습' 형식으로 바꾸기로 함. 과제 부담을 줄이는 한편 이로 인해서 한 주를 쉬어야 하는 일을 방지하기 위한 것임.
③ 셰도잉 관찰 과제는 집이나 직장에서 실시해서 수업카페에 올리도록 하는 것은 유지하되, 셰도잉 시간을 줄이기로 함.
④ 과제가 줄어듦에 따라 중간에 쉬는 날을 없애고 10주 대신 8주 프로그램으로 운영하기로 함. 기간이 긴 것에 부담을 갖는 직장인 참가자가 많은 점을 반영한 것임.

본 프로그램 2단계 2차 연도 운영은 비교적 성공적으로 진행되었고, 큰 문제는 발생하지 않았다. 다만 실습으로만 운영하는 날을 편성한 결과 강의가 없다는 이유로 결석이 많아지는 문제가 발생하였다. 또한, 이전보다는 약간 나아졌지만, 과제를 절반 정도만 제출하고 나머지 수강생(특히 직장인)은 제출하지 않는 문제는 계속되었다. 따라서 다음과 같이 개선하기로 하였다.

① 모든 날에 강의와 실습 또는 발표가 함께 이루어지도록 하고, 대신 중간에 동반쇼핑 참여관찰 과제를 위해서 쉬는 주일 한 주를 포함하여 9주 프로그램으로 운영하기로 함.
② 가장 기본적인 자료수집방법인 참여관찰과 심층면담 부분에 대한 진도를 천천히 나가고, 수업 중 간단한 실습과 토의시간을 추가하여 이해도를 높이기로 함.
③ 프로그램 중 수강생들의 흥미가 비교적 적었던 부분을 없애고, 대신 '디자인 에스노그라피' 강의와 다양한 실습시간을 추가하기로 함.
④ 셰도잉 관찰 과제는 강의 도중에 2명이 짝이 되어, 바로 부근에서 30분만 실시하고 돌아오도록 운영함.
⑤ 이에 따라 프로그램의 순서에도 약간의 변화가 생김.
⑥ 개별 실습만 진행하는 주의 과제를 참가자의 절반 이하만 하고 나머지 참가자는 하지 않는 것에 대해서는 이들이 매우 바쁘며 강제력이 없기 때문이므로 포기하기로 함. 대신

에 과제를 한 참가자들의 발표와 피드백 및 토의시간을 운영하여 결과를 공유하기로 함.

7) 최종 프로그램 개발과 운영(2016년) 결과('기술인문융합창작소' 후원으로 진행)

이처럼 복잡한 과정을 거쳐 최종 프로그램이 〈표 10-4〉와 같이 완성되었으며, 이는 비교적 성공적으로 운영되었다.

〈표 10-4〉 개발된 최종 프로그램(본프로그램 3차 연도 운영 프로그램)

차시	주요 내용
1회	–강의 1: 소비와 문화 그리고 참여관찰 –강의 2: 마케팅 에스노그라피의 발달과 적용사례
2회	–강의 3과 실습: 심층면담 –강의 4와 실습: 에스노그라피에서 기록하기 * 실습 1 – 참여관찰일지 작성 실습: (1) 시간의 흐름에 따른 일지; (2) 주제별 일지 작성 실습 * 실습 2 – 심층면담 실습: 짝끼리 앞의 (1)과 (2) 형식의 참여관찰일지의 차이와 참여관찰일지 작성과정에서 느낀 점에 대한 면담 실습(질문하면서 문답 내용 기록)
3회	–강의 5와 실습: 분류체계분석과 성분분석(강의와 실습) * 실습 3 – 연구자와 소비자의 역할을 각각 맡아서, '제품 구매 시 고려사항'을 중심으로 하는 면담과 분류체계+성분분석 실습(실습결과와 해석은 다음 날까지 과정카페에 각자 올리면, 주말까지 피드백 제공) –강의 6: 동반쇼핑과 분류체계+성분분석과의 연계
4회	〈과제 수행일〉 지인 1명의 디저트 소비에 대한 동반쇼핑 참여관찰과 자신의 소비에 대한 참여관찰을 하고 두 가지 경험을 비교하면서 논의하는 참여관찰보고서를 작성하여, 과정카페에 올리면 주말까지 피드백 제공
5회	– 과제에 대한 종합 피드백 – 에스노그라피적 접근으로 진행 중인 개인연구 발표 1과 피드백(사전 신청을 받음) –강의 7: 기업 마케팅을 위한 에스노그라피 활용 사례
6회	–강의 8과 실습: 결정표분석과 흐름도 * 실습 4: 분류체계+성분분석 결과에 연계하는 결정표분석과 흐름도 만들기 ① 실습 1(분류체계+성분분석) 결과 가장 중요한 것으로 나타난 고려사항 3~4개에 대해서 이 고려사항들의 조합에 따라서 소비자는 어떤 행동을 할 것인지 알아보는 결정표분석과 흐름도 만들기 실습을 하고, ② 결정표분석과 분류체계+성분분석 결과를 연계하는 해석의 제시

7회	–강의 9와 실습: 섀도잉 연구방법과 사례 –강의 10과 실습: 시간구조분석 * 실습 5 – 수업 중 교수의 행동에 대한 시간구조분석 실습 * 실습 6 – (1) 2명씩 팀이 되어 1명이 부근의 매장에서 디저트를 구매하고, 다른 한 명은 그림자처럼 따라다니면서(섀도잉) 어떤 행동을 했는지 기록함 (30분간); (2) 돌아온 후 연구자 역할의 수강생은 관찰한 소비자의 시간 사용을 '시간대별 행동 기록표'로 만들고, 소비자 역할의 수강생은 자신이 기억한 대로의 '시간대별 행동 기록표'를 만든 후에 두 개의 표를 비교하고 차이에 대해서 논의하여 해석 제시
8회	– 참여자의 개인연구사례발표 2와 피드백 (사전 신청을 받음) – 강의 11: 디자인 에스노그라피
9회	– 강의 12: 분류체계분석/성분분석과 결정표분석 결과를 토대로 설문조사 문항 만들기 – 강의 13: 원인연쇄분석 *실습 7 - 이번 학기의 실습 및 과제 내용 중 주요발견에 대한 원인연쇄분석 (* 모든 실습결과는 과정 카페에 올리면 피드백 제공)

수강생의 부담을 줄이는 실습과 최대한의 피드백을 제공하는 방식의 최종 프로그램 운영 결과 수강생 만족도가 더욱 높아졌다(평균 4.5). 별다른 문제가 없었으므로, 이후로는 세부적인 수정만 하기로 했다. 이 연구에서 개발한 프로그램이 확산된다면 마케팅 에스노그라피 연구방법 학습 기회 없이 정성조사를 시행하고 있는 기업체 직원이나 본인의 연구에 이러한 방법을 활용하고자 하는 교수/연구원/대학원생들이 겪는 어려움을 조금이라도 해소하고 시행착오를 줄일 수 있을 것이라는 결론을 내렸다.

Ⅳ 기업 현장에서의 실천적 연구의 사례

기업에서도 실천적 연구를 통해서 문제해결이나 관행 개선 등 기업의 성공을 위해서 필요한 일을 할 수 있다. 기업에서는 세 유형의 실천적 연구 중에서 '현장에서 문제의 원인과 함께 개선 대안 찾기' 유형의 연구가 가장 필요한 경향이 있으며, 이때 원인연쇄분석 적용이 유용하다. 여기에서는 2011년의 "마케팅 에스노그라피 과정"에 참여한 한 조사회사 직원(A 부장)이 원인연쇄분석을 활용하여 자신의 회사에서 발견한 문제를 해결하려 노력한 사례를 제시한다.

1. 당면한 문제와 실천적 연구의 시작

A 부장이 회사에서 맡은 업무 중 하나는 직원 훈련이며, 이에 따라 새로 들어온 직원들과 교류할 기회가 많았다. 새로 들어온 직원은 직장생활을 거의 처음 시작하는 '일반 신입직원'과 다른 회사에서 여러 해의 경력을 쌓은 후 이직한 '경력직 직원'으로 나눌 수 있는데, A 부장은 조사회사 출신이 아닌 다른 연관 업종 출신 경력직 직원들이 회사 업무 적응에 더 어려움을 겪고, 스트레스를 많이 받는 경향이 있음을 발견하였다.

미니 프로젝트로서 앞서 제시한 문제 해결을 주제로 하는 실천적 연구를 하기로 한 A 부장은 기회가 될 때마다 참여관찰을 하면서 타 업종 출신 경력직 직원들이 토로하는 어려움이나 당면하는 문제 등을 기록하기 시작했다. 이들 중 일부와는 문제의 원인에 대한 심층면담도 했다. 자료분석방법으로는 원인연쇄분석이 가장 적합하다고 판단했으며, 원인연쇄분석을 면담의 길잡이로도 사용했다. 면담에서 나온 문제의 중간 원인, 심층 원인 등을 원인연쇄도형으로 그리면서 추가적인 원인이 더 있는지와 원인 간의 연계가 가능한지 찾아보았다.

2. 원인연쇄분석 결과

연구결과 완성한 원인연쇄분석 도형 중 2개를 다음에 제시한다. [그림 10-6]은 타 업종 출신 경력직 직원의 '리서치 업무 자체에 대한 심리적 불안감 형성'에 대한 원인연쇄도형이고, [그림 10-7]은 이들의 '사내 인간관계에서의 무력감 형성'에 대한 원인연쇄도형이다. 두 그림 모두 여러 타 업종 출신 경력직 직원 각각의 원인연쇄분석 결과를 통합해서 하나의 원인연쇄도형으로 만든 것이다.

[그림 10-6]을 보면 타 업종 출신 경력직 직원들은 자신이 일을 잘하고 있는지 모르겠다는 불안감에 상시 시달리고 있었다. 직접적 원인은 자신이 한 일을 클라이언트가 좋아하지 않는 것 같고, 상사의 실수 지적이 종종 있으며, 일 처리에 시간이 너무 걸리고, 회의 후에도 방향이나 답을 잘 모르겠다는 것이다. 이 네 가지 원인은 8개의 중간 원인과 연계되는데, 이 중에서 "실제 클라이언트의 불만이 있다." "상사가 기대한 퀄리티 수준을 못 맞춘다." "방향, 답 찾는 연습이 안 되어 있다."는 각각 두 가지씩의 직접적 원인과 연계된 중요한 중간 원인들이다. 심층 원인으로는 "리서치 수행 경험이 일천하다." "리서치의 기초가 부족하다." "바쁜 업무 일정으로 기존자료를 볼 시간이 부족하다"

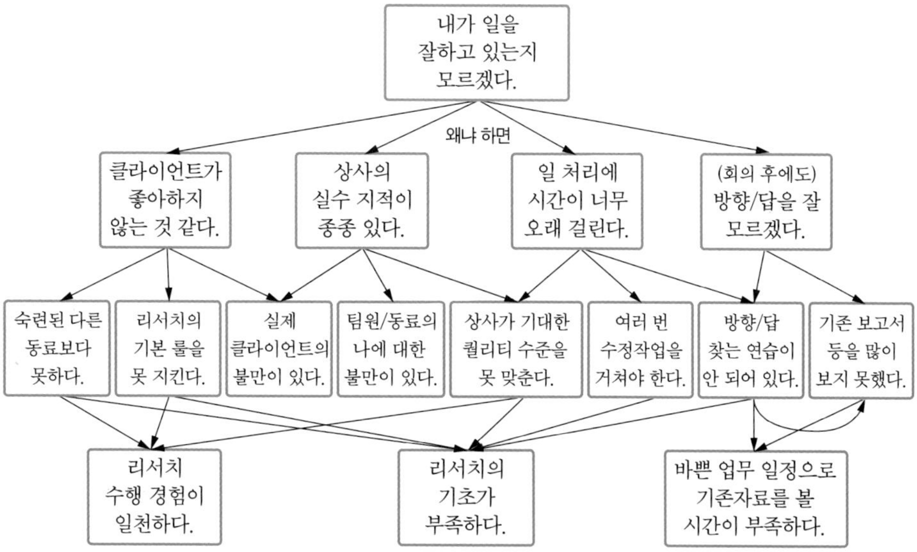

[그림 10-6] 타 업종 출신 경력직 직원의 '리서치 업무 자체에 대한 심리적 불안감 형성'의 원인연쇄도형

가 발견되었는데, 특히 "리서치의 기초가 부족하다."는 다섯 가지나 되는 2차 원인(중간 원인)과 연계되어 있다. 즉, 타 업종 출신 경력직 직원 대다수는 리서치의 기초가 부족하고 경험도 일천한데다가, 입사하자마자 며칠 만에 주어진 바쁜 업무 일정으로 인해서 '기존자료라도 보고 공부할 시간'도 부족하다는 것이다.

[그림 10-7]은 '동료들 앞에서 자신감이 없고 미안한 생각이 든다'라는 사내 인간관계에서의 무력감의 1차 원인(직접적 원인)은 "동료들에게 민폐를 끼치고 있는 것 같다." 1개뿐이지만, 이의 2차 원인은 "불필요하게 동료들의 시간을 많이 뺏는다." "동료들의 업무 부담을 증가시킨다." "동료가 클라이언트나 상사의 불평을 듣게 만든다."라는 세 가지로 늘어남을 보여 준다. 이 중 "불필요하게 동료들의 시간을 많이 뺏는다."와 "동료들의 업무 부담을 증가시킨다."는 4개의 3차적 원인과 연계되며, 이는 다시 4개의 심층 원인과 연계된다.

한편, 2차 원인 중에서 "동료들의 업무 부담을 증가시킨다."는 다음과 같은 두 가지 원인, 즉 "클라이언트는 나 대신 기존에 알던 사람에게 불만을 표시한다." "상사는 아직 잘 모르는 나 대신 서포트 직원을 꾸중한다."와 연계된다. 이 두 가지 원인은 3차적 원인으로서 배열할 수도 있었지만, 이 문제들로 인해 타 업종 출신 경력직 직원들이 힘들어하게 되는 정도가 상당히 크다는 점에서 심층 원인(4차적 원인)으로 배열한 것이다.

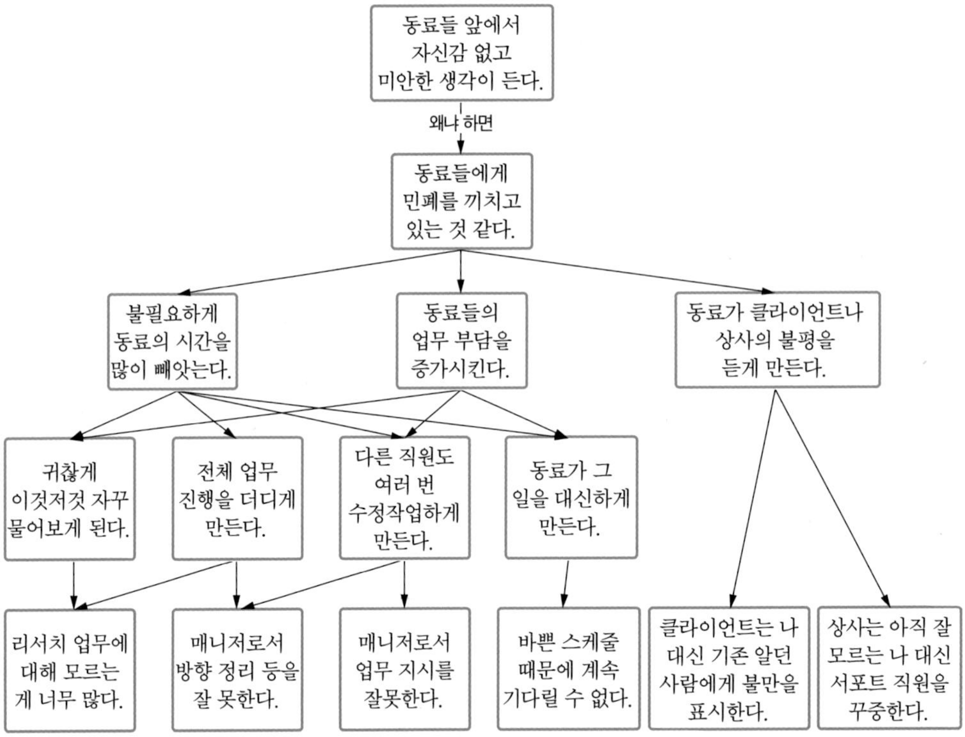

[그림 10-7] 타 업종 출신 경력직 직원의 '사내 인간관계에서의 무력감 형성'의 원인연쇄도형

3. 대안 제시

A 부장은 이 두 가지 외에도 몇 개의 원인연쇄도형을 만들면서 문제를 해결하기 위한 대안을 생각하였고, 이런 대안에 대한 타 업종 출신 경력직 직원들의 긍정적인 피드백을 받았다. 첫째는 이들을 위한 매뉴얼을 개발하는 것으로, A 부장은 실제로 매뉴얼을 개발하여서 훈련에 활용하였다. 둘째는 이들과의 상담기회를 늘리는 것이다. 셋째는 이들이 실제로 업무를 분담하는 시기를 늦추는 것인데, 기존 직원들이 정신없이 바쁘게 일해야 하는 상황이라서 약간만 늦출 수 있었다고 하였다.

이후 3~4년이 지나서 A 부장에게 당시의 연구 이후 얼마나 상황이 개선되었는지 물어본 결과 타 업종 출신 경력직 직원들의 훈련이나 심리적 안정 등에 다소 개선이 있었지만, 실제 근본적인 문제의 해결은 회사에서 다른 방식으로 진행 했음을 발견했다. 즉, 항상 인원이 부족해서 이들이 충분히 훈련될 때까지 기다려 줄 만큼의 여유가 어차피 회사에 없으므로, 타 업종 출신 경력직 직원을 뽑을 때는 2~4년 정도의 경력을 가진 사람들 위주가 되었다는 것이다. 이는 이전에 그 업종에서 훨씬 오랜 경력을 가진 사람들을 뽑았던 방식과는 달라진 것이다. 이들은 경력이 짧으므로 처음부터 기대도 덜 받게 되고, 회사 안에서 높은 직위를 줄 필요가 없으므로 부하직원이 대신 고생하는 문제도 크게 줄일 수 있다는 것이 이유였다.

앞에서 제시한 사례들에서 보듯이 현장의 개선에 가장 직접적인 도움을 줄 수 있으면서 일반화할 때 시행착오의 여지를 줄여 주는 것이 실천적 연구다. 그동안 우리나라에서는 이론적 연구나 실증적 연구 등에 치우치는 경향이 있었으나, 서구 여러 나라에서는 실천적 연구의 비율이 크게 늘었다. 교육 분야에서는 교사연구자에 의한 논문만이 아니라 전문 연구자에 의한 연구도 실천적 연구로의 변화가 급격히 일어나고 있다. 특히 미국, 캐나다, 영국, 핀란드, 호주 등은 1970~1980년대부터 '실천적 연구'를 교육의 질적 개선에 가장 중요한 방법으로 인식해왔다. 따라서 교원양성기관과 일선 학교가 다양한 과정을 통해 연구방법과 기술을 보급 및 적용하여, 이제는 협동적 실천연구(collaborative action research)가 자연스러운 연구문화로 자리매김하고 있다(Hollingsworth, 1997; Reason & Bradbury, 2001).

이들 나라에서 이러한 연구 풍토가 자리를 잡는 데에는, 대학원 강좌를 통한 실천연구방법 교육이 큰 몫을 하고 있다. 예를 들어, 미국의 교육 분야 석사 · 박사학위 논문은 실천적 연구방법으로 수행되는 경우가 상당히 많다. 미국 웨스트버지니아 대학교의 경우에는 아예 4년의 교육을 받은 후에는 1학기 동안 실습학교에서 인턴으로 일하면서 실천적 연구를 하는 5년제 교사교육 프로그램(의과대학 교육 프로그램과 유사함)을 운영하여, 교육부로부터 2대 교육혁신 프로그램으로 인정받은 바 있다(이용숙, 2006). 앞으로 우리나라에서도 교육 분야는 물론 경영학 등 다른 분야에서도 실천적 연구방식의 학위논문 작성을 허용하고, 연구방법 강의에서도 실천적 연구방법의 소개를 포함하는 것이 바람직할 것이다.

맺는말

필자가 20년 이상 운영해 온 분석방법 워크숍에서의 참여관찰에 따르면, 인류학 전공자는 물론 인류학에 익숙하지 않은 교육학, 경영학, 소비자학, 사회학, 심리학, 사회복지학, 간호학, 보건학, 의상학, 디자인학 등 다양한 학문 분야의 참가자들도 강의 직후에 약간의 실습 기회와 피드백까지 주면 이 책에 소개한 각 분석방법의 기초를 몇 시간이면 배울 수 있었다. 이들은 이러한 분석방법들을 매우 체계적이라고 느꼈으며, "자료를 수집한 후에 자료를 어떻게 분석할지 몰라서 애를 먹었는데, 이제 분석을 시작할 수 있겠다."라고 환영하는 반응을 보이는 경우가 많았다.

그러나 이런 분석방법들을 단편적으로 사용하는 것으로 충분하지는 않다. 우선은 하나씩 습득하고 사용해 보아야 하겠지만, 점차 분류체계+성분분석과 결정표분석을 연계하고 시간구조분석과 원인연쇄분석, 분류체계+성분분석과 원인연쇄분석을 연계하는 등 여러 분석방법을 최대한 연계시켜서 사용하는 운영을 할 필요가 있다. 이에 더해 자료의 수집/분석단계만이 아니라 연구계획과 보고서의 작성단계에도 이 분석방법들을 적용할 때, 연구의 완성도는 훨씬 높아질 수 있다.

또한, 소개된 분석방법들을 활용하여 질적 분석과 양적 분석을 연계한다면, 그동안 질적 연구보다는 양적 연구의 비중이 높았던 기업, 마케팅, 교육 등 다양한 분야에서 질적 연구가 활발하게 활용될 수 있을 것이다. 예를 들어, 분류체계+성분분석과 결정표분석은 수십 명 대상의 집단면담 상황에서도 적용할 수 있으며, 이 집단면담 자료의 분석결과를 토대로 만든 성분분석표와 결정표는 그대로 설문조사 문항으로도 활용할 수 있다. 따라서 질적 분석의 장점을 살리면서도 양적 분석까지 통합적으로 하는 것이 가능해진다. 이처럼 양적 분석까지 병행한다면 에스노그라피를 비롯한 질적 연구는 기업의 업무나 공공정책 개발 등에 훨씬 더 폭넓게 활용될 수 있을 것이다.

이를 위해서 이 책에서는 현장연구 자료의 체계적인 관리와 분석방법을 구체적으로 소개하고, 일상생활, 소비문화, 마케팅, 수업분석, 기업연구 등 다양한 분야에 적용하는 사례들도 소개했다. 그러나 중요한 것은 이런 연구방법을 교재나 강의만으로는 배우기 어렵다는 점이다. 필자의 경험에 따르면, 수강생들은 강의를 들을 당시에는 이해할 수 있지만, 시일이 한참 지난 후 막상 자신의 연구에 이 방법을 적용하고자 할 때는 분석방법 중 일부를 잊어버리는 경우가 많았다. 이 때문에 필자가 운영한 "마케팅 에스노그라피 과정" 수강생 중 일부는 2~4년 후 과정을 재수강했다.

이 책에 소개한 체계적인 분석방법들을 연구에 사용하고자 한다면, 분석방법 설명 내용을 충분히 숙지하고 제I부의 각 장에 제시한 〈안내된 실습〉도 해 본 후, 본인의 연구나 프로젝트에 되도록 빨리 적용할 필요가 있다. 즉, 자신의 연구 및 프로젝트에서 이 분석방법들을 실제로 적용할 수 있는 부분을 찾아서 자료 수집과 분석을 하고, 완성된 분석표/분석도형의 의미에 대한 해석을 포함한 보고서를 간단히라도 작성하는 것이다. 이후 동료들로부터 이 (미니) 보고서에 대한 피드백을 받고, 이를 반영하여 수정한 완성본을 만들어 보는 것이 필요하다. 만약 어쩔 수 없이 〈안내된 실습〉과 실제 연구에의 적용 사이에 간격이 길어질 수밖에 없는 상황이라면, 연구에 적용을 시작할 때 분석방법에 대한 복습은 물론 〈안내된 실습〉도 다시 해 보는 것이 바람직할 것이다.

참고문헌

김선희(1999). 한국의 색채 범주 구분법에 대한 민족지적 연구. 서울대학교 인류학과 석사학위논문.

김소연(1985). 한국 중학생의 비행화 과정에 대한 연구. 연세대학교 대학원 사회학과 석사학위논문.

김영천, 김진희(2013). 질적연구방법론 II: Software and Qualitative Analysis. 서울: 아카데미프레스.

김영철(1986). 한국 대학생의 문화화 과정 연구. 서울대학교 대학원 교육학과 석사학위 논문.

김예겸(2005), 농촌개발과 실천인류학, 비교문화연구, 11(1), 225-262.

김지영(2002). 사회 교과서 재구성을 위한 절차 개발 및 적용 - 초등학교 4학년을 중심으로. 덕성여자대학교 교육대학원 석사학위논문.

데이비드 매커시, 도나 칼슨(2006). 회사에 간 인류학도. 한국문화인류학회편, 낯선 곳에서 나를 만나다(개정증보판), 373-384. 서울: 일조각.

배연주(2014). 하나님과의 대화: 한국 교회에서의 기도의 분류체계와 구조적 특징. 한국문화인류학, 47(1), 207-250.

배희숙(2009). 학교 상담에서 활용할 수 있는 카드 활용 면담 기법. 열린교육실행연구, 12, 145-147.

변혜원(2011). 청소년 내집단 범주의 민속구분법과 성향특성, 서울대학교 인류학과 석사학위논문.

심옥령(1999). 역사책 만들기를 통한 6학년 사회과 지도의 효율화를 위한 실행연구 - 사회시간이 기다려지는 아이들. 덕성여자대학교 교육대학원 석사학위논문.

안준희(2000). 노숙자의 정체성과 적응전략: 인지인류학적 접근. 비교문화연구, 6(2), 221-266.

왕한석(1992). 한국 친족호칭체계의 의미 기술. 한국문화인류학, 24, 139-193.

왕한석(1996a). 언어 사회 문화: 언어인류학의 주요 조류. 사회언어학, 4(1), 3-50.

왕한석(1996b). 제주 사회에서의 조 및 관련 명칭에 관한 일 연구. 한국문화인류학, 29(2), 341-360.

왕한석(2018). 한국의 물때 체계: 그것의 구분법과 지역적 변이 그리고 실학자들의 이론 기술을 중심으로. 한국문화인류학, 51(3), 9-63.

우제성(2011). 고객 관점의 주얼리 소비경험 및 사용실태에 관한 심층연구. 동국대학교 경영학과 박사학위 논문.

유창조(1997). 자연주의적 연구방법(Naturalistic Inquiry)의 체계와 사례. **광고연구**, 36, 1-21.

유창조(2007). 월드컵 축구 경기에서 표출되는 팬의 소비가치에 대한 비교연구: 국가별 팬 집단의 소비행태 및 소비문화의 비교. **마케팅연구**, 22(4), 115-140.

유창조, 김미나(2007). 경험적 가치기반의 매장에 대한 Ethnography: 홍대 앞 프리마켓을 중심으로. **유통연구**, 12(3), 1-21.

유창조, 성영신, 박주영, 이재형, 차승욱(1999). 매장에서의 고객-판매원의 관계형성에 관한 Naturalistic Inquiry. **소비자학연구**, 10(2), 41-70.

유창조, 이상준(2010). 뉴미디어 환경에서 소비자의 역할 인식 변화에 관한 심층연구: 이동통신 사용시 새로운 소비가치 발현자로서의 10대 소비자. **소비자학연구**, 21(1), 245-272.

유창조, 정혜은(2002). 인터넷쇼핑몰에서의 쇼핑경험의 질이 재방문의사와 구매의사에 미치는 영향에 관한 연구: 효용적 가치와 쾌락적 가치의 구분. **소비자학연구**, 13(4), 77-100.

이수현(2019). 경영학 수업에서의 문제기반학습(PBL) 적용 실행연구: 마케팅 교과목을 중심으로. **열린교육연구**, 27(4), 249-278.

이수현, 이유재(2013). 나를 위한 선물: 셀프기프트(Self-Gift) 소비행동에 대한 정성적 연구. **소비자학연구**, 24(3), 123-155.

이수현, 이유재(2014). 경험수집 소비행동에 대한 통합적 연구. **소비자학연구**, 25(4), 23-55.

이용숙(2004). 자료수집과 자료분석을 위한 결정표(Decision Table) 활용방법. **열린교육연구**, 12(2), 151-178.

이용숙(2005). **교육인류학: 연구방법과 사례**. 대우재단 학술총서. 서울: 아카넷.

이용숙(2006). 의대 교육을 모델로 한 미국의 5년제 교사교육 사례 연구. **열린교육연구**, 14(2), 269-302.

이용숙(2007). 수업구조분석법과 실제학습시간분석법 재개발연구. **열린교육연구**, 15(2), 21-49.

이용숙(2009). 분류체계 성분분석법 재개발 실행연구: 수업분석 적용사례를 중심으로. **열린교육연구**, 17(1), 99-128.

이용숙(2011a). 대학수업 개선을 위한 자기 수업 분석방법 개발연구. **열린교육연구**, 19(1), 1-30.

이용숙(2011b). '우수수업 상' 수상 교수의 수업 유형과 특성에 대한 문화기술적 연구. **교육방법연구**, 23(1), 175-211.

이용숙(2012a). 대학수업 개선을 위한 수업디자인의 새로운 접근 방법 개발연구 - 원인연쇄분석과의 연계를 중심으로. **교육방법연구**, 24(4), 729-770.

이용숙(2012b). 스마트폰 사용이 대학생의 수업 중 비 학습활동에 미치는 영향 - Shadowing 방식의 관찰 결과를 중심으로. 열린교육연구, 20(1), 221-250.

이용숙(2014). 예비교수와 신임교수를 위한 <대학 교수법 코스> 개발 실행연구. 열린교육연구, 22(1), 479-521.

이용숙(2015). 분류체계/성분분석과 설문조사 연계 교육프로그램 개발 실행연구. 열린교육연구, 23(1), 157-186.

이용숙(2016a). 결정표를 활용한 집단면담과 설문조사 방법 개발 실행연구. 비교문화연구, 22(1), 345-393.

이용숙(2016b). '마케팅 에스노그라피 연구방법' 사회교육 프로그램 개발을 위한 실행연구. 열린교육연구, 24(1), 303-332.

이용숙(2016c). 현장연구 전체 과정에서의 분류체계분석과 성분분석 활용방법 교육을 위한 실행연구. 한국문화인류학, 49(1), 3-50.

이용숙(2017a). 가족으로서의 반려동물의 의미와 반려동물로 인한 구별 짓기. 한국문화인류학, 50(2), 335-401.

이용숙(2017b), '놀기'가 된 디저트 먹기: 디저트 카페에서의 소비와 놀이. 비교문화연구, 23(1), 165~218.

이용숙(2019). 개별자유여행과 패키지여행에서의 여행경험 비교연구. 한국문화인류학, 52(2), 247-322.

이용숙(2020). 디저트 소비의 일상화와 디저트 소비상황의 다양화: 발견적 연구 설계. 소비자학연구, 31(5), 163-204.

이용숙, 김영미, 김영천, 이혁규, 조덕주(2004). 실행연구(action research)를 통한 연구와 교육실천의 연계성 강화: 교육대학원 논문을 중심으로. 열린교육연구, 12(1), 363-402.

이용숙, 김영준, 백은순, 이근님, 조덕주, 김소연(1986). 교수-학습자료 활용실태 및 교수-학습방법에 관한 인류학적 국제비교연구. 한국교육개발원 연구보고서.

이용숙, 김영준, 양미경, 박순경, 이근님, 최성욱(1995). 교과서 정책과 내용구성 방식 국제비교연구. 한국교육개발원 연구보고서.

이용숙, 김영천, 이혁규, 김영미, 조덕주, 조재식(2005). 교육현장 개선과 함께하는 실행연구방법. 서울: 학지사.

이용숙, 유창조, 김영찬(2012). 소비자 행동 분석을 위한 문화인류학 연구방법의 활용방안 연구 - 에스노그라피 활용 방식에 나타난 문제점과 개선방안을 중심으로. 조사연구, 13(2), 1-41.

이용숙, 유창조, 김영찬(2013). 대학 신규 교과목 개발을 위한 실행연구: 신제품 마케팅 에스노그라피. 교육인류학 연구, 16(1), 65-100.

이용숙, 이수정, 정진웅, 한경구, 황익주(2012). **인류학 민족지 연구 어떻게 할 것인가.** 서울: 일조각.

이용숙, 이수정, 채현정(2019). 해외여행에서의 현지 일일 투어: 오디세이 에스노그라피 기반 통합적 연구. **소비문화연구, 22**(4), 195-235.

이용숙, 이수현(2016). 대학생의 점심식사 방식과 점심식사에 부여하는 의미: 문화기술적 연구. **비교문화연구, 22**(2), 329-390.

이용숙, 이수현(2019). 삶의 중요한 일부로서의 스마트폰: 직장인 · 대학생 대상 설문조사와 여자대학생 대상 현장연구. **비교문화연구, 25**(1), 211-267.

이용숙, 이웅철(2013). 소비자의 행동에 대한 인식과 실제 행동은 어떻게 다른가 - 심층면담과 동반쇼핑 참여관찰 결과 비교연구. **마케팅연구, 28**(1), 181-210.

이용숙, 정환규, 박금화(1988). 국민학교 수업의 개선을 위한 문화기술적 연구. 한국교육개발원 연구보고서.

이인효(1990). 인문계 고등학교 교직문화연구. 서울대학교 교육학과 박사학위논문.

이정우, 김미영(2015). 유아복 구매행동 연구의 에스노그라피적 접근. **한국의류학회지, 39**(3), 379-393.

이현주(2014). 남성의 패션정보 활용 특성을 고려한 애플리케이션 정보구조 디자인. 연세대학교 생활디자인학과 박사학위 논문.

이혜정(1989). '노는 애들'의 세계-중학생 또래 집단의 학교 밖 생활에 관한 문화기술적 분석. 서울대학교 교육학과 석사학위논문.

조숙정(2010). 상품화된 젓갈의 명칭과 범주: 곰소 젓갈시장의 사례연구. **한국문화인류학, 43**(2), 3-44.

조숙정(2012). 조기의 민족어류학적 접근: 서해 어민의 토착 지식에 관한 연구. **한국문화인류학, 43**(2), 239-278.

조숙정(2015). 김치와 장아찌의 범주화에 관한 인지인류학적 연구. 세계김치연구소(편) **김치에 대한 인지, 정서, 그리고 변화.** 광주: 세계김치연구소, 47-99.

조숙정(2019). 흑산도 어류의 민족생물학적 분류에 관한 연구: 19세기 전통지식의 지속과 변화의 관점에서 **비교문화연구, 25**(1), 269-322.

조재식(2002). 연구자로서의 교사 개념에 대한 이론적 고찰. **교육인류학연구, 5**(2), 193-224.

주미영(2013), 온라인 쇼핑을 활용하는 30대 여성을 위한 패션큐레이션. 연세대학교 생활디자인학과 박사학위 논문.

주미영, 김영인(2014). 온라인 쇼핑을 활용하는 30대 여성의 패션상품 구매 및 착장의 특성. **복식, 64**(8), 1-19.

채주헌(2011). 소리를 찾는 사람들 - 오디오 애호가의 위세경쟁, 소비의례, 시장윤리. 서울대학교 인류학과 석사학위논문.

Ahern, J. (1979). Results from the Tower Rock Community study. Northwestern University Ethnographic Field School, m.s.

Bain, K. (2005). *What the best college teachers do*. 안진환, 허형은 역. **미국 최고의 교수들은 어떻게 가르치는가?**. 서울: 뜨인 돌. (원전은 2004년에 출간).

Baek, K. J. (2020). The perception of makeup for the elderly and the makeup behavior of new seniors. *Journal of Consumer Behaviors, 19*(2), 1-11.

Cameron, B. (1999). *Active Learning*. Halifax: Society for Teaching and Learning in Higher Education.

Chambers, E. (2000). Applied ethnography. In N. Denzin & Y. Lincoln (Eds.), *Handbook of Qualitative Research* (2nd ed.) (pp. 851-869). London: Sage Publications.

Colby, B. N. (1979). Computer assisted text ethnography and the building of knowledge, presented at the Conference for Cognitive Anthropology, m.s.

Denzin, N. K. & Lincoln, Y. S. (2000). *Handbook of Qualitative Research* (2nd ed). London: Sage Publication, Inc.

Hollingsworth, S. (1997). *International Action Research: A Casebook for Educational Reform*. London: The Falmer Press.

Holmberg, A. R. (1965). The changing values and institutions of Vicos in the context of national development, *American Behavioral Scientist* 8, 3-8.

Holy, L. & Stuchlik, M. (1983). *Actions, Norms and Representations of Anthropological Inquiry*. Cambridge: Cambridge University Press.

Hunter, D. E. K. & Whitten, P. (1976). *Encyclopedia of Anthropology*. New York: Harper & Row Publishers.

Kemmis, S. & McTaggart, R. (1988). *The Action Research Reader* (3rd ed). Victoria: Deakin University Press.

Lee, Y. S. (1984). A comparative study of East Asian American and Anglo American academic achievement: An ehtnographic study, Unpublished doctoral dissertation, Department of Anthropology, Northwestern University, Evanston, Illinois.

Lee, Y. S. (1987). *Academic Success of East Asian Americans: An Ethnographic Comparative*

Study of East Asian American and Anglo American Academic Achievement. 서울대학교 미국학연구소, Monography, 12.

Lowrey, T. M., Otnes, C. C. & McGrath, M. A. (2005). Shopping with consumers: reflections and innovations. *Qualitative Market Research: An International Journal*. 8(2), 176-188.

Marcus, G. E. & Fisher. M. J. (1986). *Anthropology as Cultural Critique: An Experimental Moment in the Human Science*, Chicago: The University of Cicago Press.

Mariampolski, H. (2012). *[Ethnography for Marketers: A Guide to Consumer Immersion]*. 이용숙, 전승우, 한경구, 김용욱, 채주헌 역. **마케터를 위한 에스노그라피: 질적 조사 시대를 사는 마케팅 담당자의 생존전략**. 서울: 일조각. (원전은 2006년에 출간).

McKeachie, W. (2002). Active learning: Cooperative, collaborative, and peer learning. In W. McKeachie (Ed.), *McKeachie's Teaching Tips: Strategies, Research, and Theory for College and University Teachers* (pp. 187-195). Boston: Houghton Mifflin Company.

Merz A. H. (2002). A Journey through an emergent design and its path for understanding. *Refelective Practice*, *3*(2), 141-152.

Moeran, B. (1995). Discipline and Practice: The Anthropology of Marketing and Marketing Anthropology. In B. Moeran (Ed.), *Market Matters: Exploring Cultural Processes in the Global Market Place* (pp. 1-13). Hampshire: Palgrave Macmillan.

Noffke, S. E. (1989). The social context of action research: A comparative and historical analysis. ERIC 308 756.

Purcell, J. & Hutchinson, S. (2007). Front-line managers as agents in the HRM-performance causal chain: Theory, analysis and evidence. *Human Resource Management Journal*, *17*(1), 3-20.

Reason, P. & Bradbury, H. (2001). *Handbook of Action Reaserch*. London: SAGE Publication.

Schensul, J. (1985). Applying ethnography in educational change. *Anthropology and Education Quarterly*, *16*(2), 149-164.

Spradely, J. P. (1988). [*Participant Observation*]. 이희봉 역. **참여관찰방법** 서울: 대한교과서주식회사. (원전은 1980년에 출간).

Spradley, J. P. (2003). [*Ethnographic Interview*]. 박종흡 역. **문화기술적 면접법** 서울: 시그마프레스. (원전은 1979년에 출간).

Tri, N. H. (2007). Mangrove degradation: Causal chain analysis. Paper presented at conference of UNEP/USM.

Werner, O., Schoepfle, G. M., et al. (1979). Handbook of ethnoscience: ethnographies and encyclopaedias. Unpublished Monography by Northwestern University.

Werner, O. & Schoepfle, G. M. (1987). *Systematic Fieldwork*. Newbury Park: Sage Publications.

〈자료〉

일진사(2011). 『컴퓨터인터넷IT용어대사전』

통계청 보도자료(2016. 04. 20). 한국인의 생활시간 변화상(1999년~2014년).

Dewan, S. K. (2000). September 19. "Washing up is down," In The New York Times, Section B; 3; column 1.

〈덕성여자대학교 문화인류학과 졸업논문(현장연구보고서)〉

고연주, 김나현, 천예민(2015). 남성의 '화장'에 대한 시선과 '화장'하는 남성들의 대응 서사.

금선이, 이지은(2015). N 상가 상인들의 성원권 획득과 이윤 극대화 전략에 대한 연구.

김효진, 이희수, 오주희(2011). 대학생들이 조별과제에 관해 구성하는 서사와 그 의미.

노지나(2008). 지구대 경찰이 인식하는 경찰업무의 어려움과 직업의 의미화.

박유미(2002). 학원에서의 왕따 문제해결을 위한 실행연구.

박지은, 김민정(2015). 한국 E스포츠 공간의 젠더화 - 스타크래프트와 리그오브레전드를 중심으로.

손녕란(2015). 인디밴드 팬덤의 특징: 적극성을 중심으로.

찾아보기

인명

Ahern, J. 156

Arnold, E. J. 304

Baek, K. J. 200

Bain, K. 95, 193, 196, 197, 199

Belk, R. 304

Bradbury, H. 304, 329

Cameron, B. 312

Chambers, E. 303, 304

Colby, B. N. 156

Fisher, M. J. 306

Hollingsworth, S. 329

Holmberg, A. R. 303

Holy, L. 232, 233

Hunter, D. E. K. 53

Hutchinson, S. 154

Kemmis, S. 304

Lee, Y. S. 291

Lowrey, T. M. 122

Marcus, G. E. 306

Mariampolski, H. 232, 234

McKeachie, W. 312

McTaggart, R. 304

Moeran, B. 200

Noffke, S. E. 304

Purcell, J. 156

Reason, P. 304, 329

Revans, R. 313

Schensul, J. 303
Schoepfle, G. M. 70, 113, 114, 116, 156, 180, 181
Sherry, J. F. 304
Spradley, J. P. 53, 54, 55
Stuchlik, M. 232, 233

Tax, S. 303
Tri, N. H. 157

Wallendorf, M. 304
Werner, O. 6, 70, 113, 114, 116, 156, 180, 181
Whitten, P. 53

ㄱ

강윤희 10
고연주 223, 225
고혜라 22
권미경 6
금선이 227
김나현 225
김류원 118
김미나 6
김미영 65, 66
김민정 214, 215
김선희 54
김소연 54
김영인 294
김영찬 6, 231, 314
김영천 19
김영철 54
김용섭 6, 12
김용욱 6
김지영 307
김진희 19
김홍래 170, 171
김효진 164

ㄴ

남현미 170, 171
노지나 172

ㅂ

박금화 190
박유미 309
박지은 214, 215
배연주 54, 73, 74, 75
배희숙 105, 106
백경진 200
변혜원 54, 64, 65

ㅅ

서주현 241

성낙돈 199

손녕란 229

손정식 184, 187, 190, 192

송길영 6

송유영 236

신상선 75, 76

심옥령 309

ㅇ

안준희 54, 71, 72, 73

엄수종 192

오주희 164

왕한석 54, 66, 67

우제성 68, 69

유창조 6, 8, 54, 67, 68, 107, 108, 231, 314, 316

이상준 6, 107, 108

이수정 6,152, 299

이수현 6, 36, 40, 100, 101, 102, 136, 173, 174, 215, 292, 311

이연정 237, 242

이용숙 3, 6, 27, 36, 40, 54, 104, 114, 136, 152, 173, 174, 176, 181, 190, 197, 231, 235, 251, 274, 298, 299, 300, 303, 304, 314, 315, 329

이유재 100, 101, 102, 215, 292

이응철 6, 231, 235, 252, 316

이인효 54, 71

이정우 65, 66

이지은 170, 171, 227

이현주 134

이혜정 54

이희수 164

ㅈ

전승우 6

정소미 233

정진웅 6

정혜은 6, 54, 67, 68

정환규 190

조숙정 54, 64

조옥라 11

조용환 190, 191, 192

조재식 304

주미영 294, 295

진수지 63

ㅊ

채주헌 130, 134

채현정 6, 152, 299

천예민 225

ㅎ

황익주 3

내용

3원 대조질문 59, 275
3원 대조질문+유도된 대조질문 55, 56, 59, 60, 70

Ethnographic Interview 54
Ethnography for Marketers 6

NVivo 19

Participant Observation 54

Systemic Fieldwork 6

Tree 구조도 82, 260, 262

ㄱ

가상의 실재 233
가정방문조사 124, 204, 231
가중치 280, 287
개요 형식 82
결정표 113
결정표분석 16, 113, 250, 276
결정표에 들어갈 조건 277
결정표의 요소 114
계획분석 16, 179, 180, 189, 200, 234
계획분석도형 179, 181, 200, 255
고려 조건 114, 116, 147
고정값 끌어당기기 23
과정분석 179, 181, 200
과정분석도형 200, 201, 202
'관념'과 '행위'의 차이 232
관찰한 시간 사용 250, 252
교과서/교재 분석 틀 103
교육인류학 4
교육인류학: 연구방법과 사례 5
구매 의사결정 148
구매 의사결정 과정 150
구매 후기 분석 결과 152
구조적 질문 53, 54, 55, 56
구조화 면담 19, 33
근본 원인 157
기업(관련)연구 107, 332
기업 현장 325

ㄴ

내용조직 방식 103, 104

네트노그라피 152
논리적 정확성 검토 159

ㄷ

단일응답 선택형 문항 35
대안 찾기 307
대조의 기준 56
대조의 차원 72, 74, 86
대조질문 54, 55, 56, 70
대조집합 58
대조집합분류질문 55, 56, 58, 60, 61, 70
대주제 추출 224
대체질문 55, 56, 57, 60, 61, 75
대체질문 결과 세분화 109
대체 틀 61
동기 100, 101, 102, 103, 207
동기 분석 296
동기에 대한 인식 292
동반쇼핑(동행구매) 122, 123, 231, 235, 237
등급질문 55, 56, 58, 60, 70, 75, 76

ㅁ

마케팅 332
마케팅 에스노그라피 과정 5, 134, 135, 143, 171, 332
마케팅의 문화인류학 149
마케팅인류학 5
말과 행동 사이의 괴리 234
면담대상자 23
목차 만들기 219, 225
'문제해결' 중심의 실천적 연구 308
문화기술적 면접법 54
문화 내적 관점 9
문화와 교육 5
문화인류학과 마케팅 5
민속분류법 54, 66
민족과학 53

ㅂ

반구조화 면담 23, 33
발견적 연구 설계 252, 299
범주화 32, 37, 42, 43, 44
보고서 작성 229
복수응답 선택형 문항 35
분류체계도 65
분류체계도형 62, 64, 90
분류체계분석 9, 16, 45, 53, 54, 55, 56, 62, 63, 66, 67, 75, 77, 179, 209
분류체계분석도형 56, 181
분류체계분석방법 61, 180
분류체계분석+성분분석 129, 134
분류체계분석+원인연쇄분석 296

분류체계분석표(분류체계표) 56
분류체계+성분분석 75, 97, 135, 141, 214, 276, 331
분류체계+성분분석방법 143
분류체계+성분분석표 71, 82, 217
분류체계표 55, 56, 71
불필요한 조건 축약 140, 143, 280
비교문화적인 306
비구조화 면담 19, 23, 33
빈도분석 20, 40

ㅅ

상담 105
상호작용 원인연쇄 162, 170
서술적 관찰 179, 181, 184
서술형 문항 34, 35
서술형 설문조사 19, 33, 35
설문조사 문항개발 215
설문조사 문항 작성 99
설문조사용 결정표 281
설문지 조사표 257, 270, 272, 275
성분분석 9, 16, 53, 54, 55, 56, 70, 75, 76, 77, 209
성분분석방법 70
성분분석표 55, 56, 57, 71, 73, 74, 86
셰도잉 231, 250, 251
소비문화 332
소비와 마케팅의 문화인류학 75
소비와 마케팅의 인류학 5, 76, 141, 143
소주제별 엑셀 파일 32
소주제별 파일 40
수업구조도형 185, 186, 188, 192
수업구조분석 179
수업모형 192
수업분석 332
수업 유형 193
수업카페 169, 170
순환적 원인연쇄 161, 162
시간구조도형 179, 181, 182, 184, 186, 188, 203, 252, 255
시간구조분석 3, 16, 179, 181, 189, 200, 234, 250
시장지향적 에스노그라피 11
신제품마케팅 에스노그라피 5, 118
실천인류학 303
실천적 연구 4, 207, 303, 312
실천적 연구 모형 304
실행학습 276, 312, 313
실행학습과 연계 314
심층면담 3, 19
심층 원인 289, 292, 327

ㅇ

안내된 실습 4, 17, 48, 82, 87, 109, 152, 164, 177, 193, 204, 332

액션 리서치 304

약호화 32, 37

양적 분석 45, 47

언어화된 행동계획 179, 181

에스노그라피 3

엑셀 19, 45

엑셀을 활용한 자료 관리 16

엑셀 파일 21, 33

연구계획 209

연구목적 유형별 연구설계 모형 303

연구목차 227

연구문제 210, 212, 216

연구보고서 목차 만들기 216

연구설계 305

연구참여자 23

예비조사 40

완전한 참여자 194

워크숍구조도형 196, 198, 199

워크숍구조분석 179

원인연쇄도형 62, 155, 156, 157, 158, 159, 163, 294, 327

원인연쇄분석 16, 155, 156, 325, 326

원인연쇄분석과 분류체계분석의 연계 296

유도된 대조질문 59

응답빈도 148

응용인류학 5

의사결정 과정 150

인과관계 62, 155, 156, 159, 160, 161, 162

인류학 민족지 연구 어떻게 할 것인가 3, 9

인사이트 123, 128

인식과 실제 비교 255

인식과 실제 행동 250

인식과 행동의 비교 206, 235, 238

인용 가치 19, 25, 27, 34

인지인류학 5, 16, 53, 303

일상생활 332

ㅈ

자기문화비판 306

자료수집과 분석 214

자료수집 과정 215

잠정적 목차 216

잠정적 소주제 리스트 217

잠정적 주제 리스트 219, 220, 226

잠정적 주제/소주제 25, 27, 30

정보제공자 17, 23, 55, 61

정성조사 121, 170

조건의 조합 114

조사회사 33

종합분석표 257
종합적 분석 299
주제 리스트 217, 218
주제/소주제 리스트 20, 28, 30, 33
주제/소주제 번호 30
주제/소주제별 파일 33
집단 간의 경향성 비교 287
집단 내의 경향성 분석 287
집단면담 114, 137, 140
집단면담용 질문지 258, 276
집단별 비교 137

ㅊ

참여관찰 3, 19, 21
참여관찰기록지 212
참여관찰 방법 54
참여관찰일지 140, 212
체계적 분석방법 16
체계적 현장연구 114, 156, 181
초점집단면담 121, 231
추가적인 연구주제 226
축약한 결정표(축약표) 115, 116, 119, 126, 128, 135, 148
축약횟수 126, 132, 136, 137, 141, 280, 285, 287

ㅋ

코드 37, 42, 43, 44, 45
코딩 16, 19, 32, 37, 38, 45, 216
코딩 번호 39, 41, 45
코딩 번호 리스트 20, 38
코딩 번호 열 34, 38, 40
키워드 19, 20, 25, 26, 27, 34, 37

ㅌ

타임푸어 301
탈친숙화 306
통제된 비교 306
통합적 원인연쇄도형 289, 297
통합적인 흐름도 148
틀 고정 23

ㅍ

파랑새 19
포스트잇 55, 60, 61
포함관계 61, 62

ㅎ

학습기회시간 186
해석 26
해석 열 35
해석의 입력 27

핵심 원인 294

행동 대안 114, 137

행동 대안별 응답빈도 146

행동의 관찰 231

현장개선 프로그램 310, 311

현장 노트 19

현장에서 대안 찾기 306

현장연구 37

현장연구실습 5, 167

협동적 실천연구 329

활동 개요 184

회고적인 면담 231

회고한 시간 사용 250, 252

후속질문 23, 60

흐름도 113, 116, 118, 119, 128

저자 소개

이용숙(Yongsook Lee)

서울대학교 미학과 졸업
서울대학교 인류학 석사
미국 노스웨스턴대학교 인류학 박사

전 한국교육개발원 책임연구원
덕성여자대학교 문화인류학과 교수
현 덕성여자대학교 문화인류학과 명예교수

〈주요 저서 및 역서〉

교육인류학: 연구방법과 사례(아카넷, 2005)
교육현장 개선과 함께하는 실행연구방법(공저, 학지사, 2005)
인류학 민족지 연구 어떻게 할 것인가(공저, 일조각, 2012)
마케터를 위한 에스노그라피: 질적조사 시대를 사는 마케팅 담당자의 생존전략(공역, 일조각, 2012)

질적 연구의 체계적 분석방법

– 일상, 소비문화, 마케팅, 교육 에스노그라피 연구에서의 적용사례

Systematic Analysis of Qualitative Research

2022년 1월 20일 1판 1쇄 발행
2022년 10월 25일 1판 2쇄 발행

지은이 • 이용숙
펴낸이 • 김진환
펴낸곳 • (주) 학지사
04031 서울특별시 마포구 양화로 15길 20 마인드월드빌딩
대표전화 • 02)330-5114 팩스 • 02)324-2345
등록번호 • 제313-2006-000265호

홈페이지 • http://www.hakjisa.co.kr
페이스북 • https://www.facebook.com/hakjisa

ISBN 978-89-997-2530-2 93370

정가 20,000원

저자와의 협약으로 인지는 생략합니다.
파본은 구입처에서 교환해 드립니다.